Law and Geography
in European Empires,
1400-1900

帝国与国际法 \译丛

主办单位

北京大学国家法治战略研究院

译 丛 主 编

孔元 ｜ 陈一峰

译 丛 编 委
（按汉语拼音排序）

强世功 ｜ 汪晖 ｜ 殷之光 ｜ 章永乐

安妮·奥福德 ｜ 安妮·彼得斯 ｜ 本尼迪克特·金斯伯里 ｜ 大卫·阿米蒂奇
Anne Orford ｜ Anne Peters ｜ Benedict Kingsbury ｜ David Armitage

邓肯·贝尔 ｜ 马蒂·科斯肯涅米 ｜ 帕尔·弗兰格 ｜ 托尼·卡蒂 ｜ 詹尼弗·皮茨
Duncan Bell ｜ Martti Koskenniemi ｜ Pål Wrange ｜ Tony Carty ｜ Jennifer Pitts

1400-1900年 欧洲诸帝国的 法律与地理

[美]劳伦·本顿 – 著　李 扬 – 译

当代世界出版社
THE CONTEMPORARY WORLD PRESS

图书在版编目（CIP）数据

1400-1900 年欧洲诸帝国的法律与地理／（美）劳伦·本顿著；李扬译. —北京：当代世界出版社，2022.1
ISBN 978-7-5090-1588-9

Ⅰ. ①1… Ⅱ. ①劳…②李… Ⅲ. ①法制史-研究-欧洲-1400-1900
Ⅳ. ①D950. 9

中国版本图书馆 CIP 数据核字（2021）第 250844 号

书　　名：1400-1900 年欧洲诸帝国的法律与地理
出版发行：当代世界出版社
地　　址：北京市东城区地安门东大街 70-9 号
邮　　箱：ddsjchubanshe@163. com
编务电话：(010) 83907528
发行电话：(010) 83908410
经　　销：新华书店
印　　刷：北京中科印刷有限公司
开　　本：889 毫米×1230 毫米　1/32
印　　张：15
字　　数：300 千字
版　　次：2022 年 1 月第 1 版
印　　次：2022 年 1 月第 1 次
书　　号：978-7-5090-1588-9
定　　价：79. 00 元

献给我的母亲

夏洛特·拉斯·本顿

并致以爱和感谢

序言与致谢

几年以前，我向一位朋友提及，我正准备撰写一本有关欧洲 海洋认知史的书。我说，这将只花费我一两年的时间来研究和写作。我是在反思历史学家们拒绝批判性地探究现代早期诸帝国的空间维度之后才开始做这件事的。我们似乎总是以为，诸帝国和国家渴望对离散且有界限的领土确立政治和法律上的控制。我认为，我们需要更多地了解欧洲人如何想象无界限而又遥远的地理区域，并进一步了解他们将主权投射到这些空间所依赖的法律实践。

海洋似乎是一个合理的空间起点。顾名思义，对海洋无法实施领土控制，至少不能以惯常所想象的方式。这一观察结果已然昭示海洋作为一种空间，趋向于从无法状态到受新兴的国际法调整的历史。但在我看来，通常的论述转移了对诸帝国协同努力向海洋拓展权威的关注，而向海洋拓展权威往往是在帝国严密监督的范围之外，或多或少靠海员们自己运作完成。为探索帝国的控制向海洋无组织投射的历史，我通过钻研海盗的自述以及对海盗的叙述，开始查明是否以及如何连流氓的行为都可能传导法律。我很快意识到我的诸多预感都得到了证实，这是一个好消息。即使在看似无法无天的打劫中，海盗们都深信且践行着许多根深蒂固的法律观念。还有，随着欧洲诸帝国试图拓展其对贸易路线、海道和港口的影响，有大量证据显示海盗的法律策略和欧洲诸帝国的政策相联系。更有趣的是，海员们认为海洋是一个有着相互连接之通道的空间，这些认知同帝国管辖权沿想象中由船舶航行所标记的狭窄带状水域向海洋空间拓展的各种观念紧密联系。在海洋空间中，法律的通道纵横交错，而在其边缘相互竞争的殖民管辖权则星罗棋布，由此平滑的海洋空间看起来布满法律的结块。坏消息——尽管我现在也许能承认其更多是好消息——是：我想探索的故事不再只和海洋有关。如果欧洲人开始通过旅行以及竞相从事私掠与海盗行为，将部分海洋视为特殊类型的法律空间，那么就有理由说欧洲帝国主义的追求创造着其他不规则的法律地理。理解这些模式，对于弄清在帝国中参与定义、确立和挑战主权之争斗的帝国官员、殖民地政治体、旅居者、定居者、被征服的臣民、商人、法学家、律师以及其他人所面临的困惑至关重要。一系列变化多样的行为和解释塑造着一种帝国间的法律机制，其轮廓并不总是与过去和现在对国际法根基的解释那么吻合。

我能看出，探索地理与法律的关联，将讲述一个同世界史中为人熟知且有吸引力的叙事有冲突的故事。有一种叙事将欧洲的扩张描述为对空间理性化的推进。另一种叙事则将全球秩序的逐步固化描绘为建立在享有领土主权的各个政治单位间的协议之上。在这两种叙事中，帝国的巩固似乎成为一种令空间扁平化并将法律归于通常意义上的管辖权的作用力。与此相反，我发现一系列在形成方面不规律的走廊和飞地重复出现，它们与帝国主权有着含混且变动的关系。为了追寻这些碎片的根源和意义，我将探寻地理想象与帝国法律实践的交汇点，它们在时间顺序和空间分布上都更为广阔。

当然，我想从源头描绘法律和地理的关联，而不是从理论中捏造联系或者进行有根据的猜测。在调查海盗和海上管辖问题后，我钻研了来自大西洋世界 15 和 16 世纪探险的早期航海编年史。在相当短的时间内，一种有趣且惊人的联系出现了。欧洲的资助者和编年史作者特别关注作为在非洲和新世界从事贸易与定居之入口和通道的河流，该现象时常为历史学家一带而过，少有仔细研究。当这些欧洲人穿过河流地区时，紧随探险的常见模式是开始被卷入内部纷争；竞争对手们以惊人的频率策划关于叛国罪的指控并广而告之。我开始将这些指控理解成一种在欧洲人早期定居点有关臣民身份的复杂法律政治的组成部分，这种法律政治是一个混合着对帝国权利主张的关注以及对殖民政治共同体成员身份的忧虑的过程。

在追寻危险的上游地区与反叛的殖民地法律政治之间不寻常而又有启发性的联系时，我也开始阅读来自 16 世纪之后以及大西洋世界以外其他地区的殖民官员的记述，留意地理话语与同主

xiii

权主张紧密相关的法律实践之间新鲜却又古怪的联系。很快，另一个故事跃然纸上：对丘陵和高山地区的描述将它们刻画成法律上陈旧的地区以及有着原始主权的区域。这种联系有着漫长的谱系，却在 19 世纪努力界定各殖民地中离散的内部飞地并将之归类为具有不完全主权之地的背景下，才获得新的关注。我从山地转向考虑 18 世纪晚期帝国之间竞争加剧的背景下对岛屿的特殊呈现方式，当时对岛屿的想象与戒严法的设想功用以及在宪法上的危险紧密联系。将山地和岛屿呈现为特殊类型法律空间的描述将我带入英国和西班牙的帝国档案中，在那里我进行了案例研究，而这些研究凸显了与帝国法律空间特殊且持久的团块结构有关的各种问题。

在我考虑与这些不规则的构造有关的各种主权定义时，为理解各种对国际法的讨论和对全球法律机制的起源与结构所做的叙述，我还思索了这一视角的潜在意义。我采纳了有关帝国的地理想象和法律实践的材料，以便用全新的眼光看待欧洲人法律著作中某些人们熟知的文本和概念。我自己有关比较殖民法的早期著作已经采取了一种世界史的路径，并且特别关注外来法律和本土法律之间的关系；这次确有充分的理由，从另一个角度对同样是全球范围内的诸帝国的地理与法律进行一项比较殖民法的工作，并继续研究法律多元主义。但是，亦有更强有力的理由将我的分析限定于欧洲的帝国，特别是大英帝国和西班牙帝国，这些理由也驱使我将土著法律行为者置于分析框架中，只是不在中心位置。由此，我便能更仔细地审视地理和法律的话语配对，以及意图标记和维持主权的实践与宗主国对主权的理解之间的关系。在我看来，能够追溯（特别是）罗马法和教会法之共享法律库的影响，并且追寻不稳定的帝国政治与包括真提利、格劳秀斯、边沁、梅因和其他国际法史上杰出人物在内的欧洲法学家的著作之间的联系，由此产生的益处远胜于进行一项以欧洲为中心的研究带来的危险。这些著者非常直接地回应了对各种空间和法律上的变化进行归类所带来的挑战，并且在此过程中将帝国之间和帝国内部的法律政治视为国际法的来源。

这项使地理话语、法律政治和国际法交织在一起的工作，让我对快速撰写一本书的乐观主义变成了私下里的一个笑话。这项工作却也使研究和写作的过程无比有趣且富有意义。要感激的是，我在每个阶段都能从诸多历史学家的远见卓识中获益。在投入该项目的第一年，我有幸参与了纽约大学法学院的一个读书小组。通过周会，"帝国时代的国际法"读书小组讨论了一系列的作者和问题，几乎所有都变得和帝国内部的领土地位议题有关。我感谢召集人本尼迪克特·金斯伯里和戴维·阿米蒂奇以及讨论参与人，特别是简·伯班克、本杰明·斯特劳曼、莉萨·福特、查尔斯·贝茨和珍妮弗·皮茨，因为那些讨论帮助我形成了研究最初阶段的想法。纽约大学历史系一直以来是一个极为惬意的智力家园。在大西洋史方面，卡伦库·珀曼和尼科尔·尤斯塔斯多次提供文献指引和见解。我有幸与简·伯班克和弗雷德·库珀共事，他们在撰写一本有关世界史中的帝国的重要书籍时，无私地同我分享了有关帝国政治想象的想法。其他许多纽约大学的历史学家亦及时回复我的询问或对部分原稿做出评论，他们是托马斯·本德、兹维·本多·贝尼特、马努·戈斯瓦米、威廉克·莱因、辛克莱·汤姆森、乔安娜·韦利-科恩、巴巴拉·温斯坦和拉里·沃尔夫。在纽约大学法学院，法律史学术报告会提供了一个讨论各章草稿的启发性论坛，我受益于威廉·纳尔逊和丹尼尔·赫尔斯博施所提供的细致而富有建设性的批判意见。在作为研究员常驻普林斯顿大学的斯尔必·库洛姆·戴维斯中心期间，我的撰写工作获得了良好进展，吉安·普拉卡什在那里作为代理主任于其职责之外担负起对关于印度的部分做出评论的责任。对我来说，展示撰写中的本书各部分的其他机会也是宝贵且数不胜数的。毫无疑问，令人难过的是，我忘记了一些发出邀请、提供见解或者仅是给予精神支持的学者名字，不过我仍要感谢杰里米·阿德尔曼、戴维·阿米蒂奇、布雷恩·巴洛格、杰里班·尼斯特、克里斯托弗·贝利、克雷格·布埃廷格、克里斯蒂娜·伯内特、保罗·科科伦、克利夫顿·克雷斯、安东尼奥·费洛斯、罗基纳多·费雷阿、莉萨·福特、伊莱加·古尔德、艾伦格里尔、亚历山大·哈斯克尔、皮特·霍弗、艾伦·卡拉斯、阿马利娅·凯斯勒、兰德·科士达、米歇尔·拉孔布、皮特·莱克、马克·马佐尔、亚当·麦基翁、克里斯蒂安·麦克米伦、约瑟夫·米勒、马修·米罗、皮特·奥努弗、布赖恩·欧文斯比、卡拉·拉恩·菲利普斯、理查德·罗斯、琳达·鲁珀特、詹姆斯·斯科特、丽贝卡·斯科特、理查德·谢尔、亚伦·斯莱特、菲利普·斯特恩、泰勒·施特默、戴维·塔纳豪斯、阿帕尔娜·魏迪克、玛蒂娜·范·伊特萨姆、克里斯托弗·沃伦和约翰·威特。我感激卡兰·威根仔细阅读全稿，提出宝贵无价的建议，而且不曾介意我未能全盘接受这些建议。在牛津大学出版社，弗兰克·史密斯和埃里克·克拉汉娴熟地引导本书从一个想法开始直到最终完成的整个进度。我感谢约书亚·韦斯特伯里和保罗·塞杰帮助整理文献和注释，并感谢帕特丽夏·莫泽科泰斯娴熟地处理了与本项目有关的无数琐事。

这本书的写作始终令人惊讶地处于一种真实的愉悦中，因此我要将最大的功劳归于我的家人和朋友们。维多利亚和加布里埃拉·加西亚在知道本书同海盗并不完全相关时曾感到失望，但经过很长一段时间的写作，才使他们（不同于一些历史学家）在经历迷恋海盗的阶段后变得成熟并一起鼓励我，他们还确保我有时间休闲娱乐一下。爱德华多·加西亚一再地提醒我要花时间修改。苏珊·菲尔德、斯蒂芬妮·迪梅奥、克里斯蒂娜·保罗、多萝西·谢尔、珍妮特·萨贝尔、克利奥·卡恩斯和黛博拉·盖恩斯连续做出逗趣的评论，为我提供支持。我同乔治·菲尔德一道谈论帝国的法律碎片与银河系边缘的物质碎片之相似性，这些具有启发性的聊天令我异常享受。在普林斯顿、伦敦、亨斯坦顿、帕萨迪纳和纳什维尔，桑迪·所罗门和皮特·莱克在欢声笑语和享受美食间持续跟进本书写作。还有，夏洛特·本顿在旅行期间像以往那样为我鼓舞精神，而她旅行的范围远超出我所书写的一些环球旅居者。本书要献给她，以答谢她对语言、旅行和学习那种充满感染力且终生不渝的热爱。

以下部分文章已经取得许可再版:《从国际法到帝国宪法:准立权问题,1870—1900 年》,载《法律与历史评论》2008 年第 26 期,第 595—620 页("From International Law to Imperial Constitutions: The Problem of Quasi-Sovereignty, 1870-1900", *Law and History Review* 26 (2008): 595-620);《诸帝国之例外:历史、法律和帝国主权的问题》,载《国际关系手册》2007 年 12 月,第 54—67 页("Empires of Exception: History, Law, and the Problem of Imperial Sovereinty", *Quaderni di Relazioni Internazaionali* (2007, December): 54-67);《帝国的空间史》,载《旅程》2006 年第 30 期,第 19—34 页("Spatial Histories of Empire", *Itinerario* 30 (2006): 19-34);《帝国的法律空间:海盗与海洋地区主义的起源》,载《社会与历史比较研究》2005 年第 47 卷第 4 期,第 700—724 页("Legal Spaces of Empire: Piracy and the Origins of Ocean Regionalism", *Comparative Studies in Society and History*, Vol. 47, No. 4 (2005): 700-724)。

目　录

插图列表

第一章
帝国的异常现象

在 1537 年撰写的地理学专著中，葡萄牙宇宙学家多姆·若 [1]
奥·德·卡斯特罗（Dom João de Castro）解释说，将所有新发现的
土地同天文学符号联系起来，就有可能绘制一幅精确的世界地
图。他写到，由此产生的将是一种"真实而完美的地理学"。[1]
从 13 世纪波多兰海图的制图学革命到 19 世纪使用测绘来绘制殖
民地领土就是朝着这种想象逐渐演变，而这一演变是对空间理性

---

[1] 转引自 Armando Cortesão and Avelino Teixeira da Mota, "General Introduction",
in *Potugaliae Monumenta Cartographica*, ed. Armando Cortesão and Avelino Teixeira da Mota,
（Lisbon：Imprensa Nacional-Casa da Moeda, 1960），I：xvii.

化以及通过追求欧洲帝国利益强化该趋势的一种令人信服的叙述。[2]

这一叙述需要和不完美地理的历史，以及与帝国权力有着不确定关系的各种帝国空间的产生过程相提并论。在许多地方，领土控制是帝国扩张的附带目标。在 19 世纪和 20 世纪早期的地图上，大英帝国领土的粉色阴影是与帝国联系的标志，然而这种图像和其他类似的图像模糊了帝国领土的各种变体。帝国对空间的覆盖并不均匀，反而形成一种构造，布满孔洞，碎块拼接，线条盘绕。即便在一些最典型的情况下，一个帝国的各种空间在政治上也是分散的，在法律上各不相同，还被包围在不规则、有孔洞且有时不确定的边界之中。尽管各个帝国对大片领土提出主张，这些主张的性质却被主要针对狭长地带或走廊及其周围的飞地和不规则区域所实施的控制冲淡。

海洋帝国以它们连接各种分散定居点或贸易站的海上航道网

---

　　[2]　这种叙述零散地出现在各种涉及制图学史、历史地理学、殖民研究以及帝国文学的著作中。在早期殖民史中，一贯强调消除在空间上对非欧洲人的理解；最好的范例仍然是 J. B. Harley, "New England Cartography and the Native Americans", in *The New Nature of Maps: Essays in the History of Cartography*, ed. Paul Laxton (Baltimore: Johns Hopkins University Press, 2001), 169-96. 在新殖民主义（high colonialism）的建构过程中，绘制地图被视为一种对社会控制的强化；比如，参见 Matthew H. Edney, *Mapping an Empire: The Geographical Construction of British India, 1765-1843* (Chicago: University of Chicago Press, 1997). 就向笛卡尔式的空间表达转变与欧洲帝国的联系做出一般性论述的是 Robert David Sack, *Human Territoriality: Its Theory and History* (Cambridge: Cambridge University Press, 1986), chap. 2. 布鲁斯·麦克劳德（Bruce McLeod）挖掘了各种文学文本，强调帝国内部空间管理和操控与伴随英格兰的社会控制朝着有规划且在几何上规则的空间演变的运动之间存在联系。*The Geography of Empire in English Literature, 1580-1745* (Cambridge: Cambridge University Press, 1999), chap. 5.

络极为清晰地呈现了这种模式。不过，陆地领土扩张在欧洲也是经由走廊和飞地的创造和保护发生的。该模式延伸到海外勘探，影响了定居策略，并且帮助塑造了殖民统治制度。对帝国的想象和拓展有时与有关控制权走廊的信息搜集紧密联系，信息搜集包括对海上通道、河流分布、商路以及其他旅行路线绘制地图和进行描述。诸如布道所、贸易站、城镇以及要塞之类的飞地，像无数珠子一样沿着相互连接的走廊串联在一起。这些帝国的前哨与其他类型的飞地并存，包括位于更大的势力或统治范围内主权不完全或主权被分享的地区。当居民或政治体抵御了正式的征服，为一定程度的自治讨价还价，或设法向相互竞争的帝国资助者寻求保护时，这种区域就有可能形成。殖民列强找理由创造了各种半自治空间，它们在法律和政治上都不同于受更多控制的殖民领土。伴随着这些模式和实践所产生的政治地理不规则、分散且形状怪异，并且它们与帝国地图上由单色阴影绘制的图像完全不符。[3]

　　在这一变化多端的殖民世界的社会建构中，法律扮演着特别 3

─────────

　　〔3〕 对走廊和飞地的强调与在其他近代史中提出欧洲帝国是网状结构或网络的观点相吻合。我对走廊和飞地之法律性质的兴趣稍有不同在于，从关注货物和人员通过这些网络流动，转而强调这些网络在主权的想象和建构过程中的作用。融合这些基本协调的视角时提及克里·沃德（Kerry Ward）的评论是有裨益的，他指出帝国的"节点和网络"（nodes and networks）有一种"模块化"的特质，这源于"帝国主权的渐进式发展"。*Networks of Empire*：*Forced Migration in the Dutch East India Company*（New York：Cambridge University Press，2008），56、60. 关于构成欧洲诸帝国的网状结构和网络，也参见 Alison Games, *The Web of Empire*：*English Cosmopolitans in an Age of Expansion*，*1560-1660*（New York：Oxford University Press，2008）；David Hancock, *Oceans of Wine*：*Madeira and the Emergence of American Trade and Taste*（New Haven，CT：Yale University Press，2009）.

重要的角色。各种法律文化随着帝国官员、商人、水手、士兵、定居者、逃犯甚至海盗——帝国的代理人——四处传播，他们与当地人和竞争帝国的代表互动时将自己定位成远方君主的臣民，还经常是作为君主代表的臣民。旅行者的行为拓展了法律的适用范围，促进了新的政治社区形成，对各种帝国构想提出挑战，并且创造出常见法律实践的各种变体。同时，帝国的行政管理依赖于委派的法律权威的行使。帝国统治这种分层级的特质，酿成对官员特权、臣民的定义和权利以及以土著居民或被征服人民的法律表达殖民地治理的争夺。帝国主权的这些维度——臣民身份的可移植性和法律权威的委派——共同催生出多种领土变体。在某个层面上，它们促使各种走廊和飞地形成模式，也即当臣民的移动沿着旅行、贸易和物资供应的网络留下自己的空间印迹时，委派的法律权威便将其控制拓展到各种飞地以及周边地区。在另一个层面上，一种围绕臣民身份和权威的流动的法律政治在各种走廊和飞地之中以及它们之间创造出更多的变体。用比标准彩色地图更精确的绘图呈现帝国权力，将显示出欧洲人所主张的空间杂乱且不连续，或许通过使用浓度不同的色彩，还将表现出各地理区域内的统治不断变化和局部分化的特质。

　　在朝着扩张更均匀的领土统治和稳固的主权发展的道路上，将这些模式仅仅解释成暂时形态具有诱惑力。但这么做是在向过去投射 19 世纪以后的观念，即领土性并非只是主权的一个要素，它还是定义主权的要素。〔4〕尽管对领土的控制构成现代早期主

---

〔4〕 第六章将更全面地讨论如何处理主权。

权建构的重要部分，在承认更具扩张性的势力范围具有不完全性和试验性的同时，欧洲列强还是常常基于策略性、象征性和有限的主张来宣告和捍卫帝国的领地。某些法律实践，包括确定臣民身份的仪式和控制犯罪在内，与对领土的统治权只有间接联系。在漫长的19世纪，向现代国家身份的转变并未消除各种领土统治不均匀的模式。[5] 即使——或者特别——在推进非常明确的领土扩张和巩固计划的政治体中，各种被区别对待的新型法律空间仍旧在大地上星罗棋布。它们的创造成为帝国日常运转的一项功能，而非持续存在且更古老的不规则性所导致的结果。

在欧洲范围内，将主权和领土主张紧密联系是一个常见问题，并且历史学家最近开始重述欧洲民族国家的主权历史，将其视为一个偶然且不可否认的不完整的过程。[6] 对帝国内部主权的探寻呈现出某些相同的问题，也表明帝国主权在某些方面是独

---

〔5〕 在本书此处和其他地方，但凡我提到"一个漫长的世纪"，都遵循费尔南德·布罗代尔（Fernand Braudel）使用约定俗成用语的做法以示承认某些连续性，这些连续性打破了通常按世纪做出的历史分期。布罗代尔所说的"漫长的16世纪"从大约1450年延续到1640年。因分析的地区和趋势不同，某些漫长的世纪要比另一些更长。举例而言，大多数历史学家将"漫长的19世纪"界定为从大约1780年到第一次世界大战开始的一段时间，而将"漫长的18世纪"列为粗略从1680年延续至大约1840年（英国历史学家有时会将年代精确到1688年和1832年）。当年代对于所讨论的话题很重要时，我会提供一个年份的范围；除此之外，当我提到"一个漫长的世纪"时，该措辞应表示从一个世纪开始前几十年直到其结束后几十年的这样一个时期。

〔6〕 特别参见最近关于威斯特伐利亚条约的著作，这些著作挑战了威斯特伐利亚条约在领土控制发展成现代主权的一个组成要素的过程中作为转折点的重要性。比如 Stéphane Beaulac, *The Power of Language in the Making of International Law; The Word Sovereignty in Bodin and Vattel and the Myth of Westphalia* (Leiden: Martinus Nijhoff, 2004).

特的，有时还十分难以捉摸。[7] 领有权（*dominium*）通常被认为是拥有领土的权利，统治权（*imperium*）则与主权管辖权相联系，两者长期以来都缺乏精确定义，特别是在彼此之间的关系方面。[8] 与此同时，各种领土的变体还源于这样一些矛盾，即何种法律文件和特权适用于帝国的哪些部分，以及根据哪个地方权威适用。宗主国的法律是全部还是部分适用？君主们对海外领地的权威和对本土王国的一样还是更大？殖民地行政机构或法院能颁布新法或对旧法做出新解释吗？对这些问题的回答常常要求想

---

[7] 查尔斯·梅尔（Charles Maier）认为，欧洲帝国的主权不同于欧洲内部的主权，这恰恰因为帝国并不依赖于边界的完整，而是有赖于将竞争对手排除在外的"权力的持续展示"。*Among Empires: American Ascendancy and Its Predecessors*（Cambridge, MA: Harvard University Press, 2006), 101. 我们应当注意到，帝国主权的某些不规律性可以通过统治遥远的领土所带来的高昂成本和通信问题得到解释。当然，技术进步和殖民官僚机构的强化的确改变了有效的帝国权威均匀分配的可能性。不过，除通信和成本控制之外明显还另有故事可讲，而且对法律传播的关注趋向于支持强调帝国之间的差异，但我更感兴趣的是探索帝国构造内部的变体形式。关于法律传播作为折射帝国之间差异的透镜，参见 Kenneth J. Banks, *Chasing Empire across the Sea: Communications and the State in the French Atlantic, 1713-1763*（Montreal: McGill-Queen's University Press, 2002); Richard Ross, "Legal Communications and Imperial Governance: British North America and Spanish America Compared", in *The Cambridge History of Law in America*, ed. Michael Grossberg and Christopher Tomlins（Cambridge: Cambridge University Press, 2008), 104-43.

[8] "统治权"通常用作主权的同义词，而"领有权"有时的含义比此处的定义更窄，指的是领主权或财产权，有时又具有比此处的定义更宽泛的含义，指的是一片有权利主张却缺乏实际控制的广袤地域。此处并不打算采用精确的定义。第六章详细讨论了"主权"一词不断变化的定义，而就像"主权"一样，"领有权"和"统治权"的运用都是策略性的，而且它们在有关帝国的论述中的含义受到国内政治中不断变化的定义影响。戴维·阿米蒂奇认为，"统一统治权和领有权的含义……在英国的帝国意识形态中心是从根本上最终会引起麻烦的困境"。*The Ideological Origins of the British Empire*（Cambridge: Cambridge University Press, 2000), 94（see also 93-4, 96-8, and 122-4).

象主权具有可分割性，其各部分又能以各种组合方式得到分配。[9] 帝国官员和法律学者发现，主权的配置并不能分别从当地错综复杂的法律政治和帝国间竞赛的挑战所引起的实践和理论问题来入手解决。

　　认识到帝国主权的各种空间变体，有助于我们修正自身对全球法律机制变动结构的理解。一直以来，国际法史趋向于被叙述成从自然法到实证法的转化，该过程始于16和17世纪法学家认为自然法原则在帝国间关系的调整上具有核心地位的观点，并在漫长的19世纪导致以主权国家的协议所形成的法律为基础的国际秩序观念出现。[10] 帝国主权复杂性的探索在多个层面上挑战着这种叙述。首先，帝国管辖权向着欧洲以外的空间不规则延伸可被视为催生了帝国之间的法律政治，参与者即使在援引自然法原则之时，也在想象一种由各帝国之间不断重复的法律实践和机

6

　　[9]　之后，我会更多谈一谈可分割的主权问题。对如何看待可分割的主权在欧洲各帝国中的作用而言，一个很有价值的起点是 Edward Keene, *Beyond the Anarchical Society: Grotius, Colonialism and Order in World Politics* (Cambridge: Cambridge University Press, 2000).

　　[10]　我将这一叙述复杂化的努力构筑在其他学者工作的基础上，他们一直从标准的叙述中识别出问题并做出其他修正。参见 Antony Anghie, *Imperialism, Sovereignty, and the Making of International Law* (Cambridge: Cambridge University Press, 2007); Keene, *Beyond the Anarchical Society*; David Armitage, *The Declaration of Independence: A Global History* (Cambridge, MA: Harvard University Press, 2007); Casper Sylvest, "The Foundations of Victorian International Law", in *Victorian Visions of Global Order: Empire and International Relations in Nineteenth-Century Political Thought*, ed. Duncan Bell (Cambridge: Cambridge University Press, 2007), 47-66.

制塑造的更广泛的规制秩序。[11] 换句话说，一种修正的实证主义贯穿欧洲帝国扩张和统治的数个世纪，它并非源于立法或者国家之间的协议，而是出自有关法律程序的不断扩散的实践和共同期望。包括各种"异常法律区域"在内的法律演变模式，构成这一全球法律秩序的一项普遍而持久的要素。[12] 其次，帝国持续存在至漫长的 19 世纪，扰乱了对形成中的国际法律机制的叙述。通过分析早期帝国之间的协议和跨帝国的话语，我们能够了解如何分析 19 世纪以及之后的各种全球法律规则及其变化。这一历史引导我们关注共享法律库的诸要素，而非搜寻差异化国别规则的早期表征。还有，通过追寻涉及主权不完全、有争议或被分享的区域的各种协定之起源和变化，我们还能更好地识别那些协定在后期的变体。

---

〔11〕 关于 18 世纪晚期国际法上自然法原则和实证法同时被援引的观点，参见 Armitage, *The Declaration of Independence*, chap. 2. 大多数论述强调条约作为确定帝国之间法律定序的核心要素，而我并不会忽略条约，只是希望更多突出帝国法律权威的相互承认得以产生的其他非核心方式。

〔12〕 我所使用的这个措辞来自 Gerald Neuman, "Anomalous Zones", *Stanford Law Review* 48, no. 5 (1996), 1197-1234. 纽曼将"异常区域"视为这样的地方：法律的基本规则在其中一直被停止施行，并且这种状态不断扩大以至于造成法律上的其他反常情况。他举的例子既有华盛顿特区的异常投票体制，也有因犯利权利不得行使的关塔那摩海湾。我在第四章对特殊流放地的讨论中引用了类似例子，但在全书所使用的"异常区域"一词并不总是和规则的停止施行有关，而是具有更宽泛的含义，指的是在帝国内部出现一系列法律变异的区域。参见本书第六章以及 Lauren Benton, "Constitutions and Empires", *Law & Social Inquiry* 31 (2006), 177-98. 要注意的是，拉迪迦·辛哈（Radhika Singha）用"异常"和"法律上的异常"描述英国在印度殖民地实施专为确认其臣服于帝国法律而设计的法律政策时，尝试诉诸宗教规则和传统权威所产生的结果。*A Despotism of Law: Crime and Justice in Early Colonial India* (New York: Oxford University Press, 1998), 82, 85. 我研究了殖民地的法律异常情况与关于全球秩序之理解的相互联系。

地理修辞的显著特征是以简洁的方式描述帝国法律在空间上的某些变体。通过多少有些偶然且分散的方式，一种有关地理的变动话语促使物理特性与法律和主权的性质产生联系。对诸如河流、海洋、岛屿和高地这些地理元素的描述，都创造性地结合了有关法律的话语以及对法律实践模式的报告。通过不断重复，该过程形成了广泛流传的惯例——各种通常是间接交流陆地地形（或海洋地形）与法律之间不寻常且持久联系的方式。为应对一系列影响，特定地理修辞在某些时期象征性地处于帝国事业更核心的位置。帝国内部的宗主国评论家和代理人都试图归纳帝国各部分的独特地理特征和异常法律特性。查尔斯·梅尔（Charles Maier）认为，在漫长的 20 世纪，"支配性的空间想象"是一种强烈的"领地天性"（territorial imperative）。[13] 早期欧洲帝国工程所历经的五个世纪，似乎并未显露出单一的支配性空间想象——除非我们将领土变体本身理解成一种组织类别，并承认帝国构造中内在的

[13] 梅尔或许夸大了领地性（territoriality）作为 20 世纪的一种组织原则所具有的力量，特别是考虑到主权分布不均匀的空间持续产生时，比如本书第五章分析的 19 世纪晚期具有准主权的飞地，而弗雷德里克·库珀（Frederick Cooper）在 *Colonialism in Question*: *Theory*, *Knowledge*, History（Berkeley: University of California Press, 2005）第 91-112 页的"全球化"部分中对这些飞地也有讨论。不过，应该赞誉的是，梅尔为识别在一段历史时期内"以某种一致性保持其政治机制及其在物质世界中的表象"的某种天性（imperative）所做的努力。"Consigning the Twentieth Century to History: Alternative Narratives for the Modern Era", *American Historical Review* 105（2000），807-31. 萨斯基亚·扎森（Saskia Sassen）试图将领地性融入一项对全球变革所做的叙述，但不太成功；她将中世纪的领土"集合体"和帝国地理描述成民族国家政治经济产生的主要先兆。*Territory*, *Authority*, *Rights*: *From Medieval to Global Assemblages*（Princeton, NJ: Princeton University Press, 2006）.

团块结构是其活力的表现。[14]

随着欧洲帝国工程在后续时代趋向于引用特定的地理修辞来描述不完全且不均匀的主权之表现形式,复杂多样的环境影响了这些趋势。帝国之间的关系似乎一直特别有影响力。从 15 世纪到 17 世纪,当欧洲列强用尽手段索求对归属未定区域的商业影响时,它们利用共享的罗马法法律库,并且强调有策略地选择定居点、贸易站、要塞以及其他标记先占或支持占有主张的象征物所在地。河流地区构成通往想象中富庶内陆王国的主干道,海上航道则串成了商业网络。18 世纪的中间几十年,帝国之间对全球势力范围和新兴地区市场的竞争加剧,这种局面激起了不仅对领土边界还包括对海上控制走廊沿线的战略据点,特别是岛屿的更大关注。在 19 世纪中期和晚期,当向领土帝国转变恰逢与有界限空间的控制相关的国家主权概念兴起时,全球竞争更密切地关注统治的固化以及复杂而有序的帝国官僚体制的建构。由此产生的一个结果是,在受到更严密控制的殖民领土内,据称其法律行政原始且半独立的山区飞地所引起的理论和实践问题愈发凸显。另一个结果则是质疑将国际法想象成能使帝国作为一个全球治理单位的力量。

在帝国内部,活跃的代理人法律政治也推动了参考地理的特殊策略。在欧洲人的个人生活经验与他们对法律和地理的描述之

---

〔14〕 这种见解可能随时间推移影响扩大,并且在方法论上扩展,从而成为重新书写全球历史的基础,就像库珀号召 "抓住权力和经济关系的团块结构,以及这种不对称状态随着时间推移而变化的方式" 时所提议的一样。"Globalization",101.

间，我们会发现特定的同源性。将旅行描述为一系列场景、印象以及遭遇与对帝国走廊的法律想象相吻合。在飞地的居住影响着对委派的法律权威行使方式和范围的理解，同时也与将帝国作为不连续且常常极其分散的各种场所的集合体的理解相符。旅居者[9]和定居者倾向于用那些肯定或强化其自身利益和权利的方式描述所遭遇的风景。[15] 调和"异常的"殖民地法律与"规范的"宗主国法律是这项事业的一个侧面，但这种划分又是区别对待各种法律区域的诸多方式中的一种。[16] 与当地人的接触，显然对有关自然的看法和权威扩张限制的评估有非常重要的影响。欧洲法学家直接回应了在帝国之间关系中，以及在竭力理顺各帝国内部和它们之间各种法律和领土变体的过程中出现的特殊问题。帝国的各种异常法律空间在这些进程的结合中产生，并且对定义帝国主权和建立其与新兴的全球法律的关系提出新的挑战。

就 1400 至 1900 年间帝国空间产生过程中地理话语、殖民法律政治以及国际法之间的相互关系而言，本章为按时间顺序排列的案例研究奠定了基础。这项基础工作得以完成，是通过探索认识论和经验在欧洲特别是海外扩张早期阶段之地理和法律想象中

---

〔15〕 在此处以及本章全文使用"旅居者"一词时，我借助了艾伦·卡拉斯（Alan Karras）对大西洋世界中的苏格兰的讨论。卡拉斯指出，许多欧洲人将自己视为帝国内部的过往旅客，他们频繁地迁移并打算最终返程。*Sojourners in the Sun: Scottish Migrants in Jamaica and the Chesapeake, 1740-1800* (Ithaca, NY: Cornell University Press, 1992), chap. 1.

〔16〕 中心与边缘之间的法律张力一直受到历史学家最多的关注，这种张力被视为帝国内部在法律和空间上进行区别对待的一个要素。See Jack P. Greene, *Peripheries and Center: Constitutional Development in the Extended Polities of the British Empire and the United States, 1607-1788* (Athens: University of Georgia Press, 1986).

融合的各种方式的某些相似性。第一步是重新审视常见且有吸引力的有关空间在相互联系加深的世界中逐步理性化的叙述。欧洲帝国既在经验上又在想象中是重复出现但并不规则的各种区域的聚集体，地理知识的采集方式则促使这一效果产生。除了资助制图项目，欧洲人还通过旅行指南或"观光旅游"以及搜集对各分散地区的深度描写来累积地理知识，并且经常通过法律报告或相关法律案件过滤这两类信息。当地理描述对法律和主权观念进行编码时，法律成为对地理知识的产生和传播来说很重要的认识论框架。

走廊和飞地

10　　将欧洲帝国叙述为对缓慢而逐步理性化的空间的创造，确实有合理甚至可能令人欣慰之处。航海和制图技术的周期性进步、对地理边界作为帝国竞争者之间缔约要素的持续关注以及通过殖民者对被征服和被殖民领土的地理知识的累积——这些趋势不论在更古老还是在更新近的帝国历史上，都与帝国权力的建构紧密相关。制图在该叙事中具有重要作用，它既是服务于帝国的一项技术，又是对通过知识累积和控制实现统治的殖民计划的一个隐喻。[17]

---

〔17〕　本节讨论的是一种明显更宏大的融合历史和地理的文献的一个方面。See Alan R. H. Baker, *Geography and History*: *Bridging the Divide* (Cambridge: Cambridge University Press, 2003).

这种叙事有许多优点。我们发现，在欧洲殖民的早期几个世纪，制图学的进步不仅使帝国对可通过不断精确化的经纬线划界的广袤领土提出主张成为可能，并且也受到这些主张的激励。关于敏锐的领地意识及其相关发展，即可制图的空间在观念上的扁平化，有一个早期经常被引用的例子是 1494 年《托尔德西里亚斯条约》，该条约以一条在南北两极之间距离佛得角 370 里格的线，将世界分别划属葡萄牙和西班牙各自一边的势力范围。[18] 特别是，葡萄牙人一直被描述为将新提出的帝国主张同天国标志相联系的欧洲殖民者，他们运用天文参考来定义其领地范围。[19] 西班牙帝国任用多重官僚机构搜集和解释帝国的地理信息。[20] 11
英国则使用纬线来标记位于北美的特许英属殖民地的北部和南部界线。[21] 总体上，在帝国之间对欧洲以外土地所提主张的范围

〔18〕 这条线在图 3.1 中有标示。葡萄牙和西班牙对摩鹿加群岛（Molucca）以及后来在南大西洋的争端，部分集中在哪些岛屿应该成为测算距离西边 370 里格的起始点。See Jerry Brotton, *Trading Territories: Mapping the Early Modern World* (London: Reaktion Books, 1997), 122–159; Charles E. Nowell, "The Loaisa Expedition and the Ownership of the Moluccas", *The Pacific Historical Review*, 5: 4 (1936): 325–336; and W. Rela, *Portugal en las exploraciones del Río de la Plata* (Montevideo, Uruguay: Academia Uruguaya de Historia Marítima y Fluvial, 2002), 139–68.

〔19〕 Jorge Cañizares-Esguerra, *Nature, Empire, and Nation: Explorations of the History of Science in the Iberian World* (Stanford, CA: Stanford University Press, 2006), chap. 4; Patricia Seed, *Ceremonies of Possession in Europe's Conquest of the New World, 1492–1640* (Cambridge: Cambridge University Press, 1995), chap. 4.

〔20〕 María M. Portuondo, "Cosmography at the Casa, Consejo, and Corte During the Century of Disovery", in *Science in the Spanish and Portuguese Empires: 1500–1800*, eds. Daniela Bleichmar, Paula De Vos, Kristin Huffine, and Kevin Sheehan, 57–77; and *Secret Science: Spanish Cosmography and the New World* (Chicago: University of Chicago Press, 2009).

〔21〕 See Sack, *Human Territoriality*, chap. 2.

13

和位置引发的争议中，以及在帝国内部巩固权威并消除土著居民的存在和对抗性主张的过程中，地图经证明是有价值的，并且可能是至关重要的政治工具。[22]

对遥远而广袤的领土提出权利主张所采用的这些新方法——根据对空间逐步理性化的叙述——开启了一个随制图技术提高而不断进步的进程。边界确定的领土与帝国之间的联系在整个漫长的 18 世纪变得愈发突出。到 19 世纪中期，地理信息被明确确立为集合一系列各类知识的信息，它具有使独特的地形受到控制并成为财产——某种意义上的领有权——的双重功能。在这段叙事中，帝国的制图相当于一个放大的望远显微镜，一种通过观察构筑权威的工具。为支撑本部分叙述所提供的事例，包括 19 世纪中期英属印度的三角测量（Triangulation Survey）这一巨大工程，以及在大英帝国其他地方为支持边境定居点沿线的土地商品化而发生的土地测量技术的复制。[23] 当政治冲突开始集中于各种殖民土地间的边界争端时，边界确定的领土理所当然地被认为与政治控制有关，以至于对帝国的恰当定义开始同帝国可被绘制的控制范围相联系。由此，大英帝国在地图上的着色既成为一种政治话

12

----

〔22〕 比如 J. B. Harley，"New England Cartography and the Native Americans"；and "Rereading the Maps of the Columbian Encounter"，*Annals of the Association of American Geographers* 82，no. 3（1992），522-36. 关于地图在有关占有的话语中所具有的法律意涵，参见 Ken MacMillan，*Sovereignty and Possession in the English New World：The Legal Foundations of Empire，1576-1640*（Cambridge：Cambridge University Press，2006）.

〔23〕 Edney，*Mapping an Empire*；John C. Weaver，*The Great Land Rush and the Making of the Modern World，1650-1900*（Montreal：McGill-Queen's University Press，2006）. See also Sudipta Sen，*Distant Sovereignty：National Imperialism and the Origins of British India*（New York：Routledge，2002）.

语工具，又成为帝国的一种图像表示。[24]

总的来说，这些观察结果及其背后的精细研究，构成了讲述领地性和帝国沿着一条基本是线性的路径共同发展的故事。该故事处于同时代更广泛的全球化的叙事背景中。全球化的概念有相对未经检视的暗含的空间维度。随着遥远地区的历史越来越紧密地相互联系，一个预期的要素就是空间的叠缩（telescoping of space）。有一些学者将随后发生的空间和时间的瓦解同资本主义扩张障碍的消除相联系。全球化的另一种强有力而隐含的空间要素是："全球"成为人类社会的一个全新范围。"全球"的出现一直被置于不同的情境中：15 世纪晚期是在首次以球型对世界进行的描绘中；16 和 17 世纪是在全球贸易网络的创造和拓展中；18 世纪是在启蒙运动对知识和物理体系的概念化中；19 世纪是在真正的劳动力和资本全球循环的加倍增长中；20 世纪则是在跨国文化

---

〔24〕 See, e. g., Jeremy Black, *Maps and History*: *Constructing Images of the Past* (New Haven, CT: Yale University Press, 1997), 58. 埃德尼（Edney）以类比的方式引用了博格斯（Borges）讲述的帝国制图者的故事，该制图者被召去绘制更精确的地图，他最终呈递了一张按比例尺仅仅绘制了帝国管辖范围的地图。See Edney, *Mapping an Empire*, 1, 337. 对英国人描述的帝国"真空区"所做的研究，参见 D. Graham Burnet, *Masters of All They Surveyed*: *Exploration*, *Geography*, *and a British El Dorado* (Chicago: University of Chicago Press, 2000); Felix Driver, *Geography Militant*: *Cultures of Exploration and Empire* (Oxford, U. K.: Blackwell Publisher, 2001); and Patrick Brantlinger, *Rule of Darkness*: *British Literature and Imperialism*, *1830 – 1914* (Ithaca, N. Y.: Cornell University Press, 1988).

运动以及经济体制促成的民族国家的潜在失势中。[25] 全球化的

13 这些空间表现并不依赖于早期对帝国和殖民扩张造成的空间扁平
化所做的历史叙述，但要了解这两种路径如何相互影响很容易。
当通过市场力量实现的空间跨越至少假设了一个从探索到征服、
整合以及开发的逻辑进程时，将遥远的领土描述成可知的空间使
"全球"的概念化成为可能。[26]

令帝国内部的空间理性化这一故事变得复杂甚至受到挑战的
几种方式已然可见。比如，历史学家一直主张，与标记帝国空间
的新坐标之精确度相匹配的是如何识别地面和水上边界的不确定

---

〔25〕 关于 15 世纪晚期的全球和全球化，参见 Jerry Brotton，"Terrestrial Globlism：
Mapping the Globe in Early Modern Europe"，in *Mappings*，ed. Denis Cosgrove（London：
Reaktion Books，1999），71–89；关于全球世界在 16 世纪的诞生，参见 Dennis O. Flynn
and Arturo Giráldez，"Cycles of Sliver：Global Economic Unity through the Mid-Eighteen Cen-
truy"，*Journal of World History* 13（2002），391–427 以及 Sakia Sassen，*Territory*，
Authority，*Rights*；关于 18 世纪苏格兰启蒙运动中对全球体系的想象，参见 Clifford
Siskin，*Blaming the System：Enlightenment and the Forums of Modernity*（Chicago：University
of Chicago Press，forthcoming）；and Jonathan Sheehan and Doro Wahrman，"Matters of Scale：
The Global Organization of the Eighteenth Century"（2004 年 5 月 19–22 日在印第安纳大学
的 "18 世纪的地理学：有关全球的问题" 会议上发表的论文）。对横跨漫长 19 世纪的
全球化诸多分支所做的精细论述，参见 C. A. Bayly，*The Birth of the Modern World*，
1780–1914：*Global Connections and Comparisons*（Malden，MA：Blackwell，2004）。弗
雷德里克·库珀（Frederick Cooper）注意到，关于全球化在帝国历史编纂中的起源的
观点具有多样性。"Empire Multiplied"，*Comparative Studies in Society and History* 46
（2004），247–72.

〔26〕 丹尼斯·科斯格罗夫（Denis Cosgrove）认为，对全球的描述 "建构和传播
了独特的欧洲思维方式，其背后是当代全球主义的普世论者主张"。*Apollo's Eye：A Car-
tographic Genealogy of the Earth in the Western Imagination*（Baltimore：Johns Hopkins Univer-
sity Press，2001），x. 一本强有力地论证地理描述与政治权利之间强烈联系的专著，参
见 Derek Gregory，*The Colonial Present：Afghanistan*，*Palestine*，*Iraq*（Malden，MA：Black-
well，2004）.

性，还有对尚未绘入地图的广袤领土的相对无知。[27] 例如，理清伊比利亚帝国对地球另一侧的权利主张，是一项若无经度的精确测量就异常艰巨的任务，而《托尔德西里亚斯条约》为此项任务提供了尴尬的指引。[28] 这种不确定性意味着条约不但未解决帝国之间的各种权利主张，反而制造了新的矛盾。同样，在英属北美，特许殖民地的北部和南部边界在向西延伸，尚未绘入地图且有争议的地区渐渐消失。领土主张呈直线延伸的前景被印第安人事务局阻断，也被沿阿巴拉契亚山脉（Appalachian Mountains）的山脊暂时划出的定居者土地与印第安领地的界线所阻断，而这条界线既难以定位又无法巡查。[29] 一般来说，几何坐标的特性就在于对抗不确定性，由此即使看上去最精确的边界也会依具体情况而变化，并且有可解释的余地。这一情况的重要性并不在于其多少削弱了制图的价值，而在于使得帝国秩序与地理信息的关系具有内在的不稳定性。

作为对帝国和空间理性化相结合的回应，同样明显且重要的

----

〔27〕 一项特别有趣的研究显示了对内陆领土的知识稀缺如何强化了帝国主义列强对海上和沿海空间控制的关注，参见 Dale Miquelon, "Envisioning the French Empire: Utrecht, 1711–1713", *French Historical Studies* 24, no. 4 (2001): 653–677. 还有，在不同殖民时期和背景下对此点的讨论，参见 Nuria Valverde and Antonio Furtado, "Space Production and Spanish Imperial Geopolitics", in Bleichmar, *Science in the Spanish and Portuguese Empires*, 198–215, 209.

〔28〕 Brotton, "Terrestrial Globalism"; Nowell, "The Loasia Expedition and the Ownership of the Moluccas".

〔29〕 Eric Hinderaker and Peter C. Mancall, *At the Edge of Empire: The Backcountry in British North America* (Baltimore: Johns Hopkins University Press, 2003); D. W. Meinig, *The Shaping of America: A Geographical Perspective on 500 Years of History*, vol. 1, (New Haven: Yale University Press, 1986).

是这样一种评论，即对这种结合的表述是以欧洲为中心的。关于1400 至 1900 年间绘制全球帝国的历史，是将西方技术变革对欧洲制图学产生的典型影响以及可能带来的进步予以特殊对待的历史。最近一些研究记录了伊斯兰和亚洲世界深厚的制图传统，并且表明制图惯例跨越了世界各地之间松散的边界线。[30] 对早期殖民世界中欧洲人制图的研究已经使更大程度上认识土著居民的地理表达对帝国制图的影响成为可能。[31] 历史学家们最近也强调，对地理知识的研究要从关注制图拓展到囊括一系列更广泛的用于搜集和传达地理知识的叙事要素，这伴随着纳入来自包括非欧洲人在内的不同群体的信息。[32] 对土著人的地理想象多加关注就会发现，土著人的领地意识通常与欧洲定居者并无本质差别。[33]

15

　　这些发现有助于更细致入微地评价欧洲人在想象"新"世界

---

〔30〕　参见 J. B. Harley and David Woodward, eds., *The History of Cartography*, vol. 2, bk. 1, *Cartography in the Traditional Islamic and South Asian Societies*, and vol. 2, bk. 2, *Cartography in the Traditional East and Southeast Asian Societies* (Chicago: University of Chicago Press, 1992, 1995).

〔31〕　在"重新解读关于哥伦布遭遇的地图"时，哈利（Harley）对这一点的讨论就运用了美洲殖民地的例子。

〔32〕　理查德·帕德龙敏锐地察觉到，对西班牙帝国内部制图的强调转移了对制图之外发展出来的有关空间和地理的各种文化话语的关注。奇怪的是，由于西班牙王室对帝国内部的地图制作和传播严密控制，这些话语反而变得更加重要。Richard Padrón, *The Spacious Word: Cartography, Literature, and Empire in Early Modern Spain* (Chicago: University of Chicago Press, 2004), 9, 21. See also Rolena Adorno, *The Polemics of Possession in Spanish American Narrative* (New Haven: Yale University Press, 2007); Ralph Bauer, *The Cutural Geography of Colonial American Literatures: Empire, Travel, and Colonial Writing in the English Renaissance, 1545-1625* (Oxford: Oxford University Press, 2007).

〔33〕　For example, see Nancy Shoemaker, *A Strange Likeness: Becoming Red and White in Eighteenth-Century North America* (New York: Oxford University Press, 2004), chap. 1.

时援引既有地理分类的方式。约翰·吉利斯（John Gillis）认为，恰恰在定期穿越大西洋的航行带来关于大西洋上大量岛屿的知识之前，岛屿是对大西洋进行想象建构的重要元素。[34] 巴里·坎利夫（Barry Cunliffe）提出一项关于区域地理的基本法则：危险的海岸、海湾和岛屿一道构成了区域地理类型的三部曲，勘探策略和海外定居模式便由此产生，而该法则为大西洋地区的欧洲人共享，并且表明他们投身到了更广阔的大西洋世界。[35] 正如这些学者所承认的，地理修辞的专门词汇对欧洲人来说可从其自身的宗教、文学以及学术传统中获得，而旅居者有选择地以各种不同的组合来利用这一符号库，对殖民地的情况和遭遇做出回应。[36] 例如，"沙漠"这个概念有着圣经上的经典联想，在18和19世纪帝国扩张的语境下又有了新的意涵。[37] 当然，不断变化的关于地理元素的表述在欧洲内部和外部并不总是相互匹配。比如，当欧洲的风景画家们开始将海岸描绘成更宜居之地和休闲之地时，有关公海的各种流传甚广的故事则宣告着不断加剧的海上暴

---

〔34〕 约翰·吉利斯认为，岛屿长期以来都是理解帝国空间的一个核心组成类别，只是在向19世纪以陆地为基础的帝国转变时，其地位被取代。*Islands of the Mind*: *How the Human Imagination Created the Atlantic World* (New York：Palgrave Macmillan, 2004).

〔35〕 Barry Cunliffe, *Facing the Ocean*: *The Atlantic and Its Peoples*, *8000 BC–AD 1500* (Oxford：Oxford University Press, 2001), chaps. 1–2.

〔36〕 在其对欧洲与地形的文化联系的深厚研究中，西蒙·沙玛（Simon Schama）注意到景观神话和记忆"历经几个世纪所具有的令人吃惊的延续性"。*Landscape and Memory* (New York：Vintage, 1995), 15.

〔37〕 唐纳德·伍斯特（Donald Woster）将其视为美国西部帝国事业的构成性修辞。*Rivers of Empire*: *Water*, *Aridity*, *and the Growth of the American West* (Oxford：Oxford University Press, 1992). See also Patricia Nelson Limerick, *Desert Passages*: *Encounters with the American Deserts* (Albuquerque：University of New Mexico Press, 1985).

力所具有的特殊危险。[38]

16 　　同样地，在确定欧洲人何时以及如何援引常见地理修辞方面，生活经验发挥着重要作用。正如卡特（Carter）谈到詹姆斯·库克（James Cook）船长的航程记录时所说的，空间认知作为在旅行者的注视下展开的一项要素，在欧洲人的叙述中将地理和故事讲述融合在一起。旅行沿线的地点都和一连串事件中的各个时刻相呼应。卡特将命名描述为无比明确地将地理控制的野心和与空间穿越不可分的知识创造相结合的活动，由此便产生他所说的"旅行认识论"，其中各种名称代表到达和离去的地点。比如，库克船长在"奋进号"三桅帆船与毛利人暴力相向后将"奋进之湾"这个充满希望的名字改为"贫瘠之湾"，而"奋进之湾"这个名字是在他的船首次造访新西兰时所取的。[39]

　　我们可以从这些见解中注意到引导我们对帝国空间理性化的故事做出修正的其他进程。不论在旅居者对空间的体验中，还是在有关遥远地区的知识的创造中，欧洲人都改变旧策略并创制新方式，将领土描述成有差别的、碎片化的和不均匀的。沿着通往分散地点的通道移动的旅行体验与赋予新地形意义并传递有关它们的信息的方式相呼应。相较于通过逐渐变得精确的制图来实现空间的理性化，该过程强调一系列重复出现的地理地形，以及在

---

　　[38]　See Alain Corbin, *The Lure of the Sea: The Discovery of the Seaside in the Western World, 1750-1840* (Berkeley: University of California Press, 1994); and Philip E. Steinberg, *The Social Construction of the Ocean* (Cambridge: Cambridge University Press, 2001).

　　[39]　Paul Carter, *The Road to Botany Bay: An Essay in Spatial History* (London: Faber and Faber, 1987), 31, 15.

这一基本规则中对具体案例的独特性质、古怪之处或特异性的关注。与其说这种并行的进程催生了可被知晓和支配的空白领土的意象，不如说它强调世界的某些部分甚至帝国的组成部分都可能抗拒分类或控制。

　　想一想地图和旅行两者的空间认知之间的差别和联系。[40] 旅行记述采取的形式是游览观光，有目的地混合了个人的目击证言、政治性报告以及对自然的分类。在后来由海岸线、河流、山丘、洋流和列岛所标记的航线中，编年史以各种通道的形式展现自然景观，这些通道也是帝国控制的潜在目标。正好有一个例子由于出现在一段相对比较模糊的叙述中而愈发有趣，这个例子是由多明我会修士加布里埃尔·萨拉扎（Gabriel Salazar）在描述其1620 年穿过玛雅低地（Maya lowlands）的旅行时提供的：

　　"我离开危地马拉并向右转去伊萨瓦尔湖（Lake Izabal），我在那儿的佐柯罗（Xocolo）乘上独木舟并沿着河岸到达左伊特（Tzoite）……我来到并进入了赛邦镇（Xibun）……我从这里进入塞坦（Çactan），并从塞坦进入奇纳米特（Chinamit），这两处都在咸水湖和咸水河上。从奇纳米特，他们带我走水路到一个巨大的咸水湖一侧的一个小岛上。从那里，经过佩德罗·埃尔南德斯（Pe-

----

〔40〕 米歇尔·德·塞托（Michel de Certeau）讨论了地图和旅行的差异，他利用了1970 年代发布的有关纽约城的研究，其中的受访者被要求描述他们的公寓。这项研究显示，尽管一些人愿意画地图来描述特定空间，更大多数人则以观光的方式传递地理知识。比如，被问及公寓的布局时，受访者们通过从一个房间移动到另一个房间来描述所看到的场景。*The Practice of Everyday Life*, trans. Steven Rendall（Berkeley：University of California Press，2002），118 - 21. 帕德龙（Padrón）在《空间话语》（*Spacious Word*）中解释道，这些空间认知以受"旅行地图'或'寻路图"影响的感官经验为基础（第55、58 页）。

dro Hernández) 的牧场，我到了巴卡拉尔（Bacalar）。这一路都是乘独木舟。要知道，我后来到了梅里达城（Merida），并从那里去往坎佩切（Campecha），沿路在我左手一侧有连绵的山丘。"[41]

就旅行日记所报告的萨拉扎的剩余旅程而言，即便现在也很难将这一连串的活动用地图描绘出来。然而，地理参考并非毫无意义；相反，它们支持萨拉扎主张其目击的权威性，描绘了一条连接西班牙人存在的各种标记的路线（"佩德罗·埃尔南德斯牧场"，"梅里达城"），并且成为后来旅行者的指南。[42]

中途停留之处和目的地凸显了帝国的走廊。有着对通道沿线活动的基本叙述的旅行编年史，必然会有对分散地点的描述和视觉化呈现。对定居点和港口的普遍看法以及在贸易走廊沿线的战略要地驻防的计划形成了对有关欧洲以外世界的知识的另一种存储。海外冒险的赞助者们委托搜集对城镇或港口的看法，这些看法以为地中海航行而制作的海岛图（isolarios）为蓝本，其中单个

18

---

〔41〕 S. Gabriel Salazar, "Brief Description of the Manché: The Roads, Towns Lands and Inhabitants", in *Lost Shores*, *Forgotten peoples*: *Spanish Exploration od the South East Maya Lowlands*: *Chronicles of the New World Order*, ed. Lawrence H. Feldman (Durham, NC: Duke University Press, 2000), 22–54, 34.

〔42〕 土著向导和欧洲旅行者都倾向于围绕沿路发生的重要事件组织地理信息。在现代早期的大西洋地区，印第安人和欧洲人似乎共享着通过追溯过去事件而能够被理解的地形知识（参见 Shoemaker, *A Strange Likeness*, chap. 1）。在记述印第安人和欧洲人暴力相向的各种事件时，地理标志甚至可能发生重叠。想一想另一个来自萨拉扎旅程的事例吧，该事例总结了萨拉扎旅程的完结与印第安人谋杀另一个多明我会修士有关："我行至多明戈·德·维柯（Domingo de Vico）修士逝去的河上……那些逆流而上和顺流而下的人能够在多明戈神父修士的逝去之处明确他们的方位并且遇见对方，此处距离科万（Cobán）有 3 天的旅程"（53-4, in *Lost Shores*）。

岛屿似乎"被切断了与除比例尺和罗盘外所有空间标记的联系"。[43] 这一传统的各项要素影响着《地理概要》这项西班牙帝国工程,《地理概要》是为回应各项调查而对西班牙帝国各个区域进行的深描,包括略图和对地形、统治方式以及定居模式的散文记述。[44] 描述地理学这一新兴的科学分支以及地志学这个相关门类,都为将帝国呈现为一系列或一连串离散的地点提供了认识论框架。[45] 除了各种在文学、宗教以及大众文化传播中流传

---

〔43〕　关于地志学和城市景观,参见 Richard L. Kagan and Fernando Marías, *Urban Images of the Hispanic World*, 1493−1793 (New Haven, CT: Yale University Press, 2000), chap. 1. 关于海岛图在地中海地区的发展以及将岛屿呈现为"自足……的世界"所产生的影响,参见 Cosgrove, *Apollo's Eye*, 90−95; quotes from 94.

〔44〕　帕德龙在《空间话语》中指出,这些地图中有很多符合寻路图的模式,而寻路图通常不是作为地图而是作为略图或素描图被提及。他为略图这种类型确定了一个西班牙语名称 *"croquis"*(第 55 页,第 76−77 页)。

〔45〕　关于描述地理学与有关早期大英帝国的观念之间的联系,参见 Lesley B. Cormack, *Charting an Empire: Geography at the English Universities*, 1580−1620 (Chicago: University of Chicago Press, 1997), chaps. 4−5. 科马克(Cormack)也追溯了地理研究对参与海外冒险的一代人的影响;在十七世纪早期的英格兰,许多参与帝国创建的人都在牛津和剑桥学过描述地理学和地志学。在西班牙世界,制图工程反映了对有关帝国各部分的当地描述与知识的重视。作为《地理概要》组成部分所制作的地图是关于各个小型区域(microregions)的,而这项工作从概念上说与西班牙王室在对帝国内部各个城市生成准确的看法方面所具有的长期利益相关。参见 Barbara E. Mundy, *The Mapping of New Spain: Indigenous Cartography and the Maps of the Relaciones Geográficas* (Chicago: University of Chicago Press, 1996). 关于对西班牙各个城市的看法的生成和格调,参见 Kagan and Marías, *Urban Images*. 关于描述地理学在将通过观察积累的知识融合到宇宙学并在后来以之取代宇宙学方面所发挥的作用,参见 Marías M. Portuondo, "Spanish Cosmography and the New World Crisis", in *Más allá de la leyenda negra: España y la revolución científica*, eds. William Eamon and Victor Navarro Brotóns (Valencia, Spain: Instituto de Historia de la Ciencia y Documentación López Piñero, Universitat de Valencia, 2007). 帕德龙在《空间话语》中明确提到,支撑早期西班牙帝国诸多地理描述的空间认知包含着"将领土呈现为一种连接各个优选旅行目的地的路线网络"(第 58 页)。

的有关特殊类型地理场所特质的概念，编年史作者还可依赖正在形成的有关各种描述性地理类别的专门词汇：诸如港口、森林、河流、高山、丘陵、海岸以及岛屿等常见且看似普遍的元素。

19　　就像旅行经历作为一种能够被讲述的旅程一样，描述新地形时提及一系列地理修辞是对认识论和经验的结合。[46] 对这些分类的使用，既要求形成与其他地形的类比，又要求识别某种特殊情况呈现出独特性的方式。识别这种独特性的第一步，通常是和欧洲的地形进行比较或对照。[47] 比如，欧洲人对什么构成河流区域的理解是由位于大西洋欧洲的河流盆地地理所塑造的。[48] 新遭遇的河流引发了对熟知水道的参考，要么运用类比，要么指出不寻常之处。[49] 在某种程度上，这一活动暗示着将欧洲作为

---

　　〔46〕　在《通往博特尼湾之路》（*Road to Botany Bay*）中，卡特将"知识的旅行模式"与植物学家约瑟夫·班克（Joseph Bank）所捍卫的并在工作中举例说明的分类认识论相区分（第 9、18 页）。他也认为，班克对知识的分类学路径与空间无关（第 21 页）。我却认为，殖民官员在发展帝国类型学方面的兴趣是如此明显地与空间话语有关。详见本书第五章。

　　〔47〕　埃里克·利德（Eric J. Leed）指出，现代早期世界中的旅行开始被看作一项哲学和科学工程，恰恰是因为它暗示并要求为了获取知识而进行对比。对比被视为"一种对陌生和罕见现象的防御"。*The Mind of the Traveler: From Gilgamesh to Global Tourism*（New York: Basic Books, 1991），68. 皮门特尔（Pimentel）将巴洛克科学归纳为一种建构类比和寻找"异常现象"的混合体。Juan Pimentel, "Baroque Natures: Juan E. Nieremberg, American Wonders, and Preter-imperial Nature History", in Bleichmar, *Science in the Spanish and Portuguese Empires: 1500-1800*, 93-111, 107.

　　〔48〕　这一点在坎利夫的《面向海洋》（*Facing the Ocean*）中被提出。本书第二章将对此有详细讨论。

　　〔49〕　比如，哥伦布在他的第一次航行中穿越了一条"与流经科尔多瓦的瓜达尔基维尔河一样宽广的"河流，便以同样的名字命名该河流。O. C. Dunn and James E. Kelly, eds., *The Diario of Christopher Columbus's First Voyage to America*, *1492-1493*（Norman: Univeristy of Oklahoma Press, 1989），229.

对理想型地理的知识累积之地和基地来参照。但是，赋予某些地方和地区独特性也必然包含更加开放且形式多样的关于全球变化的叙事。独特性不仅在与伴随宗主国的各种理想型的关系中获得定义，也在其他分布广泛的类型的多样性衬托下变得明确。例如，某个特殊的海湾可被描述为缺乏或共享着基于欧洲人的经验和理解所塑造的理想型海湾的各种特征，但它也不得不与周围其他海湾相区别——否则，描述就没有了实用价值，也不能强化描述者作为目击者的权威。[50]

特异性的赋予恰恰发生在各种比较都失效的一刻。从航海编 20 年史对地形和地理由比喻变成例外的诸多描述中，很容易得以寻见该过程的踪迹。只需试想一个例子：哥伦布在其前往新世界的首航时对海港的描述。满怀着找到能供船舶安全停靠以及大型定居点聚集的河口和港口的希望，哥伦布仔细地描述着每一个海湾。正如他将一个河口与塔霍河入口相比，以及将一个大型港口与卡迪兹海湾相比一样，哥伦布经常使用欧洲的参照物。[51] 欧洲标准也提供了良港的衡量尺度，因而当某个特殊的海湾可以"装下西班牙的所有船只"或者"容纳一百条船只"时，哥伦布便加以记录。[52] 但是，对比开始出错了。在一次与叙述奇迹有关的行动中，哥伦布发现自己缺乏参照物来描述他发现的一个港

---

〔50〕　葆拉·德·沃斯（Paula De Vos）提到，"对特殊性和独特性的寻找"恰恰在进入 18 世纪后产生影响力。"The Rare, the Singular, and the Extraordinary: Natural History and the Collection of Curiosities in the Spanish Empire", in Bleichmar, *Science in the Spanish and Portuguese Empires: 1500-1800*, 271-289, 287.

〔51〕　Dunn and Kelley, *The* Diario, 201, 177.

〔52〕　Dunn and Kelley, *The* Diario, 163, 173.

口，该港口超越了他所遇到的所有其他港口。[53] 这个独一无二的港口是如此趋近完美，以至于它似乎成为"任何人可能都不愿离去"的"令人着迷的"地方。哥伦布担心"千人千舌都不足以"描述此地。他终于抛开对欧洲地理的参照，求诸"一个汤碗"这样的普通比喻来形容该港口。[54]

识别性质上的独特性在某些方面与关注奇迹和天才很相似，那些奇人奇事定义了规则，并且在文明世界的边缘大量涌现。然而，正如洛兰·达斯顿（Lorraine Daston）和凯瑟琳·帕克（Katherine Park）所指出的，某种地理地形本就具备"一种规律的异常性"。它"表达而非违背业已创造的自然秩序"。鉴于"单个异常事物的存在"可能引起警觉甚至恐慌，地理异常现象的各种样态表明了自然的多样性，并且促使对奇观的表达。[55] 在 16 和 17 世纪，一门有关特殊性的科学在欧洲自然哲学和欧洲人的旅行中兴起，而这门科学的兴起与对独特性描述的必要强调一道挑战了这些区分，因为它提出对与特殊事例的现象类型相关联的场景和声音进

21

[53] 对奇迹的论述，参见 Lorraine Daston and Katharine Park, *Wonders and the Order of Nature, 1150-1750* (New York: Zone Books, 2001); and Stephen Jay Greenblatt, *Marvelous Possessions: The Wonder of the New World* (Chicago: The University of Chicago Press, 1991).

[54] Dunn and Kelley, *The Diario*, 181-3. 又参见卡特在《通往博特尼湾之路》中对澳大利亚"不可描述的"（第 44 页）本质的讨论，当时英国观察家们放弃了比喻。

[55] Daston and Park, *Wonders and the Order of Nature*, 50. 用原文以示强调。

行调查就可能得出普遍真相。[56] 这种转变意味着有了与理论不相吻合的信息碎片或事件，经验主义便越发"为各种事实所模糊"。[57] 这也意味着对异常性的识别依赖于目击者的证词以及他们的认知和经验报告。[58]

这种认识论上的转变，有助于解释对通过故事或旅行以及通过描述一般类型的特例来呈现地理的各种方式不断增长的热情。在诸如河流、海湾以及山脉等地形的自然再现所产生的样态中，帝国的地理分崩离析，进而被有时无法解释的各种当地异常状况弄得纷繁复杂。自然哲学家们试图想出能够解释规律和不规律地形的规则，同时又不断捍卫一种认为自然顽固地创造异常现象的观点——正如培根所说，"满是……蜿蜒曲折的褶皱和结节"。[59]

对于正在出现的帝国地理想象，这一背景在理论和实践中深受作为认识论框架的法律影响。在最近对帝国内部地理信息收集和整理的处理以及对欧洲旅行故事的分析中，法律总体上已经被

---

〔56〕 Daston and Park, *Wonders and the Order of Nature*, chap. 4. 对西班牙有关新世界的著作中出现一种"关于……特殊情况的知识"的讨论，参见 Antonio Barrera-Osorio, "Nature and Experience in the New World: Spain and England in the Making of the New Science", in Eamon and Navarro Brotóns, *Más allá de la leyenda negra*, 132.

〔57〕 Daston and Park, *Wonders and the Order of Nature* 237.

〔58〕 See Daston and Park, *Wonders and the Order of Nature* 237; Barrera-Osorio, "Nature and Experience in the New World"; 还有，胡安·皮门特尔在《世界的目击者：科学、文学和插画旅行》(*Testigos del mundo: Ciencia, literaturey viajes en la ilustración*, Madrid: Marcial Pons, 2003) 的第一章中，讨论了旅行者与真实性 (verisimilitude) 之间不稳定的关系。

〔59〕 Daston and Park, *Wonders and the Order of Nature*, 240.

22　置之不理。[60] 这种失察是显著的。[61] 正如我们应当看到的，法律和法律实践为地理知识的搜集和整理提供了方法。法律也成为一种就帝国领土的大小和形状发生冲突的媒介。进言之，由于冲突在空间上分布以及法律故事或案例具有某种空间维度，法律模式与地形之间的联系意外地容易形成。随着这种联系创造出社会空间的新类别，并且吸引了对这些类别之变体的注意力，观察者们竭力使它们贴合更广泛的空间和法律定序（ordering）的框架。在吸引对分化和变化的各种力量的进一步关注后，帝国法律史终于增加了对将空间理性化与帝国控制的扩张相结合的各种叙事的批判。

　　通过阐明法律与地理多方面的关系，在检视帝国内部法律文化的这些特性之前，我们能够再一次回到《托德西利亚斯条约》，该条约对直线画图的运用常常被视为加强欧洲帝国野心与全球空间理性化之间密切联系的经典例子。我已经提到了在寻找界线方面的困难使该条约尚不足以成为对世界的简单划分的一些情况。进一步审视该条约的法律含义便会揭示更深层次的复杂性。该条约紧接着一系列教皇敕令在伊比利亚各王国之间划分领土，但它

---

〔60〕　一个例外是波图翁多（Portuondo），他提到西班牙的宇宙志学家与法律人（letrados）紧密联系，而有时又互为学术对手。Comography at the Casa, Consejo, and Corte, 69. 又参见 Secret Science, chap. 3.

〔61〕　如果我们认可唐纳德·凯利（Donald R. Kelley）的观点，即"法律科学"而非自然哲学塑造了西方历史中"人文研究的主要问题、术语以及学术研究路线"，甚至更温和的主张，即"法律观念与自然秩序或无序的观念如果不是难以区分，就常常是同质的"，那么这就是一种特别触目惊心的疏忽。The Human Measure: Social Thought in the Western Legal Tradition（Cambridge, MA: Harvard University Press, 1990），3.

却是一项和平条约而非对伊比利亚各王国的裁决。[62] 进言之，该和约开启了一条道路，通过在两个伊比利亚王国各自的势力范围内授予不及完全所有权的权利来持续操纵各种权利主张。[63] 通过承认只能对各势力范围内已被或将被某个王国代理人发现的土地确立所有权，该条约授予了"在某些特定界限内的海域航行以及寻找并占有新发现土地的权利"。[64] 换句话说，主权并非一种既定事实，而是取决于不断再现的证据，包括制图、描述、政治社区的建立、承认新附属国的仪式以及旨在支持发现和占有主张的各种行政行为。该条约似乎将欧洲之外的世界呈现为欧洲帝

23

---

〔62〕　教皇被特别要求在将来"发布有关该条约的敕令"，并且要在这些敕令中融入"该条约的要旨"。〔"Treaty between Spain and Portugal concluded at Tordesillas, June 7, 1494", Document 9 in Frances Davenport and C. O. Paullin, *European Treaties Bearing on the History of the United States and Its Dependencies* (Washington, D. C.: Carnegie Institution of Washington, 1917), 99.〕由此，该条约标志着普世教皇权威开始走向终结，而非基督教世界作为一种由教皇负责的跨国法律秩序运行到了顶点。该条约确认了天主教作为帝国根基的重要性，又通过授权主权国家自行应对异教徒构成的威胁削弱了教皇权威。葡萄牙运用这一观点，为名义上处于西班牙控制下的北非部分区域发生的单边军事行动做辩护。西班牙人从未就他们征服加那利群岛寻求教皇的许可，而是依据征服异教徒的正当理由。这是一种"既定事实政治"（politics of facts on the ground）或"既成事实政治"（la política de hechos consumados），以及在策略上对教皇权威有目的的挑战。See Santiago Olmedo Bernal, *El dominio del Atlántico en la baja Edad Media: los títulos jurídicos de la expansión peninsular hasta el Tratado de Tordesillas* (Valladolid: Sociedad V Centenario del Tratado de Tordesillas, 1995), 420-2; quote on 428. 伊比利亚的扩张清晰解释了教会法与世俗权威壮大之间的有序张力，对这一扩张的法律根据所做的一项叙述，参见 James Muldoon, *Popes, Lawyers, and Infidels: The Church and the Non-Christian World, 1250-1550* (Philadelphia: University of Pennsylvania Press, 1979).

〔63〕　关于约翰·迪伊（John Dee）对这种授权标志着一种势力范围而非所有权让与所做的法律人式的解释，参见 MacMillan, *Sovereignty and Possession in the English New World*, 67-74. See also Steinberg, *The Social Construction of the Ocean*, 76-77.

〔64〕　Davenport, *European Treaties*, 99.

国统治的对象，反而显示出它促成不稳固的地理叙事和开放的法律政治的方式。

摆出法律姿态与帝国的知识

即便欧洲最早的海外航行也是受行政惯例和法律引导的殖民事业，这些活动常常被描述为征服和定居的前置行动。我们本以为法律文化在欧洲各国之间相当不同，但早期探险却展现了人们熟知的法律规则的各种变体，并且欧洲人是从普遍共享的法律库中抽取了某些要素。[65] 如同各种殖民政治体一样，每一群旅行者或定居者都基于对约束臣民与君主的法律关系的假设行事，并且每个这样的群体都承认在较低和较高的法律等级之间对权威有着正式的划分。

24 这些普遍存在的惯例使帝国法律行政的大多数细节都处于未确定状态。许多在帝国内部作为法律官员行事之人缺乏法律方面的正式训练，而即使是受过训练之人也发现几乎没有明确先例可用，并且在解释、适用以及创造程序和规则方面有宽泛的自由裁

---

[65] 我并不否认横亘在帝国之间甚至它们内部的深刻差异，但我选择仅仅强调引用相同或相似法律概念或渊源所产生的延续性，哪怕这种引用常常是间接的。不同小型地区的定居者聚居可能会催生法律文化上的变化，对此所做的一项有趣研究，参见 Christopher Tomlinson，"The Legal Cartography of Colonization, the Legal Polyphony of Settlement: English Intrusions on the American Mainland in the 17th Century", *Law and Social Inquiry* 26, no. 2 (2001): 315-72.

量权。[66] 距离催生了创新。在当地官员将执法视为对其利益的威胁时，宗主国施加有序管理的尝试常常遭到动摇。能够捕捉到这种西班牙帝国动态的妙语——"我服从却不遵守"（obedezco pero no cumplo）——在其他帝国也有类似说法，并且在策略上也有相应体现，诸如未将被要求的档案传递回欧洲各个法庭，或将五花八门的当地实践怪罪于接受帝国指令的延迟。[67] 然而，我们不应将距离和不遵守行为作为对创设一致的帝国法律秩序的唯一障碍。宗主国构筑内在一致的法律秩序所做的努力，说得再好也无条理可言。当宗主国官员主要对变化的情势做出反应，并且承认特殊解决办法在遵守不严格的法律制度中更具优势时，活跃却往往效率低下的帝国法律规划期便中断了更长的时间。

变化最重要的来源出自当地法律政治。远离家乡的欧洲人再现他们记忆中的法律惯例，并且不太完美地重构了各种法律实践和观点。在早期的几个世纪，对我所称的"摆出法律姿态"的热衷部分地可以通过一种回报机制得到解释，该机制要求臣民维系他们与君主的联系，并且在证明他们增进了王国利益的基础上寻求未来的资助。好讼在欧洲也促使旅行者设想出并继而坚持令他

---

〔66〕 当早期现代世界牵涉国际关系时，那些"受过法律训练"之人"便在其中对政治话语的塑造发挥关键作用"，有关中世纪教会法对这些人的普遍影响，参见 James Muldoon，"Discovery，Grant，Charter，Conquest，or Purchase"，in *The Many Legalities of Early American*，ed. Christopher L. Tomlins and Bruce H. Mann（Chapel Hill：University of North Carolina Press，2001），25-46，26；and Muldoon，*Popes*，*Lawyers*，*and Infidels*.

〔67〕 举例而言，玛丽·萨拉·比尔德（Mary Sarah Bilder）查考出罗德岛的行政官员巧妙地不遵守伦敦敦促回传当地立法清单的要求。帝国的行政官员可能不会不批准他们不了解的当地法律。*The Translation Constitution*：*Colonial Legal Culture and the Empire*（Cambridge，M. A：Harvard University Press，2004）.

们免于诉讼或控告的法律脚本。[68] 法律对旅居者和定居者行动
25 的影响根植于他们有关以往法律实践的知识，以及他们对将来可
能发生的复杂法律关系的推测。[69] 摆出法律姿态的其他形式包
括创造性地引用各种法律渊源来支持总是很特殊的地方政治。[70]
帝国的代理人惯于援引罗马法和教会法的各种元素；提及圣经中
关于法律的段落以及通过类比进行推理，而在参照本土法律程序
和实践时，凭借的却是非常不完整的知识，又或故意有选择地适
用宗主国法律。[71] 法律文化在欧洲已然扩散并发生改变，其中
包括将来自法律的经验教训和日常实践相联系的积极法律想
象。[72] 帝国的旅居者并非仅是未能正确地适用法律，他们是将
法律适用作为熟悉的战略性文化实践而持续创造性地适用法律。

---

　　[68]　关于好讼，参见 Richard L. Kagan，*Lawsuit and Litigants in Castile*，*1500-1700*（Chapel Hill：University of North Carolina Press，1981）。

　　[69]　在西属美洲构建政治社区的过程中，有一个关于适应某种法律惯例的例子，参见 Tamar Herzog，*Defining Nations*：*Immigrants and Citizens in Early Modern Spain and Spanish America*（New Haven，CT：Yale University Press，2003）。

　　[70]　通过对各种叙事类型的分析试图理解法律史某个方面的研究，参见 Natalie Zemon Davis，*Fiction in the Archives*：*Pardon Tales and Their Tellers in Sixteenth-Century France*（Stanford，CA：Stanford University Press，1987）。

　　[71]　约翰·菲利普·里德（John Philip Reid）已经研究过摆出法律姿态的某种类型，他发现 19 世纪中期通往加利福尼亚的陆上通道不受法律约束的名声与该通道上人员和财产的法律待遇令人惊讶地井然有序不相匹配。在缺乏正式的法律机构和执行者时，人们倾向于依照记忆中的法律实践行事。*Law for the Elephant*：*Property and Social Behavior on the Overland Trail*（San Marino，CA：Huntington Library，1997）。

　　[72]　保罗·拉斐尔德对法律想象做出了一项富有成果且具说服力的研究，*Images and Cultures of Law in Early Modern England*：*Justice and Political Power*，*1558-1660*（Cambridge：Cambridge University Press，2004）。See also John Barrell，*Imagining the King's Death*：*Figurative Treason*，*Fantasies of Regicide 1793-1796*（Oxford：Oxford University Press，2000）。

　　摆出法律姿态的重要性在早期海外探险普遍存在（但常常被忽视）的对法律的报告中得到反映。学者一直倾向于将旅行编年史归入旅行文学的谱系，但是对早期旅行的诸多描述更宜理解为法律写作的范例，它们由作为皇家官员的编年史作者或海外商业冒险的参与者撰写，这些人将自己或他人置于与正在进行或预计会发生的案件相关的位置。比如，自大西洋航行的早期阶段起，皇家利益就迫使法律人员记录航海者和商人的活动。葡萄牙国王在早期前往大西洋岛屿和西非的探险队成员中安排了书记官（*escribães*，即同时担任抄书吏和公证官的法律官员，用西班牙语说是"*escribanos*"），并且责令他们制作书面的航行记录。[73]　私人 26 投资和皇室资助方面的利益也激发了以法律文件为基础或与之相吻合的编年史撰写。一个早期的例子是 15 世纪对一次沿非洲海岸航行的叙述，即欧斯塔赫·德·拉·福斯（Eustache de la Fosse）的《几内亚之旅》（*Voiaige à la Guinée*），它可能取材于一份证词，这份被记录下来的证词是要告知财政支持者们船舶及货物损失的原因。[74]　西班牙人敏锐地意识到，如果他们要在帝国内部寻求未来的资助，就要向国王出示他们建立功勋的证据，因而他们记

---

〔73〕　西班牙于 1476 年为前往圭亚那的航行采取此种实践。书记官被视为一种对王国利益的外层保护，也负责清查所有货物以及记录交易。P. E. Russell, "Castilian Documentary Sources for the History of the Portuguese Expansion in Guinea, in the Last Years of the Reign of Dom Afonso V", in *Portugal*, *Spain*, *and the African Atlantic*, *1343-1490*: *Chivalry and Crusade from John of Gaunt to Henry the Navigator* (Brookfield, VT: Variorum, 1995), XII, 1-23.

〔74〕　P. E. Russell, "New Light on the Text of Eustache de la Fosse's Voiaige à la Guinée (1479-1480)", in Russell, *Portugal*, *Spain*, *and the African Atlantic*, XIII, 1-13, see especially 13.

录和收集有关冒险的宣誓陈词或说证词（*probanzas*）。比起那些运用华丽辞藻将西班牙人眼中的新世界风景和遭遇描绘得"神乎其神"的叙述，这些证据更加实用和确凿。[75] 某些写给国王的书信就试图逃避对不忠诚的指控或增加将来在帝国外派的机会，比如奥雷亚纳（Orellana）在亚马逊地区一次注定失败的冒险中抛弃了贡萨洛·皮萨罗（Gonzalo Pizarro）及其公司，之后便提笔给西班牙国王写了这样一封信。由船长或商人写给在家乡的资助者或商业伙伴的信件，同样尝试以意图巩固特定法律观点的某些方式来呈现信息。举例而言，一位报告风暴的船长可能会在航海日志中记录例行活动的同时，增加一项有关他果敢面对逆境的叙述，以期避开一场诉讼或为其资助者主张保险赔付铺平道路。[76]

这种对法律写作的普遍参与，反映了法律更深远的影响。在最根本的层面上，法律代表了一种重要的认识论框架，用于组织和评估各类证据，特别是地理信息。[77] 即便是组织的正式程度很低且受非官方资助的冒险活动也在宣扬某种法律结构，它是内

----

〔75〕 詹姆斯·洛克哈特（James Lockhart）和恩里克·奥提（Enrique Otte）对"通常切合实际的关于新地区的一手报告"，以及这些报告与此后著作论调的对比做出了评论。*Letters and People of the Spanish Indies：The Sixteenth Century*（Cambridge：Cambridge University Press, 1976），1. See also Greenblatt, *Marvelous Possessions*.

〔76〕 保险法对贩奴船只的船长向其资助者报告的影响，参见 James Oldham, "Insurance Litigation Involving the Zong and Other British Slave Ships, 1780-1807", *Journal of Legal History* 28（July 2007），299-318.

〔77〕 丹尼尔·罗尔德·斯梅尔（Daniel Lord Smail）提出的有趣观点是：受财产权争议的影响，多重的制图敏感性（cartographic sensibilities）在中世纪后期的马赛逐渐让位于对描述空间的公证模板的强调。为增强传播关于地理的法律话语，类似的其他方法可能也一直在起作用，其中包括将个人的空间经验与制图表达和法律形式相融合的其他实践，这与标记财产边界的方法相似。*Imaginary Cartographies：Possession and Identity in Late Medieval Marseille*（Ithaca, NY：Cornell University Press, 1999）.

部秩序、利益保障和识别权利主张的一项先决条件。并不奇怪的是，这种结构鼓励依赖法律程序来确立真相主张（truth claims），主要是因为在现代早期欧洲，法律比科学更快地迈向将离散的事件理解为证据所支持的事实。[78] 由于帝国的代理人从土著向导和其他当地人处搜集信息，宣誓陈词和质询见证人的其他例行程序都将成为航行者返程后对其进行询问的模式。[79] 如此搜集的证言仅次于最有价值的证据形式，即罗马教会法律传统中的目击证言。[80] 比如说，由此，负责为《论印第安人》（Relaciones de Indias）收集资料的胡安·洛佩斯·德·贝拉斯科所受的法律训练，连同其搜集经公证的调查新世界统治的宣誓陈词的经验，都促使他支持著名的目击证言作为新世界地理信息的基础。[81] 第一人称叙

---

〔78〕 See Barbara J. Shapiro, *A Culture of Fact*: *England*, *1550－1720*（Ithaca, NY: Cornell University Press, 2003）.

〔79〕 某些旅行者的叙述作为宣誓陈词得到记录。关于哈克卢特对德雷克（Drake）环行世界的资料汇编，参见 E. G. R. Taylor, *Late Tudor and Early Stuart Geography*, *1583－1650*: *A Sequel to Tudor Geography*, *1485－1583*（London: Methuen, 1934）, 19.

〔80〕 安东尼·帕格登（Anthony Pagden）讨论了目击证言在确立真相主张方面的重要性, *European Encounters with the New World*: *From Renaissance to Romanticism*（New Haven: Yale University Press, 1993）. See also Barbara J. Shapiro, "*Beyond Reasonable Doubt*" *and* "*Probable Cause*": *Historical Perspectives on the Anglo-American Law of Evidence*（Berkeley: University of California Press, 1993）.

〔81〕 这种方法早期就用于从引航员处收集有关航行路线的信息。返回的引航员接到的调查问卷与在法律案件中提供宣誓陈词（证词）的证人接到的调查问卷别无二致。宇宙学家随后解释和强化了这一信息。See Alison Sandman, "Controling Knowledge: Navigation, Cartography, and Secrecy in the Early Modern Spanish Atlantic", in *Science and Empire in the Atlantic World*, ed. Nicholas Dew and James Delbourgo（New York: Routledge, 2008）, 31－52, 42; and Antonio Barrera-Osorio, "Empiricism in the Spanish Atlantic World", in *Science and Empire in the Atlantic World*, ed. Nicholas Dew and James Delbourgo（New York: Routledge, 2008）, 177－202.

28 述的特殊地位增加了撰写和传播表现为旅行日志的编年史的动机。在英国，参与支持北大西洋航行的人多数都受过法律训练，老理查德·哈克卢特的律师职业可能解释了为什么小理查德·哈克卢特决定收集第一人称的航行记述，犹如这些记述构成了一系列证据而非英国人在海外旅行的综合叙事。[82]

如果难以精确追踪法律实践对有关欧洲之外世界知识的收集方式所产生的影响，部分原因在于法律和地理共享一个"可塑的认识论基础"。[83] 换句话说，创造知识的途径并非预先形成，而是部分地在回应各帝国内部实践和冲突的过程中发展起来。随着地理知识的阐明，对法律的理解取决于类比和归类。这些方法通用于中世纪晚期和现代早期的欧洲各国，部分是因为一项浩大的人文主义工程力图识别能够适应各种新的法律现象、事实情况和案件的罗马法一般原则。[84] 如同对地理知识那样，帝国的冒险事业也为类比驱动的法律分析方法提供了新的刺激。各帝国内部的争端既被界定为与其他冲突类似，又被界定为在某些方面是独

---

〔82〕 Taylor, *Late Tudor and Early Stuart Geography*, 14. See also Peter C. Mancall, *Hakluyt's Promise: An Elizabethan's Obsession for an English America* (New Haven: Yale University Press, 2007). 关于投身早期帝国的人所受的法律训练，参见 MacMillan, *Sovereignty and Possession in the English New World*，特别是他就法律训练对约翰·迪伊的影响所做的评论（第 67-74 页）。

〔83〕 这是波图翁多描述 16 世纪西班牙宇宙学特征的措辞；它作为一种更宽泛的对知识获取方法的描述是有用的。*Secret Science*, 11.

〔84〕 我还不至于说类比和分类是法律认识论的普遍特性。关于这一点，参见 Bernard S. Jackson, " Analogy in Legal Science: Some Comparative Observations", in *Legal Knowledge and Analogy: Fragments of Legal Epistemology, Hermeneutics and Linguistics*, ed. Patrick Nerhot (Dordrecht, The Netherland: Kluwar, 1991), 145-64. 又参见 Geoffery Samuel, *Epistemology and Method in Law* (Burlington, VT: Ashgate, 2003), chap. I.

特的。正是那些使法律能够被移植到遥远地区的特性，使得那些地区发生的法律冲突产生抗拒类比或分类的各种现象。

可以说，整个帝国世界代表了一片和宗主国相对立且在法律上异常的区域。当然，我们会发现：法律话语的重要分支以及行政变革专注于将欧洲之外的世界定义为在法律上不同于更靠近至高统治权所在地的区域。英国殖民法律史通常始于对 1608 年加尔文案（Calvin's Case）的一项分析，该案导致爱德华·科克爵士裁决：即使国王的法律权威和英国的臣民身份已经投射到英国的边境之外，普通法提供的保护也不会超出英国而及于国王统辖的其他区域。[85] 在西班牙帝国，王权限制教会权威并为印第安臣民创设新制度的努力，可被视为标记宗主国与殖民地法律差异最重要的契机。然而，如同将欧洲以外的地理呈现为人们熟知的欧洲类型的变体一样，这种将殖民地界定为在法律上不同于宗主国的做法伴随着一项更加难以理解且不稳定的工程，即描述多种重复

---

〔85〕 最近对加尔文案的分析提醒我们，该案不应被解读为后续帝国法律政策的蓝图。克里斯托弗·汤姆林斯（Christopher Tomlins）提出，尽管科克提出了被征服的殖民地和继受的领地在法律地位上的不同，但是这种不同直到后来也没有固化成一种被征服领土和定居领土之间的差异，并且这是一种即便在当时也留有最多关于法律行政问题待解释的表述。"Law, Population, Labor", in *The Cambridge History of Law in America*, *ed. Michael Grossberg and Christopher Tomlins* (Cambridge：Cambridge)，I：211-52. 丹尼尔·胡尔塞博什（Daniel Hulsebosh）认为，科克也为将普通法的保护看成在文化上弥散且可移植奠定了基础。*Constituting Empire：New York and the Transformation of Constitutionalism in the Atlantic World*, *1664-1830* (Chapel Hill：University of North Carolina Press, 2005)，22-28.

出现的法律变异区域的特征。[86] 有关臣民身份（以及后来的公
民身份）和被分割主权的话语以及政治，为描述在法律上不均等
的帝国领土提供了部分框架。对帝国内部情况的报告，梳理出了
所有权和管辖权、自然法和实证法以及直接规则和间接规则之间
的微妙差别，同时又建议它们以新的形式组合。正如独特的地理
一样，法律的异常情况催生了知识分类的新方式，恰恰因为这些
异常情况似乎挑战了分类。一些殖民地官员使用"异常的"（a-
nomalous）一词来描述他们不能轻易确定法律结构或主权性质的地
区。欧洲的学者，包括真提利（Albericus Gentili）、格劳秀斯、边沁
以及梅因都接受挑战，对揭示了帝国之间特殊的复杂关系以及帝
国内部令人费解之事的个案做出回应。与此同时，法律异常的区
域是如此普遍，以至于它们开始被视为帝国内在的且是预料之中
的要素。

　　对历史学家来说，思考异常现象的价值就在于帝国内部法律
空间暗含的多样性。这一视角捕捉到大量的复杂性，远甚于记录
有关无法之地与有法之地的不同或者宗主国与殖民地法律差异的
当代话语所暗示的复杂性，并且这一视角使我们免于臆断朝着领
土主权发展的进程是平滑且持续不断的。帝国的法律异常现象使
当地官员和国际法律人产生强烈困惑的同时，也构成了帝国控制

[86]　威廉·纳尔逊（William Nelson）认为，历史学家过分注重研究英属北美殖
民地法律与英格兰法律之间的连续性和不连续性。他表示，这项工作有缺陷，部分是
因为宗主国的诸多法律程序仍旧是不透明的。他提议，对北美殖民地法律史的关注重
新聚焦在殖民地之间的比较上。*The Common Law in Colonial America*（New York：Oxford
University Press, 2008）。

网络的一部分以及帝国之间规则的来源。即便欧洲人处于本质上非常不同的法律体系之中，他们也都一致认为在帝国中摆出的法律姿态以及政治事关全球法律秩序的理论与实践。

法律、地理以及对主权的探寻

当我们探索法律与地理想象之间的联系时，要了解编年史作者和其他观察者何时在准确地描述法律地理上的变化，何时在引人联想地使用地理分类而又未确定与此相关的含义，还有他们在何时仅打算记录各种自然细节而不对政治或法律意义做出暗示，都是相当困难的。（当然，有时一座山只是一座山。）尽管我们无法总能做出这些区分，法律援引与地理描述却相互交织，常常足以使我们有些相信它们属于同一个话语世界。更具体地说，法律和地理都创造各种方式来建构对帝国的这样一种理解，即帝国布满走廊和飞地，而走廊和飞地是受被分解且不均匀的主权支配之地。

我们发现，在针对臣民身份的政治冲突、政治共同体的成员定义以及委派的法律权威的范围和性质上，明显存在着法律与地理之间的联系。臣民身份的问题以有趣的方式与想象中穿越空间的臣民在政治上的重要性相呼应。欧洲臣民的出现本身就意味着法律的扩张。旅居者有无数充分的理由声称，他们与君主保持着持续且直接的联系。正式和非正式的帝国代理人为求回报而自我

31 定位，为自己的财产和利益寻求保护，并且索取资助来巩固或提高自己的社会地位。所有的欧洲帝国在某些时候都从非官方的代理人处获益，这些代理人的行为很少或者不耗费政府成本，却承诺扩大政府的影响并最终创造构成政府财源的收益。当臣民们移动时，他们遵守法律惯例并且作为（有时是自命的）欧洲各国代表行事，追寻那些变成法律传输通道甚至管辖权走廊的路线。[87]

各种各样的个人和组织团体都能以有助于塑造帝国领土轮廓的方式将委派的法律权威带入帝国。这些个人和组织包括：船长、勘探航行的领队、贸易公司、市民、殖民地总督或副王（viceroy），以及拥有一系列通常强有力的法律特权的要塞司令。帝国的代表们把持着当地的法律程序，通常是基于熟知的管辖权安排，由此只有死罪才需提交宗主国的法庭审判。委派的法律权威与帝国主权之间的关系，转而变成土著法律和政治制度与宗主国和殖民地法律衔接的基础。由此产生的"层状主权"（layered sover-

---

〔87〕 尽管卡特未明确提到法律作为这种效果的一部分，但他颇有见地地在《通往博特尼湾之路》中写道，帝国空间的产生是通过"各种路线的纵横交错，它们逐渐变得绵密并凝成稳固的海域和陆地"（第 23 页）。

eignty) 成为帝国的一种确定特征。[88] 层状的类比有用却不全面。委派的法律权威的中心在其周围创造了不规则且只是大致集中的控制区域。随着某个帝国的代理人在飞地之间旅行并穿过各块领土的边缘，权威的层级也在增厚和变薄。[89] 有时，地理分类变

32

---

[88]　弗雷德里克·库珀（Frederick Cooper）使用该措辞描述一种后来的帝国变体，这一用法出现在 "Alternatives to Empire: France and Africa after World War II"，Douglas Howland and Louise White, eds. *The State of Sovereignty: Territories, Laws, Populations* (Bloomington, IN: Indiana University Press), 94-123, 106. 苏嘉塔·柏瑟（Sugata Bose）提到，在印度洋世界中盛行一种"共享的层状主权概念"。*A Hundred Horizons: The Indian Ocean in the Age of Global Empire* (Cambridge, MA: Harvard University Press, 2006), 25. 关于层状主权作为帝国的一般属性，参见 Jane Burbank and Frederick Cooper, *Empires in World History* (Princeton, NJ: Princeton University Press, forthcoming). 还有，关于层状主权对现代早期政治关系的塑造，参见 Philip Stern, "'A Politie of Civill & Military Power': Political Thought and the Late Seventeenth-Century Foundations of the East Indian Company-State", *Journal of British Studies* 47 (2008): 253-83. 在委派的法律权威中寻找层状主权的起源时，我们应当注意非连续性这一要素。尽管罗马是欧洲帝国工程各层面的参与者惯常参照的典范，但严格来讲，罗马法之下的市政官并非委派的法律权威，而相反实际上拥有统治权。See J. S. Richardson, "Imperium Romanum: Empire and the Language of Power", *Journal of Roman Studies* 81 (1991), 1-9; and Susan Reynolds, "Empires: A Program of Comparative History", *Historical Research* 79, no. 204 (2006), 151-65. 欧洲的海外帝国常常混淆主权和委托授权的区别，比如它们界定副王的法律权威时就是这样，而副王本该是国王的替身（Alejandro Cañeque, *The King's Living Image: The Culture and Politics of Viceregal Power in Colonial Mexico*, New York: Routledge, 2004). 然而，我们必须看到，海外帝国内部的冲突反复引起委派的法律权威的特权问题，并且对许多欧洲学者来说凸显了将主权界定为不可分割所产生的压力以及承认被分割的主权的持续必要性。关于这一点，参见 Keene, *Beyond the Anarchical Society*.

[89]　昂利·列斐伏尔（Henri Lefebvre）把这种效应描述为社会空间的穿插或叠加。它们创造了"一种结构，这种结构相比古典（欧几里得或笛卡尔的）数学运算所产生的同质且各向同性空间（homogeneous and isotropic spaces），更容易让人联想到夹心千层糕式薄而易碎的油酥糕点"。*The Production of Space* (Malden, MA: Blackwell, 2004), 86. 我一直将早期现代法律秩序描述为"多中心的"，使用这个词部分是因为要避免任何暗含的假定，即法律和主权的层状体系与简明的权威等级相呼应。Lauren A. Benton, *Law and Colonial Cultures: Legal Regimes in World History, 1400-1900* (Cambridge: Cambridge University Press, 2002), 102.

成了描述这些变化的一种便利的简略表达。

　　研究法律和地理话语的模式，指引我们挑战有关帝国法律地理的诸多叙述中对欧洲和欧洲以外空间的鲜明差异的强调。一些法学家倾向于将欧洲呈现为有法之域，与被想象成无法之域的欧洲以外的世界截然相反。[90] 在这种拟制中所丧失的，是历史上有过的关于欧洲以外世界处于无法状态的欧洲话语与历史上存在的法律模式以及实践之间的差异。毫无疑问，关于无法状态的话语在特定时期变得更加突出。[91] 它与有关蛮荒和野蛮的观念相关，而蛮荒和野蛮是与文明相对的类别，文明则是基督教世界或特殊的欧洲政治共同体的特性。[92] 然而，无法状态是一种法律的虚空，这个假想的空盒子事实上却充满了法律。帝国的代理人们积极地推动管辖权在"界线以外"扩张，而如果位于遥远地区的从属法律权威不能被合法化，帝国的目标就无法实现。复杂多

33

---

　　[90]　卡尔·施密特曾提出，将暴力限定在欧洲以外使欧洲内部得以建立一种国际法律共同体，他的全球法律路径将在第六章加以讨论。*The Nomos of the Earth in the International Law of the Jus Publicum Europeaum*（New York：Telos Press，2003）。

　　[91]　埃利加·古尔德（Eliga Gould）追寻了在某种大西洋法律机制内部发生的变迁，时间自"友好线"（lines of amity）区分出协定的和平区域与战争区域时起，到七年战争前后的一段短暂时期。当时，欧洲的话语突出了印第安人战争的凶残，而此时再到战后的一段时期，欧洲与大西洋以外地区的法律实践差异已经变得不太明显了。"Zones of Law，Zones of Violence：The Legal Geography of the British Atlantic，circa 1772"，William and Mary Quarterly 60，no. 3（2003），471-510. 对七年战争期间印第安人之凶残的叙述，也参见 Peter Silver，*Our Savage Neighbors：How Indian War Transformed Early America*（New York：W. W. Norton，2007）。

　　[92]　关于基督教王国及其与帝国概念化的关系的观念进化，参见 James Muldoon，*Empire and Order：The Concept of Empire，800-1800*（New York：Macmillan，1999）. 我将在第五章详细讨论野蛮和蛮荒。

元的法律秩序包含甚至依赖土著的法律渊源和法庭。[93] 正如我们在殖民背景下的戒严令公告以及其他出现明显法律断裂的时刻中所发现的，即便法律悬置也不会造成法律的真空状态，相反会为持续援引帝国法律的各种新程序和理论实验提供场域。[94]

在对帝国内部多样化法律空间的历史进行非正统叙述时，本书审视了地理与法律两者的想象在按时间顺序排列的四个时期中的互动关系。每一章都结合了对某种地理修辞的关注，对法理某一方面的讨论以及对某个或一系列有关帝国内部冲突的案例研究的分析。欧洲人努力建构和理解不完全的或被削弱的主权，这种努力来源于有关特定地理修辞的话语，并且促使他们强调这些话语。河流、海洋航道、岛屿以及山丘——这些要素有时象征着偏远和蛮荒，而这些分类都有着自身的法律和政治效价（valence）。地理元素在特定时代也发展出更具体的法律联系。帝国之间竞争情势的改变，支持人们有选择地强调各种地理修辞以及对它们法律意义的特定解释。

第二章研究在欧洲人于漫长的 16 世纪沿大西洋河流勘探时发挥作用的法律实践。在沿河勘探中，欧洲人强调探险领队作为君主的代表有权将法律适用于尚未被主张的领土。对探险的参与者来说，为获得资源和赞助所下的赌注很高。这些情况的结合催生

---

〔93〕 See Benton, *Law and Colonial Cultures*.

〔94〕 关于帝国内部的戒严法，参见 Nasser Hussain, *The Jurisprudence of Emergency*: *Colonialism and the Rule of Law*（Ann Arbor：University of Michigan Press，2003）; and R. W. Kostal, *A Jurisprudence of Power*: *Victorian Empire and the Rule of Law*（Oxford：Oxford University Press，2005）. 对这些主题更具体的讨论，参见第四章和第六章。

了对叛乱和叛国罪的指控，此类指控是用于应对篡夺皇室权威的帝国代理人所领导的流氓政治会造成的料想中的危险。在偏远且难以触及的地区——巴拉圭河上游，也就是亚马逊河中部流域，自治的诱惑可能难以抗拒，而随着冲突吸引了对这些地区的关注，地理想象便和政治危险相重叠。同时，对河流区域的占有变成一桩复杂的事情，它将定居的迹象和意在确认政治共同体构成的法律行为联系起来。在整个 17 世纪和 18 世纪早期，上游地区都持续不断地被呈现为潜在的政治叛乱场所，但随着某些殖民政治体在河流廊道之外主张权威，沿海社区同与世隔绝的社区的关系便发生了变化。这种法律政治开始塑造帝国各个区域，这些区域通过领土管辖权得到确定，并按照地理地形松散地划定其范围。

　　河流是帝国难以实现控制却又必须控制的走廊，河流的这种形象与正在形成的对海洋法的理解并存。第三章审视了海洋的法律地理，其中特别强调大西洋和印度洋在 18 世纪初被作为单独的规制区域的起源。海盗通常会被浪漫地视为无法状态或其他法律秩序的供应者，他们坚持与远方君主的联系，积极参与到帝国海洋空间的建构中。即便身陷公开抢劫，海员也会摆出法律姿态，编造他们可能会在捕获法律程序或刑事法庭中呈现的托辞。这么做时，他们肯定了真提利、格劳秀斯以及其他国际法奠基者持有的观点，即大海不能属于任何人，但可以受各帝国的控制和管辖。即便海洋自由已经发展成一项法律原则，欧洲人仍然认为海洋空间中纵横交织着帝国控制的走廊。公海并非无法之域，而是帝国之间矛盾冲突所构筑的法律空间。大西洋世界正在形成的规制秩序，既依赖于各帝国捕获法院的共同阐释，也依赖于对万国公法的共同理解。一张由想象中的走廊形成的网络逐渐变密，创造出各种各样的规制区域。

本书第二部分转而分析特定类型帝国飞地的一些实例。军事法律在进行早期现代殖民时特别重要，它提供了对各种离散且通常设防的飞地建立权威的结构。"要塞政府"在欧洲各帝国中的运作虽有不同，但结构却相似。[95] 第四章追溯了从18世纪晚期到19世纪最初十年在全球范围内帝国之间竞争加剧的这一时期对军事统治的重新强调。岛屿在帝国的规划和欧洲的政治想象中作用显著，它们是对保护扩张中的全球帝国至关重要的地区，也是其自然边界被认为使管辖权范围显而易见并使主权主张清晰明确之地。但是，即使对看起来最无争议的殖民岛屿探险，也开始通过地方当局与帝国监管之间未解决的冲突来描述。殖民岛屿作为流放地的历史展现了这种模糊状态，并且有助于解释戒严法在帝国内部得到积极适用的时机。欧洲早期的刑法回避了监禁，因此隔离劳役主要在军事权威之下得以尝试，正如在西班牙的流放地或在法国的桨帆船上所做的那样。然而，流放却构成法律库的一部分，并且随着罪犯流放到殖民地世界发展成惯常实践，殖民

35

---

〔95〕 这一说法出自 Stephen Saunders Webb, *The Governors-General: The English Army and the Definition of the Empire, 1569-1681* (Chapel Hill: University of North Carolina Press, 1987 [1979])。约翰·埃利奥特（J. H. Elliott）在《大西洋世界诸帝国》（ *Empires of the Atlantic World: Britain and Spain in America, 1492-1830*, New Haven, CT: Yale University Press, 2006）中讨论了大英帝国和西班牙帝国内部采取的模式所受的限制。又参见第四章对18世纪晚期的军国主义和帝国的讨论。

政治体也开始在流放地隔离罪犯。此种现象塑造了将叛乱者流放偏远岛屿的大众印象，并且引发了关于流放地是要塞、中转站还是法律上相当于奴隶种植园之地的新法律问题。我在审视 18 世纪晚期西班牙的殖民地流放试验时探索了这些问题，殖民地流放这一趋势将要塞管理与范围从波多黎各到远离智利海岸的胡安·费尔南德斯群岛，再到菲律宾的一系列岛屿环境下的刑罚实践相联系。我也分析了对在南太平洋的诺福克岛流放地上施行的强迫劳动制度所做的讨论。利用该事例，第四章发掘了对岛屿流放地的讨论与宣告戒严法的宪法含义之间的联系。理解这种联系使我们能重构关于奴役、仆役、废奴和军国主义的话语，将它们作为对殖民飞地的法律控制范围进行更广泛讨论的变量，而非主要作为有关权利的话语要素。

36　　欧洲人所管理的飞地的镜像是位于欧洲帝国内部却为非欧洲人控制的领土保留地。当欧洲人开始强调领土主权作为国家身份的关键属性时，定义这些殖民飞地的主权性质所存在的困难日益突出。第五章转向殖民飞地的法律政治及其在国际法中的地位。地理的呈现方式再一次成为故事的核心。殖民行政官员对印度山区主权性质的看法，造成一系列复杂且难以解决的涉及印度诸土邦的法律冲突。殖民行政官员们最终承认，在坚持认为对某些领土暂停或部分适用法律是帝国法律的日常产物且间接源于国际法的同时，不可能实现法律政治的系统化。在国际法律人强调领土主权是主权国家在国际秩序中的一种属性的数十年间，他们不得不承认帝国主权保留并创造了极其多样化的法律地理。

承认共享法律库，有助于弄清法律冲突在欧洲势力范围的边缘以及普遍认为偏远或异常的地方如何产生广泛的模式，并且引起通常类似的评估与行动。比如，如果不理解欧洲对王国臣民可在遥远地区行使管辖权的假定，我们就无法全面修正将世界划分为欧洲和非欧洲法律区域的观念。在这项研究中，我将特别关注欧洲人在各不同帝国都可以利用的法律实践和概念。特别在早期几个世纪，这种共享的法律库即便并非只是也主要是由罗马法和教会法构成，外加在整个欧洲对多种形式管辖权的复杂状态的熟知。本书详细的案例研究主要来自西班牙帝国和大英帝国，还包括法国、葡萄牙和荷兰的一些事例与资料。一系列不同的学术目标可能会引导个人侧重这些法律秩序之间的不同而非相似之处，本书的目标则主要关注延续和并存。[96]

对帝国势力范围内走廊和飞地的形成进行分析的好处之一　37

---

〔96〕　由此，这里使用的"欧洲"这一分类是指大西洋世界的欧洲政治，而"帝国"一词是指海外活动和殖民地。我并未讨论在欧洲和亚洲以陆地为基础的帝国政治体，但法律史学家们最近的工作暗示了某些延续性和差异。比如，简·伯班克（Jane Burbank）认为，俄罗斯帝国繁殖出了截然不同的权利结构、定义和文化。她也提出，农民完全参与到俄罗斯帝国的法律中，与其他帝国法律体系中的平民参与类似。*Russian Peasants Go to Court*：*Legal Culture in the Countryside*，*1905–1917*（Bloomington：Indiana University Press，2004）；and "Thinking Like an Empire：Estate，Law，and Rights in the Early Twentieth Century" in *Russian Empire*：*Space*，*People*，*Power*，*1700–1930*，ed. Jane Burbank，Mark Von Hagen，and A. V. Remnev（Bloomington：Indiana University Press，2007），196–217. 在详述西班牙帝国和大英帝国时，我打算在各个帝国复杂情况的研究以及帝国之间的比较研究上同时投入精力。对研究"复杂情况"的一项建议，参见 Eliga Gould，"Entangled Atlantic Histories：A Response from the Anglo–American Periphery"，*American Historical Review* 112（2007），764–86. 对西班牙帝国和大英帝国进行广泛比较研究的是 J. H. Elliott，*Empires of the Atlantic World*.

是，它使我们不再依赖边境的概念来描述帝国主权有争议的空间。[97] "边境"一词本身暗示着各帝国对领土控制的分歧，并且描述了在各帝国的领地范围骤然彼此重叠时出现的空间模式。但是，主权的不确定性有时源于特定环境而非针锋相对的权利主张，还源于不以领土控制为中心的政治。恰恰由于有效的帝国控制是通过一系列狭窄的走廊和一团团飞地确定的，多个帝国势力才能够在同一地区运作而不产生毗邻或冲突的控制范围。旅行和贸易路线可能穿过其他通道或者与之平行而不产生缠结，管辖权则可能循着旅行和贸易路线蜿蜒延伸。事实上，官员、商人以及定居者有时倾向于避免边境冲突，并且正如我们将看到的是，这一目标影响着有关在广袤区域所提法律主张的性质的观点。帝国政治的中心往往不是领土而是旅行路线的巡查、贸易权、臣民身份的定义或者帝国资助的成果。在数十年间，对一些飞地的控制多次从一个帝国转移到另一个帝国，这种规律性本身就使主权的联系变弱。[98] 无论在何处，帝国的代理人们都无从对殖民地的情势发号施令；当地人则以更改领土主张和法律制度的方式在政治上运筹帷幄。由此产生的多种法律区域不再处于无法状态，而

38

---

[97]　针对边境地区强调其与边界形成之间关系的概述，参见 Jeremy Adelman and Stephen Aron, "From Borderlands to Borders: Empires, Nation-States, and the Peoples in Between in North American History", *American Historical Review* 104, no. 3 (1999), 814-40; Michiel Baud and Willem van Schendel, "Toward a Comparative History of Borderlands", *Journal of World History* 8, No. 2 (1997), 211-42.

[98]　这一模式以特殊的规律性发生在帝国之间竞争加剧的时期，即 18 世纪末期的几十年到 19 世纪的头十年。试想两个著名的例子：位于拉普拉塔河入海口，并在西班牙帝国和葡萄牙帝国之间数度易手的德尔萨克拉门托殖民地（Colonia del Sacramento），以及在荷兰与英国之间转让的开普殖民地。

是处于法律上的复杂状态，它们是被普遍认为政治权威尚在推进之中的地方。[99]

最后，本书转向本章提出的一些理论问题。在近数十年间，诸如昂利·列斐伏尔、安东尼·吉登斯（Anthony Giddens）、大卫·哈维（David Harvey）以及爱德华·索亚（Edward Soja）这些理论家一直对空间回归社会理论的重要性大加称道，另一些学者则将一个交叉学科领域贴上了"空间史"的标签。[100] 不论在理论意义上，还是在特定的历史背景中，领会空间的重要性都很容易。经证明更加困难的是，超越各种劝诫去关注空间以及有关其重要性的事例，以便得到从专著中移植出来的概念、构成社会理论专用

---

〔99〕 在杰里米·阿德尔曼（Jeremy Adelman）对历史进程的描述中，明显体现了运用边境地区路径理解帝国主权和帝国之间法律政治所存在的问题，而借由该历史进程，主权不均匀的扩散在拉丁美洲创造了"最终演变为边境地区的灰色区域"。阿德尔曼同意我和其他历史学家的观点，即"帝国的主权最好是作为权利主张、象征以及权威宣示的集合，它们可以在不止一个法律层面上被聚集"。但是，他将主权不均匀的延伸特别视为对"可统治内陆地区的外部边界"的描绘。在这种观点中，主权在内陆地区的不确定被视为之后主权在边境地区的薄弱控制埋下伏笔。"An Age of Imperial Revolutions", *American Historical Review* 113，No. 2（2008），319–40. 然而，主权在这些地区不仅薄弱，在地理上也是不均匀的——比起灰色区域，这更像是消极和积极空间的复杂谜题。还有，这些区域并非处于无法状态，而是像阿德尔曼在其他地方所说的那样，包裹在被有意建构得不完全的国家法律秩序中。*Republic of Capital：Buenos Aires and the Legal Transformation of the Atlantic World*（Stanford, CA：Stanford University Press, 1999），117–20. 在偏远地区，军事独裁者通过在空间上不规则的恩庇侍从关系（patron-client relations）网络，获得相对较强但地理上有限的控制。这与国家权威的网络并非截然分开，而是相互交织。对法律普世主义复杂模式的关注更有可能揭示这些模式，而非采取一种哪怕是修正过的边境地区路径。

〔100〕 一系列引人入胜的探索空间史研究的各种方法发展的论文，参见 Baker, *Geography and History*，especially 62–71. 贝克赞成一种与历史地理密切联系的变量，并且将此路径和保罗·卡特（Paul Carter）在《通往博特尼湾之路》中对空间话语的强调相区分。

术语组成部分的用语或者引发跨领域学者想象并成为新的研究浪潮起点的洞见。我们有必要注意米歇尔·福柯对全景敞视监狱的分析、大卫·哈维的空间定位以及伊曼纽尔·沃勒斯坦（Immanuel Wallerstein）的三重世界体系，这些都是带有强烈空间要素且有影响力的概念之范例。即便在这些例子中，最后也并未将空间置于社会理论的显著位置或殖民历史的研究日程中。显而易见，本书并未提出将空间纳入社会理论的新途径，但是对理解法律与地理在欧洲帝国中的关系所具有的更宏大意义进行评估所产生的挑战，本书的确予以了认真对待。吉奥乔·阿甘本设想的例外状态的空间呈现提供了一种捕捉欧洲帝国地理复杂性的方式，这种方式充满希望却在根本上有缺陷，而第六章分析了阿甘本的路径，并且提出了一些超越阿甘本对规范和例外的区分，又避开了欧洲和欧洲以外法律区域尖锐对立的可能。目标就在于，抓住由在空间和法律上不均匀的帝国所构成的世界的复杂性。

第二章

背叛之地
大西洋河流地区与关于叛国罪的法律

大树即王。

——约瑟夫·康拉德,《黑暗之心》(*Heart of Darkness*)

要避开从康拉德讲起是困难的。在《黑暗之心》中,马洛 40
(Marlow) 的刚果河之旅如变戏法般创造出了各种对远征和征服的
比喻,而众所周知这条河一直被调换成其他殖民遭遇的背景。该
小说对上游的孤立、方向的迷失、暴力以及文化错位的联想带有
某种永恒性。仅仅提起河流及其在殖民中的地位这一话题,就会
唤起各种关于缓慢上升从而进入一片所有规范都开始扭曲的区域
的超现实意象。

当然,赋予该小说此种历史的超然性使康拉德获得过多的赞
誉。带有黑暗和残暴色彩的探险故事,以及将非洲人仅作为不祥
自然风景之组成部分的形象刻画——这些修辞并不普遍,是康拉
德那个世纪的产物,也是欧洲对自身文明充满希望的观念的产
物。康拉德对进入无约束的精神和身体状态具有危险和诱惑的说
法,似乎也取决于对社会性纯粹世俗的甚至可能是共和式的理

解。毕竟，相比库尔茨（Kurtz）的精神萎靡或者其对整个小说中都未登场的利奥波德国王的背叛，康拉德更关心库尔茨对"原定目标"的抛弃。对库尔茨来说，王权压根不重要。

在之前的三个世纪，纯粹私人的背叛无关紧要，这正是因为对疯狂本身一直有不同的定义。在欧洲殖民的早期，上游地区的危险包括了建立流氓政治的诱惑，但实施的张力并非存在于个人的好恶与文明的限制之间。蛮荒预示着诱惑人们篡夺主权权威和妄想获得君王的威仪，这可能与库尔茨的内陆帝国有某些表面上的相似性，但在其他方面却十分不同。康拉德对上游黑暗地带感到忧心忡忡，在那里自然是主宰且"大树即主"，然而 16 世纪的欧洲人却想要知道，远方河流的上游是否可能成为人们考虑以自己的一副身体取代国王的两副身体之地。在河流上游地区，受到危及的是臣民身份而非心智健康。

遥远河流地区的政治危险与它们近乎神话的许诺相映衬。欧洲人的大西洋地理告诉人们，河口湾指向了内陆的富足、贸易的机会或者大量的淡水，殖民者可以在那里建立繁荣且稳定的社区或定居。然而，河口湾本身为持久定居提供的是众所周知的恶劣环境：糟糕的水质、贫瘠的土壤以及风暴的侵袭。一旦一群人行至水深适合航海船舶的地点之外，河流显示的机会就开始让位于麻烦。它们难以安全地航行和通过。旅行者沿着未开垦的河岸搜寻生活物资，在危险的湍流周围停泊，在搞不清航道和支流时丧失耐心，又眼看着人和动物在渡口淹死。过度依赖当地人提供有关河流地区的信息带来了新的问题，因为向导们虽然握有通往上游安全区域的钥匙，有时却也可能将旅行者引到受伏击的地点以及沼泽地，从而远离捷径、避难所以及食物。即便有这些危险，河流的诱惑仍经久不衰。除了期望河流会将人引向穿越大陆的通道或内陆的富庶之地，河流在欧洲人尝试象征性占有和先占大西洋地区的过程中也发挥了重要的象征作用。对河流区域提出权利主张的准则尚未固定，而提出主张者不仅包括其他欧洲国家及其代理人，也包括当地的政治体和居民。为缔造遥远地区的政治社区，欧洲人可以依赖一批业已确立的法律惯例和渊源，包括特许状、兼并城镇的程序以及统治要塞所需的军事管制。

欧洲人也需要临时应变。在河口湾以及河流上游旅行和定居的恶劣条件使数量惊人的探险队陷入以叛国指控为主题的紧张局面和剧烈对抗中。与从罗马法中汲取的占有仪式一样，欧洲各国的法律秩序对叛国罪的理解普遍类似，但叛国罪也是有解释的余地的。在可能毁掉对手名誉的同时，叛国罪的指控也为正式起诉和严厉惩罚奠定了基础，严厉的惩罚包括公开处决以及没收动产 42 与不动产。在本土，援引叛国罪是针对诸如资敌或篡夺国王管辖权的犯罪，以及一系列被认定为扰乱王国和平的其他行为。叛国罪的弹性及其象征力量，使其在远离本土的新兴政治社区中成为一项法律和政治工具。对明显的叛国行为予以特赦能够增强一个官员的合法性，这是一项在遥远而贫乏的定居点处于政治不确定状态下的有用功能。叛国罪的指控可能——并且有时——是在犯罪发生之后对其他欧洲人或当地人施以暴力的理由。欧洲的君主准许调用某项提及皇室权威的法律工具，并且他们期望调用该工具来避开有关自治程度以及当地官员或殖民政治体权力大小的问题。

当然，引发人们相互质疑对方忠诚的并非河流。叛国罪的指控出现于包括海洋在内的所有类型的地理环境中。但是，随着欧洲人对以河流为中心的地理想象的迷恋与在主权未定的遥远地区组建政治社区以及确立帝国权利主张所带来的特殊挑战相交叠，政治危险与河流地形之间的联系的确出现了。当上游区域对财富的应许增加了政治斗争的风险时，勘探河流的特殊危险似乎使不顺从和背叛的机会大大增加。在河流地区勘探的危险以及对当地人的依赖促使了当地人的政治整合，同时也加深了对欧洲臣民和土著臣民忠诚度的忧虑。像其他法律行为一样，对叛国罪的审判可用于留下空间印记；正如法国人在位于魁北克的圣劳伦斯河上所做的那样，在该河流极重要的弯道处因叛国罪处决一个人，是一种比建造栅栏或宣读声明更富戏剧性的占有标记方式。随着定居点更好地建立起来，并且能够运用它们自己对忠诚的主张，叛国罪的指控也强化了殖民政治体对内陆地区的区域统治。河流被指定为帝国扩张的走廊，也被想象成具有特殊政治危险的地方，这两者之间的张力使河流区域变成了独特的帝国法律空间。

本章一开始探索的是河流在欧洲人的大西洋勘探和定居中所处的中心地位，其中包括沿河流定居对确立帝国权利主张的意义。然后，我转向讨论有关叛国罪的法律及其对远离本土的欧洲人的吸引力。在本章中间的部分，我分析了西班牙沿巴拉圭河上游流域探险所发生的一系列尖锐冲突。该事例引起了审视西班牙

43

关于背叛和叛国的叙事如何在 17 世纪初影响英国和法国的叙述和行为。最后，我考虑了从 17 世纪晚期到 18 世纪早期叛国罪在殖民地内部政治中作用的变化。纵观所有这些背景和时代，早在康拉德到达刚果之前，地理想象与有关归属的危机就紧紧缠结了。

大西洋的河流地理

从冰岛到葡萄牙，欧洲人开展的沿海贸易促进了对河流与河口湾的共同期待。位于河湾中的关键性贸易港口，将从事农垦的内陆地区与沿海和远方市场连接在一起。位于泰晤士河的伦敦、位于吉伦特河的波尔多、位于卢瓦河的南特、位于塔霍河的里斯本以及位于瓜达尔基维尔河的塞维利亚——这些城市都是河口湾港口，还有一批较小的城镇也一样，诸如南开普敦、布里斯托、瓦纳（Vannes）、巴约讷（Bayonne）以及韦尔瓦（Huelva）。海员们非常清楚，河口湾并不总是易于航行，进入某些河口湾需要当地引航员的辅助。然而，当河湾的自然地理发生变化时，即便港口的定居点逐渐变成更深的停泊区域，人文生态也依旧相当稳定：外港或者位于河口湾外缘的小型定居点作为初步的接触地点，为大多数更大型的转口港提供服务，而转口港通常位于桥梁能够横跨河流之处以及来自上游流域的驳船或小艇能够到达的地点。有时，当更大的船舶或淤塞使内港无法运行时，外港便代替内部的河口湾城镇成为主要港口［比方说，塞维利亚与卡迪兹和桑卢卡尔·德·巴拉梅达（Sanlúcar de Barrameda）的关系］。有一些外港未能争取取代上游港口成为贸易中心（试想米德尔堡与安特卫普的关系），还有诸如波尔多甚至伦敦这样的重要贸易城市，其发展并没有这些附属设施。[1]

欧洲人在西非的经验主要增强了对河口湾是地区贸易合乎常理之入口的期望。在 15 世纪 40 年代，葡萄牙和意大利商人放弃沿海劫掠奴隶，转向沿可航行河流上行以便更接近内陆城镇和集市的策略。商人们了解位于撒哈拉南部边缘的重要转口港，并且推测行至上游有利于他们获得经陆路流向地中海港口的贸易货物。[2] 除了潮汐汊道，更宽阔的西非河流都可航行。葡萄牙的船只可以在塞内加尔河上航行大约 120 英里到达图库罗（Tucurol），商人们尽管不得不在危险的浅滩和礁石周围挪动，但仍能继续乘小艇前行 500 英里到达费拉瀑布（Felu Falls），然后发现他们

44

---

〔1〕 对港口和外港的论述，参见 Michel Mollat, *Europe and the Sea* (Oxford, U. K.：Blackwell, 1993), 74-6, 184-6. 对欧洲大西洋的其他显著地理要素的论述，参见 Cunliffe, *Facing the Ocean*, chaps. 1-2；Gillis, *Islands of the Mind*.

〔2〕 有一些沿岸居民是热心的商人，其他人则怀有敌意，就像在冈比亚河口遇到的那些人一样；卡达·莫斯托（Ca'da Mosto）写道，"希望在更上游的地区，我们能发现比我们曾经在河口湾看到的更文明的人"。"The Voyages of Alvise Cadamosto and Pero de Sintra", in Alvise Ca'da Mosto et al., *The Voyages of Cadamosto and Other Documents on Western Africa in the Second Half of the Fifteenth Century*, trans. G. R. Crone (London：Hakluyt Society, 1937), 1-84, 58.

无法经此路线到达撒哈拉的贸易中心。[3] 冈比亚河可供海上航行的船舶向内陆行驶 200 英里。它的南部有无数深潮河口湾（deep tidal estuaries），这让葡萄牙海员想起葡萄牙北部和加利西亚的峡湾状水道或狭窄的河流入海口，而早期沿海勘探从塞拉利昂穿过尼日尔三角洲找到了许多小岛和小河。在 1483 年的首次航程中发现刚果河之后，迪奥戈·康（Diogo Cão）便于次年用次造访并继续往南，在刚果河上航行到位于叶拉拉（Yellala）的瀑布。

这些探险的目的明显是要从事贸易以及定位贸易来源。我们准备把 1445 年阿尔金（Arguim）的建立作为葡萄牙计划在沿海建一连串工厂的发端。但是，这些节点是一张向西非河流拓展且更宽广的网络的组成部分。在 1481 年建立埃尔米纳（Elimina）的沿岸工厂以前，葡萄牙人就已经在冈比亚河的坎托（Cantor）建起一个贸易站，并在一个定期涨潮的河口湾上建起另一个贸易站，该河口湾距离塞拉利昂海岸 50 英里。[4] 由于葡萄牙商人进入和描述的不仅是大型水道，还有他们遇到的小岛和河流，他们对河流

---

〔3〕 对塞内加尔河源头的寻找催生了对夏季洪水在内陆地区泛滥的描述，这些描述似乎肯定了经典的推测，即塞内加尔河与尼日尔河从内陆的一个大湖流出，这些描述也激发葡萄牙人将廷巴克图想象成一个湖都。Duarte Pacheco Pereira, *Esmeraldo de situ orbis*, trans. George H. T. Kimble（London：Hakluyt Society, 1937），80. 又参见下文注释20。

〔4〕 M. D. D. Newitt, *A History of Portuguese Overseas Expansion*, *1400−1668*（New York：Routledge, 2005），45.

的路线和贸易的可能性均有报告。[5]

即便收集了此种情报并努力进行大面积勘探,西非河流的贸易还是逐渐掌控在中间人手中。在某些地方自然似乎阻挡了河上的旅行,就好像在刚果河上,突然出现的一线瀑布使在上游航行变得不再可能。更令人印象深刻的障碍是充满疾病的环境,这将沿河的漫长远航变成临终看护。在很多场合,疾病的爆发都阻挡了在上游远航,阿尔维塞·卡达·莫斯托在"人们开始遭受来势汹汹且持续的高烧痛苦"时"突然"撤回冈比亚河的河口,就属于这种情况。[6]塞内加尔河被约翰二世想象成"一道由此可以深入那片广袤地区腹地之门",然而葡萄牙人在塞内加尔河上建造堡垒的首次尝试于船员开始死去之时就放弃了。[7]在某些地方,非洲人禁止在内陆地区航行;曼丁卡人(Mandinka)、班云人(Banyun)以及其他在西非从事贸易的散居族群,都禁止葡萄牙人进入他们控制的市场。身为葡裔非洲人的中间人在 16 世纪末期

---

〔5〕 杜阿尔特·帕谢科·佩雷拉(Duarte Pacheco Pereira)在《航海日记》(*Esmeraldo de situ orbis*)中对尼日尔三角洲其中一条河道的描述,典型地将有关河流航行的信息与商业信息相结合。他详细地记下进入该河流的指南,提供了有关如何到达"一个以物易物之地"的说明,并列出可以在那里交易的商品(第 128-129 页)。

〔6〕 Ca'da Mosto et al. , "The Voyages of Alvise Cadamosto and Pero de Sintra", *Voyages of Cadamosto*, 1-85, 69.

〔7〕 放弃该堡垒的表面理由是发现了由当地改宗的国王策划的一起叛国事件。对这起叛国罪案件的讨论,参见本章题为"远离国王的叛国罪"的部分。有关疾病高发的报告,来自于"Extracts from the Decades of João de Barros", in Ca'da Mosto et al. , *Voyages of Cadamosto*, 103-47, 141.

沿最主要的河流航线操持营生。[8]

　　尽管在西非的上游流域旅行和从事贸易明显有限制，欧洲人对河流应许作为通往更富庶内陆社区之航线的期望以多种方式得到证实。在上游流域受限制的旅行并未阻止市场进入或者货物流向海岸港口。对伊比利亚人来说，这些模式塑造了熟悉的人文生态，它激发了建立和保护海岸贸易站并对处于那些飞地中的商人发放许可证的策略。

　　新世界的河流意味着同样的应许，却产生了更令人困惑的结果。有了圣劳伦斯河与哈德逊河这样著名的例外，新世界的河流令早期航行者在搜寻可以连接更多有利可图的内陆网络的贸易中心时感到失望。在康涅狄格河、特拉华河、萨斯奎汉纳河（Sus-quehanna）、波托马可河（Potomac）和詹姆斯河上，航海的船舶只能行驶较短的距离，而康涅狄格河北部以及詹姆斯河南部的那些小河就只能提供避难的港湾。[9]　就西属美洲而言，历史学家倾向于将征服和殖民的故事讲述成以墨西哥和秘鲁的内陆地区为中心的故事。但是，内陆地区的探险紧接着或伴随着沿佛罗里达以

46

---

　　[8]　See George E. Brooks, *Eurafricans in Western Africa* (Athens: Ohio University Press, 2003); and Peter Mark, "*Portuguese*" *Style and Luso-African Identity: Precolonial Senegambia, Sixteenth-Nineteenth Centuries* (Bloomington: Indiana University Press, 2002).

　　[9]　Meinig, *Shaping of America*, 42-43.

及大西洋一侧的南美洲河流旅行与定居的重要活动。[10] 当有关富饶的印加矿产的传言传到西班牙时，所选择的策略不再是将来自新西班牙的自由骑士们送往南部进入该区域，而是尝试通过大西洋的水道深入这片大陆。1535 年，佩德罗·德·门多萨被派遣带着超过两千人以及十三条船的队伍沿拉普拉塔河寻找定居点，并且打开通向内陆矿产资源的道路，这在今天仍然是一场声势浩大的探险。在 17 世纪的头数十年，英格兰、爱尔兰、德国、荷兰、西班牙以及葡萄牙的海员和定居者争相在亚马逊河的河口湾以及支流立足，力图摆明他们自己控制了他们想象成富庶之地的上游地区。

新世界的河流不仅令人失望，它们常常呈现难以克服的障碍。早期法国和西班牙在佛罗里达的经验诠释了这些困难。能言善辩的洛多尼埃（Laudonnière）将法国沿佛罗里达海岸的首航描述为凑巧发现了一系列河流，每条河都"美丽迷人"，并且大多数都以法国河流的名称命名：五月河、塞纳河、索姆河、卢瓦河、夏朗德河（Charente）、加伦河（Garonne）、吉伦特河、贝尔河

---

〔10〕 对河流应许的期望在哥伦布第一次航行中表现明显，他当时打探一个又一个的港口，希望发现大的城市或王国。《航行日记》（The Diario）记录了哥伦布在一个有多条河流经以及"原本应该出现"大城镇的良港并未发现大型定居点时的困惑（第189 页）。在另外一条必须走很远的"极其宽广的河流附近……本应有大型定居点（grandes poblaciones）"（第 199 页），却没有发现这样的定居点。Dunn and Kelley, The Diario. 在一个"引人注目的海港"处，哥伦布"派出两个人进入内陆寻找是否有某个国王或任何大型城市"。这两人失望而归。Christopher Columbus, The Four Voyages of Columbus: A History in Eight Documents Including Five by Christopher Columbus, in the Original Spanish, with English Translations, ed. Lionel Cecil Jane（New York: Dover Publications, 1988），4.

（Belle）、格兰德河（Grande）、约旦河（Jordan）、贝尔阿瓦尔河
（Belle a Veoir）、罗亚尔港（Port Royal）、巴瑟河（Basse）（参见图
2.1）。旅行者将这些河流视为可能通向传闻中的矿产、更富庶的

图 2.1 "另外六条河的发现"（1591 年）。特奥多雷·德·布里（Theo-
dore de Bry）根据陪同洛多尼埃于 1564 年前往佛罗里达的雅克·勒·莫因
（Jacques Le Moyne）的油画创作了一系列版画，展现法国人涉足佛罗里达
海岸航行时发现河流的场景。德·布里保留的勒·莫因的说明文字写道：
"继续航行，法国人发现 6 英里远处有另外一条河，他们管它叫卢瓦河，而
在这之后又发现了另外 5 条河，并将它们命名为夏朗德河、加伦河、吉伦特
河、贝尔河以及格兰德河。他们已经仔细探索过 9 条河，并发现许多独特
的事物，这一切也只是在不到六十英里的范围内，在这之后他们仍觉得不满
足。他们继续向北航行直到约旦河，这是整个北部地区最美丽的一条河。"
斯蒂凡·洛伦特，雅克·勒·莫因·德·莫格斯，约翰·怀特：《新世界：
美洲最早的图画》（*The New World: The First Pictures of America*），纽约：杜

尔，斯隆和皮尔斯出版社 1946 年版，第 43 页。

印第安人聚居地以及有价值的贸易之路，并且法国定居者在当地
向导指明的内陆通道中使用了印第安独木舟。当第二个法国定居
点的食物耗尽时，对河流的溢美之词让位于洛多尼埃对"陆地与
水在同我们作对"的怀疑。[11] 在纳尔瓦埃斯（Narváez）命运惨淡
47 的佛罗里达探险途中，西班牙人更快地得出了这个结论。在开始
向内陆进发后的几天，探险队遇到了一条湍急的河流。一行人通
过游泳和乘皮筏需要一天时间才能通过这条河。[12] 在横渡下一
48 条河时，一名骑手和他的马淹死在了湍流之中。西班牙人担心穿
过河流和湖泊会使他们更易遭受攻击。在深及下颌的水中挣扎着
穿过一个湖泊时——我们可推测是一个布满树木的沼泽——西班
牙人遭到印第安人的伏击，这些印第安人的目标明显是夺回一名

---

〔11〕 René Laudonnière, *Three Voyages* (Tuscaloosa: University of Alabama Press, 2001), 131.

〔12〕 Álvar Núñez Cabeza de Vaca, *Chronicle of the Narváez Expedition* (New York: Penguin Books, 2002), 14. 使用临时皮筏是印第安人教会西班牙人的一项技术。阿卡拉特·德·比斯凯（Acarate de Biscay）详细记述了如何在拉普拉塔河上这么做："方法是这样的，我的印第安朋友杀掉一头野牛，剥下兽皮，在里面填满稻草并用同一张兽皮上的皮条将兽皮扎成一捆，我和我的行李都放上去；他游过去并用拴在皮筏上的一条栓子拖着我跟在他后面，然后他又游回去将我的马和骡子渡河交给我。" "An Account of A Voyage up the River de la Plata, and Thence over Land to Peru", in Cristóbal de Acuña, et al., *Voyages and Discoveries in South-America, the First up the River of Amazons to Quito in Peru, and Back Again to Brazil, Perform'd at the Command of the King of Spain by Christopher D'acugna: The Second up the River of Plata, and Thence by Land to the Mines of Potosi by Mons. Acarete: The Third from Cayenne into Guiana, in Search of the Lake of Parima, Reputed the Richest Place in the World by M. Grillet and Bechamel: Done into English from the Originals, Being the Only Accounts of Those Parts Hitherto Extant: The Whole Illustrated with Notes and Maps* (London: Printed for S. Buckley, 1698), 1-79, 26.

印第安向导。[13] 即便是小河与小湾，也有各种障碍。这队人沿着海岸旅行，在试图绕过或穿过一连串错综复杂的小岛时遭受了一系列挫败和困苦。[14] 这些危险再加上无法找到充足的食物，导致阿尔瓦·努涅斯·卡韦萨·德·巴卡（Álvar Núñez Cabeza de Vaca）最终将此种风景描述为"陌生以及邪恶的，并且……毫无可供停驻或离去所需的任何资源"。[15]

其他旅行者报告了对河口湾地理的深深困惑。在西非，葡萄牙商人受尼日尔河入海处错综复杂的航道和岛屿的干扰，以至于在一开始就完全错过该河流的入口。[16] 海员识别亚马逊河口的主要航道，以及沿下游航行时区分奥里诺科河（Orinoco）与马拉尼翁河（Marãnón），也存在类似的问题。[17] 在佛罗里达的海湾沿 49

---

〔13〕 Núñez Cabeza de Vaca, *Chronicle of the Narváez Expedition*, 19.

〔14〕 据努涅斯·卡韦萨·德·巴卡在《纳尔瓦埃斯探险编年史》（*Chronicle of the Narv'aez Expedition*）中所述，没有哪项任务是容易的："我们大概一次又一次进入一些深入内陆的水湾或小海湾，但我们发现它们的水都不深且又危险"（第25页）。

〔15〕 Núñez Cabeza de Vaca, *Chronicle of the Narváez Expedition*, 22.

〔16〕 我感谢约瑟夫·米勒（Joseph Miller）在谈话过程中向我指出这一事实。

〔17〕 比如，洛普·德·阿吉雷（Lope De Aguirre）叛乱的编年史作者并不确定叛乱者在1560年选取的河流路线究竟是奥里诺科河还是马拉尼翁河。See Pedro Simón, *The Expedition of Pedro De Ursua and Lope De Aguirre in Search of El Dorado and Omagua in 1560-1*, trans. William Bollaert（Boston: Adamant Media, 2001）. 帕德雷·克里斯托瓦尔·德·阿库纳（Padre Cristóbal de Acuña）对他于1638年在亚马逊河航行的描述第一次在英国出版时，该版的匿名编者发现："进入河口并抵达真正的亚马逊河道有着万般困难，这经常阻止西班牙人、英格兰人和荷兰人在那里从事贸易，然而经实践和经验证明，亚马逊河像世界上大多数大河一样可航行，这些大河的河口一般都有泥沙、浅滩、小岛或湍急的水流阻挡，对此尝试几次就熟悉了。""Introduction", in *Voyages and Discoveries in South-America*, iii-viii, vi. 广袤的亚马逊盆地并非唯一一处航行者们从海湾中艰难地识别河流入口的地方。查尔斯·拉尔夫·博克舍（C. R. Boxer）声称，葡萄牙人常常交替地使用这些词。*The Tragic History of the Sea, 1589-1622*（Cambridge: Cambridge University Press, 1959）, 73n1.

岸，即使已经有正确的坐标，引航员仍在竭力定位已知的海湾。在 1559 年卢纳（Luna）的远航中，尽管已经事先选好定居点，引航员还是在向东航行时错过了莫比尔湾（Mobile Bay）和彭萨科拉湾（Pensacola Bay），而在向西航行时又一次错过彭萨科拉湾，因而迫使整队人从莫比尔湾经陆路徒步前行。沿海的河流入口被岛屿掩盖，即使受过训练的双眼也难以察觉。[18]

欧洲人无法依赖本土有关水文地理的完善知识体系，事实上还常常被广泛传播的有关河流系统的观念误导。[19] 河流被认为要么起源于山脉，要么起源于庞大的内陆水系，而后者被假定在分水岭处汇集而成，以至于可能产生逆向流出的河流。这一预期反映在欧洲早期绘制的非洲地图中，这些地图常常将一个内海描

---

〔18〕 Jerald T. Milanich, *Florida Indians and the Invasion from Europe* (Gainesville：University Press of Florida, 1995), 139.

〔19〕 尽管荷兰人、法国人和英国人对伊比利亚海外帝国的挑战使对地理的兴趣剧增，但地理尚未成为一个独特的探索领域。人们急切地收集有关自然地理的信息，但直到 17 世纪下半叶，都很少有人尝试将资料系统化或从实地收集到的信息中归纳自然地貌。在《都铎晚期和斯图亚特早期的地理学》（*Late Tudor and Early Stuart Geography*）中，泰勒（Taylor）形容英国人是特别"平庸的地理学家"（第 133 页）。然而，正如波图翁多在描述西班牙的宇宙学与描述地理学之间紧张关系时所说的，我们应该抵制将 17 世纪晚期之前缺乏对地理更科学的综合研究归结为一种智识上的失败所具有的诱惑。对古典宇宙学的批判需要经历一段特殊对待有关特殊事件和地点的观察以及信息累积的时期。See Portuondo, "Spanish Cosmography", In *Charting an Empire*. 科马克（Cormack）指出，许多殖民倡导者在牛津和剑桥所学习的地理主要是描述地理学和地方志而非数理地理学。

绘成尼日尔河和塞内加尔河的上游源头。[20] 该观念被带入新世界，早期地图常常将某个内海呈现为亚马逊、圣弗朗西斯科以及巴拉那（Paraná）河流系统的共享源头。[21] 在北部，英国对发现

---

[20]　认为尼罗河有一条向西的分支是遵从了中世纪宇宙学家的著述，其中包括利奥·阿非利加努斯（Leo Africanus）在《非洲史》（*The History of Africa*）中的描述。这种推测地理学囊括了尼日尔河，一些地理学家和葡萄牙商人认为尼日尔河向西的支流与尼罗河出自同一源头。卡达·莫斯托描述塞内加尔河的某个版本使这种联系变得明显："据有学识的人说，这条河是基训河（Gihon）的支流，它从人间天堂流出。该支流被古人称作尼日尔河，为整个埃塞俄比亚提供水源；在它紧挨大西洋（Ocean Sea）朝西边，也就是它流出的方向奔涌时，形成了许多支流与河流，还有这条塞内加尔河。基训河的另一个支流是尼罗河，它流经埃及，并且流入我们的地中海。这是那些已经了解世界之人的看法。""The Voyages of Alvise Cadamosto and Pero de Sintra", in Ca'da Mosto et al., *Voyages of Cadamosto*, 1-84, 28n2. 并非所有收集到的信息都和这一内陆地理相一致。迪奥戈·康听到传闻说，他的第二次航程位于内陆的一条分水岭以及更远处的一条单独的水道，该水道可能是尼日尔河。See "Introduction", in Ca'da Mosto et al., *Voyages of Cadamosto*, xi-xlii, xxv. 其他类似的观点大约在 1600 年开始出现。See Pacheco Pereira, *Esmeraldo de situ orbis*, appendix 1.

[21]　其他一些早期的地图更加准确。科尔特桑（Cortesão）提出，一张 1534 年由加斯帕尔·维加斯（Gaspar Viegas）制作的地图至少提供了有关主要的上游源头之间关系的正确略图，该地图的绘制可能基于印第安人提供的信息，因为欧洲的航行者尚未记录如此远到上游的旅行。Cortesão and Mota, *Portugaliae Monumenta Cartographica*, 116（map is Figure 44）. 其他葡萄牙的地图，包括近至 1640 年的一张，都显示了一个湖泊，该湖泊有着通往亚马逊、圣弗朗西斯科以及拉普拉塔河水系的出口。See Júnia Ferreira Furtado, "The Indies of Knowledge, or the Imaginary Geography of the Discoveries of Gold in Brazil", in Bleichmar, *Science in the Spanish and Portuguese Empires*, 178-215, especially 193-6. 欧洲其他地方的制图者都采纳并重复这一传统做法，例如吉恩·格拉德（Jean Guérard）绘制的地图（1634 年）以及琼·布劳（Joan Blaeu）绘制的地图（1665年）。参见图 2.2 一张 1599 年的地图，该地图显示了巴拉那河同亚马逊河水系是由一个湖泊连接的。

西北航道的乐观主义也是从该观念中得到启发。[22]《预期前往弗吉尼亚的旅行指南》建议道：

> "如果可以的话，你必须观察你所在的河流是从山脉还是从湖泊流出。如果它出自湖泊，通往另一片海的航道就会比较顺畅，并且很可能你会从该湖泊找到一些顺着相反方向朝东印度海奔流的小溪，因为宽广且著名的伏尔加河、塔内斯河（Tanais）以及德维纳河（Dwina）的三条支流在附近交汇：一条流向里海，另一条流向黑海，还有一条流向帕洛尼亚海（Pallonian Sea）。"[23]

同许多在当时广为流传的河流水文学观念一样，该观念曾受传闻的极大助长。法国人到圣劳伦斯河探险的新闻在欧洲地区以及海员之间广泛流传，此次探险终究抵达了一片河流交织的区域，而那些河流与想象中的内陆海一样宽广。[24] 在南美洲，印第安人从位于内陆的一个主要水系转到另一个主要水系，而来自

---

〔22〕 这是关于西北航道水文的多个相互矛盾的观点之一。另一个观点基于古典宇宙学以及中世纪和文艺复兴学者对其所做的解释，猜测北方土地上遍布各种河道或水系，它们汇入一片位于极地的汪洋或由此流出。这是一幅对称的世界图景，它指引地理学家推理出北方航道必须存在是为了平衡地球。在该图景中，北方航道会是一个海洋级别的通道，或者是连接自北大西洋到"南海"的海峡。See John Allen, "The Indrawing Seas: Imagination and Experience in the Search for the Northwest Passage, 1597 - 1632", in Baker, *American Beginnings*, 7-35.

〔23〕 Virginia Company of London, "Instructions Given by Way of Advice by Us Whom It Hath Pleased the King's Majesty to Appoint of the Counsel for the Intended Voyage to Virginia, to Be Observed by Those Captains and Company Which Are Sent at This Present to Plant There [1606]", Thomas Jefferson Papers, Virginia Records Manuscripts, 1606 - 1737, Virginia, 1606-92, Charters of the Virginia Company of London, Library of Congress, Manuscript Division, http://memory.loc.gov/cgi - bin/ampage? collId = mtj8&flleName = mtj8page062.db&recNum = 0017 (accessed 13 July 2008).

〔24〕 卡地亚（Cartier）航行的编年史记属于小哈克卢特收集的第一批编年史记。

当地人的传闻使早期的葡萄牙人认为巴西可能是岛屿的想法变得可信。约翰·史密斯收到关于有一条内陆水道（可能是密西西比河）向南通往大海的信息是准确的，但也具有误导性。[25] 更多有关可航行内陆水道的传闻愈演愈烈，这都是因为传达错误和推测地理，并且就像财富之城黄金国位于南美内陆一个宽阔大湖上的传说经久不衰一样，这也是因为古典和中世纪文学修辞或乌托邦式图景有了各式翻版。

穿越河流和在河流上航行的困难迫使航行者和定居者极度依赖当地向导。暴力扣押俘虏是在大西洋的河流航行中惯常发生之事——或许，比起历史学家更关注的许多其他实践，包括占有和改变宗教信仰的仪式，其存在都更加普遍。俘虏被抓获并被迫为葡萄牙人沿西非海岸的第一次探险服务，而这一做法持续到从巴

---

〔25〕 史密斯积极地征集这一信息，因为他正在搜寻一条通往所谓的南海的水上通道，这种强烈渴望可能促使他夸大解释所获得的信息。他报告说，当他被欧佩坎诺（Opechancanough）抓做俘虏时，该印第安人酋长告诉他"在瀑布区旅行 4 到 5 天，就是咸水的一个巨大转弯处"。Smith, "A True Relation", in *Narratives of Early Virginia, 1606-1625*, ed. Lyon Gardiner Tyler (New York: Charles Scribner's Sons, 1907), 25-71, 45. 后来，波瓦坦（Powhatan）对史密斯确认了这一信息，并补充说在瀑布线之外还有"一条自两个大海之间的巨大山脉流出的大河"（第 49 页）。卡伦·库珀曼（Karen Kupperman）注意到，波瓦坦澄清了"在那些山脉之外没有咸水"，但是定居者仍相信他们距离南海不远。Karen Ordahl Kupperman, *The Jamestown Project* (Cambridge, MA: Belknap Press, 2007), 152-3.

52 芬岛（Baffin Island）到巴塔哥尼亚（Patagonia）的新世界航行。[26] 当俘虏逃跑，整群以及整个定居点的沿海居民与欧洲海员在早期以暴力相向后避免再行接触，以及向导故意将航行队伍引到错误或危险的方向时，前述策略的运用便总事与愿违。语言的障碍使信息的错误传达实际上成为日常状态。在纳尔瓦埃斯探险的最初几周，西班牙人抓获两名印第安人作为向导，之后这队人向前走了六七周，却发现"没有一个印第安人敢等着我们"。[27] 有时

---

[26] 对俘虏向导的依赖，始于在大西洋上的早期航行。在 15 世纪前往圭亚那的葡萄牙船长所获得的书面说明中，包括"一份路线指南，指令探索者们不论何时到达一个语言上陌生的地区，第一要务就是绑架至少一名土著，并将之带回葡萄牙"，以便训练成将来航行所需的翻译和向导。P. E. Russell, "Some Socio-Linguistic Problems Concerning the Fifteenth-Century Portuguese Discoveries in the African Atlantic", in Russell, *Portugal, Spain, and the African Atlantic*, XIV, 1–15, 5. 即便非常早期将俘虏用作向导的例子，也是有记录的；15 世纪 30 年代，一名葡萄牙船员在远离圭亚那海岸的达斯盖科斯岛（Isla das Garças）集结一小股突袭队伍之后，抓获了包括男人、女人和小孩在内的 165 名俘虏，并强迫两个男人作为向导，以便后续突袭一个在临近的泰格岛（Tiger）上的村庄。See "The Beginnings of the Portuguese-African Slave Trade in the Fifteenth Century, as Described by the Chronicler Gomes Eannes de Azurara", in *Children of God's Fire: A Documentary History of Black Slavery in Brazil*, ed. Robert Edgar Conrad（Princeton, NJ: Princeton University Press, 1983）, 5–11. 这种抓获俘虏作为当地向导的行为，在欧洲人沿非洲海岸以及在亚洲的航行中都在持续。比方说，麦哲伦在他的环球航行中就定期雇佣俘虏向导。他有时抓不到向导，就像在拉普拉塔河的河口时那样，但在其他地方俘虏向导则发挥了关键作用，正如他去往摩鹿加（Moluccas）时那样。Antonio Pigafetta, *The Voyage of Magellan: The Journal of Antonio Pigafetta*, trans. Paula Spurlin Paige（Englewood Cliffs, NJ: Prentice Hall, 1969）, 10, 106. 当然，信息并不总是来自俘虏，在当地引航员受雇去往不熟悉的水域时，信息就是购买来的。

[27] Núñez Cabeza de Vaca, *Chronicle of the Narváez Expedition*, 15. 在冈比亚河的河口，英国人理查德·乔布森（Richard Jobson）报告说，"鉴于已经无数次被几个国家的人惊吓、抓住和带走，居住于此处的曼丁哥人非常害怕与任何船舶对话，除非已经完全了解这些船舶"。Richard Jobson, *The Discovery of River Gambra*（1623）*by Richard Jobson*（London: Hakluyt Society, 1999）, 96.

候，向导明显渴望带着旅行者前行，甚至将他们置于危险的境
地。[28] 卡韦萨·德·巴卡注意到，西班牙人不信任北美印第安
人向导的同时，却又近乎完全依赖从他们那里收集到的情报。几
个被俘成为向导的印第安人将探险队带进"一个难以穿越且外形
奇特的地带"，筋疲力尽的旅行者在此处不得不绕很长的弯
路。[29] 1539 年的索托（Soto）探险到达了该区域最大的定居点，
但土著向导明显试图挫败西班牙人的计划，便将他们带上一条迁
曲的路线，穿过该区域最崎岖不平的地带。[30]

　　害怕被向导背叛，绝非远在表面之下。印第安人在中美洲的
某一区域袭击并谋杀了两名多明我会修士，加布里埃尔·萨拉萨
尔绘制该区域的河流路线时，就担心他的向导在该次袭击中是同
谋并且掌握着印第安人用于逃脱西班牙人报复的河流路线信
息。[31] 萨拉萨尔采取各种形式的法律质询来审问向导并验证他
们讲的故事。这位修士一度为了向一位"睿智的老人"询问"从
水上逃跑的方式"，给这位老人可可豆用以标记河流和村庄。萨
拉萨尔复制了地图并让这名老人三次重复这版地图，目的是看老
人的复述是否有任何改变；事实上并没有任何改变。"为进一步

53

---

〔28〕 哥伦布就极其怀疑他来自圣萨尔瓦多（San Salvador）的俘虏，该名俘虏告
诉哥伦布在康塞普西翁（Concepción）的圣玛利亚（Santa María）小礁岛上有大量黄
金。哥伦布承认，这"可能是一个希望脱身才讲出来的谎言"。哥伦布自己也试过撒
这种谎；在横跨大西洋的航行中，他习惯记录一个已经航行的距离数字，向他的船员
则报一个较短的航程数。Columbus, *Four Voyages of Columbus*, 60.

〔29〕 Núñez Cabeza de Vaca, *Chronicle of the Narváez Expedition*, 16.

〔30〕 Milanich, *Florida Indians*, 123, 135.

〔31〕 Salazar, "Brief Description of the Manché", in Feldman, *Lost Shores*, *Forgotten Peoples*, 41.

证实"，萨拉萨尔又询问了"另外两名老者，他们提供了对河流同样的标记，并且以同样的顺序使用了同样的名称，他们认同他说的所有［事情］"。[32] 无论在何处，对信任非基督徒向导都心存不安，对他们提供虚假情报也不确定是否以及如何进行惩罚。在亚马逊河上游迷失时，贡萨洛·皮萨罗命令对他的印第安向导施以酷刑并将其喂狗，但对他是否打算将暴力作为一种恐吓或者法律权威的展现却没有记录；酷刑在法律上可以用来获取被调查对象的证言和供词。[33] 有时，官员们举行特别设计的仪式，宣告印第安人向导为国王的臣下，从而结束这种不确定状态。[34]

河流旅行和定居的诸多障碍似乎并未抑制欧洲人将河流作为新世界入口的热情。在西班牙人沿佛罗里达的水道探险经历一系列失败后的数十年，佩德罗·梅内德兹·德·阿维利斯（Pedro Menendez de Avilés）梦想有一条穿越该半岛的水上路线能够适合于船舶进出新西班牙。即使当圣约翰河上的一次旅行在印第安人放置尖状物以阻碍西班牙人前进的地方戛然而止时，他仍然坚持推

---

〔32〕 Feldman, *Lost Shores, Forgotten Peoples*, 36, 25, 41. 说起来有点矛盾，帮助确定一名向导是否可信的诸多特征之一，就是该向导自愿还是作为一名俘虏来提供信息。萨拉萨尔向读者保证，他的信息"是基于实际的见证，而当信息来自于传闻时，也是从值得信任的人处获得，这些人是自愿而非被迫提供信息的"。Salazar, in Feldman, *Lost Shores, Forgotten Peoples*, 22-54, 34（emphasis added）.

〔33〕 凭借作为基多（Quito）、拉库塔纳（La Culata）以及别霍港（Puerto Viejo）总督的正式职位，皮萨罗有权像法官一样行事，而总督这个职位是他做先遣官（adelantado，即国王任命的军事和司法长官）的兄弟授予他的。

〔34〕 在一名位于亚松森附近忠诚受到怀疑的印第安人被奉命作为叛国者处决之前，这一过程是如何对他完成的，请参见下一节的描述。

行这一想法。[35] 阿库纳神父在 1638 年和佩德罗·塔克薛拉（Pe-dro Teixeria）一起沿亚马逊河从秘鲁旅行到大西洋，他预见亚马逊河作为连接大西洋和太平洋的"唯一通道"，是一条通往一片广袤而富足区域的"伟大道路"，而这片区域是"丰饶的天堂"——这是与数十年来掌控河流的失败不一致的景象。[36] 在 17 世纪早期，英国与荷兰定居者为处于亚马逊支流的圭亚那激烈争夺了二十多年，尽管基本都败兴而归，在此过程中却产生了第一张有关该区域各条河流的详尽地图。[37] 同时，英国人在失去罗阿诺克殖民地后将詹姆斯敦的地址选在了一个河口湾处，此处土地贫瘠并且水质偏咸，之后他们围绕遍及整个水道网络的航行勘探该区域。[38] 在更北边，从科德角（Cape Cod）到圣劳伦斯河，各定居点都尝试建立在由冰川构成且缺乏适于耕种之土地的小岛上。

为什么会有这种对沿河流定居的持续迷恋？其中一个因素

〔35〕 梅内德兹未能守护河流帝国则直接促使他去采集沿海水域的详细地理情况，这是结合勘探以及对印第安人情报的信赖而实现的。Milanich, *Florida Indians*, 155-93.

〔36〕 Padre Cristóbal de Acuña, "A New Discovery of the Great River of the Amazons", in *Expeditions into the Valley of the Amazons*, 1539, 1540, 1639, ed. and trans. Clements R. Markham (London: Hakluyt Society, 1859), 47, 62.

〔37〕 Joyce Lorimer, *English and Irish Settlement on the River Amazon, 1550 - 1646* (London: Hakluyt Society, 1989). 关于该区域河流的英国地图，参见 Sarah Tyacke, "English Charting of the River Amazon c. *1595-1630*", *Imago Mundi* 32 (1980), 73-89.

〔38〕 See James Horn, "The Conquest of Eden: Possession and Dominion in Early Virginia", in *Envisioning an English Empire: Jamestown and the Making of the North Atlantic World*, ed. Robert Appelbaum and John Wood Sweet, 25 - 48 (Philadelphia: University of Pennsylvania Press, 2005); Lisa Blansett, "John Smith Maps Virginia: Knowledge, Rhetoric, and Politics", in *Appelbaum and Sweet*, *Envisioning an English Empire*, 68-91.

是：河流对确立帝国权利主张发挥着重要作用。[39] 对占有或先占证据的报告，既指向帝国之间的正式会面，又意在肯定卓越的行动者正在推进他们君主的利益。用于支持和捍卫权利主张的法律库主要源自罗马法，因而在所有大西洋的欧洲帝国都可以利用并且明辨。[40]

从中世纪晚期开始，欧洲注释法学派就依赖罗马财产法来确定欧洲各国所主张领土的法律地位。[41] 他们也依赖查士丁尼《法学阶梯》，通过类比将财产取得的方式适用于对领土的主权控

---

[39] 沙玛（Schama）提道，在欧洲"帝国权力的范围……总是沿着河流展开"。他还提到河流与政治权力甚至宗教权力之间的象征性纽带，以及河流"作为道路"的罗马观念遗产，即"河流是可以连续的通道，是能够负担交通以及在必要时运载武装人员的通道，也是限定了入口和站点的通道"。Schama, *Landscape and Memory*（New York：Vintage, 1995），5，261。

[40] 帕特丽夏·锡德（Patricia Seed）是《占有的仪式》（*Ceremonies of Possession*）一书的作者，她认为欧洲人采取"国别"方式完成"占有仪式"，比如英国人喜欢在一片作为核心支撑的土地上完成"草皮和树枝仪式"（turf and twig ceremony），西班牙人则举行对人民宣称宗主权的典礼，而葡萄牙人偏好配合天文投影的石头标记。锡德认为各帝国的占有方式差异极大，这一观点站不住脚；相反，我们发现有一个关于占有仪式的共享库，有策略地利用该共享库的明确目的是向其他欧洲人表明权利主张并就此进行交流。从事早期探险和新世界征服的西班牙人执行了一连串各不相同的仪式，有时混合进行或者快速地连续举行这些仪式。有时，他们甚至通过与树枝和草皮仪式类似的方式利用大量泥土，树枝和草皮仪式据说只在大英帝国内部保留［我感谢托马斯·阿伯克龙比（Thomas Abercrombie）在谈话中指出了这一点］。就英国人而言，定居者们常常在缺乏天主教仪式的情况下遵循与伊比利亚人类似的一套做法。一项更古老的有关占有行为的做法显示出仪式的多样性和弹性以及它们的共同象征，对此参见 Arthur Schopenhauer Keller, Oliver James Lissitzyn, and Frederick Justin Mann, *Creation of Rights of Sovereignty through Symbolic Acts, 1400—1800*（New York：Columbia University Press, 1938）。对西班牙有关泥土的仪式的讨论，参见例如 Elliott, *Empires of the Atlantic World*, 31。

[41] See Richard Perruso, "The Development of the Doctrine of Res Communes in Medieval and Early Modern Europe", *Tijdschrift voor Rechtsgeschiedenis* 70（2002），69—94。

制主张上。[42] 现代早期的学者更广泛地吸收罗马法渊源，他们保持了早期对罗马财产法的关注，但逐渐从强调对占有的分析转移到讨论所有权的自然法基础。[43] 历史学家依旧不甚了解现代早期的法学家关于这些问题的著作与帝国的代理人所采纳和运用的法律知识之间的关系。[44] 但是，即便未能追寻到所有直接影响，我们也能清楚地看到：在欧洲早期的海外探险活动中，旅居者和定居者都能在其他帝国面前捍卫权利主张时意识到王国利益。资助者常常详细指示用以标示代表君主提出的权利主张所应履行的行为。帝国的代理人也会临时发挥，以通常无序组合的各项仪式及其解释性说明提出权利主张。他们经常含蓄和间接地援引罗马法，并且多少有些杂乱地参照罗马法中被普遍视为构成占有的一系列行为。正如本杰明·施特劳曼（Benjamin Straumann）和我在别处说过的那样，帝国内部的行为者及其资助者至高无上的利益并非建立对领土的绝对所有权，或者主张欧洲法学家所讨论的帝国的道德合法性，而是要证明他们的占有权优于其他竞争者

56

---

[42] MacMillan, *Sovereignty and Possession in the English New World*; and Lauren Benton and Benjamin Straumann, "Acquiring Empire by Law: From Roman Doctrine to Early Modern European Practice", *Law and History Review* (forthcoming).

[43] Ibid.; Benjamin Straumann, "'Ancient Caesarian Lawyers' in a State of Nature: Roman Tradition and Natural Rights in Hugo Grotius' De Iure Praedae", *Political Theory* 34, no. 3 (2006) 328-50.

[44] 我们知道相当一部分的新世界缔造者都受过法律训练。我们也知道法律观念是广泛传播的。比方说，在16世纪80年代，英国就在翻译和品味萨拉曼卡学派著述者们的作品。See Andrew Fitzmaurice, *Humanism and America: An Intellectual History of English Colonisation, 1500-1625* (Cambridge: Cambridge University Press, 2003), 141-2.

可能提出的占有权。[45] 这个目标促成了富有弹性且包容的法律证据方法。

随后对设置堡垒、制图以及其他标记权利主张的方式的关注，构成了欧洲各帝国广泛共享的占有的象征语言——这并不奇怪，因为帝国的代理人及其资助者试图采取可以跨越欧洲内部文化和政治边界被理解的仪式和行为。[46] 英国人、法国人、葡萄牙人、西班牙人和荷兰人在早期航海中惯用的手法就是在战略要地树立标记——石柱、木桩尤其是十字架，这毫无疑问是要表明对尚未确定范围之地的不完全权利主张。制图是另一种彰显占有状态的技术。[47] 包括堡垒在内的定居点是同样重要的象征，既表明占有的意图，又作为实际占有的证据。西班牙人将城镇视为文明的积极证据。城镇也是法律实体，在其中行使法律权威的官员则肯定了同国王的直接联系。[48] 即便在缺乏定居点的情况下，法律制度的外在象征也可用于彰显皇家权威。在 16 世纪早期，胡安·德·索利斯（Juan de Solís）领导了一次在拉普拉塔河地区从

---

〔45〕 Benton and Straumann, "Acquiring Empire by Law".

〔46〕 Ibid., and see *supra* note 40.

〔47〕 MacMillan, *Sovereignty and Possession in the English New World*. 制图是占有话语的一项要素，有关制图的著作大量存在。参见一篇影响深远的论文，J. B. Harley, "New England Cartography and the Native Americans", in Laxton, *New Nature of Maps*, 169-97；还有两篇论文也针对弗吉尼亚谈到了这一点：James Horn, "The Conquest of Eden: Possession and Dominion in Early Virginia", and Lisa Blansett, "John Smith Maps Virginia", in Appelbaum and Sweet, *Envisioning an English Empire*, 25-48, 68-91.

〔48〕 正是因此，市政议会的建立有时是为了要绕过当局并直接和皇家官员沟通。众所周知，即使缺乏任何实质性的西班牙定居点，科尔特斯（Cortés）还是采用该策略在韦拉克鲁斯（Veracruz）建立一个市议会或镇议会，从而避开向哈瓦那的官员报告。

事勘探和定居的探险，当时他带着通过显示法律权威去占有新土地的指示："你应该在这儿做一个绞刑架，让一些人到你面前提出控诉，而你作为我们的船长和法官应当对此发表意见并做出决定，那样的话，总体上你将完成所说的占有。"[49] 特别是，如果我们承认惯常为欧洲的代理人们用于显示占有的策略具有弹性和包容性，我们就会理解许多各式各样分阶段的法律行为——从公证员对证词或事件的简要登记到复杂的审判和公开执行——这些行为是一项更广泛活动的组成部分，目的是显示君主明确认可的制度和实践积极且持续地存在着。

　　河流在这些用于提出权利主张的策略中有着特殊地位。现代早期欧洲人用于在大西洋世界表明占有的标志和定居点并非在大地上随处设置。它们最通常被设在河口湾或两条河流近海的交汇处，目的就是表明要在广袤而不受限制的河流区域旅行和定居。各帝国都采用该策略。1483 年，迪奥戈·康在首次远航中为葡萄牙皇室在刚果河的河口竖起了发现碑（padrão）或说石柱；在三年后的重返之旅中，他行至瀑布线并让手下在峭壁上刻字以表明他们已经航行到这里。[50] 卡迪亚于 1534 年在圣劳伦斯海湾的加斯佩港（Gaspé Harbour）竖立的 30 英尺高的十字架，以及里博（Ribault）在佛罗里达"一条大河入口的高地上"竖立的柱子，都

〔49〕　对索利斯发出的指示最初是要求他在有一名书记员以及"可能获得的最大数目的见证人"时，清理出一片空地并竖立"一些小型建筑物"。Keller, Lissitzyn, and Mann, *Creation of Rights*, 3-4.

〔50〕　迪奥戈·康似乎是第一个竖立石柱而非木十字架的葡萄牙船长。Pacheco Pereira and, *Esmeraldo de situ orbis*, 142n1.

标志着法国预期的权利主张。[51] 在詹姆斯敦，纽波特（Newport）有一个十字架立在靠近切萨皮克湾入口的亨利角（Cape Henry）；另一个在上游的瀑布处立着的十字架，刻着"雅各布斯·雷克斯（Jacobus Rex），1607 年"的字样。[52] 1682 年，拉·萨尔（La Salle）沿密西西比河下游航行到河口附近，停下来立起了一个圆柱和一个十字架，并且为法国对"从其源头……远到其入海口"的地区以及其间所有的一切主张占有。[53] 防御工事、不成熟的定居点以及简陋的要塞也同样坐落在河口以及狭窄的水道处。比如，位于沿河关键地点的标记和定居点与对广袤的内陆地区所提主张之间的象征性联系，解释了西班牙对 17 世纪头数十年英国人和荷兰人在亚马逊河口建立新定居点和简单防御工事的忧虑；西班牙提到过允许这些据点存在是危险的，因为"这条河流及其支流流经包括秘鲁在内的整片大陆"。河口湾定居点宣告了向内陆拓展控制的意图。[54]

占有河流地区的目标为欧洲人集中关注设立可识别的政治社区提供了额外的动力。即便河流地区的环境常常不利于政治稳定，对主权的探寻也必然涉及对合法性的探寻。承认这种关联使我们更清晰地理解欧洲人征服的理由与欧洲人文明观念之间的联系，这种联系长久以来为睿智的历史学家所关注。对这种关系的

〔51〕 Keller, Lissitzyn, and Mann, *Creation of Rights*, 109.

〔52〕 Horn, in Appelbaum and Sweet, *Envisioning an English Empire*, 31, 33.

〔53〕 文件当场拟定并经 1 名公证人以及 11 名见证人签署。Keller, Lissitzyn, and Mann, *Creation of Rights*, 129.

〔54〕 Tyacke, "English Charting of the River Amazon", 75.

通常解释往往不是始于其古典根源或有关征服和定居的政治观点，而是约翰·洛克（John Locke）的著作。然而，洛克的写作晚于早期的殖民地声明，那些声明却被认为反映了洛克将财产权与文明能力相结合的观点。[55] 有种概论认为，英国人和法国人运用关于未经耕作的土地（*vacuum domicilium*）和（或）无主地（*terra nullius*）的罗马法理论，回应西班牙基于教皇捐赠提出的主张，而正是在这种概论不断重复的过程中前述错误变得复杂。[56] 这种概论所呈现的罗马法无主物概念暗含一系列限定的步骤，按固定的顺序对过去不属于任何人之物确立所有权。更细致地解读罗马法渊源以及帝国代理人对其的运用会发现，为了使权利主张优于

59

---

〔55〕　Paul Corcoran，"John Locke on the Possession of Land：Native Title vs. the'Principle'of *Vacuum Domicilium*"（paper presented at the Australasian Political Studies Association Annual Conference，Melbourne，Monash University，2007），APSA refereed papers，political theory：http：//arts. monash. edu. au/psi/news－and－events/apsa/refereed－papers/index. php.

〔56〕　这两个概念有时是交替使用的，但要注意到有趣的是，在罗马法律渊源中未明确提及这两个概念。参见科科伦对"未经耕作的土地"的讨论（同前注），而关于对"无主地"和"无主物"的起源与适用产生的困惑，参见 Benton and Straumann，"Acquiring Empire by Law". 关于无主物理论影响力的陈述是如此普遍，以至于无法悉数列举。安东尼·帕格登（Anthony Pagden）的叙述特别有影响力，*Lords of All the World：Ideologies of Empire in Spain*，*Britain and France c. 1500－c. 1800*（New Haven，CT：Yale University Press，1995），76-7. 该观点在很大程度上借用了帕格登的论述，要了解最近对这一观点的概述，参见 Elliott，*Empires of the Atlantic World*，12，30-2. 帕格登修正其对无主地理论的观点，是在 "The Struggle for Legitimacy and the Image of Empire in the Atlantic，to c. 1700"，in Nicholas Canny，ed.，*The Origins of Empire*（Oxford：Oxford University Press，1998），34-54，但他在后来的一篇论文中又把观点改了回来，将"无主地"一词用做一个涵盖一连串实践的更广泛的概念，同时又提出这个词本身直到19世纪才开始被使用。See "Law，Colonization，Legitimation，and the European Background"，in Michael Grossberg and Christopher Tomlins，*The Cambridge History of Law in America*，Vol. I，*Early America 1580-1815*（Cambridge：Cambridge University Press，2008），1-31.

其他的竞争对手，会采取一系列可利用的甚至有时是冲突的理由，而通常对无主物（*res nullius*）理论的间接引用就是其中的一部分。[57] 这一过程使得政治社区的构成证据与世俗的有形标记和言辞相结合，才具有表明占有的法律意义。简言之，文明或公民社会概念将当地政治和谐与对主权的探寻相联系，而该过程却远甚于对文明或公民社会概念的文化依赖。法律赋予政治社区一种象征性的力量，这种力量在所有的大西洋欧洲文化中都清晰可辨。

我们现在能看到河流探险与有关叛国罪的法律政治存在强有力的联系。对被当地人背叛的紧迫恐惧和对欧洲参与者政治忠诚的忧虑与更广阔的帝国目标相联系。如果叛变者变得既不必受资助又无须受惩罚，国王与商人资助者就将失去所有的一切。与此同时，精英竞争者们懂得，如果他们的行为之后能被辩护成为维护可识别的政治秩序形式所必需的，那么推翻领导者且手握大权便会带来回报，这转而可能会在其他国家的听众面前为他们自己国家的权利主张提供支持。在这种紧张的气氛中，沿着航行者经常会迷失方向、饥肠辘辘并与他人及彼此交战的河流，落入叛国罪的指控和反向指控似乎是无法抵抗的。

---

〔57〕 Benton and Straumann, "Acquiring Empire by Law".

远离国王的叛国罪

欧洲人从广泛共享的有关占有的法律话语中间接且创造性地引用罗马法，他们在使尽浑身解数谋取政治权威和远在本土的皇室支持时，也以相同的方式援引关于叛国罪的罗马法要素。当欧洲人试图对帝国内部的新老臣民确立主权时，关于叛国罪的法律和提出权利主张的实践相互交织。然而，叛国罪有时很复杂。罗马法对叛国罪的理解是围绕谋逆（*maiestas*），即侮辱君主荣耀的观念展开的，日耳曼的相关法律则是从臣民背叛其领主信任的观念进化而来。[58] 在整个中世纪和现代早期欧洲，当统治者寻求支撑他们政治权力和控制的方法时，罗马法有关叛国罪的观念就越来越有影响力。仅以背叛信任的观念为基础的叛国罪法律是一种服务于皇权的不太称手的工具，因为它暗示着相互的义务，并且会产生臣民以声称君主没有履行其义务为不再忠诚于特定统治者

60

---

[58] 罗马人也把叛国称为"通敌"（*perduelli*），该词似乎具有与外部敌人合作的含义。"谋逆"一词的使用更为普遍，并且它的含义有时和"暴力"（*vis*）——特别是煽动叛乱或其他政治暴力——混合。O. F. Robinson, *The Criminal Law of Ancient Rome* (Baltimore：Johns Hopkins University Press, 1995), 74-5. And see John G. Bellamy, *The Law of Treason in England in the Later Middle Ages* (Cambridge：Cambridge University Press, 1970).

做辩护的可能。[59]

罗马法对"谋逆"的定义很宽泛，包括对国家发动战争、未经君主授权使用武力、资助敌人以及抛弃或背叛军队。言语和行动都可以惩罚。在《理想国》中，叛国罪有时包含煽动叛乱或各种形式的政治暴力，而且尽管任何公民都可能犯有叛国罪，犯罪的本质却意味着相比普通公民或基层士兵，诸如总督或军事指挥官的官员将有更多机会成为叛国者。[60] 部分由于这个原因，如果叛国罪混合了其他政治犯罪，通常的死刑就可能被流放刑取代，而流放刑是背叛皇帝的高等公民才可能选择的刑罚。[61] 大不敬（lèse-majesté）或者有损君主或其家庭荣耀的行为，也可以作为叛国罪被惩罚。

正如罗马人所做的那样，中世纪晚期和现代早期的欧洲人根据变动的政治情势灵活解释叛国罪。在法国和英国，密谋叛国是一种严重程度相当于资助国王敌人的犯罪。篡夺王权以及"背叛

---

〔59〕 然而，日耳曼法律的影响并未消失，并且在有些地方仍然强有力。比如，无数的西班牙地方立法（fueros）或当地法典都吸取了日耳曼法对叛国罪的解释，此种解释将极其多样的犯罪者贴上叛国者的标签，这些罪犯的罪行都涉及信任的背叛，诸如谋杀与其已达成停战协议的人，甚至通奸。许多西班牙法典也会使用"背信"（alevosía）一词，这是出自帝国的日耳曼词且基本与之具有相同含义，但它有时候更宽泛，比如包含仅伤害停战协议一方的犯罪。See Juan García González, "Traición y alevosía en la Alta Edad Media", *Anuario de Historia del Derecho Español* (1962), 323-46. 对于定义整个欧洲法律秩序中的轻微叛国罪（petty treason），背叛的观念也是根本性的，这种罪行是通常涉及反叛或伤害主人的犯罪。

〔60〕 对罗马法中叛国罪所做的很好的概述，参见 Robinson, *The Criminal Law of Ancient Rome*, 74-7.

〔61〕 关于欧洲历史中对地位高者的刑罚体制，参见 James Q. Whitman, *Harsh Justice: Criminal Punishment and the Widening Divide between America and Europe* (New York: Oxford University Press, 2003).

王国"都是后来对叛国罪行为清单的补充，仅 14 世纪才开始在英国使用，但也并非无争议，而到 15 世纪才在法国变得重要。[62]从 14 世纪末起到 15 世纪的大多数时期，历史学家追溯了为政治目的而越来越灵活地运用叛国罪的指控。[63] 大不敬罪扩大到包含对皇家官员的犯罪，以及反叛忠于王权的人、针对这些人财产的犯罪和资助叛乱中的其他人。[64] 即便将叛国罪扩大到囊括刺杀国王和对国王发动战争这类行为，叛国罪也渐渐从强调针对国王本人的犯罪转变成一种突出针对公共秩序之行为的定义。[65]在所有欧洲的法律秩序中，对重大叛国罪的惩罚常常遵循类似的模式：叛国者被拖到行刑地点，他们的身体被车裂分尸（或枭首示众），而他们的土地和财产被国王罚没。[66]

---

〔62〕 这些犯罪比较少见，如果有，也只是支持叛国罪的起诉，并且主要是用于加重对叛国罪的指控。Robinson, *The Criminal Law of Ancient Rome*, 71-2. 法国的权贵们在 15 世纪因篡夺王权而被处决。S. H. Cuttler, *The Law of Treason and Treason Trials in Later Medieval France* (Cambridge: Cambridge University Press, 1981), 45. 英国和法国在叛国罪的定义和起诉上有许多其他的实体和程序差异——事实上，是差异太多以至于无法在此概括。在强调共同点时，我并非要说在这些政治体中有关叛国罪的法律都是相同的。就差异而言，可以对比贝拉米（Bellamy）的《英格兰有关叛国罪的法律》(*The Law of Treason in England*) 和卡特勒（Cuttler）的《有关叛国罪的法律与对叛国罪的审判》(*Law of Treason and Treason Trials*)。

〔63〕 Bellamy, *The Law of Treason in England*, 103. 卡特勒在《有关叛国罪的法律与对叛国罪的审判》中提出，模糊性"毫无疑问是有意为之"，它为案件的起诉提供了更多的灵活性（第 18 页）。

〔64〕 最终，叛乱就被解释为一种大不敬罪。有一项重要的补充是 1450 年创设的一项宣布行为非法化的程序，该程序允许被指控犯有叛国罪的人经缺席审批获罪。

〔65〕 Cuttler, *Law of Treason and Treason Trials*, 15.

〔66〕 这一基调有无数的变体。在都铎时代的早期，叛国者可能被命令绞死，或者在被砍倒和开膛之前，身体的一部分被吊起来。女人则以火刑被处死。See K. J. Kesselring, *Mercy and Authority in the Tudor State* (Cambridge: Cambridge University Press, 2003).

62　　　　叛国罪不断扩大的范围为国王与市政当局、教会以及领主之间的管辖权争端提供了有用的武器。[67] 在 13 世纪之后，这种宽泛模式发生了一种特殊变化，因为当时为回应教会对异端的担忧，评判正统成为一项法律和刑罚事务，异端便开始和叛国罪紧密联系起来。[68]宗教裁判所通过教会法的过滤，吸取了罗马法律文化和程序，而君主的主权是为神权服务的观点意味着叛国者的行为既是针对国王，又是针对上帝。这种联系看来帮助了西班牙的君主以避免争议和绕开管辖权纠纷的方式正式起诉叛国罪。在 1520 年反叛者暴动之后，天主教通过指控支持谋反者的神职人员来协助王权；国王对神职人员没有管辖权。后来，菲利普二世试图利用宗教裁判引渡他的前任书记官安东尼奥·佩雷斯（Antonio Pérez），此人被控重大叛国罪，却主张其老家阿拉贡（Aragon）的市政法或者说当地法律的保护。[69] 至少有两次菲利普二世没有使用宗教裁判，而是命令秘密进行叛国罪审判以避免处决公众人物的争议：一次是对弗洛伊斯·德·蒙特默伦西（Florys de Monte-morcency），一名在佛兰德斯（Flanders）爆发起义时从那里来的使者；另一次是对马丁·德·阿库纳（Martín de Acuña），他在同奥斯

---

〔67〕　关于这一点，特别参见 Cuttler, *Law of Treason and Treason Trials*, 54 and chap. 3.

〔68〕　Diego Blázquez Martín, *Herejía y traición: Las doctrinas de la persecución religiosa en el siglo XVI* (Madrid: Dykinson, 2001), 26.

〔69〕　佩雷斯的案件也诠释了叛国罪作为国王法律武器的局限。当佩雷斯逃往法国时，唯一的办法就是对他进行缺席宣判有罪。Joseph Pérez, *The Spanish Inquisition: A History* (New Haven, CT: Yale University Press, 2005), 206. And see Víctor Fairén Guillén, *Los procesos penales de Antonio Pérez* (Zaragoza, Spain: El Justicia de Aragón, 2003); Gregorio Marañón, *Antonio Pérez* (Madrid: Espasa Calpe, 2006).

曼帝国谈判停战协议的过程中发挥了作用，但被怀疑是为奥斯曼帝国服务。[70] 在这两个案件中，国王召集他信任的修士准备处死叛国者；阿库纳的耶稣会神父报告，被告在作证之前宣称他从没打算“对上帝、他的教会以及国王犯下叛国罪”——这一措辞能够捕捉到神权和世俗权威故意混淆皇室和普通民众对叛国罪的理解。[71]

63

正当西班牙国王利用宗教法律对付政敌时，英国君主则将宗教异见者，特别是天主教徒作为叛国者起诉。1570 年之后，英国通过立法将某些类型的宗教异见定义为叛国罪，很多著名的天主教徒都被指控为叛国者，被屈打成招而供出同谋的名字并被处决。[72] 还出现了一个观念，即并非所有的叛国行为都由成文法列举，普通法的叛国罪也可被援引。该观念有助于支持将叛国罪扩大到包括篡夺王权的行为以及仅是挑战国王权威的言语。[73] 到 17 世纪中叶，叛国罪不仅被定义为针对国王本人的犯罪，也被定义为针对国家组织体的犯罪，查理一世于 1649 年对重大叛国罪

〔70〕 Adela Repetto Álvarez, "Traición y justicia en los tiempos de Felipe II, 1565 - 1570", *Fundación para la Historiade España III* (2000), 37 - 56; Javier Marcos Rivas and Carlos J. Carnicer García, *Espionajey traición en el reinado de Felipe II: La historia del vallisoletano Martín de Acuña* (Valladolid, Spain: Diputación Provincial de Valladolid, 2001).

〔71〕 Marcos Rivas and Carnicer García, *Espionaje y traición*, 77.

〔72〕 Edward Peters, *Inquisition* (Berkeley: University of California Press, 1989), 140. Also see Peter Lake and Michael Questier, "Agency, Appropriation and Rhetoric under the Gallows: Puritans, Romanists and the State in Early Modern England", *Past and Present*, 153 (1996), 64-107.

〔73〕 See Conrad Russell, "The Theory of Treason in the Trial of Strafford", *English Historical Review* 80 (1965), 30-50.

进行审判和处决则直接确认了这一理解。[74]

然而，将欧洲有关叛国罪的法律史呈现为以平行或可预测的方式促使或不可阻挡地导致主权被建构成一种国家而非统治者的特性是有误导性的。在矛盾的潮流中，叛国罪的定义不断地扩大。[75] 相反，这些叙述的共同脉络在于，有关叛国罪的法律在任何地方都是灵活的，并且一直处于转变之中。共享的罗马法有关叛国罪的类型可以通过新的方式得到解释，并且法律提供了将叛国罪不着边际地与日常的背叛、新的宗教争议以及不可预测的政治危险相联系的长期持续惯例。全面审视这些特征，我们对叛国罪的指控出现在帝国中便不应感到吃惊。

64

不过，对欧洲以外的探险参与者来说，有关叛国罪的法律的某些特质也使之成为一项特殊工具。首先，在大多数情况下，只有臣民可能犯有叛国罪。[76] 即便是对新世界提出的最强有力的权利主张，也不会假定领土控制的投射将居民自动转变成臣民。尽管这种细微之处并不总是被观察到，指控"造反的"印第安人

---

〔74〕 See D. Alan Orr, *Treason and the State*: *Law*, *Politics and Ideology in the English Civil War* (Cambridge: Cambridge University Press, 2002); Lisa Steffen, *Defining a British State*: *Treason and National Identity*, *1608-1820* (New York: Palgrave, 2001).

〔75〕 "国王的两个身体理论"适应了诸多变化。See Ernst Hartwig Kantorowicz, *The King's Two Bodies*: *A Study in Medieval Political Theology* (Princeton, NJ: Princeton University Press, 1957).

〔76〕 在罗马，事实并非总是如此，总有例外存在。梅根·威廉姆斯（Megan Williams）表明，在 16 世纪早期，穿越几个王国领土的外交官如果不能确保恰当安全的行为，就有遭受大不敬罪检控的危险。尽管他们不是某个王国的臣民，但他们未经授权就出现会被解释为对该国国王陛下的冒犯。"Dangerous Diplomacy and Dependable Kin: Transformations in Central European Statecraft, 1526-1540" (Ph. D. diss., Columbia University, 2008).

或非洲人犯有叛国罪，似乎也要求预先承认其臣民身份。在帝国的背景下，法律权威的委派性质也会造成困惑。地方当局在何种范围内作为国王的替身？在多大程度上能要求它们效忠？国王不能亲临当地，造成一种新层面上的复杂性。当行为不当的官员是明显作为国王代理人的副王时，西班牙人表示更愿意提起叛国罪的指控。[77] 不过，如果宣称与国王关系亲近的其他官员过度主张他们要求臣民效忠的权利，他们自己则会处于被指控篡夺皇室权威的危险之中。在 1689 年以前，英国主权在爱尔兰的扩张甚至没有伴随一次英格兰君主亲临爱尔兰王国，其理由是：国王的威严、权力以及权威遍及他的整个王国。[78] 对远离本土提出的叛国罪指控产生的疑虑，并非指控是否会将法律行为者拖入旷日持久且代价高昂以至于其本身成为惩罚的斗争，而是指控能否成立，这种疑虑使得远离本土提出的叛国罪指控进一步复杂化。[79] 最后，尽管叛国罪不是只针对精英人士提出的指控，也是最常针对他们提出的指控。低级别的臣属可能会被指控叛乱罪，并且以不太仪式化且更简易的方式加以处理。但是，叛乱和叛国仅一线之隔，特别是在早期的帝国中，中等地位的官员——主要是非贵族身份的征服者——可能会快速擢升到显赫的位置。有时，在官

〔77〕 卡涅奎（Cañeque）《国王的鲜活形象》（King's Living Image）一书的核心主题就是代表国王的副王。

〔78〕 这是对"国王的两个身体理论"的一种改写。参见 Kantorowicz, King's Two Bodies. 关于爱尔兰，参见 Orr, Treason and the State, 48.

〔79〕 厄恩斯特·菲宁（Ernst Pfining）提出，葡萄牙帝国对走私者的刑事检控如此的拖延，以至于煎熬本身就成了一种惩罚。Ernst Pfining, "Contrabando, ilegalidade e medidas políticas no Rio De Janeiro de século XVIII", Revista Brasileira de História 21, no. 42 (2001), 397–414.

员的升迁获得正式承认之前，叛国罪的指控就已经将之指明。

叛国罪指控的复杂性并未阻止竞争对手们酝酿有关背叛的谣言，或者使这些谣言进一步坐实。叛国罪是一项如此有用又强有力的指控——并且如此深入地扎根在政治和法律文化中——以至于无法被抛在欧洲的海岸之后。国王对在遥远地区挑战其权威的敏感，有时允许对就地处决以及叛国者的臣民身份之要求有所放松。一个 1488 年葡萄牙的早期案例诠释了这些可能性，当时一名沃洛夫人（Wolof）的王［葡萄牙语称其为"贝莫伊姆"（Bemo-im）］被带到里斯本，直接向约翰二世请求支持一场在塞内加尔河地区正在进行的战争。在里斯本时，贝莫伊姆改变了宗教信仰并成为国王的一名基督教联盟者，带着佩罗·瓦斯·达·库尼亚（Pero Vaz da Cunha）指挥下的三百艘小吨位轻快帆船回到塞内加尔河的河口湾，佩罗·瓦斯·达·库尼亚受命在河口湾建起一个堡垒以便支持上游流域的贸易。为要塞所选的地点是"一个考虑到塞内加尔河的洪水就知其选择不当的地方"，并且"非常不利于健康"。[80] 随着人们开始生病和死亡，佩罗·瓦斯控告贝莫伊姆策划叛国，将之杀死在一条船的甲板上并返航驶回里斯本。正如编年史作者后来猜测的，指控贝莫伊姆犯有叛国罪可能是一种策略，以便允许受困的军队返航。[81] 这一指控也可能是事后为谋杀

---

〔80〕 这来源于对此次远航的两项叙述中的一项。"Extracts from the Decades of Joao de Barros", in Ca'da Mosto et al., *Voyages of Cadamosto*, 103-48, 141. 彼得·爱德华·拉塞尔全面分析了那两项记述，"White Kings on Black Kings", in *Portugal, Spain, and the African Atlantic*, XVI, 153-63.

〔81〕 Russell, "White Kings on Black Kings", in Russell, *Portugal, Spain, and the African Atlantic*, XVI, 153-63, 141.

贝莫伊姆捏造的合理理由。正是因为一项叛国罪的指控应当提交国王裁判，并且贝莫伊姆作为该地区少数社会地位高并且从伊斯兰教改信基督教的人之一受到奖赏，"国王对贝莫伊姆的死亡感到非常不高兴"。[82] 但是，国王并没有起诉佩罗·瓦斯。彼得·爱德华·拉塞尔（P. E. Russell）表示，处决"一名以贵族身份杀死非洲黑人的白种葡萄牙人，不论这名黑人是否为王"，在政治上都始终是不明智的。作为改信基督教之人以及国王的封臣，贝莫伊姆有犯下叛国罪的能力，但是他的法律地位与那名葡萄牙贵族并不能等同而论。

如果叛国罪的指控可用于将帝国内部就地处决新封臣合法化，那么也就可以用于针对船员和早期定居点的居民。佩罗·瓦斯在船舶的甲板而非陆地上杀死贝莫伊姆时，有可能正是利用了这种模糊之处。根据奥列隆（Oléron）的法律，即欧洲各国所依赖的作为海商法渊源之一的商事法典，船员和船长的关系被归类为一种封建关系，针对船长的行为可被定为叛国行为——尽管这些行为有时更多会被视为背叛领主信任的轻微叛国罪，而非针对君主所犯的重大叛国罪。英国于 1535 年颁布了意在确立审判船上犯罪行为的正式制度的第一部成文法，该法于次年被修正，从而明确了不仅重罪，还有被贴上"叛国"和"共谋"标签的行为也都是该法的适用对象。数十年之后，科克仍旧试图在海上区分轻

66

---

〔82〕 Russell, "White Kings on Black Kings", in Russell, *Portugal*, *Spain*, *and the African Atlantic*, XVI, 153-63, 141. 该事件的另一位编年史作者鲁伊·德·皮纳（Rui de Pina）承认，佩罗·瓦斯有责任为了国王的审判，将被怀疑犯有叛国罪的某些人带回里斯本。See Russell, "White Kings on Black Kings", 161.

微叛国罪和重大叛国罪。[83] 船长们放弃北大西洋航程而加入海盗的趋势,为船舶上的法律与定居点基本法之间提供了联系。这种联系能解释汉弗莱·吉尔伯特(Humphrey Gilbert)爵士于 1583 年在圣约翰海港(St. John's Harbour)宣布了一条规定来惩罚犯有叛国罪或恶言损害女王荣耀的任何人;吉尔伯特亲眼看见了他的第一次远航因横渡大洋之前面临暴动和逃兵而中止。指挥官对他们小规模舰队的权威与他们作为陆地上政治领导者的合法性融为一体。[84]

在 1609 年沿圣劳伦斯河向上游航行期间,尚普兰对叛国罪的运用也明显体现出这种联系。在圣克罗伊岛(island of St. Croix)上的圣阿卡狄亚(Arcadia)以及安纳波利斯河(Annapolis River)河口的失败殖民地中,尚普兰是一名经验丰富之人,他于 1609 年为魁北克上游更远处定居点选定的地址"起初是那条大河的健康良好之地,距离河口 120 里格"。[85] 法国越来越忧虑这一地区的帝国竞争对手,既因为意识到英国人在新世界定居点的设想,又因

———————

〔83〕《惩罚海盗和海上抢劫犯的法律》〔28 Hen. VIII c. 15(1536)〕设置了委员会根据普通法审判这些犯罪,然而正如科克后来所说的那样,对于海盗是轻微叛国罪还是重大叛国罪这个问题,仍然存在不确定性。科克认为,只有英国臣民可以犯有重大叛国罪。See Alfred P. Rubin, *The Law of Piracy*(Newport, RI: Naval War College Press, 1988), 51, 65-7. 正如本书第三章所讨论的,这种观点对于理解英国海上管辖权的运用有意义。

〔84〕在一次较早的远航中,吉尔伯特亲眼看见他的几条船放弃探险而加入海盗。在第二次远航中,对纪律的强调并没有阻止那些船舶再次于海上风暴中被打散,而且吉尔伯特的船沉没了。

〔85〕Henry Percival Biggar, ed., *The Works of Samuel de Champlain*, 6 vols.(Toronto: Champlain Society, 1922), 2: 23. 我感谢阿兰·格里尔(Alan Greer)让我注意到这次远航中关于叛国罪的案例。

为巴斯克人（Basque）渔民在附近出现。根据尚普兰的叙述，他的一些下属在整队人到达魁北克之后几天，就密谋策划杀掉他并将预谋地点告诉了巴斯克人。一个名叫让·杜瓦尔（Jean Duval）的锁匠和几名同伙"想着把这个地方交给巴克斯人或西班牙人，他们就能变得很富有"。[86] 当尚普兰从其中一名共谋者处了解到这一密谋时便采取了行动，其方式让人想起西班牙人对在遥远地区举行法律仪式的嗜好。他将共谋者们的仆从隔离在河里一条船上，并告诉他们如果提供关于密谋的誓词并公开表示忏悔，他就会赦免他们所有人。[87] 杜瓦尔和为首的密谋者们则被囚禁着，直到尚普兰安排了一场正式的听证。在那条船的甲板上采取多轮"宣誓作证和交叉询问"之后，尚普兰应"那条船的船长、外科医生、男教师、大副以及其他海员"的一致呼吁做出了裁决。[88] 杜瓦尔要被处死"以儆效尤"，并且"也为了让这一地区数不清的西班牙人和巴斯克人因这一事件而无法高兴起来"。[89] 杜瓦尔的同伙被遣送回法国，据推测会在法国受审并被绞死。杜瓦尔是被扼死的，他的头被刺在长矛上并插在要塞的高处。

该案暗示着叛国罪的指控在领土的遥远地带具有特殊力量，在那里自然的危险、对叛乱的恐惧以及印第安人的威胁共同加剧了政治上的忧虑。尚普兰在魁北克处决杜瓦尔强化了自己的权

---

　　[86]　Biggar, *Works of Samuel de Champlain*, 2：30.

　　[87]　尚普兰详述道："接下来的一天，当着船上引航员和水手的面，我听到他们所有人的誓词，一个接着一个，而且我要他们将誓词都写下来。"Biggar, *Works of Samuel de Champlain*, 2：31.

　　[88]　Biggar, *Works of Samuel de Champlain*, 2：33.

　　[89]　Biggar, *Works of Samuel De Champlain*, 2：33.

威，并且在一名巴斯克人和一名印第安人面前庄严宣布了法国的权利主张。像位于本土的政治行为者一样，帝国的欧洲人创造性地利用了受到广泛承认且可以解释的欧洲法律的要素。叛国罪就是可利用的法律库的一部分。它也是和皇家权威的扩张紧密联系的法律概念。并不令人吃惊的是，叛国罪的指控更容易出现在帝国的偏远地区，可能特别是在河流上游地区，那里的政治权威界线不清，想象的财富和主权主张岌岌可危，并且大批新封臣展现出的政治忠诚也靠不住。

"他自称为王"

西班牙在拉普拉塔河的早期探险和定居过程中产生的叛国罪案例结合了在河流地区有关效忠的法律政治中发挥作用的诸多因素。故事的主角卡韦萨·德·巴卡经常为人们所研究的是他作为著者撰写了一部编年史，记述他在纳尔瓦埃斯探险队失踪后从佛罗里达到新西班牙历经八年的绝望长途跋涉。[90] 卡韦萨·德·巴卡在佛罗里达考察惨败之后被任命为拉普拉塔的先遣官，而他戴上镣铐时则结束了这段旅程，被西班牙财政部官员以及作为竞争对手的官员多明戈·马丁内斯·德·伊腊拉（Domingo Martínez de Irala）带领的一支队伍运送回西班牙，多明戈·马丁内斯·德·

---

[90] 关于学者对卡韦萨·德·巴卡的误传，参见 Bauer, *Cultural Geography of Colonial American Literatures*, chap. 2.

伊腊拉由此成功当上先遣官。[91] 这些派系之间的冲突以及随后的
法律较量都以两方的叛国罪控告为核心。这些指控都直接产生于 69
河口湾的勘探与定居环境：一片留有过去大屠杀痕迹的自然风
景、西班牙人对河流环境模糊不清的理解、他们对土著情报的极
度依赖以及印第安人利用入侵者改变地区权力平衡的努力。在西
班牙，由此产生的这一法律案件持续的时间几乎和卡韦萨·德·

---

[91] 卡韦萨·德·巴卡的任命是他在从北美返回后坚持不懈地为谋求资助而奔
走才获得的，他的请愿主要基于其祖父在征服加那利群岛的过程中立下的显赫功劳，
以及他自己早期在意大利的苦劳。西班牙帝国的法律史倾向于以皇家审问院或高等法
院的运行为中心。皇家审问院的确立相对较早，最近的研究已经肯定了它们的权力和
上诉职能。比如，塞尔吉奥·塞尔尼科夫（Sergio Serulnikov）提供了安第斯山的印第
安人为将案件提交到位于布宜诺斯艾利斯的皇家审问院而长途跋涉的详细事例。*Sub-
verting Colonial Authority: Challenges to Spanish Rule in Eighteenth - Century Southern Andes*
（Durham, NC: Duke University Press, 2003）。然而，在皇家审问院建立前后，西班牙国
王也将先遣官的任命作为扩大法律权威的手段。这些任命伴有关于突袭获利、贸易以
及先遣官可得贡品的比例的协议，先遣官反而常常贡献探险的花费，有时做出的财政
投资比国王还重。先遣官也是国王的法律官员，他们在这一角色上的表现也对他们的
成功至关重要。国王任命先遣官统治特定的地理区域，而他们通常快速地移动去建立
城镇，城镇有着各种委员会承担重要的法律职能，包括规制当地社区的成员资格 [这
种成员资格被称为“居民身份”（*vecindad*）；参见 Tamar Herzog, *Defining Nations*，讨论
的是西班牙人将居民身份制度带到美洲时，美洲对该制度的适应]。不过，法律的权
威随先遣官的旅行而转移也是可以理解的。先遣官在探险过程中的任何时刻，以及在
同他们的管辖权相一致又尚未严格确定界限的领土之内的任何地方，都可以举行听证，
对不当行为者或罪犯做出裁决，并且对代表国王从事的法律行为做出记录。这些职能
反映了这个职位起源于阿方索十世（Alfonso X）在 13 世纪设立的一个专门的司法职
位。在收复失地运动时，先遣官受命担当对远征突袭和定居中同一教派者的司法监督。
See Robert MacDonald, "Introduction: Part II", Leyes de los adelantados mayores: Regula-
tions, *Attributed to Alfonso X of Castile, Concerning the King's Vicar in the Judiciary and in Ter-
ritorial Administration*, ed. Robert A. MacDonald（New York: Hispanic Seminary of Medieval
Studies, 2000），5-29. 该职位的司法职能从未消失，而是在大西洋的另一侧继续运行，
但是到 16 世纪末这个官职就不再使用了。先遣官是探险中的最高法律权威，并且有权
任命和替换军事、法律和财政官员，组织民兵以及设立新的行政区划。

巴卡早期在新世界漫游历经磨难的时间一样长，而如果我们考虑到他毕生都在努力洗清自己的声名，那么这个案件的持续时间就更长了。

西班牙人有关拉普拉塔河系统及其人文生态的知识构成了这个故事的重要组成部分。该河流的河口湾是世界最宽广的河口湾，在流入大西洋处的宽度为 136 英里，涨潮时可再延伸 120 英里到乌拉圭河和巴拉那河，并且它是诱人的定居和勘探目标，在早期造访此地引发有关丰富的内陆矿产的传闻之后更是如此。但是，位于该河口湾两侧半定居的印第安人并没有按照西班牙人的要求为他们供给食物或劳力；印第安人要么逃跑，要么一旦被激怒就进行攻击。西班牙在未来布宜诺斯艾利斯的所在地建立定居点的决定，只能通过回顾欧洲人有关河口湾定居模式的固有观念来理解。这个地点本身很糟糕——暴露于沿海的风暴；由于水流和风的原因，在冬天几乎不可能到达；缺乏柴火和娱乐；夏天令人窒息；远离渔场——结果就是：领土上更广阔的地区只有不同族群的印第安人季节性地造访。上游地区从事农业的印第安人社区是西班牙有希望进攻的目标，但是这里的河流通向一片令人费解的地形，不同于西班牙人经历过的任何河流上游。西班牙人发现的并非一个巨大湖泊——直到 18 世纪还作为巴拉那河与亚马逊河水系的源头被描绘在诸多地图上（参见图 2.2）——而是一片广袤的冲积平原，有着让人分不清且无法通航的河道，河道之间以厚厚的灌木丛为界。整个地区一年当中有好几个月洪水泛滥，西班牙人从印第安人处了解到这一事实，但在几个关键时刻选择

71

图 2.2 南美洲地图（1599 年）。这幅地图是列维勒斯·胡尔西乌斯 70
（Levinus Hulsius）和约道库斯·洪第乌斯（Jodocus Hondius）绘制的，并且
附有乌尔里齐·施密德尔（Ulrich Schmidel）对门多萨探险的第一版记述。
这幅地图显示的是这片大陆的各大河系统相互连接，有从巨大的乌帕那湖
（Lake Eupana）流出的巴拉那河以及从同一湖向北流出的一条亚马逊支流。
乌尔希·施密德尔：《关于乌尔希·施密德尔·冯·斯特劳宾根从 1534 到
1554 年在美洲或新世界进行的一次绝妙航行的真实历史》（*Warhafftige Histo-
rien einer wunderbaren Schiffart…von Anno, biss 1554 in Americam*），纽伦堡：伊
门西斯·莱维尼·赫尔西，1599 年版，第 1 页之后有两张折页地图。承蒙布
朗大学的约翰·卡特·布朗图书馆（John Carter Brown Library）提供。

忽略。这群人中有些人对沼泽地再熟悉不过了——瓜达尔基维尔河的下游河谷汇入了湿地——但他们对于这种大小的内陆沼泽地毫无经验，并且肯定也不指望能找到某个巨大河流系统的源头。

西班牙人是寄生的老手，他们在这一环境中唯一能维持生活之处建立了一个更加持久的定居点。[92] 在巴拉圭河上的亚松森，他们能够强迫瓜拉尼印第安人（Guaraní Indian）社区为他们提供农产品以及为他们服务的上百名女人。当卡韦萨·德·巴卡到达时，整个地方都是佩德罗·德·门多萨领导的大探险留下来供河口湾定居的；布宜诺斯艾利斯已经被抛弃，而门多萨的替代者胡安·德·阿约拉斯（Juan de Ayolas）在领导一次向内陆挺进的勘探中，遭遇了和之前远途者相同的命运，他和他的下属都被居住在巴拉圭河上游沿岸半定居的印第安人屠杀。

当卡韦萨·德·巴卡从巴西海岸徒步行至亚松森时，他听说了这桩故事以及其他不幸之事。[93] 一个广为流传的鬼故事是有关一名来自 1518 年胡安·德·索利斯（Juan de Solís）探险队的葡萄牙船员阿雷克索·加西亚（Aleixo Garcia）的，印第安人说此人在巴拉圭河岸被杀死之前和 4 名瓜拉尼人向导到达了查尔卡斯

---

　　〔92〕　我使用"西班牙人"指的是处于拉普拉塔河的欧洲人，而不是所有包含在该词中的欧洲人。至少，有一位名叫乌尔里齐·施密德尔的士兵来自德意志公国，而其他从西班牙来的人惯常按地区来源提及自己和其他人。多明戈·德·伊腊拉是比斯开人（Vizcayan），而来自比斯开和科尔多瓦的人似乎在他领导的叛乱中特别活跃。

　　〔93〕　卡韦萨·德·巴卡决定从海岸经由陆路徒步抵达定居点，而非在河流上游航行，这个决定第一次表明西班牙人意识到河口湾并不符合期待。即便在冬天经海路到达布宜诺斯艾利的所在地也是困难的，要和强劲的南风作斗争。卡韦萨·德·巴卡送出的一条救援船返回圣卡塔利娜岛（Santa Catalina），那里是他准备策划进入内陆的地方。

（Charcas）的矿山。阿约拉斯的死亡与此怪异地相似——他被说成和1名"加西亚印第安人"向导一起旅行，而在这趟旅程中独自活下来的印第安人声称那些西班牙人已经满载白银和黄金返回。[94]此后，对阿约拉斯被他的海军上尉多明戈·德·伊腊拉背叛的传闻又有更多的曲解，该名海军上尉曾奉命在河上待命等他。根据一些叙述，伊腊拉被迫离开岗位，因为他抓了当地印第安人酋长的女儿而激怒这些印第安人。所有的报告都表明，伊腊拉离开了约定的河上会合地点，沿着河流向下游航行到布宜诺斯艾利斯，在那里他让绝望的士兵们放弃那个地方并转移到亚松森，又在从印第安人处知悉阿约拉斯死亡后正式负起全责。当卡韦萨·德·巴卡奉命作为新先遣官抵达该定居点时，伊腊拉已经稳操大权。[95]

72

---

　　[94] 后来，卡韦萨·德·巴卡派人去寻找"加西亚的印第安人"（"los indios de Garcia"）来引导他们。Manuel Serrano y Sanz, ed., *Relación de los naufragios y comentarios de Álvar Núñez Cabeza de Vaca (ilustrados con varios documentos inéditos)* (Madrid: Librerería General de Victoriano Suárez, 1906), 1: 293. 对这个文本的所有翻译都是我自己做的。

　　[95] 伊腊拉似乎已经领教了麻烦自这些决定中产生的潜力。甚至在卡韦萨·德·巴卡到达之前，他就口述一份宣誓书为自己离开河流上游的岗位做辩护，报告了印第安人对阿约拉斯被谋杀的叙述，并且解释了命令放弃布宜诺斯艾利斯的理由。"La relación que dejó Domingo Martinez de Yrala en el puerto de Buenos Aires quando la despobló a instancias del requerimineto que le hizo Alonso del requerimiento que le hizo Alonso de Cabrera", in Serrano y Sanz, Relación de los naufragios y comentarios, 2: 361-77 (Madrid: Librerería General de Victoriano Suárez, 1906) 2: 361-77.

有关这两个男人及其随从之间冲突的故事似乎梗概清晰。[96]
伊腊拉是个有能力的军事领袖，他打算领导自己的探险队沿上游
寻找白银，而且他怨恨被迫接受卡韦萨·德·巴卡的权威。卡韦
萨·德·巴卡对定居者基本都在奴役印第安女人感到十分惊骇，
他试图勒令停止这一做法，用他自己的话说，这让伊腊拉的下属
们滋生出对新总督的"无比仇恨"。[97]卡韦萨·德·巴卡感受到
了伊腊拉的声望，便派伊腊拉领导一次上游流域的考察之旅，而
他有两次机会都没有对伊腊拉提起指控，并且让伊腊拉接任自己
在上游地区勘探航行的指挥官。但是，冲突最终还是爆发，伊腊
拉将这位先遣官及其部分随从连同一档对其不利的宣誓词一并送
回西班牙。在同印度群岛委员会由此提起的一系列指控进行 8 年
抗争之后，卡韦萨·德·巴卡被判有罪，但是对他的判决后来从
施行暴政变成了处置失当，并且可能从未执行。

历史学家们一直好奇，为何这个针对卡韦萨·德·巴卡的案

---

[96] See David A. Howard, *Conquistador in Chains: Cabeza de Vaca and the Indians of the Americas* (Tuscaloosa: University of Alabama Press, 1997). 许多学者都热衷讨论在这些纠纷中究竟是卡韦萨·德·巴卡还是伊腊拉是对的。塞拉诺·桑斯（Serrano y Sanz）为卡韦萨·德·巴卡辩护（"Advertencia", in Serrano y Sanz, *Relación de los naufragios*, 1: v-xxx, especially xxiii-xxvii）。其他学者则挑剔卡韦萨·德·巴卡的自负（e.g., Julián María Rubio, *Exploración y conquista del Río de la Plata*, *siglos XVI y XVII*, Barcelona and Buenos Aires: Salvat Editores, 1942, chap. 4）。一份非常有用的关于卡韦萨·德·巴卡的传记，参见 Rolena Adorno and Patrick Charles Pautz, *Álvar Núñez Cabeza de Vaca: His Account, His Life, and the Expedition of Pánfilo de Narváez*, 3 vols. (Lincoln: University of Nebraska Press, 1999), 1: 295-413.

[97] "Relación General", in Serrano y Sanz, *Relación de los naufragios*, 2: 1-98, 29.

件曾经成功了。[98] 特别是，大多数详细的生存记录都是在辩护过程中由卡韦萨·德·巴卡撰写或为他所撰写的陈述，还有一系列从同情他的见证人处获得的宣誓词，因此这个案件似乎应是一个明显的以下犯上甚至叛乱的案件。伊腊拉及其下属扣押了一名皇家任命的先遣官及其法律官员并且取而代之。卡韦萨·德·巴卡将该反叛团体贴上了"叛乱者"（Comunero）的标签，该词出自

---

〔98〕 比如，鲁维奥将案件的结果描述为一个谜。Rubio, *Exploración y conquista*, chap. 4. 诸多关于此次冒险的历史编纂都集中于一个无望得到答案的问题，即究竟多明戈·德·伊腊拉和卡韦萨·德·巴卡谁是更好的领导者（参见注释96）。阿多诺（Adorno）和波伊茨（Pautz）最近的传记体论文跳出了该问题，但并没有将这个针对卡韦萨·德·巴卡的案件放在有助于解释指控的性质或案件结果的更宏大的法律背景之下。不过，这项工作很明确地将卡韦萨·德·巴卡置于西班牙的法律文化中。阿多诺和波伊茨表明，在生活和职业深受复杂的法律关系影响的程度上，卡韦萨·德·巴卡在16世纪西班牙他所处的阶级以及有抱负的人中是个典型。到法定年龄之前，他已经在一名法官面前作过证，并且为他父母的地产安排了法律代表。在佛罗里达探险之后，他为争取在新世界的职位而四处活动，这涉及准备一系列证据（*probanzas*），即由公证人在证人回答一系列准备好的问题时所记录的宣誓证词。卡韦萨·德·巴卡在返程中也了解到，他于未出庭的情况下就已经在一个著名案件中发挥过关键作用，该案是他的老东家梅迪纳·西多尼亚（Medina Sidonia）公爵的离婚诉讼。有4名证人无比坚信他已经死亡，便引用他说的话作为公爵的婚姻尚未圆房这一信息的来源。在4个与他在拉普拉塔河统治有关的案件中，卡韦萨·德·巴卡掌握着至少18个西班牙城镇收集的数打证据，这些城镇分别是："科尔多瓦，艾西法（Écifa）、哈恩（Jaén）、塞维利亚、安特克拉（Antequera）、伯撒（Beza）、卡的斯（Cádiz）、阿尔霍尼利亚（Arjonilla）、利纳斯（Linares）、托莱多（Toledo）、马拉加（Málaga）、拉兰布拉（La Rambla）、埃尔科罗尼尔（El Coronil）、贝莱斯马拉加（Vélez Málaga）、乌特雷拉（Utrera）、赫雷斯（Jerez）、桑卢卡尔德瓦拉梅达（Sanlúcarde Barrameda）、安杜哈尔（Andújar）以及'这些王国中的其他地方'。"卡韦萨·德·巴卡变得十分通晓法律事务——以及法庭策略——从而在他自己上诉的最后几年，受雇处理他侄子的法律事务。Adorno and Pautz, *Álvar Núñez Cabeza de Vaca*, 1：398. 即便针对他的指控已经处理完毕，他仍然坚持从事法律活动以恢复他作为先遣官的财政权利。

1520 至 1521 年在卡斯蒂利亚反抗国王的反叛领导者。[99]

伊腊拉成功的部分原因肯定是他的努力，他从叛乱那一刻开始就维持其行动拥有某些形式的法律掩护，还有庄严宣布其对国王的忠诚。当他的追随者们抓住卡韦萨·德·巴卡及其军官时，他们大喊"自由！自由"，但很快加上了"国王万岁！"。伊腊拉谨慎地保存有利的记录，制造新的案底，并且有选择地销毁不利文件。伊腊拉在总督卡韦萨·德·巴卡被捕后的首要动作之一，就是找出并销毁一批法律记录，包括不利于自己以及下属的陈述和指控。当卡韦萨·德·巴卡被送回西班牙时，伊腊拉也把一档罗列了这名总督的罪行以支持各项指控的新证词一并装船。尽管伊腊拉似乎已经打算策划一起事故来杀死卡韦萨·德·巴卡，但他显然承认，处决这名总督的命令将会极难进行辩护。就卡韦萨·德·巴卡而言，他并非通过煽动随从对抗伊腊拉，而是通过组织自己的证人来应对自己被捕。双方都陷入一场有关宣誓证词的战斗。

坚持摆出法律姿态并不能对指控和反指控的内容做出解释，也不能对案件的结果做出完全解释。案发地点的偏远、河流勘探的特殊环境以及印第安人作为法律主体的作用，都是塑造这场法律较量的其他重要力量。该故事的这些片段有助于解释指控这位总督主要犯有叛国罪的决定以及印度群岛委员会纵容此次叛乱的

---

　　〔99〕　第一次远航前往新世界之前，卡韦萨·德·巴卡一直为国王抵御叛乱。Adorno and Pautz, *Álvar Núñez Cabeza de Vaca*, 1：362. 关于此次起义，参见 Stephen Haliczer, *The Comuneros of Castile: The Forging of a Revolution, 1475-1521* (Madison: University of Wisconsin Press, 1981).

意愿。

　　瓜拉尼印第安人承受着支援亚松森西班牙人的重担，并且无论从哪点来看，数以百计的印第安女人一直遭受强迫奴役。但是，瓜拉尼印第安人并非仅是受害者。他们显然利用了西班牙人在该地区来防守和攻击敌人。在此，由于沿巴拉圭河居住的几个半定居的印第安族群一直在劫掠瓜拉尼农业社区，西班牙人对于沿巴拉圭河上游航行以便发现一条进入银矿山的路线有兴趣就尤为有帮助。卡韦萨·德·巴卡一到达，亚松森及其附近的印第安人就吸引他加入对抗部分此类族群的军事活动。同时，卡韦萨·德·巴卡因指控西班牙人虐待印第安人而激怒了伊腊拉的部下。在这类的案件中，这名总督对印第安人证言的依赖必然极为刺激西班牙人。来自亚松森附近定居点的一名印第安人跑到卡韦萨·德·巴卡处控诉贝尔纳多·德·卡斯塔涅达（Bernardo de Castañeda）之后，这名西班牙人被判有罪并接受了一百下鞭刑，因为这名印第安人说西班牙人进入她的房子"是在午夜，并且当着印第安男子的面用武力抓住她以图苟合"。[100] 在卡韦萨·德·巴卡任职之前，这样的行为几乎不可能受罚，也绝不会如此严厉。

　　针对其他印第安族群的战斗以及因印第安人申诉而提起的那些案件，促使被看作国王臣属的印第安人与仍旧处于西班牙权威范围以外的印第安人之间的区别更加突出。一旦印第安人屈从于西班牙统治并且被贴上国王臣属的标签，他们就具有控诉虐待的

---

　　〔100〕　"Relación general", in Serrano y Sanz, *Relación de los naufragios*, tomo 2：1 - 98，37.

法律资格，而将来他们针对西班牙人的进攻也可以被视为叛国行为。[101] 就在伊腊拉公开煽动对抗卡韦萨·德·巴卡之前，卡韦萨·德·巴卡通过指控多名印第安人犯有叛国罪，将背叛的话题引入当地紧张的法律政治中。这两个案件都间接地将伊腊拉卷入其中，并且有可能甚至多半是卡韦萨·德·巴卡借由对印第安人臣民显示其力量，向有可能叛乱的西班牙人发出信号。

有一桩轻微叛国罪的案件涉及一个信仰基督教的印第安女人，她在卡韦萨·德·巴卡到达之前曾对她的西班牙主人下毒。这个女人被抓捕并认罪，但随后被害人的侄子前来诉说该名印第安女人是他的未婚妻（fiancée）——但要理解这个词究竟指什么很困难，当时每个西班牙人都有几名印第安女人待在家中——并且还请求留下她的性命。这名印第安女人未受惩罚即被释放。在了解到她的罪行时，卡韦萨·德·巴卡又将其抓捕。多明戈·德·伊腊拉试图介入其中，但这一次卡韦萨·德·巴卡委派的治安官则根据这个女人在此前审判中的自首而认定其有罪。她被处决并被分尸——叛国者的死法。卡韦萨·德·巴卡坚持认为这项惩罚是对其他可能反抗主人的印第安人的必要威慑，或许他希望这项惩罚也是给其他谋划轻微叛国或叛乱行为的人提个醒。

在有关冲突导致政治上友好关系破裂的记述中，一名印第安

---

[101] 埃米·特纳·布什内尔（Amy Turner Bushnell）提出，召集当地人并要求他们发誓服从国王的西班牙实践非常普遍，这也象征对西班牙权利主张的庄严宣告。布什内尔还提出，一旦有了这个仪式，即便西各及其追随者的非暴力抵抗也会被归为叛乱。撤回服从的唯一途径，就是物理隔离："走得远远的，再也不要回来。" *Situado and Sabana: Spain's Support System for the Presidio and Mission Provinces of Florida* (New York: American Museum of Natural History, 1994), 35.

人被指控犯有重大叛国罪的案例特别引人注目。卡韦萨·德·巴卡派伊腊拉在阿约拉斯的队伍遇袭地之外的巴拉圭河上承担一项 重要的勘探使命，目的是发现适于再次挺进内陆的地点。这支小分队为他们的向导阿拉卡勒（Aracaré）而苦恼，阿拉卡勒是一名印第安人首领，他曾和西班牙人对抗过，又与西班牙人讲和，现在则被视为国王的臣属。西班牙人报告说，阿拉卡勒放火吸引敌对的印第安族群的注意，这是他在以前引领西班牙人搜寻阿约拉斯的途中试过的策略。阿拉卡勒也劝说其他印第安人不要向西班牙人暴露他们的村庄，或者带西班牙人穿越该地区。卡韦萨·德·巴卡举行了一次审判，在阿拉卡勒缺席的情况下宣判其作为叛国者应被处死。卡韦萨·德·巴卡送信给自侦察行程中返回的伊腊拉，要他找到阿拉卡勒并将其绞死。卡韦萨·德·巴卡明显注意到，这场杀戮并非战争行为，而是处决国王的一名叛乱臣民，是对"阿拉卡勒领导暴动和阻碍发现陆地"的惩罚。[102] 一项基于"阻碍发现"提出的叛国罪指控，至少需要稍微扭转一下法律逻辑。此种指控似乎依赖于这样的观念，即被指控的行为是某人针对国王的军队从事的。对一个合法性不稳固又正计划一次大型的上游流域探险的总督而言，因阿拉卡勒所犯罪行而将其处决必须看起来具有教育意义；同样的指控可能会对西班牙人提起。

很快，机会来了。卡韦萨·德·巴卡自己从巴拉圭河上游的

---

〔102〕 "Relación general", in Serrano y Sanz, *Relación de los naufragios*, tomo segundo, 2: 1-98, 37.

某处向内陆挺进去寻找银矿，他这次的登场始于雨季来临之初，有违印第安人的建议。由于寻找向导心切，卡韦萨·德·巴卡找到了之前走过这趟行程又难以捉摸的"加西亚印第安人"。传闻让这队人到处转悠，但他们发现向导对路线只有模糊的概念。最后，他们抓到一个似乎对路线更肯定的人，但此人却说到达银矿山还有 16 天艰难的旅程，这群精疲力竭的西班牙人便转回巴拉圭河旁安营扎寨。[103]卡韦萨·德·巴卡建议等雨水退却之后再尝试一次。一支侦察队确认，内陆地区当下已经是一片宽广的"潟湖"，它"覆盖了超过两里格的陆地"。[104] 在这个季节旅行意味着数日都要在深及下颌的水中步履艰难地穿行，还要带着放在独木舟之间的平台上保持平衡的补给。待到洪水退却，西班牙人找不到印第安人所提供的标记，这便成了河上的一段拮据时光。他们发现自己饥饿且虚弱，喝着肮脏的水，四面都是洪水退却后留

---

〔103〕 第一位向导说，他在非常小的时候就已经参与了一次西迁，并且记得去往一片他的亲戚劫掠过黄金和白银的土地的旅程细节。卡韦萨·德·巴卡尽最大的努力去证实该故事；在这种情况下，他所能作的就是让这个向导牢记，如果不告知真相，就会有各种严重的后果。经历 5 天艰难的披荆斩棘后，向导承认他无法找到以前的路，整支队伍又一次迷失。这些西班牙人绝望地寻找着一位新向导，最终遇到的人说在遥远的内陆有一片有人居住且富饶的土地。这些西班牙人可能只剩 5 天的补给，并且在当时对印第安人以及周遭环境维持他们生计的能力深度不信任。所有人都意识到，继续下去的决定完全取决于印第安向导的可靠性——仅仅跟着此人几天，就已经让他们误入歧途。卡韦萨·德·巴卡声称，他的官员们提醒过他"印第安人从不说实话，这名向导所展示的路可能要走 16 天，也可能更久"。See "Comentarios de Álvar Núñez Cabeza de Vaca, adelantado y gobernador del Rio de la Plata, escritos por Pero Hernández, escribano y secretario de la provincia, y dirigido al serenisimo, muy alto y muy poderoso se ñor el Infante Don Carlos N. S. ", in Álvar Núñez Cabeza de Vaca, *Naufragios y comentarios* (Mexico City: Porrúa, 1988), 168. 从该评论中引述的段落均为我自己的翻译。

〔104〕 "Relación de las cosas sucedidas en el Rio de la Plata, por Pero Hernández", in Serrano y Sanz, *Relación de los naufragios*, 2: 307–58, 333.

下的臭烘烘的泥地。

正是在这里，在巴拉圭河上游这个令人痛苦的港口，卡韦萨·德·巴卡要求他的书记员对伊腊拉"阻挠和干扰我的勘探行程"的行为听取证词。[105] 可能也就是在该港口，伊腊拉及其下属决心对付总督，不过他们推迟了抓捕总督，直到这队人返回亚松森才动手。他们可能并不知道将要怎么解释他们的政变。当总督被囚禁在亚松森拖了数月，伊腊拉销毁了总督的法律文书；将书记员和其他法律官员全部替换成自己精选的助手；我们还可以想象，伊腊拉希望卡韦萨·德·巴卡会死于疾病和某些可能是故意策划的不幸意外。[106] 伊腊拉警告任何可能还在支持总督的人，如果卡韦萨·德·巴卡被释放，他将指控他们全都犯有叛国罪"并且砍掉我们的脑袋"。[107] 在某一时刻，伊腊拉及其随从确定了要彻底翻盘并指控卡韦萨·德·巴卡犯有叛国罪。归根结底，除非卡韦萨·德·巴卡很容易就死去，否则这位先遣官就得被指控犯有某些罪行。也许，这个想法是随着卡韦萨·德·巴卡宣布指控伊腊拉及其部下犯有叛国罪而变得更加确定。按照卡韦萨·德·巴卡自己的叙述，他听闻在伊腊拉掌权下对印第安人实施的暴行后对此猛烈抨击："难道这就是说你们每个人都想成为这片土地的王吗？很好，我要你们知道，除了陛下，这里没有其他国

---

〔105〕 "Relación general", in Serrano y Sanz, *Relación de los naufragios*, 2：1-98, 56.

〔106〕 有一天晚上，卡韦萨·德·巴卡的房子燃起一场大火，他被锁住了，不能逃跑。他称之为生命中的一次试炼。

〔107〕 "Relación de las cosas sucedidas", in Serrano y Sanz, *Relación de los naufragios*, 2：307-58, 346.

王，也不应该有，更不会有其他的主人，而我奉陛下之命行事。"[108] 据我们所知，这次事件爆发之后，伊腊拉任命的治安官开始说的宣誓证词是："总督说过他是国王。"[109]

不论确切的时机在何时，叛国罪的指控已经扎根。后来，在西班牙对卡韦萨·德·巴卡提起了正式起诉，所依据的是在亚松森获取的证词——卡韦萨·德·巴卡声称证人被贿赂或恐吓了，这些证词断言，总督"称自己是国王并［宣布］'我是这片土地的君王和主人'"。[110] 关于他意图篡夺皇室权威的证据，包括他以自己著名祖父的名字命名巴西海岸边的地区，他的祖父是加那利群岛的一名征服者。[111] 一项更严重的指控是卡韦萨·德·巴卡领导探险时在国王的地盘上使用自己家族的盾形纹章。伊腊拉将卡韦萨·德·巴卡坚持控制印第安人描述为将所有权威集中到自己手中的自负尝试，还指控他煽动该区域的印第安人。最宽泛的指控是针对印第安人阿拉卡勒提出的。伊腊拉在写给国王的信中解释到，卡韦萨·德·巴卡"并没有完成国王陛下您的命令"去发现穿越大陆找到银矿的路线。[112] 勘探的失败——领导部下进入巴拉圭河上游的沼泽地——本身就可以被解释成一种叛国

---

〔108〕 "Relación de las cosas sucedidas", Serrano y Sanz, *Relación de los naufragios*, 2：346.

〔109〕 "Relación de las cosas sucedidas", Serrano y Sanz, *Relación de los naufragios*, 2：347.

〔110〕 Quoted in Adorno and Pautz, *Álvar Núñez Cabeza de Vaca*, 1：337.

〔111〕 他按照佩德罗·德·维拉（Pedro de Vera）的名字将该省命名为"维拉"。

〔112〕 "Carta de Domingo de Yrala a S. M. dando extensa cuenta del estado de las provincias del Río de la Plata, prisión de Cabeza de Vaca, etc. 1545", in Serrano y Sanz, *Relación de los naufragios*, 2：379-5，394.

行为。

　　卡韦萨·德·巴卡被捕以及后续的法律抗争是一系列塑造了帝国的遥远空间与叛国罪之间联系的有趣事件。卡韦萨·德·巴卡获得法律保护的机会很可能被破坏了，但最终被大约同时期在印度群岛上其他地方爆发的公开叛乱所挽救，此次叛乱是对1542年新法的回应。在秘鲁，贡萨洛·皮萨罗不仅拒绝接受限制西班牙控制印第安人劳动的法律，还拒绝承认从西班牙派来的副王。不遵守法律是消极抵抗的普遍模式，然而不理会副王的权威毫无疑问是一种叛乱行为。皮萨罗的反叛以及随后出现在普遍化的政治剧变氛围中的一系列小型叛乱，都使得不忠诚的危险对印度群岛委员会来说变得稀松平常。形势的转变可能促使国王拒绝快速消除对卡韦萨·德·巴卡的各项指控，尽管被指控的罪行与那些在秘鲁发生的叛乱相形见绌。值得一提的是，皮萨罗因叛国罪被处决，标志着那种和背叛的故事交织在一起的职业的终结。直到贡萨洛·皮萨罗叛乱之时，他为人们所知也主要是因为其在亚马逊河上游不成功的探险，那次远行催生了奥雷亚纳的"背叛行为"，此人将探险队的主要力量留在河流的上游徘徊和挨饿。[113]有关叛国罪的故事传遍整个西属美洲，特别是河流沿线，而这些故事最终移植到了其他帝国。

79

----

〔113〕 在奥维耶多撰写的16世纪印度群岛史中，直到他开始重新评价秘鲁发生的叛乱，叛国罪在近五卷关于各种探险的详细描述中似乎都只是一个非常小的主题。See Gonzalo Fernández de Oviedo y Valdés, *Historia general y natural de las Indias*, vol. 5 (Madrid: Ediciones Atlas, 1992).

讲述叛国罪的故事

写作遥远地区发生的叛国行为是一种正在形成的题材。西班牙的编年史作者详细记述了秘鲁发生的叛乱，以及在一系列搜寻亚马逊流域富饶之地的探险中发生的暴动。熟悉的情节主线包括背叛受困的军队以及务实而仁慈的官员宽恕背叛行为。[114] 这些上游流域发生的背叛故事在英国的版本中被改写，所采取的方式是将特殊地理与潜在政治危机之间的联系普遍化。

有一个故事为这种叙事结构提供了高潮和例外：有关 1559 年洛普·德·阿吉雷反叛某次亚马逊河上游勘探之行的指挥官的编年史。阿吉雷的行为在许多方面都符合这一模式：在整支军队都绝望不堪地寻找食物并迷失在亚马逊河流系统一条不知名的支流中时，他诱使部下反叛探险指挥官佩德罗·德·乌苏亚（Pedro de Ursúa）。但是，阿吉雷是个例外并非因为他谋划了乌苏亚之死，而是因为拒绝参与为谋杀披上法律外衣，这场谋杀是由其他暴动者拟定的一份文件授意的，这些暴动者宣称他们的行为是对乌苏亚暴政的必要回应。暴动的其他领导者，包括阿吉雷招募来替代乌苏亚的一名贵族男子分析道，只要继续勘探，他们这群人就能重新获得西班牙国王的支持；如果他们发现富饶的新省份并定居，

---

〔114〕 奥维耶多对皮萨罗叛乱时期秘鲁副王活动的记述（Oviedo y Valdés, *Historia general*），是以副王指控其追随者犯有叛国罪而之后予以赦免的无数实例为主要内容。

西班牙国王就将宽恕他们的暴行。这个逻辑令人回想起伊腊拉及其部下成功的法律策略，又或是奥雷亚纳在脱离皮萨罗后成功的法律策略。但是，阿吉雷绝非寻常人物。在被要求同意前述声明时，阿吉雷提笔签的是"洛普·德·阿吉雷，叛国者"。他劝说这群人放弃重构他们忠诚的任何希望。他说，他们终将对谋杀乌苏亚负有责任；即便他们发现了富饶的新土地，为了支持新的皇家任命者，他们还是会遭抛弃，因为对新的皇家任命者来说，替换和惩罚前一队人马是有利的。经过恐吓兼劝说，阿吉雷成功了，并且带领他的人正式否认与西班牙国王的联系，并选举了他们自己的"大地之王"。[115]

阿吉雷放弃忠诚于王权，诅咒国王并反对皇家任命者，特别是法律官员。阿吉雷比莎士比亚笔下的人物——屠夫迪克走得更远，他不仅要杀掉法律人员，还打算"在残酷折磨所有的主教、副王、主席、法官、州长、律师以及法律书记官之后再将他们杀掉"，这些人破坏了印度群岛。[116] 然而，阿吉雷从未放弃西班牙权威的许多外部标志，并且他重申自己深信天主教。他给国王的信中表示了公然的藐视，但仍继续提供意见，比如，劝说菲利普二世不要在如此危险的区域准备更多的上游流域探险（"我建议你不要派出任何西班牙舰队到这样一条不吉利的河流；我以一名

---

[115] 阿吉雷航行到奥利诺科河的河口，在踏上大陆并落入一群从梅里达派出去见他的反对独立者手中之前，他进攻并控制了远离海岸的玛格丽塔岛（Margarita）。他沿路谋杀了许多自己的随从，有些是因为企图擅离职守，有些是因为轻微的违法或阴谋。主要的编年史是同时代的佩德罗·西蒙（Pedro Simón）记录的（*The Expedition of Pedro de Ursua and Lope de Aguirre*）。

[116] Simón, *The Expedition of Pedro de Ursua and Lope de Aguirre*, 129.

基督徒的信仰向你——国王和主人——发誓，如有十万人起来反抗，无一人能逃掉"）。[117] 在掠夺印第安人和西班牙人的定居点时，阿吉雷继续拿出少量的次要职位重新分配给下属，作为他们效忠他的回报，并从将来征服的获利中支付薪水。即便接受了反叛者的角色，阿吉雷也会给出他的理由，这些理由主要是从有关臣民与国王之间忠诚纽带的日耳曼式法律理解中汲取的观点。[118] 在写给菲利普二世的一封信中，阿吉雷解释说，他是被迫反叛的，因为国王是"你的信仰和承诺的破坏者"，没有对他的臣民参与征服给予奖赏，还允许皇家官员和修士去占据并挥霍印度群岛的财富。在最后一段中，阿吉雷表明与国王决裂是受义务断绝而非效忠关系失效所迫，同时还奉上了他的祷告，祝愿菲利普二世将击败土耳其人。

西班牙的编年史作者将阿吉雷叛国视为政治教训，并且推测该故事的流传导致了印度群岛上的叛乱平息。尽管在遥远的地方，常见的叛国罪修辞重复不断，但这个故事却令人震惊，因为其中的叛国者不同于卡韦萨·德·巴卡和其他许多人，他拒绝运用法律和政治上的策略重获皇家信任的可能性。阿吉雷及其同伙甚至获得赦免，但只有部分人接受了赦免。因陷入指控和反指控圈套而需要请求国王的宽恕是一回事；自称是叛国者并拒绝获得宽恕，则将仅是文学上影射的偏远地区的政治危险变成一幅血腥

---

〔117〕 Simón, *The Expedition of Pedro de Ursua and Lope de Aguirre*, 194.

〔118〕 参见注释59对日耳曼法处理叛国罪的路径在西班牙法典中盛行的解释。地方法律传统的影响在整个西班牙的探险中都是重要的，探险的参与者根据地域来源识别自己和他人（参见注释92）。

的场景，就如同一个河流恐怖故事一般。

结果表明，西班牙人并非唯一消费这些故事的欧洲人。在《庞大、富饶而美丽的圭亚那帝国的大发现》中，沃尔特·雷利（Walter Raleigh）极其依赖西班牙的信息来源来塑造自己的故事背景，即沿奥利诺科河向上游方向大约六百里格，印加人受迫于入侵的西班牙人而向东迁移，他们在一个宽广的咸水湖边发现了一座富有黄金的城市。[119] 雷利详细讲述了西班牙连续的探险相继被叛乱打断而失败，其中包括阿吉雷的叛乱，此人安排"自己不仅成为圭亚那的皇帝，还是秘鲁和整个西印度群岛地区的皇帝"。雷利部分引用西班牙人的许多"悲剧"作为证据证明，该地区"从未被任何基督教君主征服或占有"，因此可以由英国提出权利主张。雷利的想法依赖于一幅关于内陆帝国的熟悉图景，即内陆帝国有着显著的河流入口；他断言，"保持良好的堡垒或建立有

82

---

[119] 这部作品是对沃尔特·雷利在 1596 年第一次前往奥利诺科河的远航的记述。*The Discoverie of the Large, Rich, and Bevvtiful Empire of Gviana with a Relation of the Great and Golden Citie of Manoa（Which the Spanyards Call El Dorado）and the Prouinces of Emeria, Arromaia, Amapaia, and Other Countries, with Their Riuers, Adioyning*（London：By Robert Robinson, 1596）. 拉尔夫·鲍尔（Ralph Bauer）将这部作品作为一种"帝国神秘主义"的例子来分析，在这种神秘主义中欧洲的神秘哲学成了一种挪用混杂的印欧地理知识的工具。See "A New World of Secrets：Occult Philosophy and Local Knowledge in the Sixteenth-Century Atlantic", in *Science and Empire in the Atlantic World*, ed. James Delbourgo and Nicholas Dew（New York：Routledge, 2008）, 99-126, 116.

生机的城镇，整个帝国就能得到保障"。[120] 除了巩固英国的权利主张，强调该地区西班牙人的背叛和叛国行为大概也是打算衬托雷利的忠诚。

西班牙人频繁的背叛与雷利的忠诚之间隐含的对比是雷利最初的工作，但在此后变得明确且对他至关重要。詹姆斯一世继位之后，雷利不再受到王庭的保护，他在 1603 年一场没有希望的阴谋中被定犯有叛国罪，而这场阴谋是要一位作为竞争对手的继任者。雷利被圈禁在伦敦塔中，直到 1616 年他劝说国王允许将他释放去担负前往奥利诺科河的又一次远航，以便发现他声称有一定了解的金矿。詹姆斯一世不赞成雷利反西班牙帝国的想法，并且经颇具影响力的西班牙大使贡多马尔（Gondomar）建议，明令禁止在该地区进行任何针对西班牙人的军事行动。这次远航无论如何都注定失败——那里并没有金矿——但是当雷利的下属在奥利诺科河的河口攻占了一个小型西班牙堡垒，随后又未能找到金矿时，所有补救的机会都丧失了。在雷利返程时，国王的顾问无法找到一项既符合雷利的行为，又允许詹姆斯一世满足西班牙要

83

---

〔120〕 Raleigh, "The Discoverie of the Large, Rich, and Bevvtiful Empire of Gviana", 17-18, 19, 98. 和西班牙人一样，雷利发现即使有受到强迫的当地向导帮助，该地区还是难以穿越，他说："我知道这整片土地并没有类似小溪和河流支流的汇合处，而是一条水流穿过另一条水流无数次，并且所有的水流都相当宽阔，又彼此相像，以至于没人能说出该选哪条水路；如果我们跟着太阳或指南针，希望由此直接走一条或另一条水路，我们还是在那条路上无数的小岛之间打转，并且每座小岛周边都是高耸的树木，以至于没人能看到比河面宽度或水面横断处长度更远的地方"（第 39 页）。然而，雷利对建立与西班牙帝国相匹敌的大英帝国的热情，使他相信在河口湾的"零散小岛和被水淹没的土地"（第 41 页）以及奥利诺科河少数易航行的支流以外，有一个"黄金比秘鲁任何地方都多"的地方（第 10 页）。

惩罚雷利之要求的新指控。攻击西班牙的定居点与国王的命令相抵触，并且有多名证人指控雷利以拖延破坏该次航程以及意图投靠"某个弗莱尼（Forraigne）的国君"。[121] 但是，几乎没有证据证明雷利犯有任何不忠诚的行为，即便攻击西班牙的堡垒，也是他的下属违抗其指令而实施的。唯一的解决方法就是依据更早对他所定的叛国罪将其处决。

雷利沿着一条新世界的河流去发现财富，试图以此赢得对其叛国罪的赦免，这种尝试包含对西班牙故事巧妙的叙事反转，这些故事讲述的是像卡韦萨·德·巴卡和阿吉雷这样的人在河流上游流域的叛变。[122] 当雷利将远离本土可能发生的政治危险转化为通过在河流区域的效忠行为获得政治救赎的故事时，他使用的是熟悉的法律主题和叙事惯例；他获得赦免的理由取决于他的观众不言自明的理解，即他将自己置于一个忠诚易受侵蚀的想象背景中，而他却始终专注于为国王服务。与此同时，雷利的论点也契合在新世界主张领土占有的一系列弹性策略。在寻求控制奥利诺科河河口附近的矿产时，雷利想出一项对整个奥利诺科河地区的权利主张，并且提出西班牙定居点的稀少是尚无有效先占确保西班牙权利主张的标志。各种有关西班牙暴动的故事，恰恰与西班牙的占有证据不足的说法吻合。

---

〔121〕 Walter Raleigh, *Sir Walter Rawleigh His Apologie for His Voyage to Guiana* (London: Printed by T. W. for Hum. Moseley, 1650). 雷利为自己辩护时指出，他返回英国就是自己从未盘算过叛国的证据。

〔122〕 尽管卡尼萨雷斯-埃斯格拉（Cañizares-Esguerra）强调的并非对危险的叙述，他也将有关雷利探险的记述描述成对西班牙编年史的一种反转。See Cañizares-Esguerra, *Nature*, *Empire*, *and Nation*.

雷利肯定不是唯一受西班牙的上游流域背叛叙事影响的英国上尉。剩下的一个简要事例将有助于支持这样的观点，即这些以及其他类似叙事的传播将地理想象与政治法律想象联系在一起。定居者们费劲地从詹姆斯敦开始勘探，追踪着流入切萨皮克湾的河流，这反映并塑造了该地区作为一个河流网络的图景。约翰·史密斯以这些航行为基础绘制地图，便也体现了这一图景；这幅地图通过在上游各个位置标出十字记号提示在何处无法再依赖经验，而要依赖印第安人提供的信息，由此将欧洲人和土著人的地理知识混合在一起。[123]

作为多次勘探的核心人物以及主要的编年史作者，约翰·史密斯像卡韦萨·德·巴卡一样，在理解土著人的意图和了解环境方面发挥了自己独特的专长。在描述几个关于严重政治险境的片段时，他更加谨慎。当探险队初次抵达詹姆斯敦时，史密斯被捕了。他有将近三个月的时间被锁在船上，并且被指控"意图篡夺政府、谋杀委员会委员并自称为王"，还有和分散在三条船上的同伙共谋。[124] 史密斯被判缓刑，并且在该艘小艇到达詹姆斯敦后被准许进入委员会，他开始摆明自己是一名在应对印第安人方

---

〔123〕 史密斯自己对这幅地图的描述正是用这些措辞来呈现的，他强调了河流的首要地位并且解释地图信息的双重来源。他说："这幅附带的地图……将把山脉和水势呈现在眼前，包括它们的几个拐弯处、水湾、浅滩、岛屿、入口以及小河，还有水流的宽度、各地之间的距离以及诸如此类的事项。只要你看到河流、山川或其他地方标有十字，在这幅地图上就表示此处已经被发现；剩下的是按照野蛮人提供的信息并根据他们的指示绘制下来的。" John Smith, "Description of Virginia", in Tyler, ed., Narratives, 76-118, 89. And see Blansett, "John Smith Maps Virginia", in Appelbaum and Sweet, eds., *Envisioning an English Empire*, 68-91.

〔124〕 "Proceedings of the English Colony", in Tyler, ed., *Narratives*, 119-204, 124.

面具有独特经验的对话者。在某次上游流域的勘探旅行，也是对詹姆斯敦定居者来说第一次在瀑布线以外进行勘探的旅行中，史密斯被印第安人俘获并带到他们的首领波瓦坦（Powhatan）那里。他很可能在某个仪式上被接纳为这名印第安人首领的子民，有了波瓦坦的说情才阻止他被处决，而他后来将该仪式描述成一场拯救；作为对承认波瓦坦权威的交换，他确定地得到了政治上的保护。[125] 正是在这次行程中，史密斯留下一艘驳船中的几个人去乘独木舟继续沿上游航行——他声称，有人对他在早期的一次考察旅行中未能定位奇克哈默尼河（Chickahominy River）的源头"低声地闲言碎语"，这才迫使他向前推进。有三个人被印第安人杀死——一个是在下游自驳船上岸的地方，另外两个是在上游，也就是在独木舟旁等待的地方。当史密斯返回詹姆斯敦，迎接他的是大多数定居者"最真实的喜悦"，但他也受到委员会新成员的威胁，他们责备史密斯在上游流域"失去我们的两个人"。[126] 考虑到早前的指控，或许还有关于人们在可怕的上游地区叛乱的故事四处传播的影响，史密斯可能正面临早前叛国罪指控的复苏。[127] 他的下属在上游流域的命运将支持一项关于抛弃或背叛国王军队的指控，这和曾经对卡韦萨·德·巴卡提起的指控非常

85

[125] "A True Relation", in Tyler, ed., Narratives, 25–71, 50. And see Horn, "The Conquest of Eden", in Appelbaum and Sweet, eds., *Envisioning an English Empire*, 25–48.

[126] "A True Relation", in Tyler, ed., *Narratives*, 52.

[127] 詹姆斯敦的定居者都对流传到英国的西班牙编年史很熟悉，并且将他们自己的困难与"有关西班牙的发现与殖民的历史"以及他们对"叛乱、纷争和异议"的叙述做对比。在《英国殖民地会议录》（*Proceedings of the English Colony*）的第二章中，这种对比在叙述完史密斯的上游流域勘探之旅后就出现了。Tyler, ed., *Narratives*, 131.

类似。

史密斯的敌人可能对他理解波瓦坦感到不适，于是准备宣称史密斯与印第安人密切接触之后便改变了自己忠诚的对象。这种可能性并非看起来那样不着边际。欧洲人抓获印第安人作为向导和翻译的做法，与在詹姆斯敦惯常于印第安人中间安插年轻男子和男孩的做法相当。1619 年，弗吉尼亚议会因叛国罪审判这些人当中名叫亨利·斯佩尔曼（Henry Spelman）的男孩，指控他为波瓦坦的继任者奥普查纳坎奴（Opechancanough）服务。[128] 像史密斯一样在同印第安人谈判方面能力超群的欧洲人，他们的名声很可能因为这些联系以及他们进入危险的穷乡僻壤而受到玷污。的确，被指控在上游流域危及下属之后的那一年，史密斯的敌人又一次准备指控他。这次有来自驻扎在瀑布边的人的证言支持，他们控诉说"史密斯让野蛮人攻击他们"。史密斯的敌人展开的这次新行动与传闻的背景不符，传闻中史密斯"令野蛮人臣服，他与波卡洪塔斯（Pocahontas）联姻，从而使自己成为一个王"。[129]

---

〔128〕 正如卡伦·库珀曼所说，英国人怀疑印第安人嗜好"背叛"是印第安人与英国人相遇的早期产物。Karen Ordahl Kupperman，"English Perceptions of Treachery，1583-1640：The Case of the American 'Savages'"，*Historical Journal* 20，no. 2 (1977)：263-87. 我要感谢卡伦·库珀曼让我注意到亨利·斯佩尔曼的案例。关于这个案件，参见 Virginia Company of London and Susan M. Kingsbury，*The Records of the Virginia Company of London：The Court Book，from the Manuscript in the Library of Congress*，4 vols. (Washington，D. C.：Government Printing Offlce，1906)，3：174-75. And see Kupperman，*Jamestown Project*，289-90.

〔129〕 《英国殖民地会议录》肯定要么是为史密斯编写的，要么是由他编写的，其中的描述是关于篡夺政府的指控和反指控。这其中声称，史密斯的敌人马丁·拉特克利夫（Ratcliffe）和阿彻（Archer）最初谋划杀掉史密斯，随后又"联合起来篡夺政府……并且通过指控史密斯为他们自己开脱"。See "Proceedings"，in Tyler，ed.，*Narratives*，196.

这些对沿河流发生的叛乱和叛国行为的叙述在结构上的相似
多大程度是源于它们在各个帝国和地区之间的传播，我们绝无可
能估量——哪怕英国对西班牙编年史的关注普遍得到完好的记
录，并且雷利和史密斯都明确引用西班牙的记述衬托他们自己所
称的忠诚，亦是如此。和在卡韦萨·德·巴卡（以及阿吉雷）被
贴上反叛者也即叛乱者标签的过程中一样，引用过去的叛乱事例
也暗示了这些故事更广泛的政治作用。然而，如果在河流的背景
下几个对叛国罪的指控是我们不得不继续跟进的全部内容，那么
旅居者和定居者都将这些走廊描绘成具有自然和政治危险的特殊
地区就是颇具暗示性却又不完全的。这有助于我们了解欧洲有关
叛国罪的故事是在更广泛的文学事业中开始形成的，这项事业将
国家想象为主权者，并且通过叙事将暴力的念头描述为叛乱行
为。[130] 不过，关键的是在与河流地区有关的雄心这一更广阔的
背景下，我们对有关勘探和定居的法律较量所做的定位：对财
富，包括矿产的追求；为提出权利主张而存在的各种政治和法律
惯例；以及相互关联且普遍存在的用于定义法律权威和确定帝国
内部政治社区边界的策略。这些情况都为河流沿岸发生的叛国罪
故事增加了风险，并且提供了戏剧性的舞台布景。随着定居文化
和经济利益发生改变，对河流的地理和政治想象也发生了变化。

---

[130] See Rebecca Lemon, *Treason by Words: Literature, Law, and Rebellion in Shakespeare's England* (Ithaca: Cornell University Press, 2006); Raffield, *Images and Cultures of Law in Early Modern England*. 关于 18 世纪话语的转变（discursive shifts），Barrell, *Imagining the King's Death*.

叛国罪在大西洋的第二次生涯

当贫弱的定居点发展成更加稳定的定居者社区时，有关叛国罪的政治并未平息，而是开始以新的方式同殖民地政治体性质与范围的界定相联系。在拉普拉塔河，混血精英们在卡韦萨·德·巴卡探险之后近两百年的时间里为亚松森的控制权、区域贸易以及印第安劳力争斗，他们不遵守或无视在利马的副王命令，从而披上叛乱者的外衣并引来了叛国罪的指控。在北美，特别是在新英格兰和弗吉尼亚 17 世纪 70 年代中期的冲突中，叛国罪在牵涉已建成的殖民地、遥远的新定居点以及印第安社区的三角争斗中被援引。在所有这些背景中，叛国罪仍然是指针对君主的犯罪，并且政治对手们仍然试图形成双向的叛国罪指控。但是，殖民地实体现在也主张要求定居者和印第安人效忠的权利，并且更频繁地直接惩罚叛乱者而不是将被指控者送回欧洲。

法律政治的地理也在转变。强调对河流的权利主张是关于新世界占有的帝国间政治的组成部分，它开始逐渐退却，而河口湾与上游流域定居点之间的紧张关系日益集中在有关印第安人和贸易控制的帝国内部政治以及殖民地当局的相互竞争上。这些 17世纪晚期和 18 世纪早期的冲突经常被视为定居者与印第安人关系的转折点；它们也标志着在业已确立的欧洲定居点范围内各个地区的地理想象发生了微妙变化，即从集中在河流盆地的区域的整合转向有关按照管辖权界定范围的河流次区域之间紧张关系的政治。

先来看看在亚松森殖民地叛乱的性质发生的改变。在卡韦萨·德·巴卡被捕后数十年，关于总督职位的尖锐冲突还在持续。[131] 比如，当反叛卡韦萨·德·巴卡的领导者之一费利佩·卡塞雷斯（Felipe Cáceres）于 1567 年被确定为代总督时，他即刻卷入与主教佩德罗·费尔南多·德·拉·托尔（Pedro Fernando de la Torre）的一场政治斗争，这是在西属美洲很普遍的世俗和宗教权威的斗争，在遥远的定居点尤其如此。[132] 在使一名对手受审并因叛国罪被处决后，卡塞雷斯被监禁了一年，随后像卡韦萨·德·巴卡一样被送回西班牙，只剩德·拉·托尔单独提起针对他的案件。[133] 这种对总督职位的致命争夺在变化的政治和经济情势下有了新的形式。17 世纪之初，拉普拉塔河地区分裂成两个行政单位，一个以布宜诺斯艾利斯为中心，另一个以亚松森为中心。亚松森逐渐成为内陆地区的首都，以巴拉圭冬青（yerba mate）

---

〔131〕 参与者经常重新提及城市建立后发生的事件。亚松森的精英们后来回忆，在 16 世纪早期门多萨探险失败的余波中，查尔斯五世于 1537 年签署了一份敕令，允许探险队成员聚集并为该省选举一位新总督。尽管这份敕令在卡韦萨·德·巴卡作为先遣官被派出时被撤换了，该文件却成为当地人后续争夺总督职位的一个凭据。各个派系都声称，这份敕令显示了国王要在当地委任总督的意志。Adalberto López, *The Colonial History of Paraguay: The Revolt of the Comuneros, 1721-1735* (New Brunswick, NJ: Transaction Publishers, 2005), 6-7.

〔132〕 See Benton, *Law and Colonial Cultures*, chap. 3, 关于世俗与宗教权威之间的管辖权之争。

〔133〕 除了德·拉·托尔，卡塞雷斯在逐渐崛起的混血精英中还有其他敌人，而且当他于 1569 年在教堂被抓捕时，城镇的领导者们面临选举一位替代者，便引用了 1537 年敕令。

的出口作为收入的主要来源，这种植物被用于制作茶类浸剂。同时，城市精英与耶稣会士之间的紧张关系攀升，耶稣会士到南方的使命是要成为控制巴拉圭冬青生产的主要核心。耶稣会士强烈反对巴拉圭的赐封制度，并且设法取得皇家许可，以便在非教团印第安人的城镇人口骤降时免除教团印第安人的赐封劳役。[134]特维夸里河（Tebicuary River）是巴拉那河的支流，它的出现并非预示一条帝国扩张的走廊，而是帝国内部两个区域，也就是传教区与亚松森周边区域之间的一条分界线。亚松森这个城市逐渐有了这样的名声，即坚持地方自治和通过市政会议进行治理，而非服从在秘鲁的皇家官员任命的总督或在查尔卡斯（Charcas）的皇家审问院所做的裁决。

　　叛国罪仍旧是领导权争夺中可选用的法律武器。最著名的案例是 18 世纪初乔斯·德·安特克拉的案例。与该案有关联的冲突值得更仔细的观察，因为这些冲突清晰地诠释了有关忠诚的政治话语的连续性，以及在变化的政治和经济形势中指控背叛行为的新含义。在查尔卡斯，安特克拉一直是精英群体中受欢迎的成员，他是皇家审问院的一名官员，亦是印第安人的保护者（protector de indios）。[135] 他作为检查法官（juez pesquisidor），被派去评估亚松森的政治竞争者们提起的叛国罪指控。在他到达稍后，亚松森市政会议承认安特克拉为临时总督，他便开始调查许多指称前任

---

〔134〕 López, *Colonial History of Paraguay*, 51；see also Barbara Anne Ganson, *The Guaraní under Spanish Rule in the Río de la Plata*（Stanford, CA：Stanford University Press, 2003）. 我主要从洛佩斯处获得对安特克拉事件的叙述。

〔135〕 印第安人的保护者是国王任命的官员，在西班牙的法庭上为印第安人代理。

总督有不忠诚行为的证人。在安特克拉的引导下，某个亚松森精英群体采取了一系列针对耶稣会士的措施，包括将他们从城镇免职。这些行动使安特克拉成为当地英雄，也使秘鲁的副王和查尔卡斯皇家审问院处于对立状态，副王将安特克拉被任命为临时总督视为对其权威的挑战，而查尔卡斯皇家审问院则试图将该案定性为一桩司法而非行政事务。

89

该案件的发展受到各种强有力的殖民地权威对抗的引导，同时也受到该河流区域政治经济新形势的影响。为回避安特克拉的调查，他的敌人只是转移到了河流下游，这一行动可能受到耶稣会士和科连特斯（Corrientes）商人的支持，科连特斯的市政会议同意截留从亚松森顺流而下的货物。最终，一股由副王授权并主要由受布宜诺斯艾利斯领导的教团印第安人组成的军事力量与一支由安特克拉指挥的更庞大的军队交战。虽然安特克拉赢得了由特维夸里河所形成的边界附近的战役，他和一股支援小分队还是撤到查尔卡斯势力薄弱之处。在此，副王的权威胜过皇家审问院可能提供的保护。经历自1726年开始的五年审判后，安特克拉和他的同伴梅纳（Mena）作为叛国者在利马被斩首处决。

在某些方面，此次审判本身以及双方运用的辩论术与一个世纪之前的冲突相呼应。安特克拉和梅纳辩称，耶稣会士在该地区篡夺主权有罪，而安特克拉是根据查尔卡斯皇家审问院的命令合法就职的临时总督。安特克拉声称，他的所有行为都是在为国王服务，目的是维持秩序。对方则坚称，安特克拉一直无力控制巴拉圭民众的愤怒。这种抗辩思路建立在亚松森的居民并非彻头彻尾的叛乱者的名声之上，并且似乎获得审判期间在亚松森发生的另一起叛乱的新闻支持——这起叛乱的发起者继 16 世纪伊腊拉的支持者之后自称"叛乱者"。

不过，在很多方面，审判安特克拉叛国罪的情势和背景都与卡韦萨·德·巴卡那时十分不同。安特克拉不得不在与一系列强有力的帝国机构的关系上做出谋划，这些机构是：查尔卡斯皇家审问院、秘鲁的副王官署、科连特斯和布宜诺斯艾利斯的市政会议以及耶稣会使团。安特克拉的对手并未借助国王的支持；不服从副王本身就被解释为一种叛国行为。进一步说，在卡韦萨·德·巴卡时期营造出怀疑效忠之氛围的环境——亚松森的偏远及其在上游的孤立——现在都对安特克拉不利。巴拉圭冬青必须沿着河流穿过城镇才能进行贸易，而这些城镇的市政会议摆明要充分发挥它们有利的地理位置，在将来从政治和经济上孤立亚松森。这样的气氛十分契合亚松森天生反叛的故事——不是人而是地方的天生反叛，这似乎将诸如安特克拉一样的外人变成了叛乱者。

安特克拉的叛国罪审判促使各种各样的参与者将自己描绘成守卫者，对抗有竞争关系的帝国和印第安人。这种论述也是重复早前在该区域发生冲突的主题，同时又反映了新的形势。对印第安人进攻的担忧集中在巩固上游区域的统治；对英国或其他帝国入侵的恐惧则萦绕在主要的沿海地区。一位官员为安特克拉写下书面辩护，称赞了亚松森居民的忠诚，提到他们在 13 个要塞配备人员来保卫西班牙的定居点不受"各种异教徒敌人……的持续入侵"。[136]他将上游流域居民写成西班牙帝国边界的真正守卫者。这份报告提到，耶稣会士热烈讨论他们作为"最前线的突击力量抵抗欧洲人，特别是通过乌拉圭河与巴拉那河穿越秘鲁的英国人"，却把英国人或荷兰人将夺取布宜诺斯艾利斯并转向攻击上游定居点（"tierra adentro"）的危险描述得无足轻重。[137]

主张殖民地臣民忠诚的殖民地机构、港口商人不断增强的势力以及以上游流域作为殖民地边界的地理想象——这些因素也影响了17世纪晚期英属北美的叛国罪政治。丹尼尔·里克特（Daniel Richter）认为，英国于1663年在新尼德兰取代荷兰触发了一些变化，导致培根叛乱和菲利普国王战争。[138] 英国的先占干扰了荷兰与印第安人在哈德逊河流域的贸易网络，并且导致地处特拉华河入口的瑞典定居点迁移，由此处于两大河流贸易体系中的印第安人被迫另寻贸易伙伴以及新的欧洲人与印第安人联盟。同时，新英格兰和弗吉尼亚的河流地理造成了它们自己的区域内部冲突。马萨诸塞湾殖民地占据着一个极佳海港，却稳当地控制着

91

---

〔136〕 "波托西（Potosí）的地方长官马赛厄斯·德·安格鲁斯·戈塔里（D. Mathias de Angles y Gortari）将军所做报告的副本说明了在巴拉圭省亚松森市发生的冲突，以及乔斯·德·安特克拉受正规部队迫害的原因。" In José de Antequera y Castro, *Colección general de documentos, que contiene los sucesos tocantes a la segunda época de las conmociones de los regulares de la Compañía en el Paraguay, y señaladamente la persecucion, que hicieron a Don Josef de Antequera y Castro* (Madrid: Imprenta Real de la Gaceta, 1769), 3: 2.

〔137〕 "马赛厄斯·德·安格鲁斯·戈塔里将军所做报告的副本", in Castro, *Colección general de documentos*, 3: 53, 54.

〔138〕 Daniel Richter, "Dutch Dominos: The Defeat of the West India Company and the Reshaping of Eastern North America" (paper presented at "Transformations: The Atlantic World in the Late Seventeenth Century", Harvard University, March 30-April 1, 2006).

两条令人失望的河流，这两条河流分别是查尔斯河以及向北的梅里马克河。对延伸到梅里马克河源头以南的区域主张控制时，马萨诸塞的殖民者既使用策略接近康涅狄格河流域——通过进攻位于河流东岸的皮科特人（Pequots）以及在康涅狄格河上游到波士顿以西定居，又以支持他们根据自己的宪章对缅因和新汉普郡某些地区提出权利主张的方式描述梅里马克河的大小和位置（参见图 2.3）。[139] 在弗吉尼亚，沿一系列河流的瀑布线标志着出身显贵的大农场主所控制的沿海地区与有着更多贫瘠定居点的内陆地区之间的分界。在这两处，殖民者将居住在殖民地管辖权范围内的印第安人与居住在仍然只有少量欧洲人定居区域的印第安人相区分。前者被看作臣民，后者仍被视为属于印第安各部族。在印第安臣民中间，按照是否为基督徒，是否居住在英国定居者之间，以及是名义上臣服于英国的族群成员，还是自认为与殖民地

---

〔139〕 马萨诸塞殖民地的宪章授予马萨诸塞海湾公司控制梅里马克河任何地方以北 3 英里沿东西方向延伸的一条线与查尔斯河任何地方以南 3 英里沿东西方向延伸的一条线之间的所有领土。马萨诸塞和新汉普郡对这一条款的含义有争议，新汉普郡主张这一条款意在标记梅里马克河口以北 3 英里的一片领土（早期殖民者认为河流的流向是从西向东的）。马萨诸塞的领导者则坚持对该条款的解释是，他们的领土要向北延伸得更远，并且他们提供了将梅里马克河画得相当宽广的地图。See Figure 2.3 and Jenny Hale Pulsipher, *Subjects unto the Same King: Indians, English, and the Contest for Authority in Colonial New England* (Philadelphia: University of Pennsylvania Press, 2005), 200. 1741 年，这条线被确定在波塔基特（Pawtucket）瀑布以北 3 英里的地方。Samuel A. Green, *The Boundary Line between Massachusetts and New Hampshire: From the Merrimack River to the Connecticut: A Paper Read before the Old Residents' Historical Association of Lowell, on December 21, 1893, the Twenty-Fifth Anniversary of the Formation of the Society* (Lowell, MA: Lowell Courier, 1894).

相对独立并与之结盟，有着进一步的区分。[140] 属于最后两个群体的印第安人试图抵消殖民地鲸吞蚕食的力量，方法就是坚持生称他们是英国君主的忠诚臣民，与王权有着直接联系，从而有可能绕过殖民地当局。

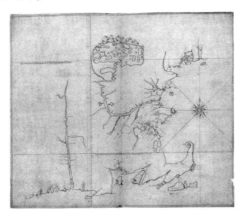

图 2.3 马萨诸塞河与梅里马克河地图（1678 年）。殖民者制作了这幅 92
地图以支持对马萨诸塞河北部的权利主张。殖民地宪章确定了与梅里马克河相关联的殖民地北部边界（参见本章注释 139）。这幅地图将马萨诸塞描绘成一片河流区域，向波士顿以西有许多城镇，诸如康科德（Concord）、格罗顿（Groton）以及兰开斯特（Lancaster），这些城镇坐落在梅里马克河支流沿岸，构成梅里马克河盆地中心区域的一部分。要注意，康涅狄格河被描绘成一条不太重要的水道。承蒙布朗大学的约翰·卡特·布朗图书馆提供该图。

随着 17 世纪 40 年代纳拉冈塞特人（Narragansetts）直接向国王

---

[140] James David Drake, *King Philip's War: Civil War in New England, 1675–1676* (Amherst: University of Massachusetts Press, 1999), 38.

请愿，寻求从马萨诸塞的控制中解脱，这一趋势便在新英格兰较早确立下来。这是一种策略，与处在外围区域或较弱殖民地的定居者行为相似，也可能是模仿，这些地区的定居者也反复声称他们与国王的直接联系。在 17 世纪 60 年代，皇家专员亲临印第安族群以及新汉普郡和缅因的定居点时强化了该策略，并许诺将这些苦处禀明国王。在该地区为确定权威而进行的斗争中，核心的因素是马萨诸塞海湾殖民地的请求引发的争议，那里的臣民发誓对联邦保持忠诚。从 17 世纪 60 年代起，这份誓言为英国所引用，作为撤销马萨诸塞宪章并将该殖民地置于更直接的皇家控制之下的根据。在马萨诸塞的控制有争议的外围地区，定居者也抵制此项誓言。非保皇党的马萨诸塞领导者毫不犹豫地坚持对联邦的忠诚，他们认为对殖民地的效忠也意味着对王权的效忠。[141] 1664 年，马萨诸塞议会又向前迈了一步，颁布新的法律以界定"针对我们联邦的"煽动叛乱罪和叛国罪，并且在一段时间内解除限制，允许"相互竞争的利益集团自由地发起叛国罪指控"。[142]

菲利普国王战争期间，印第安人的攻击有着令人惊讶的猛烈程度和范围，一时间令白人定居者联合起来对抗印第安人，这一冲突也为因印第安人的攻击而遭受特别沉重打击的外围社区产生不满进一步埋下伏笔。比如，马萨诸塞西部的城镇少有居民愿意执行针对不忠诚言论的法令，而缅因居民在感到他们从战争中遭

---

〔141〕 Pulsipher, *Subjects unto the Same King*, 61.

〔142〕 Pulsipher, *Subjects unto the Same King*, 66, 67.

受的痛苦失衡时便使用策略避开税收。[143] 然而，更加彻底的关系破裂发生在与菲利普结盟的印第安人不再忠诚之时。正因为菲利普作为万帕诺亚格人（Wampanoags）的领导者在过去遵循的政治策略是将自己界定为同等的英国国王臣民，暴力活动的爆发才被解释为叛乱而非各民族之间的战争。[144] 在战争之初，印第安各族群的不同地位影响着他们作为战斗人员被归类的方式。菲利普和万帕诺亚格人是犯有"重大叛国罪"的叛乱者，在北部地区尚未正式臣服于殖民统治的印第安人则是"敌人"。[145] 中间一类的印第安人最初要么保持中立，要么协助镇压印第安人叛乱，而在康涅狄格河上游流域的印第安人与菲利普结盟并发起一系列对西部城镇的攻击之后，这类印第安人就被腐蚀了。这些突袭是冲突中的转折点，因为猎蒙卡斯人（Nipmucks）和其他上游流域的印第安人一直被视为忠诚可靠的臣民。[146] 这些攻击直接导致英国关押做祷告的印第安人，并将战争扩大到包括纳拉冈塞特人（Narragansetts）。

当英国的定居者将印第安臣民作为叛国者而采取行动时，他 94 们并未狭隘地利用英国有关叛国罪的法律，而是引用宽泛而灵活的法律文化来界定叛国罪及其惩罚方式。各殖民地有关叛国罪的立法包含了来自爱德华三世的英国成文法（列举了叛国行为的主

---

〔143〕　参见普尔西费尔（Pulsipher）对该案的描述，*Subjects unto the Same King*，173. 关于菲利普国王战争期间缅因与马萨诸塞之间的关系，参见 Pulsipher, *Subjects unto the Same King*, chap. 9.

〔144〕　Drake, *King Philip's War*.

〔145〕　Drake, *King Philip's War*, 44.

〔146〕　Drake, *King Philip's War*, 87.

要种类，包括谋杀君主、宣战以及资助国王的敌人）的术语，还有在各种确立权威以便强制执行戒严令来惩罚煽动叛乱或叛乱的特许证和专有权证中的术语。[147] 历史学家注意到，正式的叛国罪指控在美国独立战争以前似乎已经不多见，最显著的是发生在皇室继承引发的某些关键时刻，就像在纽约因叛国罪审判雅各布·莱斯勒（Jacob Leisler）时一样。[148] 不过，在菲利普国王战争期间及之后，叛国罪既被用作印第安"反叛者"的标志，又被用作对付这些反叛者的灵活法律工具，这提醒我们对叛国罪的运用是殖民地政治权威的象征性核心，它将臣民的定义与对殖民地统治的权力和范围的确认结合在一起。[149] 殖民地的地理范围和它们要求忠诚的能力都正受到危及。正如在西班牙的南美洲探险中一样，将印第安人贴上叛国者的标签并因此惩罚他们，可用于警告可能为煽动所引诱的非印第安人。

1676 年 8 月，在菲利普国王战争结束时，对罗德岛纽波特（Newport）一群印第安人的审判诠释了对有关叛国罪的法律持续且

---

〔147〕 James Willard Hurst, *The Law of Treason in the United States: Collected Essays* (Westport, CT: Greenwood, 1971), chap. 3. 在马里兰和宾夕法尼亚，谋杀专有权人很容易就构成犯罪；女王在议会中推翻了宾夕法尼亚的法律，而马里兰的法律只维持了三年有效。

〔148〕 Hurst, *Law of Treason*. See also Bradley Chapin, *The American Law of Treason: Revolutionary and Early National Origins* (Seattle: University of Washington Press, 1964). 关于荷兰与英国的紧张关系一直持续到雅各布·莱斯勒（Jacob Leisler）因叛国罪被处决后的背景，参见 Adrian Howe, "The Bayard Treason Trial: Dramatizing Anglo-Dutch Politics in Early Eighteenth-Century New York City", *William and Mary Quarterly* 47, no. 1 (1990), 57-89. See also Peter Charles Hoffer, *The Treason Trials of Aaron Burr* (Lawrence: University Press of Kansas, 2008).

〔149〕 有关叛国罪的法律也与一种更广泛的有关印第安人背叛行为的话语有关。See Karen Ordahl Kupperman, "English Perceptions of Treachery".

不失灵活性的运用。这场审判的组织如同军事法庭审判，依据的是罗德岛宪章关于在针对印第安人和殖民地"其他敌人"的行动中实施戒严法的规定。这场审判挑选出多名印第安人准备处决；对印第安俘虏比较常规的惩罚，是将他们发配去做固定期限的苦役或作为奴隶出卖。在该案中提出的指控包括不服从"国王陛下在该殖民地建立的统治"，反而服从"名为普利茅斯（Plymoth）的殖民地的印第安人，即普利茅斯印第安人的菲利普酋长"。"背叛"与"叛乱"行为导致"杀害我们国王陛下的臣民，烧毁他们的房屋，杀死及赶走他们的牲口以及更多诸如此类的暴行，造成了我们国王陛下的巨大损失"。[150]

　　有几名受审的印第安人，比如被告库安欧朋（Quanopen），承认"拿起武器对抗英格兰民族"，因而被宣告判处死刑，但其他受审的印第安人则被送到定居者手中，大概是作为奴隶被使唤或贩卖。[151] 有几名印第安人似乎试图准备一场辩护，主要是声称在攻击定居者时发挥的作用不大。但是，少有印第安人否认参与暴行。约翰·韦克比克（John Wecopeak）声明"他从未出去对抗英国人"，但承认当"乔治·克拉夫茨（Georg Crafts）的妻子被一块蛇蜕（sluff）击中并被一把斧头剁成几块"时，他也在场。韦克

95

---

〔150〕　Rhode Island（Colony），*A Court Martial Held at Newport*，*Rhode Island*，*in August and September*，1676，*for the Trial of Indians*，*Charged with Being Engaged in King Philip's War*（Albany，NY：Printed by J. Munsell，1858）.

〔151〕　正如吉尔莱·波雷（Jill Lepore）提到的，奴役并非通常惩罚叛国罪的方式。用奴役代替死刑被殖民地官员作为他们宽大仁慈的证据。惩罚的运用也显示了处于殖民地政治边缘的印第安人尚不明确的地位，他们尚未正式被作为英国国王或殖民地的臣民。See Lepore，*The Name of War：King Philip's War and the Origins of American Identity*（New York：Vintage Books，1999），164.

比克被判处死刑；那些有着基督徒名字且为英国定居者工作过或居住在他们附近的印第安人，则因暴行受到更严酷的惩罚。也是在 8 月的早些时候，菲利普的尸体被从一片沼泽地中拖出来砍头和分尸——换句话说，如同叛国者的尸体一样被对待。他的脑袋被带到普利茅斯，插在一根杆子上。[152]

同样在拉普拉塔河，审判和处决作为叛国者的印第安人是在定居者之间的政治紧张关系中占据重要地位的行为，定居者惯常运用"叛国者"的标签抹黑政治对手。有时候，这种联系不仅是修辞上的。在菲利普国王战争之初，一名叫约书亚·蒂夫特（Joshua Tift）的罗德岛农民也因叛国罪受审。蒂夫特声称他被纳拉冈塞特人抓作俘虏，但是几乎没有证据证明他曾遭虐待甚至胁迫，他被发现在纳拉冈塞特人中间活着，并且被怀疑在大沼泽地之战中加入纳拉冈塞特人一方与英国人作战。[153] 蒂夫特被怀疑是自愿与印第安人生活在一起的。这个几乎没受过教育的农民几乎没有财产，他在文化上比较接近作为基督徒的印第安人船长汤姆，汤姆因与猎蒙卡斯人住在一起而遭受叛国罪的审判，尽管他声称"从未参加攻击英国人"。[154] 与对印第安人忠诚的忧虑类似，对于那些被视为社会边缘人士的定居者——特别是那些居住在包括康涅狄格河沿岸城镇以及罗德岛海岸的贫瘠农地在内的遥远地区的定居者——也存在对他们忠诚的忧虑。讽刺的是，在回

[152] Rhode Island（Colony），*A Court Martial*. 关于对菲利普尸体的处置，参见 Drake，*King Philip's War*, 162.

[153] Lepore，*The Name of War*, 131-4.

[154] Lepore，*The Name of War*, 143.

应印第安人的攻击时，波士顿的殖民地官员将他们的控制圈收得更紧，以至于冲突中的某个时刻他们已经准备放弃从格罗顿到康科德的一圈外围城镇的积极抵抗。定居者对之怀有忠诚并予以宣誓的政治体在扩大其地理范围的同时，又强调有一个界限明晰的权力中心。

在同时代的弗吉尼亚，政治与地理两者的断层线之间的联系更加明显。"培根叛乱"的参与者遵循了有关印第安人和定居者忠诚的法律脚本，这与菲利普国王战争中的修辞极为相似。正如在新英格兰一样，法律政治凸显了沿海地区与河流上游的地理差异。纳撒尼尔·培根（Nathaniel Bacon）是一群在一条瀑布线以上有农场的定居者中的一员，那个地方是从沿海平原到群山前的高原的过渡区，将该区域的河流，即拉帕汉诺克河（Rappahannock）、约克河、詹姆斯河以及它们的支流分隔开。位于这些河流源头区域的定居者特别容易受到印第安人新一轮的攻击。[155] 在那条瀑布线处设置堡垒的政府政策经证明是无效的；印第安人轻而易举就避开堡垒并劫掠了附近的农场。培根与殖民地总督伯克利之间的

---

〔155〕 培根叛乱事件的编年史参与者之一托马斯·马修（Thomas Matthew）将印第安人的攻击描述为对整个山地区域抱有敌意的印第安人运动的产物，他说："这些逃走的印第安人（舍弃了马里兰）选择的路线是越过那条河的源头，然后再越过拉帕汉诺克河（Rapahanok）与约克河的源头，沿途杀死他们发现的最重要的种植园的人，直到他们到达詹姆斯河源头，在那儿（有培根以及其他人在）他们杀死了培根先生非常喜爱的工头以及他的一名随从，培根起誓如有可能必报此仇。" "The Beginning, Progress, and Conclusion of Bacon's Rebellion in Virginia, in the Years 1675 and 1767", in *Tracts and Other Papers, Relating Principally to the Origin, Settlement, and Progress of the Colonies in North America, from the Discovery of the Country to the Year 1776*, ed. Peter Force (Washington, D. C.: Printed by P. Force, 1836), 1, no. 8, 10.

97　争端，起源于培根在 1676 年未经殖民地总督委派便决定带领一队定居者抗击印第安人。

在后续一系列的政治博弈和小规模军事冲突中，培根和伯克利都关注那些可能支持他们各自立场的法律主张。双方都声称，保卫联邦便是符合国王意愿的行为。[156] 培根辩称，他知道即使缺乏总督的许可，抗击入侵者也为法律所允许，所以他是在保卫殖民地免遭印第安人的入侵；伯克利——宣称培根是叛乱者后公开赦免了他，之后又一次将培根视为叛乱者——标榜自己是在同失序和叛乱战斗，并且指出即使英国法律确实允许政府官员"召集他们能力范围内的兵力以保护国王陛下的臣民"，这样的行为如果违背"国王的禁令"也不能被视为合法。[157] 两方都试图通过声称他们各自追随者的忠诚以及将对方贴上叛国者的标签来确认各自的立场。培根要求他的支持者签署一份效忠誓词，其中包括承诺击退国王的兵力，直到消息传递到国王那里向他解释叛乱者的行为。有一些沿海的土地所有者同情培根反印第安人的立场，却又在签署誓词上畏缩不前，因为这份誓词可能使他们犯有对国王的士兵发动战争的罪行。培根敦促他的追随者将伯克利以及忠诚的政府官员贴上"国王和国家背叛者"的标签并以此反对

---

[156]　詹姆斯·霍恩（James Horn）指出，历史学家总是会忽略"培根及其追随者最初尝试以合乎宪法的形式表达他们反对政府权威的程度"。*Adapting to a New World：English Society in the Seventeenth-Century Chesapeake*（Chapel Hill：University of North Carolina Press，1994），376.

[157]　Quoted in Alexander B. Haskell，"'The Affections of the People'：Ideology and the Politics of State Building in Colonial Virginia，1607-1754"（Ph. D. diss，Johns Hopkins University，2004），239.

他们。[158] 就伯克利本人来说，他不失时机地将培根归为叛国者，并警告他的追随者叛国的后果。这一信息在反对培根的活动过程中得到极其有效地传达是通过对培根的 14 名追随者实行简易审判，具体包括：1767 年 1 月在约克河口附近的一条船上经军事法庭程序做出的 4 项有罪判决，以及 1 月在伯克利的军队守卫詹姆斯敦附近地区时又做出的 6 项有罪判决。[159] 伯克利还施予了一些宽恕，他命令将亨利·韦斯特（Henry West）从殖民地放逐，此人是因反对国王的叛国和叛乱行为而被判有罪者之一，流放的理由是他"不像其他人那样臭名昭著"。[160]

一旦伯克利重新掌权，针对叛乱者的叛国罪指控又产生了法律和政治上错综复杂的新关系。被派出协助建立秩序的皇家专员到达殖民地，几乎即刻就在一连串相互联系的问题上与伯克利发生冲突，这些问题涉及谁该被赦免，以及从被判有罪的叛乱者处罚没的不动产应该如何处置和分配。专员们想公布他们从国王那里带来的一项无一例外宽恕叛乱者的公告。伯克利及其追随者为

98

---

〔158〕 Quoted in Haskell, "The Affections of the People", 268.

〔159〕 根据一项记述，伯克利坚持认为，处决方式明确反映了这些人已经被判犯有叛国罪。汉斯福德（Hansford）在阿科马克（Accomack）被处决时要求："他要像一名士兵一样被射死，而不是像一条狗一样被吊死。但是他被告知，他热切请求之事不能得到应允，因为他并非仅作为一名士兵，而是作为一个携带武器反叛国王的叛国者被判有罪，国王的法律规定他得那样死。"他在绞刑架上讲话时坚持说："他是作为一个忠心的臣民以及一个爱着他的国家之人死去的；除了为抗击杀死如此多基督徒的印第安人，他从未拿起武器。" "Ingrams Proceedings", in Force, ed., *Tracts and Other Papers*, 1, no. 11, 33.

〔160〕 Wilcomb E. Washburn, *The Governor and the Rebel: A History of Bacon's Rebellion in Virginia* (New York: W. W. Norton, 1972), 91, also 89-91.

战争的财政负担及其造成的破坏感到烦闷，他们坚持认为无数被当作叛乱领导者的人不应得到宽恕。各方都引用英国的法律先例。伯克利提醒专员在英国内战期间曾实施过财产扣押。就专员一方而言，他们引用爱德华·科克爵士关于未经审判不可进行财产扣押的观点（不过，这是针对重罪而非叛国罪），并主张战争时期在军事法庭审判叛乱者是一回事，但是"法律会回到它们自己的正常轨道，且将来所有这样的法律程序都会通过陪审团完成"。[161]将叛乱者定义为叛国者对伯克利具有重要的象征意义，他劝说弗吉尼亚议会从一项赦免中剔除 55 个人，并且特别指出这些人与培根（当时已死于疾病）一起被判犯有重大叛国罪。[162]在坚持将培根及其追随者定为叛国者的过程中，伯克利保护着效忠者的经济利益；他计划对被扣押的不动产进行财产分配。他还提醒专员们，他仍然是国王在弗吉尼亚的最高代表以及联邦的首脑。在伯克利的想法中，对他不忠诚相当于强有力的叛国罪证据。[163]讽刺的是，这一想法是培根论点的一个推论，培根认为伯克利放弃保护定居者安全的义务就是违背王权的行为。培根和

---

[161] Washburn, *Governor and the Rebel*, 110–11. 专员们的立场与他们自己的行为并不一致。到达弗吉尼亚之后，他们参与了审判某些反叛者。沃什伯恩计算出来，在叛乱被镇压之后还有 9 次额外的处决。Washburn, *Governor and the Rebel*, 119, 146. 马修在他的记述中提到，请求结束这些处决的是议会成员而非专员，有一名成员明确表示了担忧："如果他们如此放任总督，那么他将会绞死一半的居民。""The Beginning, Progress, and Conclusion", in Force, ed., *Tracts and Other Papers*, 1, no. 8, 24.

[162] Washburn, *Governor and the Rebel*, 118.

[163] 在叛乱期间处决托马斯·霍尔（Thomas Hall）之前，伯克利的评论特别明显地将个人忠诚与政治忠诚混合在一起。他宣布："霍尔死时非常悔恨，坦白了他对国王的反叛以及对我的忘恩负义。" Washburn, *Governor and the Rebel*, 89. See also Haskell, "The Affections of the People", 275–6.

伯克利两人都用总督与殖民者之间相互义务的破坏来构筑有关背叛的故事。

如同在新英格兰一样，印第安人作为法律主体的地位也岌岌可危。该区域的几个印第安人族群被看作国王的臣民，并且在伯克利的治下获得"法律的益处和保护"。[164] 不过，恰恰是根据法律，他们没有行为责任能力，这令培根怨愤不已，他曾称这些印第安人"完全没有资格"参与到殖民地法律体系中，并建议他们不应根据殖民地的法律受惩罚。[165] 培根宣传的恰恰是印第安人法律地位的转变，这一转变作为菲利普国王战争的直接结果出现在新英格兰。和在新英格兰一样，这种观点起源于该殖民地的偏远定居点，并且是为了回应印第安人的攻击。培根从未接受印第安人作为弗吉尼亚上游流域领土的臣民，他并未将印第安人的这些攻击视为可判处死刑的叛乱的标志，而是作为敌对入侵者的行为。尽管这两种理论依据都意味着将印第安人置于死地，但培根的立场使定居者得以摆脱在杀死印第安人之前要确定其忠诚的责任。培根在瀑布线以外针对印第安人的远征，造成更多曾经与定居者和睦相处而非对近期攻击他们负有责任的印第安人死亡。

在某些方面，此处所调查的在 17 世纪晚期以及 18 世纪早期殖民地因战争和叛乱引起的叛国罪指控的事例，让人回想起勘探

---

〔164〕　Quoted in Haskell, "The Affections of the People", 233.

〔165〕　Quoted in Haskell, "The Affections of the People", 234. 安·科顿（Ann Cotton）注意到，培根对总督的其中一项控诉是，他"在一名印第安人仅凭言辞就应当被接受为是对一个英国人不利时，拒绝承认一个英国人对该名印第安人不利的宣誓"。In "An account of our late troubles in Virginia, written in 1676, by Mrs. An. Cotton of Q. Creeke", in Force, ed., *Tracts and Other Papers*, 1, no. 9, 6.

100 和极早期定居的实践。定居者和行政官员凭借一组法律概念和套话，诋毁和确立权威以及保护定居者的利益。有关叛国罪的法律被创造性地援引——常常作为一种对政敌的简单诽谤，但也总是作为一项可能引发死刑和不动产罚没这样特殊且可怕后果的指控。偏远地区的不稳定以及印第安人臣民身份的模糊不清在有关勘探冒险的政治中如此重要，也在定居点的政治危机中特别显著。

在之后的时代，关键的差异在于业已建立的殖民地政治的中间立场。现在，效忠王权从对殖民地忠诚的角度在一定程度上被定义为君主的工具。殖民地的官员主张对叛乱者和叛国者进行审判、宣告有罪和处决的权威，以及减轻处罚和施以赦免的权威。宗主国当局承认，这项权力既对帝国的控制至关重要，有时又会侵蚀王权权威。帝国内部法律权威的多层级增加了当地局势发展的不可预测性。安特克拉因叛国被判有罪并处决，新英格兰的基督徒印第安人受到怀疑和审判以及伯克利坚持反叛者应被宣告为叛国者的政治影响——这些法律上的转变并非在多方政治和军事冲突中适用法律的必然后果，而是因具体情势发展所产生的结果。

最后，当过去的惯例影响着将特定次区域呈现为偏远且政治上不稳定的区域——瀑布线以上的弗吉尼亚、康涅狄格河上游流域以及亚松森以外的巴拉圭河流域——各殖民地政治体的力量和地位发生的变化也促成了殖民地地理想象的微妙转变。围绕河流系统形成殖民地区域的模式正在经历变化。上游流域仍然处在定居点的边缘，但是它们如今与更强有力和更有野心的沿海政治体有关，而沿海政治体的精英想要以他们自己的话语定义偏远地区的经济潜力。亚松森被重塑为一个处于被分割的拉普拉塔河区域的内陆地区，不再被视为一个有利可图的开矿之旅的起始点，或者统一的帝国控制走廊沿线的一个关键点。在尽力谋求既扩大殖民地管辖权又在区域经济中心建立自己的城市时，波士顿的精英们试图控制康涅狄格与哈德逊河流域的各个分散区域。[166]　在弗吉尼亚，培根的叛乱标志着在殖民地政治地理中以一条瀑布线处的界限截然区分沿海地区与高原地区的做法达到顶点。[167]　暴力冲突和随之而来的政治较量有助于形成这些转变，正如对殖民地地理的期待影响了那些自称国王忠诚臣民的叛乱者的产生。

101

小结

当那些看起来像是穿越未知地带的明确道路以及通往新世界贸易入口的河流变得不知流向何方时，由此产生的危机威胁的不仅是生存，还有政治声誉、将来的资助和政治秩序。在探险失败

---

　　〔166〕　关于英国对哈德逊河上游流域的计划，甚至是在荷兰统治新阿姆斯特丹期间的计划，参见 Donna Merwick, *Possessing Albany, 1630–1710: The Dutch and English Experiences* (Cambridge: Cambridge University Press, 2003)。然而，默维克认为，荷兰对水路的重视与英国控制陆地的野心之差异很大程度上源于不同民族的空间观念。我认为，英国人懂得甚至倾向于一种沿河流进行殖民扩张的模式。

　　〔167〕　沿海地区与山区的地理差异仍然具有重要性，但是瀑布线以外的定居点改变了这一分界线的性质，并削弱了其作为区分政治上不稳定地区与行政管理中心地区的标志所具有的重要性。Horn, *Adapting to a New World*, 163.

的关键时刻，其他的断裂也会发生：领导权易手、团队四分五裂、派系林立以及叛乱一触即发。这些都是借以证明皇室、宗教和个人权威的时刻，是集合话语资源的时刻，也是坚持或审慎地放弃常规的时刻。陌生河流沿线的偏远地点通常处于欧洲人尚未绘制到地图上的地方，饥肠辘辘且迷失的旅行者在那里呼唤见证，并且复述着法律故事。远航者策划行动以及记录陈述，用于在远方法庭的法律程序中提供他们想要的叙述。

由此产生的管辖权网络狭长且单薄，它沿着河流通道展开。漏洞和缠结之处使法律行为者可能此时在网内，而彼时在网外。对那些诸如俘虏向导之类地位不确定的人来说，事实确实如此，而对那些臣民身份已经确定的基督徒来说也一样。被怀疑犯有叛国罪的人被间接地指控因放弃忠诚而将自己置于政治共同体之外，因为忠诚是共同体成员身份的一种成立条件。讽刺的是，犯有叛国罪的资格就取决于共同体成员的身份。许多印第安人、大多数非洲人甚至一些欧洲人和土著的后裔，诸如葡裔非洲人，都不能被简单地当作叛国者或以此身份被起诉。[168]

102　　尝试将有关臣民身份和叛国罪的法律政治与在帝国内部形成处于法律秩序之外的分散区域——在异教徒、流氓或反叛者支配下的区域——相结合，是具有诱惑力的。不过，无法之地以及反

---

[168]　奴隶是否能作为叛国者被指控的问题，是在弗吉尼亚 1781 年的一个案例中被明确提出的，该案中一名叫比利（Billy）的奴隶因叛国罪受审。有两名法官写了一份异议意见说，奴隶"因未被承认具有公民权利而不可能犯有针对国家的叛国罪"。Malick W. Ghachem, "Introduction: Slavery and Citizenship in the Age of the Atlantic Revolutions", *Historical Reflections* 29, no. 1 (2003): 13. 我感谢马利克·格赫赫姆（Malick Ghachem）让我注意到这个事例。

主权的尝试事实上很罕见。即使公然自称叛国者的阿吉雷也仍然修书国王，并且保持着王国的军事官僚秩序等级不变。我们并未看到欧洲的法律以康拉德的方式在偏远地区被有意识地淡化或扭曲。相反，在地理上分散的政治社区的边界冲突中，欧洲人在帝国内部坚持援引宗主国的法律和先例。卡韦萨·德·巴卡并未尝试在拉普拉塔河附近建立自己的王国，却被指控篡夺王权，而附加的指控则是针对他在向着亚松森行进时以及从巴拉圭河上游进入期间的行为。叛国罪的可能性伴随着旅行者前行；叛国罪甚至因河流勘探这一情境有所增加，还伴随着它调动法律作为搜集和存储地理信息的框架，以及运用法律行为支持有争议的帝国权利主张。

旅行者为了实现自身利益触及法律概念和程序库，他们对本土的特定政治背景做出回应——想一想卡韦萨·德·巴卡将他在亚松森的政治对手贴上叛变者标签的事，并且搜寻能够吸引特定赞助者和法律专家的法律修辞。与此同时，法律惯例和仪式之所以被选择，是因为它们能保证在帝国内部为政治立场辩护并将其固化。有关叛国罪的法律随着它在这些情势中适用而改变。对叛国罪的审判在 16 世纪的西班牙相对少见，新世界却为竞争者们对彼此提出指控创造了机会，并且君主对叛国罪产生了新的兴趣，将其作为控制远方臣民的手段。卡韦萨·德·巴卡将阻碍发现定义为叛国罪，这可能是一项明智的发明。英国航海者通常被认为在美洲革命之前的殖民地对有关叛国罪法律的适用更加节制，却也援引有关叛国罪的法律作为塑造崭新殖民地事业的大西洋法律政治的组成部分。雷利和史密斯借鉴了西班牙的叙事来组织对自己功勋的叙述，然而有关占有的帝国间话语则迫使英国人和法国人将政治忠诚置于许多早期新世界冲突的中心。印第安人并非自动被界定为帝国臣民，而是通过确认他们臣民身份的行为和宣告被置于君主的权威之下。在其他不固定的边界中，这种区分创造了在法律上有别的帝国内部空间以及在这些空间中的异常飞地，诸如基督徒和印第安人混杂的城镇以及印第安人教团。

还有，这些联系塑造了河流区域独有的法律地理。在一个人们感到难以驾驭又不可预测的环境中，臣民身份和忠诚都会受到质疑，主张欧洲的主权并不足以确保有序的殖民扩张和统治。主权并不具有均匀的领土和法律维度。相反，从贯穿河流网络的河口湾飞地开始，主权空间沿着控制走廊发展，并且在单靠距离就能收紧臣民与君主之间的纽带时，它们却有赖将臣民正式纳入政治共同体而得到增强。

即使领土主权作为 19 世纪的一种范式得到固化，将河流上游地区描述为助长叛国罪之地仍然具有积极的政治效价。[169] 也许，对这种话语的一些共鸣终究出现在康拉德处。对 15 世纪中叶到漫长的 18 世纪初这一极长的时期来说，地理想象与法律实践混合在一起，使河流区域成为背叛之地。

---

〔169〕 在 19 世纪的头数十年，密西西比河流域的上游地区酝酿了帝国间阴谋以及比新合众国任何其他地区都多的叛国罪案例。See Andrew R. L. Cayton, " ' When Shall We Cease to Have Judases?' The Blount Conspiracy and the Limits of the ' Extended Republic ' ", in *Launching the "Extended Republic"*: *The Federalist Era*, ed. Ronald Hoffman and Peter J. Albert (Charlottesville: University Press of Virginia, 1996), 156-89.

第三章

海上主权
管辖权、海盗和海洋地区主义的起源

想想迄今我们如何几近失利，

因饥饿而形销骨立，

因风暴，因天气，精疲力竭，

还有超越我们所有经验的大海，

我们对瞬间破灭的承诺感到如此厌倦，

我们常常被抛到绝望的谷底，

异教徒们伴着那几乎无人知晓的星辰，

带着对我们这类人的敌视而来！

我们的供应物资已经完全腐臭，

吃下它们令我们的身体状况愈加糟糕，

尽管无一事令人安宁，

仍要去追寻这稍纵即逝的希望！

你当知道与我们相伴的，

并非葡萄牙的士兵，

他们会长久地保持顺从，

对他们的国王以及对作为他们国王代理人的我？

——路易斯·德·卡蒙思，《卢济塔尼亚之歌》[1]

---

[1] Luís de Camões, translated by Landeg White, *The Luísads* (Oxford：Oxford University Press, 1997), 112.

104　　　　海洋已经成为全球化的典型象征。人、观念、细菌、植物以及资本在跨国和跨地区的洋流中流动，与此同时全球趋势和移民在浪潮中抵岸。在这种语言选择的背后是海洋作为交流渠道的意象，海洋并非在那些潮流涌动之外具有独立意义之地。海洋作为一个活动背景的观念，表明了全球化叙事讲述的是一个关于相互

105 联系逐渐增强的故事。该故事始于欧洲的跨海贸易，并且随着前后相继的运输工具革命发展，而每次革命都增强了海洋空间被假定的无摩擦且无差别的本质。

有关海洋法的叙事一直与这个故事并行不悖。自格劳秀斯起，海洋法在国际法史中地位突出。海事规制似乎是个执行国际协定的专用场域，这一状况源于海洋是无法被占有的空间特性。就其本质而言，海洋似乎要求共同承认源于自然法的法律规则，或者处于各政治体控制范围以外的其他法律。与此同时，这些法律机制的历史弱点使海洋与无法状态———一种与海洋作为旅行和交通媒介的空旷状态相伴的法律真空——有了某种持久的联系。

这些相互联系的主题隐含在现代早期欧洲人的制图学、文学以及航海叙事描绘海洋的诸多论述中。充斥着圆规和等角航线（rhumb line）的地中海波多兰海图，让位于将海洋设计成一片空白广阔区域的世界地图。在这种描述中，海怪和船舶开始仅作为装饰惯例，用于普及一种逐渐变得无差别的空间，这种空间是由制图者更多根据文学中对未知世界的恐怖想象而非水手的观察所构

想出来的。[2] 航海编年史通常只提供对海洋的简要描述，还有
陆地景观以及与当地名人的交往事迹，而后者是这些叙事的戏剧
性转折点，与海上旅行的单调形成鲜明对比。看起来，在公海上
唯一真实的活动就表现为掠夺或叛乱——公海另一种特质的孪生
标志，这种特质便是明显的无法状态。

　　这些解读——法律的、制图学的和故事讲述的——忽略了有
关海洋空间的经验和话语的一个重要维度。伴随着将海洋作为空
洞、广袤和无法空间的相互联系的描述，欧洲人捕捉到并发展了
对海洋被法律切割成多种空间的理解。就像卡蒙斯夸赞葡萄牙水
手那样，海员们明白权威从君主转移到了船长。散布在世界地图
上的船舶通常指明了海上易于航行的区域，以及某些君主的代理
人收集的航线，这些人并非只是将海洋装点成不可知之域（*terrae
incognitae*）的填注者（参见图 3.1）。[3] 在贸易路线形成过程中，
商人促进了海洋空间被分割成多条海道的观念。[4] 与此同时，
各个政治体能够在海洋通道中主张管辖权，并且也确实是这么做
的，而海员们强调船舶与君主相联系的策略通常增强了这些权利

106

---

　　〔2〕　在《海洋的社会建构》（*The Social Construction of the Ocean*）中，菲利普·斯
坦伯格（Philip Steinberg）描述了 17 世纪"从把海洋描绘成一片可怕的荒野、社会和
自然交织其中，转变成将海洋呈现为一片借由原子式的船舶才得以穿越的空旷空间"
（第 105 页）。

　　〔3〕　对海上路线的想象也非常明显地受到有关水流和风型的知识影响。帕德龙
在《空间的话语》中指出这一点时说到，西班牙人并未将海洋想象成"茫茫无际的广
阔空间"，而是"一张航行路线的网络"（第 83 页）。

　　〔4〕　简·格莱特（Jan Glete）认为，1500-1650 年间的海战主要是针对那些由贸
易产生的"海上交通线"的控制权。*Warfare at Sea*，1500-1650：*Maritime Conflicts and
the Transformation of Europe*（New York：Routledge，2000），1.

主张。即便有关海洋是全人类共同财产的自然法基础的新论点正在形成，欧洲法学家和政治家仍然提供法律根据来支持对海上的有限区域主张特定权利，这不是为所有权进行辩护，而是为控制沿界限模糊的海上走廊所从事的商业和航行进行辩护。[5]

理解现代早期将海洋视为一个由管辖权走廊从多个方向穿过的空间的观念，有助于我们弄清楚围绕海上通道的发现和军事化组织起来的帝国图景。西班牙人认为他们的海上航行标记了海上路线（*derrotas*）或道路（*caminos*），他们也懂得对任何有关这类踪迹的精确知识保密的价值。[6] 荷兰人进入亚洲贸易部分是通过构筑一条控制走廊，这条走廊有时穿过葡萄牙的海道，但绝大多数情况会避开。英国人则尝试了西北航道，这是一条通往中国的走廊，他们可能对之提出权利主张并保护它远离西班牙的航线。这

108

---

〔5〕 斯坦伯格在《海洋的社会建构》中指出，现代早期的法学家更关注控制而非占有。不过，他把这种状态定义为一种与众不同的法律机制，因为它与"包含自己的范式空间结构的领土国家"所形成的世界秩序截然不同（第 109 页）。我在整本书中都认为，相比与帝国相联系的层状主权和不均匀的空间模式，领土国家主权的空间秩序并未很好地建立。

〔6〕 有关这一视角的著名例子来自哥伦布首航的记录。当哥伦布返程时，他"表现出已经航行了一段更长的距离，把绘制路线的引航员和水手都弄糊涂了，那样他就可以保持掌控去往印度群岛的路线（*derrota*），而事实也的确如此，因为这些人当中无人将哥伦布的真实路线（*camino*）显示在他们的海图上，也正是因此，无人能肯定他自己去往印度群岛的路线"。Dunn and Kelley, *The Diario*, 375. 更普遍的是，西班牙王室不遗余力地向帝国竞争对手保密航行信息。然而，在为保护获得资源的机会而保密的欲望与将这些信息公之于众以便保障权利主张的需求之间，存在着一种张力。See Alison Sandman, "Controlling Knowledge: Navigation, Cartography, and Secrecy in the Early Modern Spanish Atlantic", in *Science and Empire in the Atlantic World*, ed. James Delbourgo and Nicholas Dew (New York: Routledge, 2008), 31–52. And see María M. Portuondo, *Secret Science: Spanish Cosmography and the New World* (Chicago: University of Chicago Press, 2009).

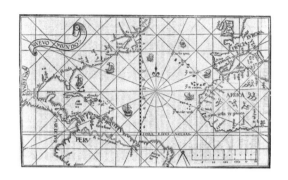

图 3.1 大西洋航行地图（1545 年）。在这幅由佩德罗·德·梅迪纳 107
（Pedro de Medina）创作的版画地图上，船舶被清晰地置于标记大西洋航线
的位置上，还有它们启航的位置也相应地标出。这一惯例延伸到同时代的大
多数其他地图上。《航海的艺术，包括成就良好航行的所有规则、声明、秘
密和警告》（*Arte de navegar en que se contienen todas las reglas, declaraciones, se-*
cretos, y avisos, q a la buena navegacio ［n］），巴利亚多利德：在弗朗西斯
科·费尔南德斯·德·科尔杜瓦的住处出版。承蒙布朗大学的约翰·卡特·
布朗图书馆提供此图。

些建构工作并非处于帝国中心之人所为。即便最随心所欲的欧洲
海员也把法律带到遥远的海上，因为他们要在沿海路航行的关键
时刻，坚持声称其与作为赞助者的君主之间的法律联系。以陆地
为基础的帝国巧妙地操控欧洲对海道控制权的主张，以使自己占
据优势。18 世纪帝国间海上冲突较少表现为对诸如自由贸易和中
立国船舶原则的争斗，而更多呈现为对海道行迹以及其中法律控
制性质的争斗。将这一切联合起来的图景是海洋作为不均匀的法
律空间被分割成多个狭长而薄弱的区域，它们连接着港口城镇、

海岸、要塞以及岛屿。

水道测量专家出现了。在整个 19 世纪，我们今天所知的大洋有着不一样的名字，常常有许多单独的海位于其中。[7] 欧洲的学者、海员以及一小批早期的海洋学家将注意力集中在理解大洋内部以及纵贯各大洋的变化：潮汐模式、洋流运动以及穿过相连海峡的水体流向。[8] 一种由来已久的观念引用想象的地下通道网络解释这些现象，地下通道连接大海与大洋，有时又会被预想成流向地心的巨大池子中（参见图 3.2）。当已知的海洋通道为旅行和贸易标记出路线时，想象的水道追寻的则是特殊的跨地区联系，比较像现代天体学中的虫洞空间。阿塔纳斯·珂雪（Athanasius Kircher）描绘了各种不可见的隧道，从南美洲、非洲南部、印度北部的巨大地下暗湖以及其他地方引出，有时带有大洋或大海

〔7〕 Martin W. Lewis, "Dividing the Ocean Sea", Geographical Review 89: 2 (1999), 188-214. 对大西洋的讨论，参见 Joyce Chaplin, "Knowing the Ocean: Benjamin Franklin and the Circulation of Atlantic Knowledge", in Science and Empire in the Atlantic World, ed. James Delbourgo and Nicholas Dew. New York: Routledge, 2008, 73-96.

〔8〕 Margaret Deacon, Scientists and the Sea, 1650-1900: A Study of Marine Science (London: Academic Press, 1971).

中部的出口。[9] 正如英国科学家约翰·格里夫斯（John Greaves）在
1646 年提出的，地球"布满管状物"。[10] 不断变得精巧并趋向于在

图 3.2 世界的地下管道（1665 年）。这幅图像出现在阿塔纳斯·珂雪的　109

---

[9]　有关洋流的不完善知识与对隐藏水道的猜测有关。海员们观察到，强劲的
海面洋流自大西洋流向地中海，又从波罗的海流出，再流进大西洋。想象的地下通道
有助于解释为什么这些流动是持久的，却又不会在不同大洋造成不同的水平面。阿塔
纳斯·珂雪的《地下世界》似乎成书于 1665 年，讲述了所有大洋的水流都通过地心
循环。See Deacon, *Scientists and the Sea*, 53-5, 132-5. 关于珂雪的作品在美洲流传的
讨论，参见 Paula Findlen, "A Jesuit's Books in the New World: Athanasius Kircher and his
American Readers", in *Athanasius Kircher: The Last Man Who Knew Everything*（New York:
Routledge, 2004), 316-50. 对洋流的理解之于大西洋想象的重要性，参见 Philip L.
Richardson, "The Benjamin Franklin and Timothy Folger Charts of the Gulf Stream", in *Ocea-
nography: The Past*, ed. Mary Sears and Daniel Merriman（New York: Springer-Verlag,
1980), 703-17. 乔伊斯·查普林（Joyce E. Chaplin）表明，在其他人承认大西洋洋流
并将之绘制成图以前，水手们就已经非常了解大西洋洋流了。See "Knowing the O-
cean". 还有，关于富兰克林对洋流研究的贡献，参见 Joyce E. Chaplin, *The First Scien-
tific American: Benjamin Franklin and the Pursuit of Genius*（New York: Basic Books, 2006).
　[10]　Deacon, *Scientists and the Sea*, 71.

《地下世界》中，它展现了珂雪想象的一个满是地下管道的世界，那些地下管道连接着大洋以及内海。阿塔纳斯·珂雪，《地下世界》，第一卷，第1册，第186页。该图承蒙纽约公立图书馆提供。

110 地图坐标方格中精确定位登陆点和陆标的航海技艺，也将进步方向瞄准了追踪航海者活动以及确定海道。[11]

描绘15至19世纪出现的海事规制秩序的特征时，必须考虑这些背景情况。在遥远河流上进行勘探航行时，欧洲人想象着法律伴随他们沿海上路线传播，这些海上通路构成了他们"布满管状物"的世界。即使与家乡相隔万里且身处无边的海上，个人——包括看似在法律上被边缘化的流氓和海盗——也并未将自己想象成已经切断了与法律权威的联系。就欧洲的君主而言，他们在维持此种联系上明显有利益，并且他们怀着其他君主也会如此的预期行事。区域规制秩序正是从由此产生的帝国间法律政治中开始在大洋盆地形成。与此同时，公海开始被理解为一个特定的法律区域，其中多重权力在施加影响而非控制。

将海洋视为一个走廊交错的空间，有助于我们修正几个有关海事规制秩序中关键性转变之性质和时机的重要叙事。一方面，一些历史学家突出17世纪早期的转折点，当时欧洲著名的法学家分析海上争端以阐明国际法的起源。另一方面，还有一些历史

---

[11] 比如，威廉·伯恩（William Bourne）于1580年修订他的航海手册《海事统编》（*A Regiment for the Sea*）第三版时，他增加了"水道测量论"，描述了去往契丹（Cathay）的五条通道，"其中两条是已知的，另外三条是推测的"。William Bourne and E. G. R. Taylor, *A Regiment for the Sea, and Other Writings on Navigation* (Cambridge: Published for the Hakluyt Society at the University Press, 1963), 301.

学家强调一些在漫长 19 世纪中的变化具有的重要意义。在欧洲地理想象中，海洋的驯化改变了大洋和海岸同死亡和危险的联系，并且让位于将海岸作为怡人景观和休闲之地的描绘。[12] 还有，英国海军霸权无可置疑的兴起以及 19 世纪国家间秩序的出现，使遏制海盗的第一次协同全球行动成为可能，并为全球海上条约机制铺平道路。[13]

为了强调 1680 至 1750 年这一漫长 18 世纪前半叶的重要性及其在一项稍有不同的叙事中的地位，我们也无需对这些发现置之不理。这一时期海洋史的几个趋势得到很好的记录，包括欧洲资助的海盗和私掠行为在地理范围上扩大，以及作为全球战争整体特征的海军暴力普遍加剧。重要的制度转变塑造了这些趋势，却较少受到历史学家的关注。欧洲海上帝国采用法律制度来处理远离欧洲之地的战利品评估和海盗行为。帝国代理人并非以格劳秀斯受自然法引导的海洋事务观念为基础行事，而是以和其他广泛传播的海洋法观念相一致的方式行事，这类海洋法观念特别强调船舶与君主的法律纽带，并且促成将管辖权主张扩大到海洋空间的惯例。这些策略的不断复制创造了纵横交错的海洋走廊以及不断变密的海上网络。其结果之一就是增强了正在形成的对大洋盆

¹¹¹

---

〔12〕 Corbin, *Lure of the Sea.*

〔13〕 Janice E. Thomson, *Mercenaries, Pirates, and Sovereigns: State-Building and Extraterritorial Violence in Early Modern Europe* (Princeton, NJ: Princeton University Press, 1994).

地构成不同规制区域的理解。[14] 这一时期也标志着在海洋争端中开始以新方式引用万国公法——不过这种方式并不是在支持一项支配一切的法律机制的观念，而是用于尝试将强大帝国的法律等同于所谓的普适原则。

本章将分四部分论述这些要点。首先讨论的是包括海盗在内的海员的策略，这些策略推动了对海上主权的特殊理解。然后，从编年史角度追溯 17 世纪初法学家们，特别是真提利与格劳秀斯所主张的观点之间的连续性，以及此后几个世纪海上暴力扩张的法律框架。随后，我转向讨论 1680 至 1750 年间法律制度变革的模式，首先要追寻的是规制实践与大洋地区主义的出现之间的关系。我也考虑了在关于海上劫掠的冲突中产生影响的外交压力有助于促进有关万国公法权威的话语所采取的一些方式。在整个这一时期，对海洋空间提出具体而充满弹性的主权主张，以不同的方式使大洋或其部分处于帝国间的规制秩序之中。

作为法律人的海盗

112 　　欧洲的君主和海员以大致相同的方式想象出船舶法则与王权统治之间的关系。船长的法律权威是一系列更广泛的从属和半自

---

　　[14] 对大洋地区主义作为贸易网络变密的一种产物的讨论，参见 Hancock, *Oceans of Wine*, "Introduction", i-xviii; see also Lauren Benton, "The British Atlantic in Global Context", in *The British Atlantic World, 1500-1800*, ed. David Armitage and Michael Braddick, 2nd ed. (New York: Palgrave Macmillan, 2009), 271-89.

治法律权威的一种变化形式。[15] 伊比利亚的早期海外任务授予船长和海外要塞的军事统帅对其成员和生产场所的司法权威，还有本质上属于小镇治安官的职责和权力。英国和法国船长还有对其船员进行讯问并施以惩罚的广泛权威。在所有这些制度中，死刑案件通常要转呈宗主国的非军事法庭。这种在司法事务上半自治的状态形成了整个欧洲海上世界中严苛的船上规训秩序的基础。[16] 这种安排也假定了国家法律官员监督和介入规制海上事务的权利。作为海上秩序的来源，船舶扮演着双重角色：它们是法律的岛屿，有着自己的法规和司法人员；它们还是国内法律权威的代表——法律注入大洋空间的载体。

　　有关海盗的历史常常聚焦在海员对这些海上秩序要素的挑战上。叛乱损害了船长的合法性，海盗行为将船舶转变成无法而非有法状态的载体。[17] 不过，海盗行为并不仅是对秩序的挑战。

---

〔15〕　对这种模式的影响进行的一项更广泛的讨论，参见 Benton, *Law and Colonial Cultures*, chap. 2; and Lauren A. Benton, "The Legal Regime of the South Atlantic World: Jurisdictional Complexity as Institutional Order", *Journal of World History* 11, no. 1 (2000), 27–56.

〔16〕　关于船上纪律，特别参见 Marcus Rediker, *Between the Devil and the Deep Blue Sea: Merchant Seamen, Pirates, and the Anglo-American Maritime World, 1700–1750* (Cambridge: Cambridge University Press, 1987). See also Pablo E. Pérez-Mallaína, *Spain's Men of the Sea: Daily Life on the Indies Fleets in the Sixteenth Century*, trans. Carla Rahn Phillips (Baltimore: Johns Hopkins University Press, 1998).

〔17〕　See, e. g., Peter Linebaugh and Marcus Rediker, *The Many-Headed Hydra: Sailors, Slaves, Commoners, and the Hidden History of the Revolutionary Atlantic* (Boston: Beacon Press, 2000). 与此形成鲜明对比的看待海盗行为的方式提出海盗行为与贸易路线垄断的主张之间的紧密联系，采取这种看待方式的是 Anne Pérotin-Dumon, "The Pirate and the Emperor: Power and Law on the Seas, 1450–1850", in *The Political Economy of Merchant Empires*, ed. James D. Tracy (Cambridge: Cambridge University Press, 1991).

正如我们将看到的，在国际法领域，海盗行为的定义开始与合法资助问题有关——对理解主权有间接重要性。同时，海上实践集中关注海员与其资助者之间法律纽带的性质。这些路径在观念上是共通的，即管辖权向海洋这样的国际空间扩张是国内法藉由与特定君主相联系的法律行为者实现扩展的一项功能。[18] 这种解释为船舶法则和船长权威的法律基础提供了支持，并且通过识别资助者合法性或意图的要求，为国际法提供了一个机会。

即使是海盗，也参与并强化了这一法律秩序。"海盗行为"一词在 17 世纪可用于一连串行为，包括叛乱、在船上的严重犯罪以及各式各样未经许可的劫掠。私掠行为与海盗行为仅一线之隔，而这种区分为帝国之间战争与和平的不断循环所模糊：在战时，私掠的需求激增；在平时，有经验且退役的海上劫掠者发现自己缺乏资助，有时便会持续参与劫掠，特别是在有利可图的航运缺乏保护的地方。[19] 海上劫掠者行为的合法性取决于对劫掠的时机、地点和目标是否符合经常很模糊的委任状规定所做的解释，这些解释是开放且相互矛盾的。不足为奇的是，船长和普通水手都习得了某种技能，将其委任状呈现为合法委任状，并且将他们扣押的物品呈现为合法战利品。海员们总是留意回报，并且留意被送交审判或在捕获法院被强制对捕获物的合法性进行辩护的可能性，即使这种可能性很小。因此，他们积极地摆出想象的

---

〔18〕 在这一背景下，国内法指的是某个主权实体的法律。

〔19〕 对现代早期海盗行为在长期和短期内涌现的概述，以及对战争周期影响的分析，参见 David Starkey，"Pirates and Markets"，in *Bandits at Sea：A Pirates Reader*，ed. C. R. Pennell（New York：New York University Press，2001），107-24.

法律姿态，复述有可能用于在法庭辩论中确立行为合法性的故事。可以肯定，在可能有效的辩护说辞方面确实有一些共享的知识；哪怕远离故土万里，海员们也会深思保持自称的合法性的策略。

海盗们费尽心力地获取有瑕疵的委任状，并且将虚假的委任状呈现为有效的委任状。在大西洋，拿捕许可证和报复许可证可以宽泛地解释为允许攻击范围广泛的目标；为了使不合法的拿捕变得大致合法，国籍可以改变或隐藏；船舶本身的规训秩序可以援引来将海盗行为归咎于船长命令或叛乱船员的胁迫。除了这些 [114] 情况，还有一个简单事实是宗主国法院距离遥远，这可以被私掠者、海盗以及他们的支持者用于为袭击船舶辩护，因为消息传递速度慢，并且在被认为处于"线外"的地区，外交和战争决策暧昧不明。[20] 私掠委任状既无统一期限，又无统一规定；很多情况下，它无异于一层伪装。

海员们贪求委任状。私掠者和海盗竭尽所能获取或制作他们为劫掠辩护所能出示的委任状，这样的例子比比皆是。当乔治·

---

〔20〕 当欧洲人引用"线外无和平"这一说法时究竟指哪条线，是经历了变化的：从 15 世纪以及 16 世纪早期条约比较精确的描绘，转向以北回归线简单指代，再到更不正式地提及赤道作为分界线。正如伊恩·肯尼斯·斯蒂尔（Ian Kenneth Steele）所展现的，这些不同的用法与不断出现的和平区域定义相伴生。条约开始惯常地承认：在更广阔世界中距离不断变远的几个区域，条约执行要分阶段。不过，也正如斯蒂尔提到的，这些区域并没有精确地划分界限，并且无论出于何种目的和意图，北美都被包括在南大西洋区域之中。这一外交地理还为海盗行为的法律安排提供了另一个维度，因为对这些边界的解释对于判断拿捕合法与否具有重要且具体的意义。See *The English Atlantic, 1675–1740: An Exploration of Communication and Community* (New York: Oxford University Press, 1986). 对英国关于欧洲作为有法之域和外大西洋作为无法和野蛮之域的话语在 18 世纪发生变化的讨论，参见 Gould, "Zones of Law".

库萨克（George Cusack）因在英吉利海峡从事海盗行为受审时（在大西洋的海盗行为持续了一段更长时间之后进行的抓捕），他出示了一张写有他人名字的委任状；他解释说自己的有效委任状偶然地被换成他持有的这张无效委任状，而法庭拒绝了这一解释，并且指出哪怕是写着他自己名字的委任状，也不能授权他捕获一艘英国船舶。[21] 威廉·丹皮尔（William Dampier）描述 1680 年代一次在太平洋上劫掠西班牙港口的私人航行时，报告了这种对伪造或有瑕疵的委任状的狂热。丹皮尔一方的船舶由爱德华·戴维斯（Edward Davis）和查尔斯·斯旺（Charles Swan）指挥，这些船舶在远离巴拿马海岸的地方偶遇一大群法国和英国劫掠者。交换物资时，法国人向英国船长们提供了在小戈阿沃（Petit Goâve）发布的空白委任状。戴维斯接受了其中一张委任状来替代自己到期的那一张，但斯旺则选择保留约克公爵发给他的那张委任状。尽管这张委任状明令禁止他攻击西班牙人，斯旺还是辩解说，在瓦尔迪维亚（Valdivia）发生了一场小规模战斗，他的一些船员在那里被杀害，这场战斗可被用来主张后续劫掠西班牙港口是正当的，并且"他有一张自己的合法委任状能证明他是正当的"。[22] 一名英国船长则依赖一张据推测由一位中美洲印第安人首领发布的委

115

---

[21] *The Grand Pyrate, or, the Life and Death of Capt. George Cusack, the Great Sea-Robber with an Accompt of All His Notorious Robberies Both at Sea and Land: Together with His Tryal, Condemnation, and Execution/Taken by an Impartial Hand* (London: Printed for Jonathan Edwin, 1676).

[22] 这句话出自丹皮尔，转引自 Peter T. Bradley, *The Lure of Peru: A Study of Maritime Intrusion into the South Sea, 1598—1701* (New York: St. Martin's Press, 1989), 136.

任状，为自己被指控犯有海盗罪做辩护。[23] 爱德华·曼斯菲尔德（Edward Mansfield）于 1666 年结束了一段在加勒比海周围长达 6 个月的赔本航行后，捕获了来自英国的"圣卡塔利娜号"（Santa Catalina），当时他能比较肯定的是：即便只带着一张准许攻击荷兰人的拿捕许可证，他也不会受到英国官员的惩罚。曼斯菲尔德早前就通过制作一张由托尔图加（Tortuga）的法国总督颁发的允许攻击葡萄牙人的委任状，为在古巴的劫掠做辩护。违反与西班牙的和平，在一次对古巴港口的劫掠中带走人质，并且用的是一份允许攻击葡萄牙人的可疑法国委任状，这都是对合法性的引申解释。然而，当西班牙城镇居民要求提供书面文件时，曼斯菲尔德予以充分重视并制作了委任状。双方似乎都准备了他们对该事件的说辞，曼斯菲尔德考虑到牙买加岛的不安全以及当地在维持私掠方面的利益，还打赌一层薄薄的法律外衣足以保护他返回牙买加。[24]

有效委任状的条款也可进行创造性解释。比如，亨利·摩根（Henry Morgan）就仔细分析了他那张 1667 年委任状的适用范围。该份文件并未授权攻击西班牙的目标，但它的确允许摩根要求西班牙船只停船，以便确定西班牙人是否针对牙买加进行密谋。摩根明确意识到，如果他捏造一个关于揭发针对英国的阴谋的故

---

〔23〕 Ignacio Gallup-Diaz, *The Door of the Seas and Key to the Universe: Indian Politics and Imperial Rivalry in the Darién, 1640–1750* (New York: Columbia University Press, 2004), 73.

〔24〕 曼斯菲尔德拿下"圣卡塔利娜号"的几天前，牙买加殖民地总督莫迪福德（Modyford）实际上已经对西班牙人宣战——尽管曼斯菲尔德直到后来才知道这件事——这使得曼斯菲尔德针对西班牙人的远征具有合法性。

事，将为攻击行为提供合理理由。委任状不能用于规制陆地上的攻击，这也使得它们格外有吸引力。船员们可以在他们之间分配从这些劫掠中获得的战利品，无需挂心船东或君主的份额。摩根显然了解这一机会并且与其船员订立了一份契约，从被捕获船只的货物中分出"自由战利品"拖到陆地上；剩下的货物则运到捕获法院，根据预定程式分配。[25]

116

我们在威廉·基德的审判中发现一个特别鲜明的有关海员法律策略的例子，威廉·基德的职业与大西洋劫掠、英国的精英政治、殖民地对海盗行为的容忍以及价值日益增长的印度洋贸易有关。[26]基德在加勒比海成为一名海员，定居在纽约并从那里开始航海。他获得了伦敦上流社会最高阶层的资助，航行穿过南大西洋进入印度洋，又通过加勒比海回到新英格兰，并于 1701 年在伦敦受审并被绞死。对基德的指控正值新近积极尝试镇压大英帝国内部海盗行为以及国统东印度贸易管理发生政治纷争。基德像同行一样，从他在大西洋的经验出发，塑造了一个理解印度洋海上政治的不完美框架。即使当他对帝国政治的更大力量做出的错误判断致使其成为一个典型时，他行事所依赖的假定多少还是准确的，即大西洋的拿捕许可证制度以及印度洋的通过制度都值得

〔25〕 Peter Earle, *The Sack of Panamá*: *Sir Henry Morgan's Adventures on the Spanish Main* (New York: Viking Press, 1981), 60-1.

〔26〕 对这一时期大西洋与印度洋海上活动之间更广泛联系的分析，参见 Kevin P. McDonald, "Pirates, Merchants, Settlers, and Slaves: making an Indo-Atlantic Trade World, 1640-1730", Ph. D. diss., University of California-Santa Cruz, 2008; and Philip J. Stern, "British Asia and British Atlantic: Comparisons and Connections", *William and Mary Quarterly* LXIII: 4 (2006), 693-712.

对法律的模糊性加以利用。就像 17 世纪大多数其他海盗一样，基德从不认为自己的行为完全处于规制秩序之外，而且他塑造了一项希望在审判时能够为他提供保护的航行叙事。

基德带着一张允许他拿捕海盗和法国商船的委任状，还有包括国王在内的几位强有力资助者所提供的财政支持，从伦敦起航。一路沿大西洋海岸航行，基德扬言要拿捕一条葡萄牙船只，并且拒绝了一艘英国海军船舶为其提供健康船员的要求。这些行为不会为基德赢得友谊，但也非海盗式的行为。然而，一旦处于印度洋，基德的身份就马上发生改变。在和马达加斯加的海盗友好交易之后，基德航行到红海海口，搜寻从穆哈（Mocha）返回苏拉特（Surat）的船舶。这些船舶从穆哈返回时常常载有贵重货物以及富有的旅客，因而是有诱惑力的目标——从基德的委任状来看它们是不合法的目标。基德在印度洋捕获了两条商船，其中一艘叫"奎达商人号"（Quedah Merchant），是从莫卧儿王朝一名高官处租赁的。基德将两条船中较大的一艘驶回加勒比海，他在那里将船凿沉并藏好之后才返回新英格兰。

在小心地接触并试图就自己的安全进行沟通之后，基德因贝勒蒙伯爵的命令被捕。贝勒蒙伯爵是纽约和马萨诸塞总督，而讽刺的是，他还是基德在伦敦的资助者之一。此后基德被转送伦敦接受对其海盗行为和谋杀（均为死罪）的连续审判。尽管基德没有特别精妙的法律策略，也没有运用所有可以利用的法律论据，但他在两场审判中都积极为自己辩护。针对基德犯有谋杀罪的证据确凿；在印度洋时，他用沉重的水桶砸了一名船员的头部，此

117

人几天之后死亡。船长在船上的权威巨大，但并不包含谋杀。用于支持海盗罪指控的证据则比较薄弱，但是在一个转向将海盗行为和私掠者不规范实践作为破坏贸易之力量的政治氛围中，有罪判决无可避免。基德的审判和处决比几乎同时产生的反海盗立法更清楚地预示着，在 18 世纪开端对待海盗的官方政策发生了转变。正是这种重要性，点燃了历史学家对该案件的兴趣。[27]

我们还可以挖掘基德案来获取海上法律文化各方面的线索。被捕时，基德为他在印度洋捕获两条商船进行辩护，举出他持有从这些商船上缴获的法国通行证。携带此类通行证的船舶本身就是环球航运的法律模糊性的象征。像其他从事贸易的船舶一样，这些船舶携带多面旗帜和多份通行证，并且它们的船长因基德设局而出示了法国公文，期望能够为其行为提供法律的掩护。对英国当局来说很方便的是，在基德抵达伦敦后便将法国通行证丢失，那他再也不能在审判中出示这些通行证。然而，基德拒绝放弃这一策略，坚持请求当局找回遗失的通行证。

基德剩下的唯一策略就是以胁迫为辩护理由。他尝试提出一名叛变的船员强迫他在印度洋上获取战利品。基德声称他劝阻了船员拿取非法战利品，他向法院表明"他用尽所有可用的理由和恐吓，几乎快要不能阻止船员们的不法计划，不过最后还是劝服

---

〔27〕 关于威廉·基德的远航和审判最佳的叙述集中在起诉他的政治背景上。See Robert C. Ritchie, *Captain Kidd and the War against the Pirates* (Cambridge, MA: Harvard University Press, 1986). 我在这一整节都依赖于里奇的叙述，以及约翰·富兰克林·詹姆士（J. Franklin Jameson）主编的书所囊括的基德案文件, *Privateering and Piracy in the Colonial Period: Illustrated Documents* (New York: Augustus M. Kelley, 1970).

成功"。[28] 他还报告说，他告诉在远离罗德岛海岸之处与其会面的贝勒蒙总督谈判代表，他捕获船只后很快发现他在印度洋最大的战利品事实上并非法国船舶，因为它虽然携带一张法国通行证航行，实际上却"属于摩尔人"。他之后"本应将它交出，但船员激烈反对，并且把他强行推进驾驶舱，说这条船是一份合理战利品，他们还把这条船带到马达加斯加并快速地搜寻令他们满足之物"。[29]

基德认为这些理由在海盗罪的审判中能减轻罪行，这并没有错；他只是错在以为这些理由可以在他自己的审判中有用。考虑到他之前的资助者在政治上的脆弱、伦敦在保护印度洋贸易方面的极大利益、臭名昭著的海盗亨利·艾弗里（Henry Avery）令人尴尬的逃脱抓捕能力，以及这场审判受到莫卧儿王朝观察员监督的事实，有罪判决已成定局（鉴于基德业已被判谋杀罪，并且无法被绞死两次，海盗罪的有罪判决又成为悬而未决的问题）。基德无一刻放弃为自己辩护。他确实未能提出对他来说可用的其他论点，特别是由于印度洋缺乏一个起作用的捕获法院，他将战利品带回加勒比海实属必然这种理由。相反，他选择的辩护策略依赖于对海上法律模糊之处的常见解释——船长权威可容许的限度、叛乱的定义和威胁以及在解释拿捕许可证和其他船舶的资助上可有的自由。

---

[28] "Narrative of William Kidd. July 7, 1699", in Jameson, *Privateering and Piracy*, 208.

[29] "Memorial of Duncan Campbell", in Jameson, *Privateering and Piracy*, 203.

受到强迫而违背某人意愿进行劫掠的辩护理由对基德失效，

[119] 但这一策略并非总是不成功。[30] 基德的 3 名船员因强有力的辩护获判无罪，辩护理由是他们身为雇工，除了追随主人从事海盗行为，别无选择。其中一名船员是名为本杰明·弗兰克斯（Benjamin Franks）的犹太珠宝商，他在印度提供了一份证词详细描述该次航行，但申明他的信息"来自于海员"，因为他太过病弱以至于无法参与驾驶船只或从事任何劫掠，就躺在了甲板下面。[31] 另一名船员爱德华·巴克马斯特（Edward Buckmaster）报告说，在航行期间"他经常待在货舱里"，"除了水桶什么也没看见"，而此人离开基德的船舶后加入了另一艘海盗船。[32] 其他变成海盗的私掠者尝试了类似策略便得以全身而退。在一封跨过中美洲地峡送回家的信中，斯旺恳求妻子向其雇主保证他是被迫放弃贸易转而支持掠夺的，他说："如此渴望他们能在国王那里为我做他们所能做的一切，因为只要可以，我将尽快让自己接受国王的法律制裁，比起像一个恐惧死亡的流浪者一样偷偷摸摸地活着，我更愿

---

〔30〕 这种辩护在18世纪的海盗罪审判中仍然普遍存在——有时也是有效的。将死不悔改的罪犯从受胁迫的参与者中区分出来，变成了法庭程序的一项日常功能，并且这需要来自海盗的证言以证明他们如何开始做海盗，是否自愿参与，甚至是满怀热情地在战斗，还是对其命运表示不满。1722 年，在海岸角堡对巴塞洛缪·罗伯特（Bartholomew Roberts）的 168 名船员进行的审判中，有 39 人受到惩罚以及 52 人被处以绞刑，也有 77 人基于前述理由被判无罪。See Peter Earle, *The Pirate Wars*（London：Methuen，2003），207.

〔31〕 "Deposition of Benjamin Franks. October 20, 1697", in Jameson, *Privateering and Piracy*, 194.

〔32〕 "Examination of Edward Buckmaster. June 6, 1699", in Jameson, *Privateering and Piracy*, 199.

意去死。"[33] 对无知和无辜的申辩有时也有可信之处。几条在南太平洋由从事贸易转向劫掠的船舶上，船员直到已经身处南大西洋才被告知他们的命运。1683 年，与一艘由约翰·库克（John Cook）指挥的海盗船一同离开加勒比海时，引航员威廉·考利（William Cowley）在其日志中记录到，他被告知船舶只是前往托尔图加，而直到在海上他才知道这是一艘劫掠船。[34] 基德并非唯一一个无法成功运用该策略的人。当亨利·艾弗里的 6 名船员因参与叛乱和随后受艾弗里指挥犯下海盗行为受审时，他们当中有几人辩称，当他们知道那是叛乱则为时已晚，之后就是被迫的，而那次叛乱使艾弗里获得了对一艘名为"查尔斯二世"的英国船舶的控制权，该船当时正处在远离拉科鲁尼亚（La Coruña）的海上。威廉·梅（William May）甚至声称，他本打算要向当局报告叛乱一事。被问及为什么即便在返回英格兰到达布里斯托之后仍然错失这么做的机会时，梅回答说——毫无疑问希望讨好法庭—— 120
他"本打算除了海军大臣谁也不告诉"。[35]

---

[33]　Anton Gill, *The Devil's Mariner: A Life of William Dampier, Pirate and Explorer, 1651–1715* (London: Michael Joseph, 1997), 165.

[34]　Gill, *Devil's Mariner*, 144.

[35]　对梅和其他被告人来说不幸的是，国王的证人包括那些证明所有人始终都能自由离开被捕获船舶的船员；6 个被告人全部被处以绞刑。High Court of Admiralty, England and Wales, *The Tryals of Joseph Dawson, Edward Forseith, William May, [Brace] William Bishop, James Lewis, and John Sparkes for Several Piracies and Robberies by Them Committed in the Company of Every the Grand Pirate, Near the Coasts of the East–Indies, and Several Other Places on the Seas: Giving an Account of Their Villainous Robberies and Barbarities: At the Admiralty Sessions, Begun at the Old–Baily on the 29th of October, 1696, and Ended on the 6th of November* (London: Printed by John Everingham, 1696).

胁迫的说辞可能最好理解成一种普遍又廉价的保险措施。随着艾斯克默林（Exquemelin）和丹皮尔的日志成功出版，以及报道艾弗里的船员和基德审判的小册子开始流行，这些都成了时兴的文学素材：好人到了海上就堕落成坏伙伴。这种故事似乎以奇特的方式强化了船上纪律的正当性以及更庞大的关于管辖权竞争的法律框架。尽管水手的工作众所周知地紧张和危险，并且对船员施加的惩罚经常专断而残酷，航海叙事通常会挑某些船长的错，却不会笼统地批判船长的特权。海员们自认为能够在法庭面前讲出各种各样的故事。在许多对海盗，包括对基德的审判之中，辩护策略会加入对叛乱者的中伤以及对船长权威的支持，还会强调而非质疑有关正当资助者的标准。

海洋之法

随着海盗扩张以及海员在全球范围内采取法律策略，来自远海的争端进入宗主国政治中，并且促使现代早期的法学家们将海洋法定义为"万民法"（ius gentium）中的一个特殊分支，而"万民法"是万国公法（law of nations）的罗马法称谓。法学家们是利用了数量庞大的古代典籍才这么做的，这些典籍认为海洋不可被拥有，在海洋中自由航行的权利是基于自然法。这种创见标志着海洋成为全球秩序内部的一个特殊场域。历史叙事试图指出理论和实践之间的鸿沟，从而解释这些截然不同又并行不悖的趋势。

在该故事的一个版本中，海上实践花了些时间才跟上在 17 世纪
早期流传的有关国际法律定序的理论。预想中会成功的国际合作 ¹²¹
仅发生在 19 世纪，那时国家间秩序终于变强，足以限制非国家
主体的暴力。[36] 另外，该故事的其他版本则假定这种理论与实
践的鸿沟，之后又不再理会，认为国际法始终是空洞的修辞工
具——一种"空话"的形式——被国家行为者及其拥护者有策略
地运用。[37] 在这种故事版本中，现代早期国际法著作之所以重
要，主要在于它扩展了发生冲突的海上强国可以用来支持利己主
义立场的理据库。

但是，如果理论与实践的鸿沟本就是虚构的，会怎么样？如
果真提利、格劳秀斯和其他法学家可以被解读为支持而非质疑一
种与海上暴力扩张相一致的海上法律秩序，并且强调国际法的来
源不仅有自然法，还有帝国间关系，又会怎么样？这种观点并不
否认将来自自然法的新渊源和概念（借由罗马法）适用于海上事
务的各种创新，但这种观点却凸显了这些法学家在直接回应他们
周遭的海上法律冲突，并支持在整个欧洲和欧洲之外的水域形成
有关海上劫掠的框架时，将海洋空间描绘为受君主们控制的空间
的其他方式。

对国际法奠基人物的著作重新进行这种解读的关键在于他们

---

[36] Thomson, *Mercenaries*, *Pirates*, *and Sovereigns*.

[37] 杰克·戈德史密斯（Jack L. Goldsmith）和埃里克·波斯纳（Eric A. Posner）认为，民族国家宣称服从于国际法律原则的同时，也会不失时机地决定何时遵守以及何时不理会国际规则，两位作者在此过程中谈到"空话"是国际法的一个特点。*The Limits of International Law*（Oxford：Oxford University Press，2005），especially 177 – 180.

对海洋所有权和海洋空间管辖权的区分。[38] 在概括主权权威可能向全人类所有的海洋扩张的场景以及条件时，这些著述者将海洋既呈现为受自然法支配的特殊区域，又呈现为有着主权国家法律冲突的领域。对相互交叉的海洋空间走廊提出的主权主张相互竞争，促使以海洋空间持续军事化为主要特征的海事规制制度产生。考虑这些见解时，我首先要描述中世纪晚期评注法学家将海洋描绘为一个法律空间所采用的罗马法论点。然后，我转向讨论阿尔贝里克·真提利，他在 17 世纪头十年有关海事案件的著述中承认共享海上通行的自然法基础，同时又预见到主权者向海洋空间扩张管辖权的条件——在某些情况下几乎毫无限制。真提利提供了一副能重新审视格劳秀斯的透视镜片。当格劳秀斯通常被描述成维护航行自由之自然法基础的关键人物时，他也间接和直接地提出一些论点来支持承认对海洋空间主张管辖权。当时的帝国间政治以及私掠和海盗行为的普遍做法，都直接影响了真提利和格劳秀斯。

中世纪晚期评注法学家以及现代早期法学家在 16 世纪中期以前都效仿《查士丁尼法学总论》将财产分成四种主要类型：公物（*res publicae*，公共物品，国家财产）、所有人共有物（*res communes*，共有物品，全人类的财产）、团体共有物（*res universitatis*，社会团体而非国家所有的物）以及无主物（*res nullius*，无所有人的物）。面对这个分类体系中数不尽的"模糊和不一致之处"，注释法学

---

[38] 这种论点建立在对格劳秀斯著作中这一区分的观察上，Keene, *Beyond the Anarchical Society*.

派和评注法学派试图发展出明确的方式来确定这些不同种类的财产对财产权取得方式的意义。[39] 海洋带来了一个特殊的问题。它被归类为所有人共有物，因此不能通过《查士丁尼法学总论》中阐明的取得方式来获得，比如先占（occupatio）。

14 和 15 世纪的评注法学家对该问题的解决方式受到奥维德（Ovid）支持的观念影响，奥维德认为所有的财产曾经一度都处于共有状态，对财产的其他分类后来才产生。由此，评注法学家得以将管辖权（jurisdictio）视为财产权的一种形式。也就是说，征收赋税或其他财政收入的权利，乃至掌控法庭程序的权利，都可以由国家或个人取得，其方式与国家或个人根据罗马法取得所有权相同。[40] 即便大海不能被先占，国家还是可以获得对它的管辖权（主要通过时效或惯例），并且国家可以将对大海的管辖权授予他人。因此，鲍尔达斯（Baldus）才有可能主张，神圣罗马帝国对地中海享有管辖权，对其近海主张管辖权的热那亚和威尼斯可以根据授予或时效从皇帝处取得管辖权。作为所有人共有的财产，大海不能被占有，但可以被控制。威尼斯和热那亚主张的并非它们与其他人都享有的航行权，而是"排除其他人航行的权利"。这相当于一种表面上不同于统治权的财产权。[41]

纵然是基于对功能上等同的各种控制形式做出的精确法律区

123

---

[39] Perruso, "Development of the Doctrine of *Res Communes*", 75.

[40] Perruso, "Development of the Doctrine of *Res Communes*", 81. See also Lauren Benton and Benjamin Straumann, "Acquiring Empire by Law: From Roman Doctrine to Early Modern European Practice", *Law and History Review* (forthcoming).

[41] Perruso, "Development of the Doctrine of *Res Communes*", 83.

分，这种对待海洋的路径仍然反映了世界的现实。在这个世界中，海上政治体试图对在它们控制下的海道中航行的船舶征收各种费用——众所周知，弗雷德里克·莱恩（Frederic Lane）所称的"保护费"。[42] 这种想象的法律结构是一种层状主权的法律结构，其中巡逻和控制海洋空间的权利既不会削弱各海上强国的权利，也不会削弱整个基督教世界的权利。当然，评注法学家并未真正解决对海洋空间的管辖权如何取得的问题——时效和习惯的界线特别模糊，并且不能主张先占令人诟病——但对海洋空间提出多层次且可辩护之权利主张的可能性已经确立。

这是 16 和 17 世纪的著述者所观察到的海上法律世界。[43]他们以一套新的工具解决这个世界的问题，特别是利用了中世纪注释法学家和评注法学家很大程度上忽略的古典文献以及哲学典籍。尤其是西塞罗，他为这样一种观点提供了论辩的基础，即自然法禁止对海洋的所有权意味着对航行施加限制非法。尽管瓦斯克斯（Vazquez）和真提利都提到自然法为进入海洋空间的机会提供了一些支持，这种观点却是在格劳秀斯那里才得到全面阐释。[44]

---

〔42〕 Frederic Chapin Lane, *Venice, a Maritime Republic* (Baltimore: Johns Hopkins University Press, 1973).

〔43〕 还有，对现代早期英格兰在海上的统治权和所有权的讨论，参见 Armitage, *Ideological Origins*, chap. 4.

〔44〕 Perruso, "Development of the Doctrine of Res Communes", 86-90；关于格劳秀斯对西塞罗的引用，参见 Straumann, "Ancient Caesarian Lawyers". 还有，关于格劳秀斯有关惩罚的自然权利概念，也参见 Benjamin Straumann, "The Right to Punish as a Just Cause of War in Hugo Grotius' Natural Law", *Studies in the History of Ethics* 2 (2006), 1-20.

　　如果重新强调自然法反映了一种运用罗马法渊源的创造性转变，那么它也回应了快速变化的海上竞争形势。真提利和格劳秀 ^124^斯这两位关键的著述者阐明了海洋法的新路径，回应了 17 世纪头十年的海上冲突。真提利通常被看作格劳秀斯的前辈，因为他有关战争法的主要作品在 16 世纪晚期出版，格劳秀斯有关战争法的主要作品《战争与和平的权利》则于 1625 年出版。[45] 然而，两位理论家有关海洋法的重要著作都是在 17 世纪头十年创作的，当时他们都观察到在大西洋、地中海和印度洋世界重复出现的海上暴力模式。真提利耗费生命的最后三年（1605 至 1608 年），主要作为西班牙王权的支持者在伦敦的海事法院工作。其著作中关于海事案例的一卷在其身后于 1613 年出版，名为《为西班牙辩护》（*Hispanica advocatio*）。格劳秀斯于 1604 年受雇于荷兰东印度公司撰写一本小册子，为一艘荷兰船舶在东印度洋拿捕一艘名为"圣卡塔利娜号"的葡萄牙船舶辩护，这艘荷兰船舶受荷兰东印度公司的一名先驱资助。这本小册子的完整版直到 19 世纪才出版，但格劳秀斯为了在 1609 年出版而重写了其中一章，题为《海洋自由》，他后来利用其他章节——以及真提利的作品——准备其《战争与和平的权利》。[46] 在直接参与讨论捕获法时，真提利和格劳秀斯在西班牙与反叛的联省之间的争议上站到了对立

---

　　〔45〕　真提利的《战争法评论第一辑》（*De jure belli commentatio prima*）于 1588 年出版，之后全集《战争法三辑》（*De jure belli libri tres*）于 1598 年出版。

　　〔46〕　关于格劳秀斯重写《捕获法》（*De iure praedae*）第十二章，参见 Martine van Ittersum, "Preparing *Mare liberum* for the Press: Hugo Grotius' Rewriting of Chapter 12 of *De iure praedae* in November-December 1608", in Blom, *Property*, *Piracy and Punishment*, 246-80.

面。真提利是西班牙王室、西班牙商人以及代表西班牙客户的英国商人的支持者，他直接卷入了两场海上冲突。荷兰人在靠近英国的海域袭击了西班牙船舶，这成为英国海事法院的案件，并且这次突袭发生在捕获法院业务不断增长的背景下，这种增长同英国人以及其他海员在这些水域的捕获行为有关，而当下英国海军对这些水域只是稍加巡逻。对真提利来说，第二个重要背景是从事劫掠的船舶受到巴巴利诸国的资助。英国商人从巴巴利海盗船上购买货物，货物的原始所有人有时会在伦敦的海事法院求偿损失。格劳秀斯敏锐地注意到这些争端，他从不同的角度，即荷兰资助者的视角来观察这些争端。不过，当他写作《捕获法》时，他在荷兰和伊比利亚帝国位于东印度的更遥远的竞争场所中，深入参与了为荷兰东印度公司服务的工作。正如我们将看到的，两位作者出于不同原因都保持对所有权与管辖权的区分。[47] 他们都想象了管辖权过去的含义——限制他人航行的权利——可能持续的条件。两人都从船长和资助者处获取作为论证基础的信息，这些人报告了对逐渐全球化的海上法律文化来说很常见的行为和观点。

　　在真提利有关战争法的作品中，他对待海洋法的路径要点相当清晰。[48]他明确提出，君主限制他人的航行权可以作为正义战争的一项理由。但是，真提利也提出君主可以对海洋合法行使等

---

〔47〕　还有，同时代其他人的作品也这么做，就像阿米蒂奇在《意识形态的起源》（*Ideological Origins*）第四章所讨论的一样。

〔48〕　Alberico Gentili, *De iure belli libri tres*, trans. John Carew Rolfe（Oxford：Clarendon Press，1933）。

同于管辖权之权力的一系列方式。其中一种方式就是控制海盗。真提利对海盗的定义简单明了；海盗是"全人类公敌"，是不在陆地而在海上偷盗的强盗。[49] 由于海盗行事违反了自然法，君主可以在海上为惩罚海盗采取行动——实际上是主张管辖权。君主们也得以解除与敌人共享海洋的义务。作为一种战争行为，拿捕船舶完全合法。

这些说法带来的问题比解决的更多。由于对战争或友好状态的定义更多源于政策而非法律，各政治体之间的关系对战利品裁定形成了糟糕的指引。平定巴巴利海上劫掠者的困难可以用于说明一个更大的问题。在地中海参与劫掠的北非城邦有着主权国家的所有外观，却至少在形式上加入了奥斯曼帝国及其效忠和敌对关系网。巴巴利诸国何时作为主权者行事，何时地位受到地中海更广泛的帝国政治的影响？同时，创造一项在任何地方追捕海盗的特权，几乎无法解决海上管辖权的其他问题。船长或船员的臣民身份在何种程度上能够决定船舶同君主的联系？领海可以拓展到多远？中立国在敌对方之间的海上劫掠中扮演什么角色？真提利对这些问题的答案通常并不确定，有时还暗示着海上强国将创造它自己的管辖权秩序。

真提利试图尽力克服其海洋法路径的复杂性，这主要体现在《为西班牙辩护》之中。[50] 这部作品有时会被忽略，因为它显示

---

〔49〕 Gentili, *De iure belli*, chap. 4.

〔50〕 Alberico Gentili, *Hispanica advocatio*, in *Hispanicae advocationis*, *libri dvo* [1613], trans. Frank Frost Abbott, vol. 2, bk. 1 (New York: Oxford University Press, 1921).

出真提利为代理其客户商业利益之必要极轻易地就改变论点。但是，这些事例经证明有助于我们观察到灵活适用管辖权概念的可能性。想一想两个涉及第三方购买的捕获货物的法律处置案例。真提利采取行动保护西班牙商人的利益，他们的货物遭巴巴利海盗的劫持，然后被英国商人购买。当真提利在这样一个案件中辩称买家因购买偷盗的货物而无法获得货物所有权时，他承认巴巴利官员的失察使这桩买卖有了一丝的合法性。但是，真提利声称，巴巴利官员的中间人角色只相当于一种法律拟制，"合同实质上是和海盗订立的"。[51] 这一立场和他处理一个类似案件的方法一致，他在那个案例中质问：当巴巴利诸国臣服于"土耳其帝国"时，巴巴利诸国法律是否可被视为正当？然而，他有时也声称，巴巴利诸国法律高于土耳其帝国皇帝的法律。真提利认为，如果英国人被允许在巴巴利港口购买被捕获的西班牙货物，北非官员将成功地设立一个"十分接近西班牙贸易线却被英国商人占据"的避难所，在那里他们可以分配自己的战利品。[52]

在第三个著名案例中，真提利恰好站在相反的立场上辩护。该争端涉及多条将在突尼斯购买的货物带回伦敦的英国船只。威尼斯商人主张，他们的货物在海上被一名英国海盗约翰·沃德

127

---

〔51〕 Gentili, *Hispanica advocatio*, 55. 真提利进一步指出，英国与西班牙正在和平相处，因此战后公民财产恢复权（*post liminium*）并不适用，因为这是适用于在法律上处置战时俘获货物的罗马法概念，然而他是在经过滤的限度内采纳这一论点，由此提出西班牙即便对英国来说都不算是"外国"，因为西班牙人"在我们的国家保持他们的自由和财产所有权，正如他们在本国那样，而我们在他们的国家也一样"（第56页）。

〔52〕 Gentili, *Hispanica advocatio*, chap. 15, 71-2.

(John Ward) 劫持，该名海盗将货物带到了突尼斯。一名海军中将在达特茅斯截获这批货物，一个长达四年的案件继而发生，该案伴有依据普通法在海事法院进行的诉讼，还有威尼斯大使、一连串的商人以及一群杰出法学家无时无刻不在进行的斡旋。[53]真提利认为，由于英国商人将这批货物从代表"突尼斯国库"行事的"突尼斯最高官员"处带走，交易就已合法。真提利注意到他早期的观点与此明显相悖，就解释说威尼斯与奥斯曼帝国有条约关系，因而在交易发生地享有法律救济。[54]他声称，威尼斯人需要证明这批货物曾经是由劫掠所获取。真提利继续说：但威尼斯人绝对无法这么做；那些劫掠货物的人是敌人，他们不可能是海盗。这段话值得全文引用：

"土耳其与威尼斯有条约并且是朋友，而威尼斯也是这么主张的，这一事实并无异议；因为可以肯定的是，即使有友好关系，该条约和这份友谊也不会欣然接纳海盗。海盗被挡在了外边。他们被挡在了公众控诉的范围之外。相应地，他们也就被挡在处理不忠实行为和敌对行为的一般法律之外。还有，被海盗劫持的货物并不会变成海盗的财产，这一事实也不存在任何异议：

---

〔53〕　Alain Wijffels, "Sir Julius Caesar and the Merchants of Venice", in *Geschichte Der Zentraljustiz in Mitteleuropa*: *Festschrift für Bernhard Diestelkamp zum* 65. Geburtstag, ed. Friedrich Battenberg and Filippo Ranieri (Weimar: Böhlau, 1994), 195–219. 克里斯托弗·沃伦 (Christopher Warren) 通过追寻文学典故，特别是在莎士比亚的《伯里克利》中，确定了该案对此项争端的影响，他还探索了悲剧与法律推理之间的认识论联系。Christopher Warren, "Literature and the law of nations in England, 1585–1673" (D. Phil. thesis, University of Oxford, 2007).

〔54〕　"那些根据交易发生地的法律安然无恙的人，在英国也是一样的安全。"Gentili, *Hispanica advocatio*, 109.

因为这只对不是敌人的海盗如此，对同样作为敌人的海盗则并非如此。如我所说，这些海盗是敌人，并且同他们一道的土耳其人也是威尼斯人的敌人，因为土耳其人公然在各处一直保护那些海盗。[55]"

依照这一逻辑，威尼斯不可能胜诉：条约机制创造了不适用于海盗的法律，而奥斯曼帝国对海上劫掠的资助使得这一条约机制不再相关，因为它表明两个政治体处于战争状态。[56]

128 特别从早期真提利对关于折价交易海盗劫持商品的合法性争端发表声明的背景来看时，威尼斯商人案诠释了更普遍的矛盾冲突，它们产生于将"所有人共有的海"作为被个体权利主张分割之地的描述。[57] 在其他海事案件中，真提利竭力确定在何时以及何种条件下，法律权威能及于海上交易。在为涉及西班牙反对荷兰商品流入或流经英国领土的案件辩护时，真提利反复强调海上捕获并不会产生对被捕获商品的所有权，因为"被拿走但不能被带进防御线内的财产被视为未被拿走的财产"，并且一艘船并

---

〔55〕 Gentili, *Hispanica advocatio*, 112-13.

〔56〕 当然，威尼斯可以胜诉，也确实胜诉了。威尼斯大使施加的外交压力，再加上詹姆斯一世对保持当前与威尼斯建立的良好关系的渴望，都推动该案件走向法外解决渠道，这是威尼斯的利益获得支持的所在。英国商人以拖延策略来报复，这是在捕获案件中的普遍策略。See Wijffels, "Sir Julius Caesar and the Merchants of Venice"，对该案有全面的叙述。要注意，考虑到捕获的合法性是通过条约制度决定的，真提利的逻辑在对一个有关托斯卡纳货物案件的评论中有了不同的发展。真提利在该案中认为，仅发生在托斯卡纳与土耳其之间的劫掠并不构成战争或"一场合法的战斗"。Gentili, *Hispanica advocatio*, 17.

〔57〕 对这种张力作为一种法律和文学修辞的讨论，参见 Warren, "Literature and the Law of Nations".

不算捕获者的"领地"。[58] 这种观点部分地依赖于这样一种观念，即海上运输代表了一种潜在或不完全的行为状态。因此，荷兰人不得不沿着敌人的海岸运输西班牙俘虏，而敌人的海岸有人"在戒备以防止战利品被带走，并且准备彻底消除这种情况的发生"，甚至天气在此处都持续成为威胁。[59] 真提利以类似风格提出，一艘携带武器朝着位于地中海的土耳其港口驶去的英国船舶不应被认为是向敌人运送武器，因为当英国船只处于运输中，英国人"返回并忏悔"或者拒绝在君士坦丁堡出售商品的可能性仍然存在。[60]

　　此类论点与这样一种理解是一致的（而且部分地取决于这种理解），即英国法律借由两种方式延伸到海洋空间：通过英国臣民与其君主的联系以及通过行使某种对领土（英格兰附近的海域或英国船舶控制的水域）的管辖权。真提利运用这种领土假说支持其论点，认为英国人有权拿捕被荷兰人捕获后运到英国海岸附近的货物。他认为，"英国海"代表着"一种新的管辖权"，当荷兰人进入英国海时，他们只能通过使用非法暴力才能留下被捕获的货物。"重要的是，除了出于这片领土统治者的命令，无论如何也不能有俘虏被带走、捉住或拖走，因为这些行为都源于管辖权，而在我们国王领土上的管辖权不属于任何外国人……这就是

129

---

〔58〕　Gentili, *Hispanica advocatio*, 17. 还有，关于船舶作为"一种可移动的物"而非一条防御线的讨论，参见 Gentili, *Hispanica advocatio*, 5, and bk. 1, chaps. 6 and 11.

〔59〕　Gentili, *Hispanica advocatio*, 5.

〔60〕　Gentili, *Hispanica advocatio*, 91.

我们在当前案件中的主张，这种主张声称的是主权和管辖权。"[61] 真提利自己总结道，这一观点等于说"'领土'一词……既适用于陆地，又适用于水体"，并且这种观点使荷兰关于他们"是在公海上活动"的主张归于无效。[62] 他也承认，臣民身份可以决定海上人员和船舶的法律地位。在一艘英国船舶作为一支荷兰护航队的组成部分航行的案件中，真提利认为船员不能在荷兰旗帜掩护下行事。[63] 还有，真提利在另一个案件中坚持说，一个在英国定居的人是英国臣民，他不能将凭借在荷兰出生取得的荷兰委任状传给他的儿子。

在承认某些主权权利向海洋扩张时，又强调海洋作为所有人共有物的性质（比如，在任何地方拦截海盗的共享法律权利），这之间的内在张力以真提利引用自然法和万国公法的方式显露。对真提利来说，法律的"自然理性"根源决定着它将在任何地方都有效。在一个涉及西班牙试图拿回被荷兰人捕获并在巴西出售的货物的案件中，真提利认为，"自然法……在任何地方都有效"的事实构成了每项管辖权都负有执行此法律之义务这一原则的基

---

〔61〕 Gentili, *Hispanica advocatio*, 27.

〔62〕 Gentili, *Hispanica advocatio*, 35. 要澄清的是，我们不能得出结论说，真提利是在为英国的管辖权或为限制荷兰在公海上航行做辩论。真提利的论点似乎是基于主权管辖权延伸到临近海域的观点。不过，他没有注意到这种主张的局限，意味着他并非为领水的狭义解释做辩护。对临近海域的权利主张更具扩张性的观点，当然是后来塞尔登（Selden）所支持的。我在此并未接受塞尔登的观点，一定程度上是因为我对格劳秀斯的解读意味着他的立场所反感之事多少有些被夸大。

〔63〕 Gentili, *Hispanica advocatio*, chap. 10.

础。[64] 与此同时，真提利将不同管辖权的共存视为万国公法的
固有状态，也是源于自然法的状态。荷兰人既不能依赖对一般原
则的主张，也不能依赖蔑视英国管辖权的无知，因为"根据无人
不晓的万国公法，领域有别，并且人人都知道在外国领土上从事
［某些］行为非法"。[65] 从最宽泛的意义上说，荷兰人不应被允
许简单主张在海上自由航行的权利："让荷兰人，让每个人都享
有对海洋的利用，但不能侵犯另一个国家的管辖权。也让人人都
记得，一段在海上的旅程就像任何其他旅程一样是有界限的。让
他们记得，曾经不确定的其他事情今天得以确定，并且还应缜密
地观察到万国公法对支配权（eminent domains）和管辖权的区
分。"[66] 在试图将海洋自由的限制构筑在万国公法暗含的政治多
元性之上时，真提利的观点也许最好被描述为某种修正的实证主
义理论。也就是说，他承认国家间协议的权威，同时又注意到创
造国家的多元性以便形成协定的特定条件源于自然法。

我们看到，真提利同样以这种混合路径对待海盗行为。在某
种层面上，将海盗定义为"全人类公敌"是一种简化。海盗行为
不同于海上劫掠者行为，海上劫掠者为了合法资助者行事，而合
法资助者又对应着一种战争状态。[67] 这种简洁的区分在实践中很

---

[64] 更具体地说，在该案中，真提利辩称西班牙商人被承认有资格在英国而不
是巴西就该案提起诉讼。See Gentili, *Hispanica advocatio*, 62.

[65] 在此所讨论的行为，是阻止西班牙人从位于荷兰联省一个被包围的港口安
全航行到佛兰德斯（Flanders）。Gentili, *Hispanica advocatio*, 66.

[66] Gentili, *Hispanica advocatio*, 38.

[67] Rubin, *Law of Piracy*, 29.

快消失，因为它取决于其他国家承认某个进行资助的政治体的主权。[68] 条约在确定国家是处于友好关系还是战争状态上有用，但却止步于为签约者确立主权。区分海盗行为和私掠行为，最终需要一项政治行为来选择承认或质疑资助海上暴力的政治体的合法性。

　　总体来看，这些观点符合这样一种海上法律机制，其中某个政治体拥有些许管辖权，并且能将管辖权向任何地方有效延伸到海洋空间，以便在宣称资助者非法之后对受资助的罪犯做出惩罚。允许为追击海盗对海洋空间主张管辖权是一个非常大的漏洞。由沿海政治体行使管辖权的邻近海域边界模糊，从而将这扇门开得更大。自然法被视为构成航行自由基础的同时，也解释了一个有着多元管辖权竞争的世界。对真提利来说，解释海洋合法性的关键之处部分在于海洋作为特定类型物的性质。现实的法律秩序从两个维度产生：通过君主们的条约机制和主权资助者与其代理人——或穿过大洋航行的其他人——之间的关系创造的义务。这一背景有助于我们用全新的眼光审视格劳秀斯关于海洋法的著作。事实上，在《海洋自由》（1609 年）中概括支持海上航行自由的论点时，格劳秀斯比真提利和其他人都走得远。《海洋自由》一书来自格劳秀斯手稿第十二章，这些手稿在 19 世纪晚期被找

131

---

　　[68] Rubin, *Law of Piracy*, 30. 不足为奇的是，这是西班牙同荷兰的斗争中所持的一个立场，而在 19 世纪早期关于受新兴拉丁美洲国家和海地资助的私掠之合法性讨论中，这一立场又被隐含地提起。对此的讨论，参见 Armitage, *The Declaration of Independence*.

到并作为《捕获法》出版后开始为人知晓。[69] 格劳秀斯重述了《捕获法》中的许多观念，并将之融入《战争与和平的权利》（1625 年）。格劳秀斯不仅认为自然法催生了航行自由的权利，还提出私人行为者通过享有这样的权利获得了惩罚妨碍其自由航行之人的特权。[70] 在《捕获法》的第十一章和第十二章中，格劳秀斯条分缕析葡萄牙人违反自然法的方式，当时葡萄牙人强力阻止荷兰人在东印度群岛从事和平贸易，并且在东印度群岛各港口俘虏和杀害荷兰臣民。这一背景促使格劳秀斯提出荷兰人在新加坡海峡捕获葡萄牙船只"圣卡塔利娜号"合法，因为荷兰东印度公司的一名先驱正因这些违法行为惩罚葡萄牙人。不过，正当格劳秀斯为了荷兰人与伊比利亚人同时进入印度群岛贸易的权利而坚定地辩称自由航行权源于自然法时，他也发现了荷兰的罗马法（Dutch-Roman law）规制海上航行的方式。格劳秀斯并未追随真提利，但他也对相同的海上法律文化做出回应，并且肯定会承认界定真提利曾经提出的"海上航行限制"的冲动。

　　如果格劳秀斯著作的这些方面难以领会，这部分是因为许多因素聚集产生了一种对其著作的理解，即强调格劳秀斯所做的创

132

---

〔69〕 马丁·范·伊特斯姆（Martine van Ittersum）试图鉴定该手稿的年代，他认为格劳秀斯在 1604-1609 年间对手稿文本做出了主要的修订。修订手稿于 1609 年出版成《海洋自由》，目的是支持荷兰帝国扩张以及荷兰东印度公司在东印度群岛的活动。See "Dating the manuscript of De Jure Praedae（1604-1608）", *History of European Ideas*, 35：2（2009），125-193.

〔70〕 See Richard Tuck's introduction in Hugo Grotius, *The Rights of War and Peace*, 3 vols. ed. Richard Tuck（Indianapolis：Liberty Fund, 2005），1：ix-xxxiv, especially xx, xx-vii. And see Straumann, "Ancient Caesarian Lawyers". 关于格劳秀斯有关惩罚的自然权利概念，也参见 Straumann, "Right to Punish".

新使其著作将自然法提升为国际法的渊源之一。其中一个因素是
1609 年出版的是仅关注航行自由的《海洋自由》而非《捕获法》
全稿，而《捕获法》提出了更多不同论点来支持荷兰捕获"圣卡
塔利娜号"。另一个因素是格劳秀斯自己的明确主张，显而易见
是在《战争与和平的权利》第一篇中，他说他正在厘定一个审视
法律的新分析领域，它不是来自民法或罗马法，而是来自"对许
多国家或国家的统治者来说都普遍的那种法律，不论其是源于自
然、出于神的命令还是出自习惯和默示的同意"。[71] 英国法学家
倡导将主权领土扩大到临近海域的扩张性观点，进一步引发了人
们关注格劳秀斯在《海洋自由》中对航行自由的自然法基础的
强调。

在格劳秀斯的著作中肯定地承认自然法作为国际法渊源的中
心地位，对于将格劳秀斯狭义地解释为一名欧洲国家体系的阐述
者是可取的，国家在这一体系中同意其行为受到一系列共享规范
的限制。[72] 不过，这两种对格劳秀斯的解读都简化了他理解国
家主权，特别是帝国主权的路径所具有的意义。将主权和所有权
区分为不同类别——一项对格劳秀斯的海洋法律制度概念来说很
重要的区分——之时，格劳秀斯事实上暗示主权的程度和主权的

---

〔71〕 Grotius, *Rights of War and Peace*, 1：75. 正如理查德·塔克（Richard Tuck）
在引言中所提到的，这种措辞在《战争与和平的权利》的一个年代较近的版本（1631
年版）中被发现。格劳秀斯使用这种措辞着眼于缓和他对联省的批判，他发现第一版
中将神置于自然法之后会有问题。格劳秀斯早期的作品"限定了自然法是从全人类
同意的关于统治万物的基本物理定理中产生"（第 24-25 页）。

〔72〕 See Keene's critique of Headley Bull in Keene, *Beyond the Anarchical Society*, 34-
7.

多重空间关系对帝国来说必不可少。[73] 我们可以进一步探索这种对格劳秀斯的解读对于海洋法的意义，具体是通过审视格劳秀斯作品的三个方面：他对公共权威向海洋空间扩张的考虑、对某些情势下在海上使用军事力量的强调以及对限制海洋所有权主张的罗马私法理论的依赖。[74] 通过这三个分析步骤，格劳秀斯在他的自然法平台上为海上相遇构筑了一个法律框架，该框架应是真提利非常熟悉的，也确实是中世纪晚期的评注法学家非常熟悉的。

在《捕获法》的第十三章，格劳秀斯转向从公法角度考虑荷兰在东印度群岛的行为基础。尽管在《海洋自由》中被删除了，但格劳秀斯提出的论点原本并非仅作为荷兰攻击行为的补充理由。格劳秀斯提到，"更准确地说，这事实上是一场公战，所讨

133

---

〔73〕 Keene, *Beyond the Anarchical Society*, 44-5. 基恩（Keene）将格劳秀斯的这些路径视为他认同博丹关于主权不可分割的描述之例外。但值得注意的是，对博丹做不一样的解读时，他们的观点很接近。在肯定主权的绝对权力时，博丹也认为主权是通过臣民与君主的关系来建构的。这种解释可能创造有张有弛（且有远有近）的各种联系，这些联系反过来将促进对主权权力的不同表达。换句话说，在使用主权的"表征"一词上，博丹和格劳秀斯之间有某些重叠，要窥见这些重叠是可能的。参见本书第六章。Compare Peter Borschberg, *Hugo Grotius*'*"Commentarius in Theses XI"：An Early Treatise on Sovereignty, the Just War, and the Legitimacy of the Dutch Revolt*（Berne：Peter Lang, 1994）.

〔74〕 格劳秀斯学派在理解"捕获与正义战争之间以及正义战争与欧洲国家体系之间的联系"上存在更广泛的挑战，这些要点与这种挑战有关，但是我的关注点相对比较窄，就是在格劳秀斯作品中为了国家权威向海洋空间扩张对广泛承认之惯例的整合。最近对有关《捕获法》的研究所做的一项概述，参见 Hans W. Blom, "Introduction", in Blom, *Property, Piracy and Punishment*, 1-15, quote on 8.

论的战利品是根据公法所取得的"。[75] 格劳秀斯意识到，该观点取决于承认反抗西班牙的联省叛乱具有正当性，这种承认是对暴政的回应。荷兰与葡萄牙（后来处于卡斯蒂利亚王权下）之间的战争状态——正如他所定义的，是一场正义战争——必然决定着荷兰或伊比利亚臣民在东印度群岛行为的合法性。还有，格劳秀斯认为，且不说人们是否接受有关葡萄牙权利主张不公平的已有论点，事实也的确如此，因为"只要君主是敌人，他的臣民也是敌人"。[76]

在讨论联省与葡萄牙之间战争状态的意义时，格劳秀斯以新134 的方式提出包括真提利在内的其他参与海上争端的法律人所熟悉的主题。比如，格劳秀斯提到，尽管联省议会准许"葡萄牙的个人"将货物从联省领土运抵其他地方，给予保护的保证也并不会及于或来自于包括葡萄牙或葡萄牙人殖民地在内的"敌对地区"。[77] 在阐述此点时，格劳秀斯不再考虑捕获的合法性取决于荷兰对航海权利的行使，转而认为荷兰沿特定海上路线有不同的法律特权。格劳秀斯也说，臣民身份的联系对于远离本土的荷兰人（以及葡萄牙人）更加紧密，因此毋庸置疑，国家间的战争状态决定着在印度群岛战争行为的合法性。[78] 在关于合法捕获之公法基础的最后一个论点上，格劳秀斯提出荷兰船舶代表柔佛州国

---

〔75〕 Hugo Grotius, *Commentary on the Law of Prize and Booty*, trans. Gwladys L. Williams, ed. Martine Julia van Ittersum (Indianapolis: Liberty Fund, 2006), 392.

〔76〕 Grotius, *Commentary on the Law of Prize and Booty*, 402, quote from 418.

〔77〕 Grotius, *Commentary on the Law of Prize and Booty*, 421.

〔78〕 Grotius, *Commentary on the Law of Prize and Booty*, 425.

王行事，柔佛州国王是一位"主权公国"的统治者，他"在战争中寻求帮助"，反抗葡萄牙籍代理人干涉其贸易能力。[79]

格劳秀斯进一步展开论述，明确将这些论点与拿捕"圣卡塔利娜号"的管辖权基础相联系。他提到，葡萄牙人"在世界的那个特定地区"未能惩罚对荷兰人犯下罪行的那些人。[80] 荷兰人担起惩罚的特权，填补了葡萄牙人司法监督缺位所造成的真空。同时，管辖权从荷兰当局转移到海军上将和船长，他们即使缺乏捕获战利品的具体命令，"也有国家授予的管辖权"，并且"经授权——在其他法官缺位的情况下，以及为了守护臣民的权利及他们自己的权威——得惩罚冒犯其权威的葡萄牙人并扣押这些人的财产"。[81] 这种权威中暗含着将任何被捕获的货物带回联省交由捕获法院裁判的权利。格劳秀斯认为，这些特权恰恰就是"船长的固有权力"。[82]

承认对海上行为的管辖权，可能看起来和《海洋自由》中大海不能被任何国家占有的论点相抵触。但是，格劳秀斯也谨慎地提出，对海洋的所有权区别于"对海洋的保护和管辖权"，前者

¹³⁵

———————————

〔79〕　Grotius, *Commentary on the Law of Prize and Booty*, 432-5. And see Peter Borschberg, *Hugo Grotius, the Portuguese, and Free Trade in the East Indies* (Honolulu: University of Hawaii Press, 2009), chap. 2.

〔80〕　Grotius, *Commentary on the Law of Prize and Booty*, 428.

〔81〕　Grotius, *Commentary on the Law of Prize and Booty*, 429.

〔82〕　Grotius, *Commentary on the Law of Prize and Booty*, 423. 使用原文以示强调。

不可能通过先占取得完全的权原，因此没有国家可以提出主张。[83] 完全的主权蕴含管辖权和所有权，而由于"海上航行的船舶留下的法律权利不会比它留有的永久踪迹多"，也就不可能在海上主张完全的主权。[84] 不过，只要享有管辖权的当局不"削弱其通常效用"，管辖权就可以随着海上船舶航行。[85] 最后，格劳秀斯承认大海可能被分割为不同的法律区域，正如根据罗马法："我们承认在特定国家之间可以拟定协议，规定在海上此处或彼处特定区域，被俘获的人应当受到此国或彼国裁判；我们还承认在这个意义上，为区分不同海域管辖权之便，海上边界的确要划定。"[86] 这些安排只约束表示同意的国家，而这些国家并不会将大海变成任何人的财产。在《战争与和平的权利》中，格劳秀斯甚至更明确地承认"仅获取对大海某部分的管辖权而非任何财产权"的能力。[87] 还有，他更精确也更全面地表达了确立和维持管辖权的方式："在我的观念中，现在对大海某部分的管辖权或主权就像其他类型的管辖权一样可获取；正如我们以前所说

---

〔83〕 Grotius, *Commentary on the Law of Prize and Booty*, 329. 接下来是有关财产的罗马私法与公法占有的类比，格劳秀斯提出，大海"某些较小的部分"可能"显示容许此种先占"，因此此"被承认属于先占者"（第 325 页）。格劳秀斯还将地中海和"大洋"相区分，或者说将"一个海湾"和"一大片海"相区分。还有，葡萄牙人的主张不同于威尼斯人和热那亚人的主张，因为前者并非"沿所讨论的水域不间断的海岸线进行占有者"（第 352 页）。换句话说，如果足够靠近大海某些部分的先占标志得以维持，大海的这些部分也就是可以占有的。

〔84〕 Grotius, *Commentary on the Law of Prize and Booty*, 334.

〔85〕 Grotius, *Commentary on the Law of Prize and Booty*, 337.

〔86〕 Grotius, *Commentary on the Law of Prize and Booty*, 329.

〔87〕 Grotius, *Rights of War and Peace*, 1：466.

的，这是对人以及领土的管辖权。对人，就和海军战舰处在大海的任何地方时一样；对领土，就和那些在一国沿海航行的人可能被强制离开那片土地时一样，因为那时只要他们实际登上陆地，就会如此。"[88] 换句话说，一条船（或战舰）并不能标记占有，但它的出现却可以表明管辖或控制，又或是保护臣民及其货物的权利。

所有权和管辖权的区分，使格劳秀斯能够调和他对拿捕"圣卡塔利娜号"作为私战和公战行为都一样合法的推理，并且使他能够将这些理由背后的自然法与实证法路径相结合。行使惩罚违反自然法之人的权利，明确意味着执法者享有管辖权。换言之，不同的法律理由支持的是相同的行为：拿捕葡萄牙船只并将其送往联省的捕获法院。当格劳秀斯提出"不论私人根据万国公法犯有何种行为……这些人都应当被认为触犯了有追溯力的公共授权，并且在事实上等同于宣战"时，他明确地将两种法律根据相结合。[89] 我们可以把这一表述解读为营造了一种格外容许私战行为的氛围。不过，这也是一种尝试，吸引人们来关注私人惩罚行为有效模仿并在事实上让人联想到管辖特权的各种方式。

在某些方面，我们并未过于远离真提利的海洋法路径。真提利想象了一种在海上毫无限制的惩罚权——具体而言，是打击作为"全人类公敌"的海盗的权利，他们的劫掠不受任何获得承认的君主资助。[90] 这种立场允许君主们决定哪个资助方将被承认

---

〔88〕　Grotius, *Rights of War and Peace*, 1：470.

〔89〕　Grotius, *Commentary on the Law of Prize and Booty*, 424.

〔90〕　Rubin, *Law of Piracy*, 29.

为合法，还有将国内法的适用范围扩展到公海，甚至临近外国领土的沿岸水域。[91] 格劳秀斯则是从不同的前提出发，包括承认主张主权之叛乱者的合法性——这一立场对于为荷兰反抗西班牙的行为辩护很重要。他运用同样的逻辑，为船长们在法律上作为君主法律权威的代表行事的权利做辩护，即使船长们实际上并未获得具体指令。这种路径经公法论点的强化，最终意味着在为海上暴力建构法律框架的过程中强调船舶与君主的联系。格劳秀斯暗示惩罚违反自然法之人的私人行为与同敌人作战的公共行为在功能上对等时，便呼应了早期的海洋法观点，特别是所有权和管辖权的区分。[92]

作为法律区域的印度洋和大西洋

　　承认欧洲人将海洋空间描述为有着交织的控制走廊之地，有助于我们更好地理解在漫长 18 世纪之初区域性规制空间的出现。我们在第一节考察的海员实践，有关海上主权的法律话语以及帝国行政管理的改革——这些力量共同作用于将大洋盆地的源头塑造为各不相同的法律区域。就像基德拿捕"奎达商人号"一样，远方的捕获事件在欧洲被报道，激起了国王代理人、商人以及投

137

---

　　[91]　Rubin, *Law of Piracy*, 35.

　　[92]　对《捕获法》中各种惩罚理由之间关系做出的不同论述，参见 Gustaaf van Nifterik, "Grotius and the Origin of the Ruler's Right to Punish", in Blom, *Property*, *Piracy and Punishment*, 396-416.

资者的法律辩论和诉讼。在回应海上冲突的模式变化时，欧洲帝国列强提出各种法律政策和制度上的调整方案并开始执行，然而这些状况在各地的分布并不均匀。尽管以及部分因为海上实践的全球传播，地区法律模式发生分化，印度洋和大西洋成为互不相同的规制区域。

印度洋和大西洋在某些方面已然十分不同。欧洲列强长期以来认为，印度洋是一种与众不同的海洋空间——一个塞满了海道的海洋空间，这些海道为沿岸政治体和各民族商人所控制。这种观念与印度洋作为陆地环绕的独立大洋的托勒密式想象相衬。[93] 不同于地中海和大西洋，印度洋世界在葡萄牙人入侵以前并未将海洋空间军事化。各陆地政治体仅通过针对商人和港口船舶的行为控制印度洋。船舶在海上航行时，"就像一片浮动在未从法律上确定界限的广阔海洋上的准领土"。[94]

一些历史学家提出，17 世纪早期的著述者，特别是格劳秀斯，在强调航行自由的自然法基础时引入了东印度群岛的海洋观念。[95] 考虑到缺乏证据证明格劳秀斯多少获悉了在荷兰人、葡萄牙人和土耳其人入侵之前亚洲商人的印度洋海上实践，这种论 138

---

〔93〕 有关托勒密为欧洲人绘制大洋空间的地图留下的遗产，参见 Lewis，"Dividing the Ocean Sea"。

〔94〕 亚历山德维奇（Alexandrowicz）转引自 Steinberg，*The Social Construction of the Ocean*，51；and see 47，50-1.

〔95〕 比如，Ram Anand，*Origins and Development of the Law of the Sea*（The Hague：Martinus Nijhoff，1983）. And see Charles Henry Alexandrowicz，*An Introduction to the History of the Law of Nations in the East Indies*（16th，17th and 18th Centuries）（Oxford：Clarendon，1967）.

点是站不住脚的。[96] 但我们不能完全置之不理的是，印度洋海上事务对欧洲的律师和法官的确有影响。我们了解，欧洲的律师和法官通过海员、船长和公司代理人的报告，以及在肇始于印度洋的法律冲突持续发展的过程中，获得了有关印度洋的信息。我们知道，格劳秀斯利用了东印度群岛的荷兰代理人传回荷兰东印度公司的大量信息，包括倡导"尚不成熟的贸易和航行自由观念"的解释，以及声称荷兰船长一方针对葡萄牙人以往在东印度群岛对其他荷兰臣民的暴行而享有采取报复行为的总括性权利的多封信件。[97] 格劳秀斯依赖并发展了来自罗马权威的自然法话语，同时又浸淫在荷兰政治中，对荷兰东印度公司在东方的行为了如指掌。[98] 准确地说，只要我们讲明东方的海上秩序并非某种在欧洲人到达印度洋以前就存在的实践，而是由欧洲代理人借助对海事法律的现成理解予以解释的各种业已混杂的实践所构

---

〔96〕 对土耳其人在印度洋的讨论，参见 Giancarlo Casale, "The Ottoman 'Discovery' of the Indian Ocean in the 16th Century", in *Seascapes*: *Maritime Histories*, *Littoral Cultures*, *and Transoceanic Exchanges*, ed. Jerry Bentley, Renate Bridenthal, and Kären Wigen (Honolulu: University of Hawaii Press, 2007), 87—104. 彼得·博尔施伯格（Peter Borschberg）表明，格劳秀斯接触的信息来源少有能够提供有关欧洲人到达之前印度洋上实践的信息，也少有关于葡萄牙人实践或葡萄牙人与亚洲国家和商人交往的信息来源。"Grotius, Maritime Intra-Asian Trade and the Portuguese Estado da Índia: Problems, Perspectives and Insights from *De iure praedae*", in Blom, *Property*, *Piracy and Punishment*, 31—60.

〔97〕 Martine Julia van Ittersum, *Profit and Principle*: *Hugo Grotius*, *Natural Rights Theories and the Rise of Dutch Power in the East Indies*, *1595—1615* (Leiden: Brill, 2006), 190.

〔98〕 关于格劳秀斯自然权利理论的罗马法渊源，参见 Straumann, "Ancient Caesarian Lawyers".

成，那么说格劳秀斯是在回应印度洋的法律规则就没有错。[99]那些代理人遭遇的情形常常促使他们强调船长与主权资助者的联系，还有基于遇难者违法或保护同盟者权利的需要为海上暴力辩护。[100] 与此同时，印度洋上的行为者快速地适应欧洲海上策略，承认甚至有策略地肯定欧洲人对海上军事和法律霸权的主张。[101] 尽管格劳秀斯关于航行自由是以自然法为基础的权利论点具有不容否定的原创性，但他的著作为荷兰在东方的行为辩护的力量只部分地源于其思想的新颖性。为荷兰海上暴力行为辩护时，格劳秀斯谨慎地整合已有的法律理由，并且使用的是荷兰船长们以及其他印度洋法律行为者都熟悉的言辞。

马丁·范·伊特斯姆已经表明，格劳秀斯从东印度群岛的报告中形成对海洋空间的初步认识，其中有关航行自由的观点将支

---

[99]　在一个不同的背景下，拉尔夫·鲍尔（Ralph Bauer）表达的观点是，欧洲旅居者常常遭遇"几十年跨文化糅合的产物"。这项观察结果与评价荷兰船长们对印度洋上事件的报告相关。仅仅通过对这些事件的描述，即使继续运用熟悉的分类和论点，荷兰的代理人也是在对既不能归为葡萄牙人的、也不能归类为亚洲人的印度洋海上实践做出回应。"A New World of Secrets: Occult Philosophy and Local Knowledge in the Sixteenth-Century Atlantic", in *Science and Empire in the Atlantic World*, ed. James Delbourgo and Nicholas Dew（New York: Routledge, 2008）, 99–126, 117.

[100]　对此点的讨论，参见 Michael Kempe, "Beyond the Law: The Image of Piracy in the Legal Writings of Hugo Grotius", in Blom, *Property*, *Piracy and Punishment*, 379–96.

[101]　在《格劳秀斯、葡萄牙人以及东印度群岛的自由贸易》（*Hugo Grotius, the Portuguese, and Free Trade in the East Indies*）一书中，博尔施伯格致力于批驳为格劳秀斯所了解又受到亚洲海上实践影响的这种观念，他强调欧洲人严格的法律观念与前现代东南亚容易改变的习惯法法律文化对比鲜明，但在这点上却走得太远（第4章）。在荷兰人到达前后，欧洲人和亚洲人在印度洋贸易中都发现存在结构性的相似之处，并且对法律做出了实质性的改变以便贸易。See Benton, *Law and Colonial Cultures*, chap. 2, 还有之后本节对莫卧儿帝国回应欧洲商人的讨论。

持荷兰的利益，他还从这些报告中为他有关私掠行为的惊人的"回溯性"观点寻获支持。[102] "圣卡塔利娜号"案提供了最佳范例。该案中的荷兰船长凡·黑姆斯克尔克（Van Heemskerck）携带从荷兰海军上将处获得的委任状航行，该份委任状允许自卫的暴力行为以及为具体损害采取的报复行为。同海事法院的判决称凡·黑姆斯克尔克的行为始终都与委任状的规定相符一样，格劳秀斯认为委任状本身在功能上相当于一份拿捕许可证。[103] 这种主张将"圣卡塔利娜号"的捕获顺畅地置于一个以拿捕和报复许可证为主要特征的海事规制体系背景中，拿捕和报复许可证列举出具体的损害，并授权许可证领受人以大致对等的方式从任何与造成损害者属于同一国家的承运人处拿取补偿。委任状的宽泛规定通常是有意为之，它授权私掠者捕获敌船和抓捕海盗、在自卫时进行攻击以及偶尔在特殊海道拦截船只。在将凡·黑姆斯克尔克的委任状描述为一份准许拿捕"圣卡塔利娜号"的拿捕和报复许可证方面，格劳秀斯走得比荷兰海事法院更远，但创造性地解释这些文件的规定并非不同寻常。

正如我们所见，海员在海上从事捕获，然后捏造法律故事增加他们将被捕获货物和船舶转变成合法战利品的概率。像其他船长一样，凡·黑姆斯克尔克在第一份有关捕获的报告中为捕获的诉讼程序做铺垫，他就捕获行为不符合委任状或拿捕许可证之处做辩解，还指出在航行中遭受的损害，这可以将攻击行为渲染成

---

[102] 也就是说，凝望过去的实践。Van Ittersum, *Profit and Principle*, 188.

[103] Van Ittersum, *Profit and Principle*, 46-7.

自卫行为。凡·黑姆斯克尔克认为格劳秀斯的论点具有"奇怪且混合的特质"——在指出格劳秀斯将自然法与私掠的各种根据并列时，我们已经描述过相同的混合特质——这种特质部分源于格劳秀斯"瞄准的是一个移动目标"的事实。[104] 也就是说，对航行自由权的强调支持了荷兰为无需支付保护费即可穿过葡萄牙在东印度群岛势力范围所做的努力，但是对委任状的创造性解读最好置于一个荷兰即将占据上风并试图将其他商人排除出其势力范围的世界，特别是在荷兰与英格兰争夺控制北大西洋渔业权利的争端中。[105] 换句话说，关于印度洋海上争端的新闻展现出相互矛盾的故事情节，并以古怪且不可预测的方式传播。

欧洲代理人并不是在印度洋对海洋法抱有多重理解的唯一人群。即使像莫卧儿帝国这样以陆地为基础的强大政治体，也承认欧洲人对海洋的控制，他们快速地适应了运用港口控制对海上事务施加相当大的影响。[106] 几乎不用怀疑，他们明显懂得支持海洋空间军事化的法律结构和原理。历史学家可能偶尔会夸大莫卧儿王朝无力控制海上贸易，将印度洋和大西洋活动分开研究却可

141

---

〔104〕　Van Ittersum, *Profit and Principle*, 108-9.

〔105〕　对格劳秀斯在同英国的和平谈判背景中转变立场的讨论，参见 Van Ittersum, *Profit and Principle*. See also Armitage, "Introduction", in Hugo Grotius, *The Free Sea*, trans. Richard Hakluyt (Indianapolis: Liberty Fund, 2004), 3-16.

〔106〕　奥姆·普拉卡什（Om Prakash）注意到，当马尔代夫岛的国王请求奥朗则布（Aurangzeb）阻止英国和荷兰船舶抵岛时，他被告知这位皇帝对此无能为力，因为他"只是陆地而非海洋的统辖者"。"European Corporate Enterprises and the Politics of Trade in India, 1600-1800", in *Politics and Trade in the Indian Ocean World: Essays in Honour of Ashin Das Gupta*, ed. Lakshmi Subramanian and Rudrangshu Mukherjee (Delhi: Oxford University Press, 1998), 174.

能会使他们遗漏全球海上实践的连贯性，这些实践随后发生分化，影响了特定地区的发展轨迹。

想一想印度洋的通行证制度。它从葡萄牙人的一项创新中产生，转而以地中海东部模式为基础，要求每个亚洲商人在葡萄牙人的势力范围内购买一张称作"证书"（cartaz）的通行证或许可证。通行证于旅行之初获取，并要求在葡萄牙人控制的港口中途停留时支付关税。[107] 荷兰人、英国人和法国人在 17 世纪采取变相的通行证制度。虽然莱恩（Lane）令人熟知的观点认为该制度不过是为了征收保护费，但该制度的存在并非只依赖欧洲的船坚炮利，还依靠欧洲人的海上优越性与"他们长期以来总体上在陆地不堪一击"之间的复杂平衡。[108] 只有当与亚洲陆上大国的外交关系允许贸易发生时，通行证制度才有利可图。为了保证这种合作，相互竞争的欧洲商人常常发现他们处于跨越民族界限的非正式联盟之中。由此，我们发现了葡萄牙商人于 17 世纪早期与荷兰商人以及后来与英国商人在科罗曼德尔（Coromandel）海岸密切合作的记录。丹皮尔在 1684 年提到，英国船只带着英国通行证航行，却由葡萄牙人引航；十年之后，它们甚至悬挂葡萄牙人的旗帜。[109] 欧洲人的利益务实地混合在一起的其他例子还有很多。英国贸易更是与亚洲贸易相互渗透，以至于一艘船舶甲板上的货

---

〔107〕 关于葡萄牙人与印度人的早期交往，参见 M. N. Pearson, *Port Cities and Intruders: The Swahili Coast, India, and Portugal in the Early Modern Era* (Baltimore: Johns Hopkins University Press, 1998).

〔108〕 Prakash, "European Corporate Enterprises", 174.

〔109〕 Kenneth McPherson, "Trade and Traders in the Bay of Bengal: Fifteenth to Nineteenth Centuries", in *Subramanian and Mukherjee, Politics and Trade*, 196.

物所有权常常混杂。在东方，任何有经验的商人都知道，通行证制度只是为更复杂且多层次的安排提供了一套松散的规则。船舶携带多张通行证和多面旗帜航行，有选择地根据想要建立关系的港口、船只以及法院展示旗帜和出示通行证。

如果这种模糊不清的状况为大西洋的海员们所熟知，那么一种重要且与大西洋的情况日趋不同之处就在于莫卧儿王朝的政治影响。归根结底，基德失败的原因并非英国法律权威的协调，而是莫卧儿王朝皇帝的抗议。尽管印度洋的商人在 1500 年以前并未以军事行动实现他们的海上贸易权利，但是他们惯于运用外交，并且视他们对良港的控制为保护贸易利益的关键。当然，莫卧儿王朝的官员迅速抓住了将该地区欧洲人的海上主张转化成他们自己的优势的可能性。毕竟，这么做只需要扩张莫卧儿王朝以陆地为基础的既有管辖权安排以及对其他附属贸易群体的控制。莫卧儿王朝的皇帝在同英国人决裂前的几十年都在重复这一政策，当时马拉地人（Maratha）发起暴动，试图在印度洋上构建独立的贸易网络。17 世纪 60 年代以及 17 世纪 70 年代经历短暂停顿之后，马拉地人领袖希瓦吉（Shivaji）发展出了一个由内陆设防的站点构成的网络，开始掠夺沿海城镇并且对苏拉特（Surat）的关键港口发起两次突袭。他的军队在离岸岛屿上建起堡垒，参与印度洋贸易，并且干扰莫卧儿王朝的海上贸易。为此，莫卧儿王朝对包括欧洲商人在内的其他势力施压，要求只要可能就拦截马拉地人的舰艇。

这一方法持续进行，在莫卧儿王朝应对"宝藏号"（Ganj-I

Sawai）捕获的过程中达到极点，该船舶是苏拉特商船舰队中最大的一艘。在 1695 年从穆哈（Mocha）返航时，"宝藏号"被亨利·艾弗里捕获，这艘船满载贸易货物，并载有富裕且出身名门的乘客，他们正从朝圣之旅返回麦加。莫卧儿王庭中止欧洲商站卖出货物，并且要求英国人和荷兰人派出武装船只组成护卫队保护从穆哈出发的船舶。英国商人们被监禁——53 人在苏拉特，80 人在萨利（Swalley）——并且有十几人死亡。两年以后，一艘驶往马德拉斯（Madras）的英国船舶在回击"三艘阿拉伯人"船舶发起的海盗袭击时也被拿捕，并且"在海湾来回巡游了五六天之后"遭到劫掠，其全体船员在起初被迫协助抵抗一艘葡萄牙船舶的攻击后被囚禁在甲板上。[110]

卷入此类报复行为的东印度公司官员称之为海盗行为。但是，他们抱怨这些拿捕缺乏正式程序，也凸显出报复被理解为一种更复杂法律政治的组成部分。处于苏拉特的东印度公司高级官员致信公司告知，"我们从这些不可理喻的暴虐的摩尔人处看到的，是他们野蛮地利用这些乌合之众不真实的卑劣证词，连一丝证据的影子或虚饰都没有"。[111] 一艘受马德拉斯约束的船舶的船长也同样控诉缺乏对程序的关注，他提到船员和乘客被带进海关时"缺乏任何官方程序"。[112] 在英国行为者控诉拿捕不合法的同时，他们表明期望这些行为应遵循正式程序，正式的程序是外交

---

〔110〕 The British Library, India Office Records（hereafter IOR）E/3/53, 6404.

〔111〕 IOR, E/3/52, 6205.

〔112〕 IOR, E/3/53, 6404.

关系的组成部分，并且应符合更广泛的海事规则。[113] 但是，商人们面临一种陆上权力的严重失衡，并且要忍受莫卧儿王朝对海上劫掠轻而易举的报复。当基德捕获"奎达商人号"时，针对位于苏拉特的商人之报复行为即刻发生，在低迷时期竭力寻求贸易的东印度公司便敦促逮捕并惩罚基德，以此证明这种劫掠背后毫无官方支持。[114]

捕获英国船舶是莫卧儿王朝在沿海水域采取行动以补全其在陆地上所施加压力的一个例子。坚持要求欧洲人协同使海盗猖獗的印度洋归于平静，实际上是约束他们对大洋通道提出的管辖权 144 主张。还有，当莫卧儿王朝的官员们自相矛盾地重申英国的海上主权以保护他们的权利时，东印度公司的官员们则强调莫卧儿王朝在陆地以及沿海的法律权威，以此作为保护英国飞地以及英国与莫卧儿王朝贸易安排的方法。[115] 英国商人将这一策略延伸到其与沿海各公国的协定上。有一个例子是某位东印度公司官员于 1696 年 4 月报告的一段经历。这名官员从马拉巴尔海岸（Malabar

---

〔113〕　菲利普·斯特恩（Philip Stern）指出，这种期待很大部分源自东印度公司作为一个经授权得以进行外交和发动战争的主权实体的特性。"'A Politie of Civill & Military Power'：Political Thought and the Late Seventeenth-Century Foundations of the East Indian Company-State"，*Journal of British Studies* 47（2008）：253-83.

〔114〕　关于这一时期东印度公司跌宕起伏的命运，参见 Ritchie，*Captain Kidd*，128-31.

〔115〕　斯特恩引用位于苏拉特的东印度公司负责人塞缪尔·安斯利（Samuel Annesley）的话，赞成地指出：护卫队将使"我们的船只……像城堡一样，而那些处于我们指挥下的船则像处在我们的港湾中一样，自然法则和友好之情将驱使我们去保护它们"。斯特恩指出安斯利描述的不是英国而是东印度公司的海上主权，这使我在此处描绘的图景变得更加复杂。Stern，"A Politie of Civill & Military Power"，253.

Coast）致信位于圣乔治堡（Fort St. George）的公司负责人以回应一桩控诉，他知道这桩控诉由两名已被禁止在沿海从事贸易的商人在小公国西格纳提（Signaty）提起的。贸易中的无执照经营者是东印度公司熟知的问题，尽管该名东印度公司官员在支持自己的主张时提出了一种异乎寻常复杂的根据，该争端在很多方面仍然是典型的。该官员指出英国人在这一地区已经"凭借正义之剑从葡萄牙人手中征服了整个马拉巴尔海岸"之后，进一步阐明他并非主张英国对该区域的占有，而只是主张控制贸易的权利。他谨慎地提出，东印度公司仅在西格纳提君主控制的这一区域主张非常有限的管辖权。他坚持认为，那种管辖权仅及于"内侧距离沃尔斯 500 杆并向外 60 杆的范围内"，并且不得以任何方式危害西格纳提君主的主权，西格纳提君主仍然是"该王国的合法拥有者"，他对这一区域，"特别是西格纳提沿海一带"不受干扰地享有主权。[116] 英国人完全承认印度对陆地的主权；这使得英国贸易有可能开展，甚至增强了英国海上权力的正当性。

欧洲的海上权力默示地承认莫卧儿王朝的区域统治。这种安排恰好融合了大西洋和印度洋的模式与力量：一套大西洋式的护航制度将配备欧洲的人员，他们为贸易公司服务的同时，还作为莫卧儿当局的委托人以及欧洲君主的代表行事。印度洋既非莫卧儿王朝的湖泊，也非欧洲人的湖泊。在回应印度洋各政治体的需求时，英国商人精心设计他们控制海上通道的主张。与此同时，莫卧儿王朝施加的压力反射到了大西洋，在那里基德被捕；从更

---

[116]　IOR，E/3/52，6198.

一般的意义上说，尝试建构一项能遏制海盗的帝国法律制度，是对千里之外的海上政治做出的直接回应。

在大西洋，同时代最具意义的制度变迁就是捕获法院开始激增。这种转变并非海事法律重要性不断增加的产物，毋宁说是海事法律被吸纳到其他法律类别——英国及其殖民地的普通法，以及西班牙、荷兰和法兰西帝国尚未专门化的商事法——的结果。比如，在西班牙，将海事法律单列为一个法律类别源于地中海和大西洋自我约束的各海商团体的传统融合，以及 15 世纪末期以后领事的激增，领事将商事争端归属于海事法官的职责范围，并创造出一种侧重于仲裁的单独程序机制。尽管调整新兴远距离贸易的动力最初使西班牙海事法律更多得到凸显，但紧接着这种趋势，西班牙海事法律逐渐与其他法律类别融和，特别是在有尚未分化的商事法院的情况下。正如在英国，帝国扩张并未确立在可上诉到军事法庭审判（*Consejo de Guerra*）的当地专门性法庭中规制私掠行为和裁判捕获案件的制度。1674 年，王国政府首次允许捕获物品被提交到最近的皇家审问院或高等法院，并且让海盗接受当地司法审判。从王国政府的观点来看，早期制度有缺陷，因为它为当地社区提供了运用捕获案件作为走私贸易外衣的诱因和方法。捕获物品可以被带到港口，并经正式宣判被分配，这是一条免除关税的途径。[117]

在英格兰，经过于 17 世纪下半叶达到顶点的一个渐进过程，普通法法院有效地从海事法律中剥离出对非潮汐水域以及始于陆地的海洋争端的管辖权。[118] 在为海事法院管辖权辩护时，著名的民法学家认为，海事法院及其法律特别适于处理涉及海运中、港口内以及可航行河流上的商事活动的事务，因为它融合了习惯海洋法，习惯海洋法又构成古代商事法（*lex mercatoria*）中仅以海洋为基础的那一部分。[119] 民法学家们坚持认为，海事法院的职权范围覆盖位于大海涨落之间或临近海岸的区域内发生的所有事务，并且覆盖与海上事务有关的所有人员。[120] 当海事法官在海

〔117〕 衡量海事法律在早期西班牙帝国的重要性的一个指标，是海事法律到目前为止仍然是 1680 年《印度等地法律汇编》（*Recopilación de Leyes de los Reynos de las Indias*）所列的最大的法律类别。See Patrick S. Werner, "El régimen legal de actividad marítima del imperio hispánico: El libro nuevo de la Recopilación", *Nicaraguan Academic Journal* 3 (2002), 39-62. 对领事的讨论，参见 Marta Milagros del Vas Mingo, *Los consulados en el tráico indiano* (Madrid: Fundación Histórica Tavera, 2000). 对法国海盗（corsairs）的讨论，参见 Enrique Otero Lana, *Los corsarios españoles durante la decadencia de los Austrias: El corso español del Atlántico peninsular en el siglo XVII* (1621-1697) (Madrid: Editorial Naval, 1992).

〔118〕 这一过程在普里查德（M. J. Prichard）和耶鲁（D. E. C. Yale）所编的《黑尔和弗利特伍德论海事管辖权》（*Hale and Fleetwood on Admiralty Jurisdiction*, London: Selden Society, 1993）的引言中得到了追溯。

〔119〕 这种论点最强有力的提出者是理查德·苏兹（Richard Zouch），他是著名的民事律师，并且在 1641-1649 年是高等海事法院的一名杰出法官。他撰写了八卷《海事法院的管辖权》（*Jurisdiction of the Courts*），作为第二十二章收录在 Richard Zouch and Edward Coke, *The Jurisdiction of the Admiralty of England Asserted against Sr. Edward Coke's Articuli Admiralitatis, in XXII Chapter of His Jurisdiction of Courts*, (London: Printed for Francis Tyton and Thomas Dring, 1663).

〔120〕 这些话都出自苏兹，为乔安妮·马赛厄森所引用。Joanne Mathiasen, "Some Problems of Admiralty Jurisdiction in the 17th Century", *American Journal of Legal History* 2, no. 3 (1958): 223, 223-4.

盗审判中面向提出指控的大陪审团宣读有关任职令以及法院管辖权的声明时，他们肯定了这一观点。海事法院对这些案件主张管辖是毫无争议的。海事法院管辖权在商法领域缩减得最厉害；海事法院的刑事管辖权则相对未受挑战，并日渐集中于针对海盗行为，审判捕获案件的权利也得到保留。这些特权与一种针对并非在公海上发生的海商争端和事务的管辖权实质上正在被削弱的情况相符——这是一次倡导普通法的胜利。[121]

　　这些紧张关系以复杂方式逐渐在殖民地展现。各种各样英属大西洋殖民地的海事法院以高度本地化的关注为核心——纽芬兰的渔业、百慕大的海难以及牙买加的海盗——发展起来。[122] 权威自这些地方向周围不均匀地辐射。这些法院在其运作过程中受当地利益驱动，导致在牙买加和纽约不愿起诉作为当地商人之活跃客户的海盗这样的结果。海员们通过积极参与择地诉讼促成当地的法律差异，并且从这些差异中受益。随着多个捕获法院在运转，就有可能发生在一个港口获取拿捕许可证，而在另一个地方的法院提交捕获物，因为在那里可能会更有利于被判获得捕获物

147

----

　　〔121〕　对民事管辖权的保留或扩张最直言不讳且令人印象深刻的反对者是爱德华·科克爵士，他捍卫海事法院管辖权的狭义定义，其理由主要是海事法院不使用陪审团。See Mathiasen，"Some Problems of Admiralty Jurisdiction"；see also Brian P. Levack，*The Civil Lawyers in England，1603 - 1641：A Political Study*（Oxford：Clarendon Press，1973）.

　　〔122〕　关于大西洋各种海事法院管辖权的起源，参见 Helen Josephine Crump，*Colonial Admiralty Jurisdiction in the Seventeenth Century*（London：Published for the Royal Empire Society by Longmans，Green，1931）.

和分摊收益，或者某些法律的规定会被忽略。[123] 当殖民地的海事法院将英国法律权威扩展到整个帝国时，管辖权的交杂使它们成为帝国法律权威的一个笨拙工具。这一制度不仅为在英国和特定殖民地避开去法院打开新通道，也引发了一个长期得不到解决的海盗审判程序的问题。

简化殖民地法律程序的动力常常与控制海事法院管辖权的趋势相冲突。如果民事律师在 17 世纪的英国遭受抨击，那么他们在各殖民地就不再是一个职业群体，因为在各殖民地英国法律的管辖权复杂性得到回避。17 世纪的殖民地官员只能在普通法法院审判海盗，而陪审团在普通法法院常常公开表示对被告人的同情。许多当地官员都从私掠和海盗行为中直接获利，而通常他们将被告人送回英国便无利可图，这些被告人在英国将由听审巡回法院审判，这是成文法承认的唯一法律程序。1673 年，英国的一项改革要求所有海盗在海事法院受审，该举动一定程度上打算允许海盗审判在殖民地法院进行，这样殖民地法院才会更有效地参与打击海盗。将海盗起诉转移到殖民地法院的尝试不断反复，直到 1700 年《更有效打击海盗法》才创设了一项特殊程序，配备

---

〔123〕 比如，纽卡斯尔（Newcastle）的副总督厄舍（Usher）在 1696 年控诉说，他向一名叫做莫尔德船长（Captain Mould）的私掠者颁发了一份拿捕许可证，此人却将他的战利品带到波士顿而不是返回纽卡斯尔交给其资助者。Crump, *Colonial Admiralty Jurisdiction*, 127.

了一个七人委员会审判各处的海盗。[124]

人们可能会认为，这种新的弹性促进了各海域之间的法律连续性。相反，有证据证明大西洋与印度洋之间法律差异鲜明。英国政府并未在英国的商站主张管辖权，这一事实使在印度洋主张海上管辖权变得复杂；仅存的有限法律管理掌控在东印度公司手中。1683 年，东印度公司获得授权打击无执照经营，并且建立法院在必要时予以审判和制止。尽管这些法院缺乏海事法院的某些特质，它们实际上是作为海事法院在运作。这些法院都配备"一名精通民法的人员和两名商人"，并分别在苏拉特（尽管最初打算在孟买，而后来也搬到了孟买）、圣乔治堡和孟加拉湾设立。[125] 应对东印度公司官员不同的政治策略以及当地产生的各种案件时，这三个法院的发展各不相同。只有设在圣乔治堡的法院使得这类法院的运作产生某些实效，该法院的官员令人难以理解地鼓励普通法与民法管辖权合并。一般而言，在 17 世纪末期面临阿拉伯海海盗日益猖獗的威胁时，这些法院经证明是相对无力的。这些法院在东印度公司的庇护下运作，与执行刑罚的海军没有直接联系，几乎不能吸引私掠者带去战利品，并且与英国高等海事法院也无上诉关系。事实上，对这些位于印度的法院是否

148

---

[124] 1673 年《议会令》要求在各殖民地创设特别委员会。牙买加又花费 8 年时间才制定出一项遵守条例，由此皇家官员得以监督海盗审判。但是，这几乎没有终结法律上的障碍。1683 年，贸易与种植园委员会（Lords of Trade and Plantations）做出的一项裁定称，殖民地海事法院对死刑案件没有管辖权，只能审理财产纠纷，这实际上使牙买加的条例归于无效。对这一"混乱法律情势"的讨论，参见 Ritchie, *Captain Kidd*, 143.

[125] 转引自 Crump, *Colonial Admiralty Jurisdiction*, 167.

为官方捕获法院，也存在一些令人困惑之处。这种模糊不清的状况直到 1739 年才得以消除，当时东印度公司的法律顾问回复一项公司主管要求澄清该问题的询问，他判定印度的那些法院并非捕获法院，并且正式请求授权这些法院发布拿捕许可证和裁判捕获案件。[126] 这些法院对捕获案件的管辖权长期不确定，毫无疑问促使海员们形成关于印度洋是一片单独的规制区域的认知。[127]

海上走廊与万国公法

149　　法律执行的模式将使地区差异在 18 世纪中间几十年变得更加突出。在 1713 年乌特勒支和平条约之后，新一轮的海盗行为促

[126]　IOR, L/L/6/1, case 14. 法律顾问部门写道："经调查，我们发现在东印度群岛的任何地方都没有属于东印度公司的海事法院，拙见以为海事法院确有必要，[并且] 应在发布任何拿捕和报复许可证之前设立。"

[127]　艾弗里的属下威廉·梅因海盗行为受审，即使只是暂时地，他也显然受益于印度洋各法庭的相对无力。梅被留在了印度洋上的乔安娜号（Joanna）；当艾弗里的船舶驶离以避开 3 条即将到来的英国船只时，梅患病体弱，正在海岸边尝试康复。梅害怕"被留下任由这些黑鬼处置"，便同意被带到孟买的一个法庭，在孟买他将因海盗行为受审。但是，距离孟买还有很长的一段距离。梅可能改变了想法，又或是该小型护卫队的领导者嫌单独追捕和运送一名海盗麻烦，那些船舶便没有带上他航行。就在那里，梅遇到了一名在贝斯纳尔格林（Bethnal-Green）生活的非洲人"并且英语讲得很好"，这在早期现代全球化的编年史中是一段名不见经传却有趣的相遇。High Court of Admiralty, England and Wales, *The Tryals of Joseph Dawson, Edward Forseith, William May, [Brace] William Bishop, James Lewis, and John Sparkes for Several Piracies and Robberies by Them Committed in the Company of Every the Grand Pirate, near the Coasts of the East-Indies, and Several Other Places on the Seas; Giving an Account of Their Villainous Robberies and Barbarities; At the Admiralty Sessions, Begun at the Old-Baily on the 29th of October, 1696, and Ended on the 6th of November* (London: Printed by John Everingham, 1696).

使英国殖民地海事法院大力起诉海盗行为，导致 18 世纪 20 年代对海盗普遍公开处决，这标志着英国海军霸权兴起的新时代。在大西洋港口公开绞死海盗以及追捕臭名昭著的海盗这十年，有时被历史学家称作一个恐怖和反恐怖的时代，一边是大规模绞死海盗的国家恐怖行为，另一边则是日益绝望且公开犯罪的海盗的恐怖行动。[128] 但是，官方合作打击海盗行为以及一些海员放弃通常的防御性法律策略，应被置于更漫长的大西洋历史框架以及更宏大的全球海上事务框架中。合法与不合法之间的界限，只在一段短暂的时期内很鲜明；法律执行在地区之间分布不均匀；即使在绞杀行动的高潮，许多海员仍旧谋求法律上的缓刑。[129]

　　当上百名海盗于 1718 年接受国王的宽恕之后又重操旧业时，他们遵循的是熟悉的和解模式以及选择性违法。海盗爱德华·蒂奇也被称为黑胡子，他的行为能让人瞥见这些策略的持续性。蒂奇被查尔斯·约翰逊（Charles Johnson）船长描述为一名极其险恶的海盗，却被某些历史学家以浪漫的手法处理成 18 世纪 20 年代坚　150

---

〔128〕　这是马库斯·雷迪克（Marcus Rediker）的《诸国恶棍：黄金时期的大西洋海盗》（*Villains of All Nations*：*Atlantic Pirates in the Golden Age*，Boston：Beacon Press，2004）第一章就对抗海盗的活动进行叙述的前提。

〔129〕　正如雷迪克在《诸国恶棍：黄金时期的大西洋海盗》中承认的，主要是在1722 至 1726 年这段短暂的时期，海盗放弃了合法性，"变得更加穷凶极恶并杀死了更多他们的俘虏"（第 37 页）。然而，即便打击他们的行动变得残忍，在古巴海岸同海盗托马斯·安斯蒂斯（Thomas Anstis）一起的人们还是希望得到国王乔治二世的宽恕（第 155 页）。

毅的海盗罪犯之典型，他并未放弃获取合法性的希望。[130] 蒂奇及其船员于 1718 年从北卡罗来纳总督处接受了国王的宽恕，并且在北卡罗来纳的巴斯镇（Bath）暂住。蒂奇从巴斯镇的无陪审团海事法院（vice admiralty court）获得对其船舶的所有权以及有担保的进出港许可证，以便前往圣托马斯从事贸易。蒂奇非但没有从事贸易，还在公海上捕获了两艘法国船舶，并且他出现在巴斯镇的无陪审团海事法院，意图使其中一艘船被宣告为合法战利品。他在 4 名船员宣誓书的支持下声称，该艘法国船舶被发现一直处于漂浮状态。蒂奇与当地官员分享了海难救助权。[131] 仅两个月之后，弗吉尼亚总督斯波茨伍德（Spotswood）在奥克拉科克岛（Ocracoke）的入口组织了一次攻击，蒂奇被杀，其船员中的幸存者被捕。尽管蒂奇一直在劫掠是毋庸置疑的，但导致这次攻击的却是他计划在巴斯镇定居并通过制造一份书面档案来保护自己地位的行为。和基德一样，蒂奇是典型的热衷摆出法律姿态之人；也和基德一样，蒂奇发现在某些政治氛围中这种策略并不奏效。

　　18 世纪早期对抗海盗行为的运动雄心勃勃地指向全球，实际上在地区的效果却各不相同。在 18 世纪 20 年代，有 26 名海盗船

---

〔130〕 Captain Charles Johnson, *A General History of the Robberies and Murders of the Most Notorious Pyrates, and Also Their Policies, Discipline and Government, from Their First Rise and Settlement in the Island of Providence, …With the Remarkable Actions and Adventures of the Two Female Pyrates, Mary Read and Anne Bonny. To Which Is Prefix'd an Account of the Famous Captain Avery…By Captain Charles Johnson* (London: Printed for Ch. Rivington, J. Lacy, and J. Stone, 1724), 55-77.

〔131〕 See Robert E. Lee, *Blackbeard the Pirate: A Reappraisal of His Life and Times* (Winston-Salem, NC: John F. Blair, 2002 [1974]), 80.

长被绞死，仅 1 人在大西洋港口受审。[132] 这种分布并未反映法律政策——当时，各地为审判海盗都组成了英国委员会——只是回应了大西洋上新一波的劫掠、参与西非奴隶贸易的商人所施加的压力以及海军资源。在美洲和加勒比海岸沿线海军巡逻变得频繁，在西非水域则尝试抓捕海盗。减少去往印度洋的航程却不太奏效。对抗海盗的运动的确减少了欧洲人在印度洋的劫掠，但主要是通过压制大西洋的资助者和经销商。

　　在 18 世纪 20 年代，紧随着英国打击海盗的运动，在加勒比海和大西洋港口以外活动的西班牙海岸警卫加强了海上劫掠活动。[133] 这些船舶原本是要控制走私贸易进出西班牙港口，但英国商人指控它们惯常超出其委任状以及拿捕只是通过西班牙海岸附近的船只，包括某些根据贸易协定（*asiento*）能够从事贸易的船只。如果这种实践不适于被定为海盗行为，那么这部分是因为"海盗行为"一词更普遍地是指英国臣民针对英国人的行为，或者被认为是对任何国籍的船舶持不友好态度的海员——作为"全人类公敌"的海盗——的行为。[134] 但是，即使在有关私掠的政治牵涉不同的法律问题时，英国外交官、商人和海员也轻蔑地使用

[151]

---

　　[132]　该数据包括在英国、荷兰、法国、葡萄牙和西班牙被绞死的海盗船长。Earle, *Pirate Wars*, 206.

　　[133]　18 世纪 20 年代对抗海盗运动的历史——既有传统的必胜主义者的记述，又有莱恩博（Linebaugh）和雷迪克以浪漫主义化的海盗为中心，关于压制海员共和主义的叙事——错误地宣告了海盗行为在这个时代的终结。对此的批判，参见 Lauren A. Benton, "Legal Spaces of Empire: Piracy and the Origins of Ocean Regionalism", *Comparative Studies in Society and History* 47, no. 4（2005）.

　　[134]　See Rubin, *Law of Piracy*.

"海盗"这个标签指称西班牙的海岸警卫。[135]

西班牙官员已经建立起他们自己审判捕获案件的帝国制度，为私掠者提供了实际上在任何西班牙港口宣判战利品的可能。政策也并不总是如此。菲利普二世将在新世界的私掠行为定为非法，王国官员们在此后几年便一直担心，轻易就能利用捕获法院会为臣民们提供一条通过对货物做出宣判就绕开支付皇家赋税之路，因为如果不被宣判，货物就要登记为贸易商品。[136] 1621 年颁布的关于私掠行为的普通法规适用于整个帝国，但它几乎没有提供具体的程序指南或激励。相反，1674 年关于私掠行为的一项普通法规特别规定了对印度群岛私掠行为的监管。早期政策要求被捕获的船舶要被带到私掠者航行出发的港口，新法规则命令私掠者将船舶带往最近的西班牙港口，外加可以上诉请求最近的皇家审问院审查。[137] 这种改变使积极审判捕获物的法院数量成倍增加，并且在西班牙以外的法院中增加了一级上诉法院。

当西班牙王国政府开始在 18 世纪早期鼓励海岸警卫劫掠时，这种改变产生的效果更具重要性。从圣奥古斯丁（St. Augustine）、哈瓦那、圣多明各、波多黎各、卡他赫纳（Cartagena）、波托贝洛

---

〔135〕 比如，一本 1739 年关于西班牙"劫掠"的小册子特别提及"海岸警卫的海上劫掠"。Benjamin Robins, *An Address to the Electors, and Other Free Subjects of Great Britain; Occasion'd by the Late Secession. In Which Is Contain'd a Particular Account of All Our Negotiations with Spain*, 3rd ed. (London: Printed for H. Goreham, 1739), 9.

〔136〕 See Otero Lana, *Los corsarios españoles*.

〔137〕 对关于私掠行为的普通法规连同其影响了印度群岛的版本的叙述，参见 Oscar Cruz Barney, *El régimen jurídico del corso marítimo: El mundo indiano y el México del siglo XIX* (Mexico City: Universidad Nacional Autónoma de México, 1997).

(Portobello) 以及其他港口出发的私掠者更积极地拿捕英国、荷兰、丹麦和法国船舶，这些船舶可被带到任何这些港口以宣告为合法战利品。作为海岸警卫的船长们搜寻着船舶，只要船舶载有哪怕极少量的禁运货物——一个被宽泛解释的类别，船舶及其货物就被没收。英国 1667 年与西班牙缔结的条约承认西班牙人检查船舶文件但不搜查货物的权利；1670 年的条约则暗含承认英国在美洲海域某些地方航行的权利，但并没有提及对西班牙打击走私的方式加以限制。想必这种控制要根据西班牙法律来实施。换句话说，国际条约承认西班牙内部裁判捕获案件的权利，然而除了在西班牙法院的上诉或法庭之外的外交施压，没有对西班牙当局的任何越权行为留下救济措施。

由此，权利主张和对抗性权利主张开启了对西班牙主权在新世界的领土范围的界定。在 1730 年马德里发生的争论中，西班牙官员引用西班牙将印度群岛作为整体占有的权利主张，英国外交官则对此大声哀呼。西班牙王国将英国在牙买加和巴巴多斯的定居点以及北美殖民地描述为西班牙对一项潜在权利做出让步而产生的例外。不过，重要的是，不要把目光仅停留在西班牙对地区统治权的主张以及英国对这种"想象主权"的控诉上。[138] 有关个别捕获案件的外交往来和争端，集中在两国对一种不同类型的不完全主权的解释，这种不完全主权就是对特定海道的控制。西班牙政府愿意承认英国在连接西班牙殖民地与英国的海道中有自由航行的权利。但是，对这些路线的任何偏离都会使英国船只

---

〔138〕 Robins, *Address to the Electors*, 21.

处于"被怀疑的纬度"上，在那里他们完全处于西班牙的管辖权之下，并且可以根据西班牙的法律加以拦截、搜查、释放或者定罪。

153 地理和航行路线使这一主张必然具有扩张性。西班牙海岸警卫拿捕在西班牙海岸附近任何地方航行的船舶，然而从英国前往牙买加的旅程需要船舶沿着波多黎各和圣多明各南部海岸航行，而返程船舶则不得不选择在古巴和伊斯帕尼奥拉岛（Hispaniola）之间的向风海峡（Windward Passage）或者佛罗里达海湾航行（参见图 3.3）。英国人被马德里的本杰明·基恩（Benjamin Keene）爵士牵着鼻子走，被迫提出：如果他们的航行路线与他们携带的文书中所列起航和抵达的地点有逻辑关系，他们的船舶就应不受干扰地航行。西班牙绝不承认这一点，而在 1739 年战争爆发之后，这也变得毫无意义了。

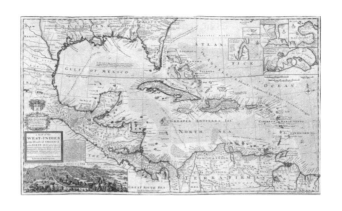

154 图 3.3 西印度群岛或美洲诸岛的地图（1709 年）。该图由赫尔曼·莫尔（Herman Moll）绘制并在伦敦印刷，图上以虚线标记了西印度群岛的主

要海道，包括去往古巴东部的向风海峡。这幅地图标出西班牙舰艇以及大型帆船航行经过的海上路线，包括沿佛罗里达海岸的通道，该通道主要被识别为一条西班牙的路线，却以一种表明它可以为这一区域所有海员利用的方式被描绘出来："所有岛屿的最佳通道。"这幅地图在伦敦的印刷由托马斯·鲍尔斯（Tho. Bowles）在圣保罗大教堂的院子，以及约翰·鲍尔斯（John Bowles）在康希尔（Cornhill）的黑马院（Black Horse）完成。承蒙布朗大学的约翰·卡特·布朗图书馆提供此图。

　　英国代表援引万国公法为在公海不受搜查的航行权利辩护。西班牙主张，来自西班牙及其殖民地的产品，不论作为货物易手几次，始终是禁运品；英国人则质疑这种续航（continuous voyage）理论，这是一种荷兰人后来在这个世纪采取的立场，为他们作为中立方有权在从中立港口获得敌人货物的情况下运输这些货物做辩护。大多数情况下，英国人对西班牙私掠行为的回应都是采取在特殊案件中进行法律上和法律之外的干预。向马德里发出外交呼吁遭遇的回应往往是说，案件要遵循整个西班牙法院制度要求的流程，并且任何有关案件的裁决都得等到法律程序完结之后再做出。争端的久拖不决有利于西班牙的利益，程序的不规律性以及书面证据的缺乏往往是有意为之。一位英国的评论者抱怨道：

　　"如果给出我们的船舶被他们的海岸警卫非法带走的最真实证据，他们就会告诉我们，惟有在这些船舶被带走的港口径由他们的定罪程序才能对这些证据做出判定；他们总是承诺会派人去取事件报告；尽管事件报告多半就是由海盗们自己草拟的，但即使是这些报告也很少合他们的意，以至于拖延将近一年之后，他们却否认他们一直甚至在那整个拖延期间有能力从他们自己人处获取事件报告。"[139]

　　除了依赖缓慢的法律程序，西班牙人有时还可以报告说，英国船长们忽略了按照要求提出上诉。英国人也指责西班牙总督们为了之后能够主张他们的程序已经得到恰当遵守就做假辩护。即使在西班牙制度的运作有利于英国的原告时，恢复原状也可能会要求多次往返宣判之地，在那里通常被拿捕的船舶以及货物已经售出。[140] 这些纷乱繁杂的情况促使英国船长们跳过在西班牙法院出庭，转而寻求他们政府的救济。英国外交官代表一方提出的权利主张很少赢得赔偿。但是，他们行动产生的效果是对西班牙当局施加压力，让其澄清自己的法律程序。1738 年，西班牙计划颁布一部关于在印度群岛的私掠行为的全新普通法规。该计划提出了接近、拿捕以及宣判战利品的程序说明，似乎旨在使西班牙的程序与其他欧洲国家，特别是英国所承认的程序保持一致。

　　英国抗议采取的方法是将违反万国公法的模糊指控与对西班牙法律本身败坏的具体控诉相结合。1758 年，在远离加利西亚海岸之处，英国的一条私掠船"反法者号"（*Antigallican*）捕获了一条法国船舶并将其带到加的斯，船长在此处发起了通过直布罗陀的无陪审团海事法院法官将捕获物宣判为合法战利品的程序。西班牙官员们最初并未提出反对，但在法国人求情（并且可能提供了财政上的诱导）之后，被捕获船舶在加的斯被截住并返还给了

---

〔139〕 Robins, *Address to the Electors*, 16.

〔140〕 Richard Pares, *War and Trade in the West Indies, 1739-1763* (Oxford: Clarendon Press, 1936), 26-7.

法国人。在回应英国抗议时，西班牙人主张，这一行为的法律基础是法国船舶最初在距离海岸一段距离却又不能视为公海的地方被带走，因此该案完全处于西班牙而非英国的管辖权范围内。英国人再次援引万国公法提出抗议，但是强调错误的西班牙法律程序"阻挡了英国臣民受益于众所周知的西班牙现行法律"。[141]

英国在捕获案件中的论点有时直接发挥作用，也是通过支持西班牙的法律管辖权、促进西班牙法律程序更正规以及在西班牙法律程序中做陈述。想一想 1745 年提交到罗德岛无陪审团海事法院的案件（"复仇号"和"胜利号"诉韦尔赫姆·加利）。两艘罗德岛的私掠船在古巴附近拿捕了一条船，该船在最初被来自哈瓦那的私掠船从其荷兰船员手中带走之后便受西班牙人指挥。荷兰船东出席罗德岛法庭并提出，在被西班牙人捕获前，他们从库拉索（Curaçao）到阿姆斯特丹一直保持着合法的贸易航行，西班牙人的捕获行为是一项他们所称的"与万国公法相抵触"的行为。[142] 该案取决于西班牙人第一次拿捕的合法性；如果这条船处于西班牙的指挥下，在战争时期这就是一个合法的结果，如若与荷兰处于和平状态，则拿捕荷兰的船舶就是非法的。西班牙的程序似乎很松散，或者充其量说是不完整的。西班牙的登船搜查

156

---

[141] Antigallican, *A Series of Letters Relating to the Antigallican Private Ship of War, and Her Lawful Prize the Penthievre…The Whole Containing an Unparalleled Scene of Cruelty, Perjury, and Injustice. With Proper Observations. By an Antigallican* (London: Sold by W. Owen, 1758).

[142] "Revenge and Success vs. Welhelm Gally, 1745", in *Records of the Vice-Admiralty Court of Rhode Island, 1716-1752*, ed. Dorothy S. Towle (Washington, D.C.: American Historical Association, 1936), 307.

人员可能打算之后向某个捕获法院报告这次拿捕——他们是在前往哈瓦那的路上被捕获，但他们却宣称已经裁定这条船是合法的战利品。证人证言说到，这项裁定是在西班牙战舰的甲板上做出的，在那里西班牙的官员"承认……这条船是良好的战利品，全体船员都欢欣鼓舞"。[143] 荷兰船长证实，西班牙人从未出示过一份委任状，他们也并未要求出示船舶的证件，并且他"从不知道或听说这条船受审或被宣告为战利品，也没有对我执行或向我提供任何宣誓"。[144] 这些不合规定的程序并未阻止罗德岛法院裁决西班牙的拿捕以及之后罗德岛私掠者的捕获合法。船上的货物"根据西班牙的法律应被罚没"，西班牙船员"凭借他们的委任状"有权拿捕这条船并宣布其为合法战利品，并且在这条船去往哈瓦那的路上"根据战争权"对其实施拿捕也是合法的。[145] 在该案中，万国公法为荷兰人援引以谴责西班牙私掠者的越权行为，荷兰人现在处于英国商人在英国与西班牙战争爆发前的立场。胜诉的一方以一种不同的方式维护了万国公法，即在缺乏符合国际规范，甚至仅是英国规范的法律程序的情况下，仍然支持西班牙的管辖权。

对私掠行为的国际规制更多产生于对行政法律秩序的复制，并非遵守一项业已确立的对万国公法的理解所产生的结果。与此

---

[143] Towle, *Records of the Vice-Admiralty*, 309. 西班牙船员必然准备好从一项支持罗德岛私掠者的裁决中获利，他们也证实了这艘船被捕获时悬挂的是西班牙旗帜，并且作证说他们准备展开的辩护"在这艘船不是西班牙国王财产的情况下就不可能成立"。Towle, *Records of the Vice-Admiralty*, 304.

[144] Towle, *Records of the Vice-Admiralty*, 312.

[145] Towle, *Records of the Vice-Admiralty*, 303, 320.

同时，援引万国公法并不与这种对捕获法制度基础的理解相悖。[157]
英国法学家的论点中暗含这样一种观念，即英国民法可能会取代
万国公法成为其他管辖权必须满足的标准。将英国法和万国公
法的有意混淆之后预示着英国将海盗和捕获案件中的海事管辖权去
领土化的野心，即授予英国法院对任何地方发生的海上犯罪或捕
获的普遍管辖权。[146] 从这个意义上说，在 18 世纪中期的大西洋，
为确定和控制特殊海道而战有助于建构更广泛主张法律霸权的基
础，比如，在英国尝试巡逻海道以抑制大西洋奴隶贸易并打击波
斯湾和印度洋海盗行为的过程中，便是如此。在 18 世纪，普遍
传播的对大西洋海上法律秩序的理解，既包含对国内法的多重平
行管辖权的承认，又包含对英国（或欧洲）法律基于其与万国公
法的同一性而可能具有优势的承认。漫长 18 世纪的这种新制度
关系——帝国捕获法院的大西洋网络——构成的并非一种新型法
律，而是一种新型法律政治领域。谈论万国公法，便进入这种政
治。海员和商人援引万国公法来宣传和实践各种形式的海上劫掠
和走私贸易的法律依据。法学家和外交官援引万国公法，对其他
帝国的海上法律程序与实践施加压力。借由这些方式，有关万国
公法的说辞影响了制度形式，反之亦然。

　　观察对万国公法的讨论与各法院规制框架之间的这种联系，
有助于我们解决将有关万国公法的话语描述为空洞修辞与将国际
规则想象为对国家和个人行为的强有力制约之间的矛盾。各种法

---

　　〔146〕　See Rubin, *Law of Piracy*, 对英国主张普遍管辖权的讨论。在国内法与国际法
之间，同样的隐含关系就藏在为将捕获法囊括到美国这个新共和国的联邦管辖权中所
提出的论点背后。

律行为者，从国家官员到私掠者，都有动力支持捕获法院的权威，并且肯定它们作为一种帝国行政管理工具的地位。不过，这种策略并不意味着对全球规范的漠不关心。万国公法通过分散的国家和帝国捕获法院的可译性（translatability）以及内在一致性来运作。英国法的内容不仅呈现出与万国公法一致，实际上还是万国公法的化身——这是一种欧洲之内以及之外的其他政治体可能追求的状态。西班牙海事法律内部的制度性变革以及对西班牙海岸警卫的回应都有助于确定一种逻辑，这种逻辑将影响 18 世纪晚期大西洋世界的法律政治，并塑造以欧洲为中心的国际法意识形态。

158

小结

到 18 世纪中期，全球海上文化催生了海事规制区域的多样化，还为新型（但并不和平的）海洋法律机制奠定了基础。奇怪的是，法律实践相互影响和传播导致区域分化的发生。在印度洋，政治策略塑造了更加接近大西洋的海上控制机制，以对特定海道的管辖权主张为主要特征。以陆地为基础的非欧洲政治体支持引入一项海上保护制度，即护航队，这在地中海初次出现，在大西洋却已有试验。由此产生的规制秩序更多依赖于帝国间的谈判，而非某种法庭和海军执法者相互连接的网络。当印度洋的政治压力反射到大西洋时，这种影响也在其他方向上发生。尽管在强制实行一种真正的帝国海事法律方面存在一些尝试，欧洲帝国大力拓展捕获法院也只是在大西洋，并且在 18 世纪最初几十年到达顶点的海盗打击运动很大程度上也只是一项大西洋的事务。一种新的地区主义正在从逐步全球化的海上实践中脱胎而出。海员从通常意义上以及海盗从特殊意义上帮助塑造了地理上多样化的海洋法律空间，这在一定程度上是通过他们为维持对合法性的潜在主张而采取的对冲策略以及挑动大国相争的策略。

英国在 18 世纪 20 年代打击海盗的运动，不应被作为漫长的 18 世纪中对待海盗行为的政策典型，而被标记为海盗的海员在这一时期愈发孤注一掷的行为，也不应理解为海员固有的反抗文化以及依赖习惯甚于国家法律的标志。[147] 这两种趋势继 18 世纪初持续数十年更开放的海上政治之后发生，在那期间海员们挑战法律秩序并通过强调一系列行为的合法性推进着法律秩序。他们这么做，使一个规制世界的各方面得以永久存续并改变了其轮廓，该规制世界由不断重复的审判捕获案件的帝国方法以及帝国间海上行为定序构筑而成。这两个规制维度都发展出了地区模式；这两个规制维度也都取决于对海上船舶的共同理解，即它们是与君主资助者相联系的法律关系载体，通过其活动可以追踪潜在管辖权的走廊。

---

〔147〕 当然，这是莱恩博和雷迪克在《多头的长蛇》（*Many-Headed Hydra*）中的核心主张。他们在关于大西洋海盗行为的章节中提出，这种根据海盗规则创造的平行社会秩序以及英国国王对海盗行为充满敌意的镇压，都是"船上组织结构"（hydrarchy）的极端表现，在 18 世纪 20 年代都是特殊的。但是，两位作者在其他地方表明海盗对习惯的忠诚相对而言是始终如一的，并且以未加言明的方式与萦绕大西洋的原始革命情绪相关联。

当欧洲人对国际法的初期理解以及海员实践在漫长 18 世纪头几十年强化了海上规制的地区主义模式时，欧洲各帝国正为建构统一的海上帝国政策——一个难以捉摸的目标——竭力奋斗。公海被定义为一种特殊法律类别，对分散的帝国法律秩序中的制度张力做出回应，而这些制度性秩序也稍加变化地复制了增设或授权殖民地法庭运用海事法律的制度。同时，在相互竞争的政治体之间，谋夺管辖权构成了一种更广泛的海上法律政治。到 18 世纪中期，诉讼当事人和法官在捕获案件中诉诸万国公法已成家常便饭。如果万国公法这种说辞是空口白话，何种状况能够解释当英国作为一种全球性海军力量的优势使诉诸法律已变得不太必要时，它仍然信奉万国公法？还有，如果这一话语反映了一种国际法的新权威，为什么它发生在反复蔑视其原则的一波又一波海上暴行的背景下？

对 18 世纪法律和修辞变化的解释，取决于对帝国法律行政中的趋势的理解。在 18 世纪的捕获裁判中，援引万国公法归根结底不仅要求助于其他主权者的存在，还要求助于其他主权者的法律程序、人事安排以及法院。对捕获者和被捕获者都关系重大的，是这些法院位于何处、有多少法院在履行其职能以及它们同中央政府当局的关系如何。在并行的重组过程中，欧洲帝国列强都正式地将审判捕获案件的权威拓展到整个帝国，这个时期持续了几十年，从 17 世纪 70 年代一直到 18 世纪头十年。在英国的帝国法律中，这种变化主要表现为殖民地无陪审团海事法院的建立以及管辖权的增强，这是在 18 世纪 20 年代对英国针对海盗行为

160

的战争至关重要的一项举措。在法国、荷兰和西班牙帝国同时发生的制度变迁，到 18 世纪中期将捕获法塑造成一种松散的国际规制框架——一种早期全球行政法的范例。[148] 这种框架并不保证，甚至不鼓励和平关系，但它的确依赖对帝国之间某种程度的制度连贯性的假设，包括依赖共享法律渊源之外的其他相似性。

这一叙述表明，我们无须选择究竟是书写欧洲帝国法律影响更广阔世界的历史，还是建构强调非欧洲法律秩序的自治和弹性的叙事。我们也无需将有关欧洲海洋法理论与有关欧洲实践的叙述分开。在海上法律策略的背景下可以看到，真提利和格劳秀斯的贡献彼此似乎并没有如此鲜明的差异，他们可被理解为以不同的方式产生影响。在 17 世纪末期以及 18 世纪头十年的海盗和私掠浪潮中，海员及其资助者都接受所有解释的可能性，他们引申委任状的规定（甚至经常伪造委任状），还有用尽手段宣告不详的发证机关作为君主代理人的正当性。[149]

换句话说，有关海事法律管辖权的混乱状态在逻辑上源于一

---

〔148〕　特别要提到的是，我们可能会认为这种制度变迁是国内行政法生成全球规制功能的范例，这和本尼迪克特·金斯伯里（Benedict Kingsbury）、尼科·克里斯奇（Nico Krisch）和理查德·斯图尔特（Richard B. Stewart）所概述的一样，"The Emergence of Global Administrative Law", in *International Law and Justice Working Papers*（New York：Institute for International Law and Justice, New York University School of Law, 2005）.

〔149〕　许多真提利和格劳秀斯提出却未解决的法律问题，仍然超越这个时代并困扰着帝国间的海上政治，其中包括中立权、在公海上从事捕获程序的合法性以及附属的帝国政治体在何种情况下可以颁发有效的委任状。对中立地位的讨论，参见 Carl Jacob Kulsrud, *Maritime Neutrality to 1780：A History of the Main Principles Governing Neutrality and Belligerency to 1780*（Boston：Little, Brown, 1936）. 对私掠在更一般的意义上走向被废除的讨论，参见 Francis R. Stark, *The Abolition of Privateering and the Declaration of Paris*〔1897〕（Honolulu：University Press of the Pacific, 2002）.

个真提利和格劳秀斯都承认的世界，其中海洋承载着"彼此处于
竞争关系"的多个政治体运行。[150] 这种解读有助于重新审视国
际法和国际关系史中"传统智慧"的更庞大工程。[151] 它肯定了
这样的观点，即通过描述国际法理的自然法基础向实证国际法转
变，也并不能把握这一时期的国际法；在整个这一时期，法律原
则的援引以"在法理上折中的"各种方式进行。[152] 真提利并不
只是信奉看起来与格劳秀斯依赖的自然法相对的实证主义，他也
利用了宽广的法律库，将海洋空间概念化为管辖权错综复杂的空
间。像真提利一样，格劳秀斯试图将海洋简化为一种特殊法律场
域，但最后也再次肯定了广泛传播的关于管辖权和主权在海洋空
间中适用不均匀的理解。帝国间政治和普遍存在的私掠以及海盗
行为塑造了这些观点。在真实的和想象的法律秩序中，船舶及其
船长们作为被授权的法律权威沿着交织的通道移动，将控制走廊
拓展到不能被拥有却能被支配的帝国间海洋空间，控制走廊转而
又或强或弱地与管辖权相联系。

如果大洋在某种意义上是典型的全球性空间，这并非因为它
们被认为空旷、广阔且处于无法状态。尽管真提利在定义合法和
非法资助上始终保持灵活性，他运用罗马法渊源将海盗定义为
"全人类公敌"却是持久的。格劳秀斯对海洋自由的强调得到信

---

〔150〕 詹姆斯·马尔杜恩（James Muldoon）将欧洲以外的法律秩序归为"欧洲人
的共管物"或"没有教皇的基督教王国"。"Who Owns the Sea"（paper presented at "Sea
Changes: Historicizing the Oceans", Universität Greifswald, July 2000）.

〔151〕 Keene, *Beyond the Anarchical Society*, 2.

〔152〕 这是阿米蒂奇在《独立宣言》中描述一种类似的自然法与实证法的混合时
所用的措辞。Armitage, *The Declaration of Independence*, 89.

奉，特别是后来的英国倡导者，但他承认部分海域可以被军事化和被控制也一样获得人们接受。作为君主代理人的船长们横跨整片大海，在想象的控制走廊中实施法律，这些控制走廊有时会与一旦发生零星的海上劫掠就会变得引人注目的区域重合。衡量这些趋势，我们就能肯定漫长的 17 世纪标志着海洋法上的转折点，但通过对国际法海上起源的惯常叙述则无法领会此点。在这一时期，欧洲人清晰地将国际海洋法的基础表述为管辖权线路的错综交织，这种状态将作为使暴力向下一个世纪延伸的框架而运作。

第四章

列岛

军事法律和罪犯流放

> 陛下，我若能在这岛上殖民——
>
> ……我不准有各种商业；
>
> 不设治安法官；
>
> 无需懂得什么学问；
>
> 财富、贫穷、仆役都没有；
>
> 契约、继承、地界、耕作、葡萄园全不要；
>
> 用不着金属、谷物、酒或油；
>
> 无需职业，所有男人都赋闲；
>
> 女人亦是如此，却又纯真无邪；
>
> 也无君主——
>
> ——莎士比亚，《暴风雨》

> 我是这整片领地的主人……我可以在我占有的整片地上称自己国王或皇帝；
>
> 没有敌人，亦无竞争对手，
>
> 无人质疑我的最高统治权，也无人与我争权夺利。
>
> ——丹尼尔·笛福，《鲁滨逊漂流记》

莎士比亚笔下的贡萨洛正胸怀一幅传统的有关岛屿生活的乌 162
托邦式想象图景，而在欧洲人的殖民作品中这种想象图景无处不
在。沿旅行路线延伸的海外站点是对"群岛想象"的诱惑，这种
"群岛想象"早已出现在中世纪对岛屿作为蛮荒而神圣之地以及
灵魂之旅沿线停驻地点的描述中。[1] 岛屿是适合有关原始地方
自治主义的幻想以及古代习惯复兴的环境。欧洲人将殖民地风景
想象得如同迷人的田园诗般——令人惊叹的景色——影响着早期 163
的殖民作品，并在逐渐将自然描绘为科学研究的对象以及沉思、
休闲和享受情欲快感的环境背景下呈现新的形式。[2]

不过，正如贡萨洛的沉思自语一样，岛屿作为"无君主"之
地的乌托邦意象与岛屿统治作为一种专制施行的图景相伴相
生。[3]贡萨洛最初若不把岛屿想象成他的私人领地，就不能令君
主消失（"我若能在这岛上殖民"）。控制岛屿的必要与岛屿在欧
洲商业网络的政治经济中的地位紧密相关，欧洲商业网络是受军
事保护的。要庇护商人和护佑定居者不受海上掠夺者和沿海人群

---

〔1〕 Gillis, *Islands of the Mind*. 有关乌托邦图景的措辞和讨论是在第 63 页；中世
纪对岛屿的描述在该书第二章有讨论。

〔2〕 对有关奇观的欧洲话语的讨论，参见 Greenblatt, *Marvelous Possessions*. 关于看
待自然的科学方法以及在 19 世纪帝国背景下关于进步的意识形态，参见 Richard Harry
Drayton, *Nature's Government: Science, Imperial Britain, and the "Improvement" of the World*
(New Haven, CT: Yale University Press, 2000). 在《大海的诱惑》(*Lure of the Sea*) 中，
阿兰·科尔宾 (Alain Corbin) 追溯了欧洲将海滨作为沉思和休闲之地的认识根源。

〔3〕 乔纳森·拉姆 (Jonathan Lamb) 在有关南海岛屿的著名篇章中提出了类似
观点，他说："荒岛生活的乌托邦式可能性最初作为对抗野蛮人力量的支柱而引入，
目的只是于最后显示一种残酷行为，其内在驱动并非原始本性，而是一种野心勃勃的
文明的蜕变。" Jonathan Lamb, *Vanessa Smith, and Nicholas Thomas, eds., Exploration and
Exchange: A South Seas Anthology, 1680 – 1900* (Chicago: University of Chicago Press,
2000), 31.

的攻击，岛屿作为"要塞政府"所在地是早期欧洲殖民事业所熟悉的地物，也是对特殊化殖民飞地运用得更普遍的军事指挥模式的变体。[4] 同时，岛屿的隔绝性及其自然有界性都促使它们被用作监禁地点。罗马法曾将地中海的小岛定为放逐地，欧洲船舶则将放逐固执己见的海员到小岛上的长期实践带到了更广阔的大洋区域。[5] 最早在欧洲领土以外的航行载着作为被强制定居者的罪犯，有时会去往处于战略要地的岛屿。重叠地利用岛屿作为军事要塞、受保护的商业站点、农垦地以及有着自然界限之地，促使岛屿与俘虏劳力以及严苛纪律制度之间的联系不断增强。

对岛屿多重利用，不论是真实的还是想象的，都影响着各种对比鲜明的有关岛屿主权的描述。作为边界自然形成的空间，岛屿可以被全面地发现和测量，它们似乎凭借其本质就简化了占有

---

〔4〕 该措辞来自 Webb, *The Governors-General.*

〔5〕 亚历山大·塞尔扣克（Alexander Selkirk）是一名水手，他独自居住在远离智利海岸的胡安·费尔南德斯群岛的较大岛屿上超过 4 年（并且可能就是丹尼尔·笛福的《鲁滨逊漂流记》的原型）。他选择沿着该岛碰碰运气，而不是继续在一名不合格的船长手下服役。其他海员则被扔到该岛以及其他岛上，以此惩罚他们犯有从傲慢无礼到鸡奸，再到叛乱的各种违例行为。荷兰水手林德特·哈森布施（Leendert Hasen-bosch）"作为罪犯被扔到"名为阿森松（Ascension）的大西洋小岛上，他的日志详细记述了在可能因犯有鸡奸罪而被荷兰船长命令留在该岛之后从干渴到独自死去的日子。See Alex Ritsema, *A Dutch Castaway on Ascension Island in 1725*（Netherlands：A. Ritsema, 2006），42.

以及显示主权的过程。[6] 对岛屿的主权有什么令人困惑的呢?然而,一些使岛屿看似容易成为主权客体的条件,也使对岛屿的统治成为一项具有法律复杂性的事务。恰恰因为对岛屿的权利主张涉及的是边界明确的领土,并且意味着一种权威与管辖权的完美匹配,个人或组织当权者凭借对岛屿的控制常常实行一种超乎寻常程度的自治,并且对帝国的宪法构成新的挑战。对地方专制统治的授权以及帝国的法律保护是否以及以何种方式及于岛屿定居者、罪犯、俘虏和土著居民,统统成为问题。就像鲁滨逊·克鲁索对其岛屿的支配,当他独自一人或有星期五陪伴时是容易描述的,但只要他的救助者到来就变得复杂,对岛屿的统治需要协商并可能涉及不寻常的法律想象技艺。

本章所审视的是在一个特定且重要的背景下的岛屿统治问题,该背景是 18 世纪最后几十年以及 19 世纪早期运送到岛屿的殖民地罪犯大幅增加。在这一时期,标榜全面的帝国拘役体制,需要关注更具雄心的帝国法律定序目标与适用军事统治和戒严法的飞地激增之间的矛盾。主权在岛屿流放地是成问题的,这并非因为对哪个帝国进行统治或其是否有权统治存有过多质疑。问题

---

〔6〕 即便与作为占有表征的岛屿占领有关,同监狱的联系也已产生。圣克罗伊(St. Croix)这个小岛位于今天加拿大的缅因与新布伦斯维克的边界处的圣克罗伊河(St. Croix River)上,尚普兰书写其准备定居圣克罗伊岛的冒险决定时说,在那之后他"总是有一个想法,即不论是谁,要到一个地方去占有这个地方,都不应让自己成为岛屿上的囚徒"。还有,威廉·亚历山大(William Alexander)爵士于 1624 年在《前往殖民地的激励》(*Encouragement to Colonies*)中写道,法国人发现"到最后……那是一个小岛,却是一种很大的监狱"。这两段引述均来自 William Francis Ganong, *Champlain's Island:An Expanded Edition of Ste. Croix(Dochet)Island*(St. John:New Brunswick Museum,2003),96.

[165] 在于一系列相互联系的矛盾，这些矛盾存在于预想中一体化的帝国统治制度与帝国内部新的异常法律区域的创造之间，还存在于强化有关自由之帝国的说辞与依赖强制劳役在激烈的全球帝国间竞争时期来扩张和巩固帝国之间。[7]

理解这一情势，要求首先将其置于更漫长的有关放逐和罪犯流放的欧洲历史中，这种做法使我们能瞥见限制帝国刑罚项目激增的法律所具有的更深层次结构特点。第二项任务是，要对18世纪80年代至19世纪50年代这一时期进行更广泛的比较分析。强调博特尼海湾作为典型流放地的历史，会让对作为全球现象的罪犯流放的研究黯然失色，但也鼓励关注从流放地向定居者国家领土主权转变的逻辑和期望。[8] 本章考察了一系列更广泛的经验，特别是西班牙帝国内部利用军事要塞或者说军事驻防区作为流放地的做法。历史学家们对西班牙经验的关注不够，在某种程度上是因为与早期葡萄牙和后期英国、法国的实践相比，西班牙的罪犯流放规模较小。恰恰因为西班牙的实践要适应因调整既有殖民制度而产生的新的帝国罪犯流动，故西班牙刑罚历史有助于阐明将罪犯置于军事统治下的逻辑，而军事统治通常都在与世隔绝的岛屿要塞。这种情况也暗示着追寻帝国的军事化与19世纪

---

〔7〕 Neuman, "Anomalous Zones", 1197. 关于这个时代作为全球性强制移民的时代，参见 Emma Christopher, Cassandra Pybus, and Marcus Rediker, *Many Middle Passages*: *Forced Migration and the Making of the Modern World* (Berkeley: University of California Press, 2007).

〔8〕 当然，有可能的是，不将这种转变看作一种必然结果，而是作为一种法律和管辖权错综复杂的状态所促成的结果。See Lisa Ford, *Settler Sovereignty*: *Jurisdiction and Indigenous People in America and Australia, 1788-1836* (Cambridge, MA: Harvard University Press, 2010).

早期的宪法挑战之间的联系有了新的可能。当时的人们担心，即便在封闭的空间中，增强军事权威也可能会威胁宗主国和新生的拉丁美洲共和国的宪法事业。

西班牙的罪犯流放通过突出对军事法律和戒严法的关注，改变了我们看待英国流放地的透镜。在英国的二次流放地，也就是构成太平洋和印度洋上某个流放群岛的一些小岛，这种联系特别明显。[9] 在本章，追寻戒严法在诺福克岛的历史，将促使我们推测岛屿流放地的法律与受奴役时期以及解放后岛屿殖民地的法律之间的联系，这种联系是一种更广泛且松散的结构性联系。它部分地源于这样一种观察，即在帝国内部的委派法律权威诱使人们像低级别的专制统治者一样行事。当时的人们并不总是认为这种情况会破坏帝国宪法，但戒严法的发明和军事权威的增强，促使某些观察者认为帝国内在的层状主权制度也可能威胁他们的未来。即便在与世隔绝的弹丸之地，帝国法律的例外也可能允许暴政转移到帝国其他地方，或者破坏帝国法律制度的统一性。这些担忧共同引发了拘役合宪性的问题以及对受奴役时期以及解放后背景下的秩序的忧虑，从而强化了将岛屿同时作为帝国法律定序的典型和异常现象的描述。

---

〔9〕 对安达曼群岛（Andaman Islands）的讨论，参见 Clare Anderson, *Convicts in the Indian Ocean: Transportation from South Asia to Mauritius, 1815-53* (New York: St. Martin's Press, 2000); Satadru Sen, *Disciplining Punishment: Colonialism and Convict Society in the Andaman Islands* (Oxford: Oxford University Press, 2000); Aparna Vaidik, *Imperial Andamans: A Spatial History of Britain's Indian Ocean Colony, 1858-1921* (New York: Palgrave Macmillan, 2009).

作为殖民者的罪犯

在整个欧洲，流放是一种业已确立的刑罚，在罗马法中有着明确而有影响力的先例。罗马法中最和缓的流放要求永久地或在确定期限内留在某个特定城市或省份，但不影响公民身份，也没有指定的流放地点。更严厉的流放刑包括公民权利的丧失以及财产的没收，又或者被放逐到某个固定地点。正如在欧洲后期的法律中那样，流放是死刑的替代刑。它彻头彻尾是一种对触犯公共秩序的犯罪——政治罪——的惩罚，政治罪是地位高者所犯的罪行。

作为欧洲各帝国流放制度发展的背景，罗马法律实践有四个特别有趣的特点。首先，最常见的流放地点是岛屿，而被驱逐到一个岛屿上（relegatio in insulam）成为对谋逆、煽动叛乱以及类似行为的首选惩罚。早期放逐（banishment）到岛屿的案例涉及那不勒斯海湾的小岛本德里亚（Pandataria）、远离北非海岸的色西纳岛（Cercina）以及爱琴海的阿莫戈斯岛（Amorgos）。在早期帝国中，最常见的岛屿放逐地是意大利海岸附近的其他岛屿、基克拉迪群岛（Cyclades）、撒丁岛（Sardinia）、科西嘉岛（Corsica）以及巴利阿里群岛（Balearic Islands）。其次，对于放逐到岛屿究竟属于罗马还是岛屿治安法官的管辖权，在相关的历史记录或许还有罗马法律实践中都存在某些模糊之处。尽管大多数流放者在指定的流放地点有活动自由，但某些流放者则有看守阻止他们离开岛屿。对那些刑满之前便逃离流放地点的人也有惩罚。再次，罗马法中的放逐可以是一种司法或行政处罚。除了用作死刑的替代刑，流放（大多数时候并非到某个固定地点）的发布有时是针对那些行为可能扰乱公共秩序之人：哲学家、外国人、演员、占星术士以及犹太人。[10] 最后，要注意的是，罗马法律和实践中的放逐完全不同于拘役以及利用罪犯为公共事业劳动或在矿山和采石场劳动。

　　正如罗马法对现代早期欧洲有关叛国罪的法律产生影响（第二章讨论过）一样，罗马法中的放逐进入欧洲的法律体系并非通过某个单一的渊源或作为一套明确固定的实践，而是作为一个可以灵活解释和适用的渊源。[11] 从中世纪晚期开始，刑事流放在所有后来资助越洋冒险的欧洲政治体的地方和皇室法院中都有一席之地。在葡萄牙，放逐采取的形式是：从一个城镇或主教辖区被驱逐；到某个特定流放地待几年；到某个指定地点待一段时间，　168

---

　　[10]　See Mary V. Braginton, "Exile under the Roman Emperors", *Classical Journal* 39, no. 7 (1944), 391–407; Robert G. Caldwell, "Exile as an Institution", *Political Science Quarterly* 58, no. 2 (1943), 239–62; Robinson, *Criminal Law*.

　　[11]　流放在其他帝国也被用作一种惩罚，因此它也可能通过有关其他帝国实践的其他来源或新闻的传播进入欧洲法律体系，不过我了解对这种跨区域的影响并没有相关研究。在中国，流放进入秦帝国成为开拓西北部边疆地区的一个关键工具。1758至1820年间，数以千计的人作为流放犯被送到新疆流放。Joanna Waley-Cohen, *Exile in Mid-Qing China: Banishment to Xinjiang, 1758–1820* (New Haven, CT: Yale University Press, 1991). 在伊斯兰法中，流放也是一种惩罚。《古兰经》提到了这种惩罚，并且流放在经典教义中主要作为一种对盗匪行为或不正当性行为的惩罚。那些被送去流放的人几乎只有男性。奥斯曼帝国的刑法典将流放描述成一种对被认为在政治上或社会上有危险之人的惩罚，这些人包括吉普赛人、麻风病患者、无宗教信仰者以及纵火犯。Rudolph Peters, *Crime and Punishment in Islamic Law: Theory and Practice from the Sixteenth to the Twenty-First Century* (Cambridge: Cambridge University Press, 2005).

或者无限期或终生待在那里；又或者从整个葡萄牙或其任何殖民地被终身驱逐。[12] 在西班牙，"流放"（destierro）一词适用于对从盗窃到煽动叛乱的一系列犯罪的各种惩罚——包括从某个特定城镇或地区永久流放以及服兵役或强制劳动。西班牙的档案显示，1477 至 1505 年间的大量案件涉及流放，许多案件被记录是因为请求对从某个城镇或王国流放或查封财产予以宽恕。[13] 无数对宽有的适用表明，当地官员有时会对竞争对手、不守规矩的下属或他人眼中的社会越轨者判刑。一名位于阿维拉（ávila）的维拉科米尔镇（Villacomer）的居民（vecino）因从当地领主处偷盗牲口而被判处一百下鞭刑，并且从该镇被流放十年。伊内斯·德·梅萨（Inés de Mesa）请求延缓执行对她因"和父亲躺在一起"而被从桑卢卡尔-德巴拉梅达（Sanlucar de Alpechina）流放的命令。[14]

---

〔12〕 Timothy J. Coates, *Convicts and Orphans: Forced and State-Sponsored Colonizers in the Portuguese Empire, 1550~1755* (Stanford, CA: Stanford University Press, 2001), 22. 神职人员也可能会被放逐到某个修道院，还伴随着对其著作和演讲的进一步限制。在西班牙以及后来的西班牙帝国，放逐神职人员似乎也为限制皇室对神职人员的管辖权提供了一个方法。

〔13〕 这些年，有关最终解除流放刑（alzamiento de destierro）的案件的摘要出现在锡曼卡斯普通档案馆（Archivo General de Simancas，以下简称 AGS）有关外交部、最高法院（Sellos de Corte）的以及卡斯蒂利亚市政厅（Consejo de Cámara de Castilla）的记录中。这些记录可以在西班牙档案门户网站（Portal de Archivos Españoles，简称 PARES, http://pares.mcu.es）查阅到。本章引用的部分而非全部文件都可以从该网站查到。

〔14〕 Sección Nobleza del Archivo Histórico Nacional (hereafter AHS), Castrillo, C. 1, D. 37; and AGS CCA-CED, 4, 131, 5. 在这些案件中，流放刑可能意味着从当地的管辖区域被放逐并被剥夺所享有的居民权。对居民身份（vecindad）的讨论，参见 Herzog, *Defining Nations*. 赫佐格错误地将"居民身份"翻译为"公民身份"，但将它定义为在地方政治社区中的成员资格，并且显示了其在现代早期西班牙和西属美洲的重要性。

到 16 世纪时，为了向被派去保护海岸的桨帆船提供船员，葡萄牙、西班牙和法国采取了强制劳动的刑罚。根据接受刑罚者的地位高低，一系列流放惩罚可分成两大类——从王国被放逐和桨帆船劳役。

处刑的弹性使得流放成为支持帝国野心的一项有价值的工具。葡萄牙人适时地在危险的计划或冲突中分派罪犯。当佩德罗·阿尔瓦雷斯·卡布拉尔（Pedro Álvares Cobral）的船舶于 1500 年 4 月抵达巴西海岸时，卡布拉尔派出一名叫阿方索·雷贝洛（Alfonso Ribeiro）的"年轻罪犯"与图皮印第安人（Tupi Indians）一起走并去"了解他们的生活方式和习惯"。[15] 达伽马派出一名叫安东尼奥·费尔南德斯（António Fernandes）的罪犯（degredado），到索法拉（Sofala）以外的内陆地区寻找更多的黄金贸易。[16] 伊莎贝拉（Isabella）和费迪南德（Ferdinand）计划派出一队已定罪的罪犯，在哥伦布的指挥下于 1497 年帮助殖民伊斯帕尼奥拉岛（Hispaniola）。[17] 法国人于 16 世纪早期命令拉·罗克（La Roque）和卡地亚（Cartier）带上罪犯作为殖民者前往新法兰西，并且在 16 世纪末将

169

〔15〕 "Letter of Pedro Vaz de Caminha to King Manuel", in *The Voyage of Pedro Álvares Cabral to Brazil and India from Contemporary Documents and Narratives*, ed. William Brooks Greenlee（London：Printed for the Hakluyt Society, 1938），3–32. 关于在巴西的流放犯（*degredados*），参见 Geraldo Pieroni, *Vadios e ciganos, heréticos e bruxas：Os degredados no Brasil-Colônia*（Rio de Janeiro：Berstrand Brasil, 2000）.

〔16〕 基于此次航行以及 1513 年的第二次航行，费尔南德斯报告说，大部分黄金在内陆的商业集市上交易，而且只控制索法拉和基卢瓦（Kilwa）的沿岸工厂不可能增强葡萄牙的贸易份额。Newitt, *History of Portuguese Overseas Expansion*, 87.

〔17〕 Archivo General de Indias（hereafter AGI），Patronato, 295, N. 35. 1505 年，王国政府担忧新世界的失序，便命令中止将更多罪犯流放到印度群岛。AHN, Diversos Colecciones, 41, N. 22.

60 名被定罪的人安置在北大西洋的塞布尔岛上定居，差不多有 12 人很快死亡。[18] 英国派遣数名罪犯跟随马丁·弗罗比舍（Martin Frobisher）于 1577 年第二次远航的计划搁浅，但詹姆斯一世于 1615 年将流放确定为重罪的一种缓刑方式，并且指定了多个流放地点，包括帝国在东、西印度群岛的目的地以及新福克兰群岛。[19] 英国东印度公司一个名叫托马斯·奥尔德沃斯（Thomas Aldworth）的成员于 1611 年建议每年运送 100 名罪犯到好望角；1615 年，10 名罪犯抵达罗本岛并自行简单安置，以避开不友好的科伊科伊人（Khoikhoi）。[20] 弗吉尼亚殖民地建立之后，英国官员立即开始敦促派遣罪犯到弗吉尼亚，英国人还雇佣犯罪流放者建设丹吉尔（Tangier）的海上屏障。[21]

170　　这些实践引发了罪犯在帝国内部各地区之间迁移。在 16 世纪，果阿法院送出一些被定罪的犯人在巴西流放，或流放到马鲁古群岛；安哥拉的法官将被判犯有严重罪行者送往巴西，并将惯犯从葡萄牙流放到圣多美和普林西比；巴西法院则判处地位高的

---

〔18〕　对罪犯流放的早期法国渊源的讨论，参见 Jacques-Guy Petit, "La colonizzazione penale del sistema penitenziario francese", in *Le colonie penali nell' Europa dell' Ottocento: Atti del Convegno internazionale…: Porto Torres, 25 Maggio 2001*, Mario Da Passano, ed. (Rome: Carocci, 2004), 37–65.

〔19〕　Gwenda Morgan and Peter Rushton, *Eighteenth-Century Criminal Transportation: The Formation of the Criminal Atlantic* (New York: Palgrave Macmillan, 2004), 9. 摩根和拉什顿提到，作为一项帝国实践，流放从"针对犯罪和贫穷的政策的趋同"中发展而来（第 10 页）。

〔20〕　Harriet Deacon, ed., *The Island: A History of Robben Island, 1488–1990* (Cape Town: Mayibuye Books, 1996), 11–12.

〔21〕　到 17 世纪末，将这一过程常规化的尝试包括 1679 年《人身保护法》（Habeas Corpus Act），该法禁止未经审判的流放。该法是英国第一次正式将流放确立为对另一种罪名予以赦免的附加判刑。

罪犯从殖民地流放。[22] 西班牙殖民地法院也将流放作为一种惩罚。在 16 世纪中间几十年，秘鲁的皇家审问院对从谋杀到叛国的一系列犯罪判处从总督辖地流放的刑罚；贡萨洛·皮萨罗叛乱的某些参与者，被判处流放并失去他们的不动产。[23] 这些事例仅涉及从城镇或各地区流放，但是西班牙殖民地法院有时也指定特殊流放地点，将罪犯从秘鲁送到新西班牙，或者从新西班牙送到菲律宾。[24] 荷兰东印度公司从早期开始就在利用刑事流放（transportion）和放逐，从而创造了一个无意识移民网络，连接着从班达群岛（Banda Islands）延伸到开普殖民地的各公司治理点。[25]

这些殖民地的做法都存在某些潜在的法律张力。法律张力的首要来源与政治上的驱逐和法律上的流放并存有关。尽管法律上

---

〔22〕 See Coates, *Convicts and Orphans*, 80.

〔23〕 比如，参见 1572 年送往印度群岛委员会的请愿书，为安东尼奥·埃雷迪亚（Antionio de Heredia）和巴尔塔萨·佩雷斯（Baltasar Pérez）请求取消对在利马犯下无数暴行所宣告判处的流放刑。AGI, Justicia, 445, N. 2, R. 4. 另外，参见针对佩德罗·瓦尔德斯（Pedro de Valdés）的案件，此人被判犯有与贡萨洛·皮萨罗叛乱有牵连的大不敬罪和叛国罪。该案始于 1548 年，直到 1559 年还在复审，这表明司法系统其他组成部分一贯的慢节奏对流放刑案件也是一样的（AGI, Justicia, 425, N. 2）。

〔24〕 这些人员流动连同将罪犯劳动者发配到更具地方性的公共工程，直到 18 世纪中期数量都不大。关于墨西哥城被判刑的罪犯劳动者的发配和出卖，参见 Gabriel Haslip-Viera, *Crime and Punishment in Late Colonial Mexico City, 1692-1810*（Albuquerque: University of New Mexico Press, 1999），104-8.

〔25〕 一项对荷兰东印度公司实践的精彩研究，参见 Ward, *Networks of Empire*。沃德提出，荷兰并未参与将罪犯从宗主国流放到整个帝国，而是广泛地在整个公司的帝国适用刑事流放［主要是对"低级公司职员、处于公司管辖下的土著居民和中国人以及奴隶"（第 22-23 页）］和放逐（通常只针对土著精英，但有时也针对被定义为反叛者的低级当地人）的惩罚。

的区分能够很明显，但通常与作为一种惩罚的流放联系在一起的特别程序也可能会混淆差异。法律张力的第二个来源涉及流放者抵达被放逐的地点时对他们的法律权威问题。即便宗主国试图确定这种关系时，一连串的情况也会介入并改变这种关系，其中包括王国对遥远殖民地法院监管不力、罪犯的经济和法律策略、殖民地当局对军事攻击或暴动危胁的担忧，以及当地精英试图利用法院以增强他们控制包括劳动力在内的资源的机会主义。这些不确定性因素趋向于将法律之外的行为嵌入放逐和罪犯流放制度的中心。

这些联系明显出现在葡萄牙帝国，它从早期就把内部流放和外部流放制度混合。在 15 世纪，犯有轻微罪行者被判处内部流放，被裁判犯有更严重罪行者则被运送到北非的要塞，而犯有最严重罪行者则被判处要么在桨帆船上劳动，要么由船舶运送到圣多美群岛上。[26] 在圣多美，流放犯不确定的地位仍然是政治不稳定的关键源头，该问题直到之后的一个半世纪都困扰着该岛。继流放犯尝试逃跑以及叛乱之后，某些刑事流放犯的社会和经济地位提升，他们便请求国王赦免，并且寻求与财产受让人、地产

[26] 在 16 世纪，巴西和葡属亚洲地区也被称为严重犯罪者的终点。Coates, *Convicts and Orphans*.

业主（*fazendeiros*）以及商人建立投机性联盟。[27] 随着该岛上的甘蔗种植突然成功，流放犯开始在奴隶贸易中扮演关键角色，并且构成岛上绝大多数的民兵，有组织地监督奴隶。[28] 不过，进行统治的精英和官员几乎没有动力消除流放犯地位获得提升的障碍，主要因为圣多美面临着持续的劳动力短缺，就很欢迎一船又一船新的罪犯到来。对有权势的财产受让人来说，诱惑在于利用罪犯制度增强他们的权势和财富。王国政府担心对岛屿的控制松懈，特别是未报告的奴隶贸易造成了收入损失，于是在 1516 年任命了第一位审判长（*ouvidor geral*），该名官员发现圣多美岛的受赠人（*donatario*）若昂·德·梅洛（João de Mello）惯常打劫国库并僭越其法律权威。在梅洛的统治下，地方法官毫无证据就宣判岛民有罪，可能其目标在于制造新的流放犯或延长为当地精英服务的罪犯的流放期限。[29] 1521 年，梅洛最终在这一实践上走得太远，当他正带着更多流放犯从里斯本返回圣多美时，他命令抓住船长并宣布其为罪犯发配圣多美。二次流放在罪犯流放制度中将

172

---

[27]　在王国政府于 1493 年授予阿尔瓦多·达·卡米尼亚（Álvaro da Caminha）对该岛的专有权后仅一年，一群罪犯试图逃出主岛，期望加入早已通过河流贸易获利的葡萄牙出逃者（*lançdos*）之列。处于卡米尼亚继任者统治下的第二次罪犯叛乱导致某些"叛乱者"被监禁，后来这些叛乱者又因出逃被杀死。卡米尼亚带来的不仅有罪犯，还有一船可能多达两千名的犹太儿童，这些儿童是在葡萄牙从他们父母处抓来的。Robert Garfield, *A History of Sâo Tomé Island*, *1470-1655*: *The Key to Guinea* (San Francisco: Mellen Research University Press, 1992).

[28]　在 17 世纪应对英国人、法国人，尤其是荷兰人的袭击时，罪犯在民兵队伍中的作用变得特别重要。Garfield, *A History of Sao Tomé Island*, 122.

[29]　大约在相同的时间，该岛的第一次奴隶暴动发生了，明显有某些自由民（*forros*）的领导。See Garfield, *History of São Tomé Island*.

变得普遍，若昂·德·梅洛本人在二次流放过程中被判流放并圈禁在普林西比岛。无效的皇家控制以及镇压流放犯的任意妄为和奴隶叛乱的特殊尝试一直到 17 世纪都在圣多美留下印迹，致使一位历史学家称圣多美岛处于"官方与非官方帝国之间的中间状态"。[30]

圣多美在法律上的特殊性源于刑事流放者未确定的地位，以及殖民地官员对刑事流放者的权威界定不清。同样的不确定性在此后的殖民地和其他帝国有不同的表现形式。在 18 世纪早期的数十年，罪犯流放开始被纳入殖民定居点和帝国间竞争的策略中，为 18 世纪末期该制度向全球扩散奠定了基础。在英国，罪犯运载量于 18 世纪初期的一段时间下降——主要因为无业游民和罪犯被强迫作为军人和水手服役——之后，1718 年《流放法》确立了流放作为法院可直接适用的刑罚，而非间接作为对某种判刑有条件的赦免，此种赦免通常会附带另一种刑罚。[31] 这种显而易见的微妙差异为流放罪犯的法律地位之转变开辟了道路，因为

173

---

〔30〕 Newitt, *A History of Portuguese Overseas Expansion*, 126. 梅洛被放逐之后创设了皇家总督的职位，却很少有自愿的候选人，而主教教职十多年来也无人问津。圣多美在葡萄牙帝国内和安哥拉一起被作为刑事流放的主要地点，但是圣多美岛的环境意味着实际上这整块殖民地都是一个刑罚地点；它并没有监狱。Coates, *Convicts and Orphans*, 122.

〔31〕 该法的全称是《关于进一步防止抢劫、夜盗以及其他重罪，对重罪犯以及非法木材出口者行之有效的流放，以及对与海盗有关的某些问题宣告法律之法》（An Act for the further preventing Robbery, Burglary, and other Felonies; and for the more effectual Transportation of Felons and unlawful Exporters of Wool; and for declaring the Law upon some points relating to Pirates）。See Alan Atkinson, "The Free-Born Englishman Transported: Convict Rights as a Measure of Eighteenth-Century Empire", *Past and Present* 44（1994），88–115.

《流放法》有效地将奴役作为刑法的一个要素予以制度化。[32] 不过，从英国流放的罪犯的法律地位并未得到明确规定，仍然要在实践中才能显现。

在接下来的数十年，弗吉尼亚和马里兰直到美洲革命之时都是流放罪犯的主要地点，它们接受了大约九成从英国送到美洲的罪犯；17 世纪 60 年代至 18 世纪 70 年代，被流放到北美和加勒比海地区的人口总数大约是六万。[33] 流放犯的数量激增，与英国有详细记载的死罪兴起并行不悖。与罪犯流放有关的最常见的犯罪是重大盗窃罪（grand larceny），不过即使偷窃或窝藏很少量的

---

〔32〕 See Atkinson, "The Free-Born Englishman Transported", 97. 英国法学家以前就把流放归结为放逐的一种形式，在放逐之中奴役是可获利的。重要的是要指出，判处流放作为一种直接刑罚的做法并未终结指令流放替代其他刑罚的实践。罪犯们被判对他们可以获得神职人员恩赦的违法行为有罪，他们就可以获判 7 年的流放刑以取代火刑或鞭刑，因为可获得神职人员恩赦的犯罪在实践中已经不再是死罪；那些被判对不可获得神职人员恩赦的违法行为有罪而被处以死刑的人，可得到以固定期限的流放为条件的王权宽恕。See Bruce Kercher, "Perish or Prosper: The Law and Convict Transportation in the British Empire, 1700-1850", *Law and History Review* 21, no. 3 (2003), 527-54, 530；要了解这一时期更广阔刑法背景下的流放地点，参见 J. M. Beattie, *Crime and the Courts in England, 1660-1800* (Oxford: Clarendon, 1986), chap. 9. 对被流放到美洲的严重犯罪者来说，流放期限通常会确定为 14 年，不过一个有趣的异常现象是，被流放的罪犯抵达美洲之际便全部被视为流放 7 年 (see Atkinson, "The Free-Born Englishman Transported")。

〔33〕 绝大多数罪犯是在 1700 年以后通过船只运送的；在那以前大约 4500 名罪犯被流放到美洲，而法律程序仍然"多少有些模糊和随意"。Morgan and Rushton, *Eighteenth-Century Criminal Transportation*, 12. And see Peter Wilson Coldham, *Emigrants in Chains: A Social History of Forced Emigration to the Americas of Felons, Destitute Children, Political and Religious Non-Conformists, Vagabonds, Beggars and Other Undesirables, 1607-1776* (Baltimore: Genealogical Publishing, 1992). 对 17 世纪流放模式的讨论，参见 Abbot Emerson Smith, "The Transportation of Convicts to the American Colonies in the Seventeenth Century", *American Historical Review* 39, no. 2 (1934), 232-49.

174　财产，也可能引发刑事流放。流放到美洲的一项重要因素是可获利。船员们愿意带上罪犯穿越大洋，因为在美洲港口可出卖对罪犯劳力的权利给私人以牟取金钱。一旦被发配，罪犯更像是受契约束缚的奴仆，然而当更漫长的刑期结束之时，他们仍然得不到应有的自由。尚不清楚的是，他们是否应在法律上以对待契约奴仆同样的方式被对待。阿特金森（Atkinson）认为，直到 18 世纪40 年代，罪犯与契约奴仆几乎具有相同的法律地位；后来，在1740 年至大革命期间，罪犯被剥夺了各种法律权利。在弗吉尼亚，对于罪犯开始不再要求由他们当地社区的人员组成陪审团予以审判，罪犯也没有资格在法庭上作证，还被禁止投票。他们的法律地位明里暗里变得与奴隶更加相近。[34] 不过，适用于殖民地的"被处以剥夺公民权利的重罪"（felony attaint）之范围仍然不确定，而在实践中比起在英国似乎已经不那么广了。[35]《流放法》以及流放到美洲的模式，将流放实践作为一种殖民地制度确立起来，却没有解决流放作为一种驱逐的形式和作为一种奴役类型之间的根本矛盾。

　　法国的法律实践在这个时期呈现出另一种不同形态，其结果也是为 18 世纪后期的新法律举措开辟道路。施皮尔勒（Spieler）认为，旧体制下的法国法律在法国内部设立了一种法律上非人的类别，并且将这一类别以流放政治犯以及后来流放普通罪犯的方式移植到整个帝国。对某些迁移到殖民地（最初是到法属圭亚

---

〔34〕　Atkinson, "The Free-Born Englishman Transported", 144.

〔35〕　See Kercher, "Perish or Prosper", 536–41.

那，后来也去新喀里多尼亚）的臣民"剥夺公民权利终身"，标志着这些地点并非监狱而是集中营的前身。[36] 18 世纪中期终结了判处人们到桨帆船上的实践，同时也开启了扩大最终可判处流放者的队伍的一段漫长历程。被判刑的罪犯集中在各监牢（bagnes），即在多个港口处于海军管理下的监禁地点，这种制度化的安排在 19 世纪为增加罪犯流放到帝国各处提供了管理框架。

当博特尼海湾和法属圭亚那的建立在某些方面标志着迈向性质上属于不同类型的殖民地拘役的转折点时，一系列更广泛的比较和一种更长远的编年史视角提醒我们：尽管与这些殖民地相关联的某些法律问题被这一时期的环境放大，这些问题却是系统性的。正如我们所见，某些形式的罪犯流放已经通过对更古老的法律实践做出调整而出现在每个欧洲帝国，而罪犯一旦被流放，其法律地位就变得不确定。到 18 世纪末期，殖民地罪犯流放的现象在规模上发生改变，此时帝国行政管理中确定流放地的紧迫性在白热化的帝国间全球竞争背景下变得更突出。规划和更好地控制远方帝国工程的新的努力，恰好契合建立更加广泛且综合的帝国控制的活动。远距离海上贸易模式的转变，创造了对建立遍布四方的基地和确定通往远方势力范围的海上途径的新激励。英国

---

〔36〕　Miranda Spieler, "Empire and Underworld: Guiana in the French Legal Imagination c. 1789-1870", Ph. D. diss., Columbia University, 2005; and "The Legal Structure of Colonial Rule during the French Revolution", *William and Mary Quarterly* 66（2009）, 365-408. 施皮尔勒还提到了有关紧急状态的法律学说在将法属圭亚那创设为一种例外的管辖范围时的影响；这是一种欧洲紧急状态法在法国的变体。对最早期灾难性地运送罪犯到法属圭亚那的讨论，参见 Emma Rothschild, "A Horrible Tragedy in the French Atlantic," *Past and Present*, no. 192（2006）, 67-108.

全球霸权的兴起有助于其首个大范围重新定居的帝国计划。[37] 西班牙和法国随着七年战争而来的忧虑，促使其在全球军事化背景下向更系统化的罪犯流放形式转变，也促使其向新的军事化策略转变。正是在这种特定的事态发展过程中，刑事流放的实践转化成了帝国的制度。不过，值得注目的是，流放作为一种法律机制的模糊性仍然存在，从而产生了新的变体。1780 至 1840 年这段时期，对被流放劳动者的本地控制与更广泛的帝国权威体制之间的关系问题备受关注，特别是帝国宪法上的军事权威所在之地。有一种对岛屿定居点作为适用戒严法的飞地表示担忧的话语，向后触及流放的现代早期实践中对流放犯的管辖权的不确定性，向前则触及 19 世纪晚期帝国主权的宪法性问题。

作为流放地的驻防区

在西班牙和在法国一样，18 世纪末期之前主要的刑事制度既非监禁也非流放，而是桨帆船劳役。地位低的罪犯被判处一定年限的桨帆船劳役，地位高者则代之以发配北非的驻防区流放。正

---

[37]　最著名的是作为农地殖民者的阿卡迪亚人及其资助者的活动。关于导致阿卡迪亚人重新定居的政治矛盾，参见 Geoffrey Gilbert Plank, *An Unsettled Conquest*：*The British Campaign against the Peoples of Acadia*（Philadelphia：University of Pennsylvania Press, 2003）. 关于驱逐，参见 John Mack Faragher, *A Great and Noble Scheme*：*The Tragic Story of the Expulsion of the French Acadians from Their American Homeland*（New York：W. W. Norton, 2005）；and Christopher Hodson, "Refugees, Acadians and the Social History of Empire, 1755—1785", Ph. D. diss. Northwestern University, 2004.

如在葡萄牙一样，西班牙的强制劳动者通过转送系统被集合起来，该系统将罪犯从他们的判刑地运送到海岸沿线的集中点。在16世纪，一些西班牙的罪犯也被判处在阿尔马登（Almadén）的矿山劳动，那是西班牙帝国内部一个极具重要性的地方，因为它提供了制银过程中所需的水银。在法律上，阿尔马登构成了桨帆船劳役制度的组成部分；罪犯们首先被判处桨帆船劳役，然后被发配到阿尔马登，这是被看作相当于桨帆船的一片土地。到17世纪，一些被判处桨帆船劳役的罪犯被装船送到北美的驻防区而非阿尔马登，北美的驻防区早期是地位高者的流放地。[38]在桨帆船上强制劳动于1748年被取消。阿尔马登以及北美的驻防区仍然是刑罚地点，而且它们成为罪犯自此无法期待返乡之地。[39]

在18世纪晚期，拘役转变成一项更广泛的帝国工程就取决于 ¹⁷⁷ 这些基础，这种转变却对西班牙殖民地面临法国以及特别是英国力量的崛起而变得易受攻击做出直接回应。对太平洋商业竞争的忧虑，对西班牙美洲殖民地内部以及周边走私数量逐渐增加的担

[38] 乍看起来，向着为强制劳动运用驻防区转变似乎与欧洲刑罚当中的大趋势并行，即地位低的犯罪者逐渐被判处地位高者才会受到的刑罚，这一趋势最终导致了在欧洲的刑事量刑体制不如在美洲那么严厉（Whitman, *Harsh Justice*）。但是，事态稍微更加复杂，因为驻防区在17世纪被转变成流放地，它们开始与桨帆船上严苛的劳动纪律相联系。相关记录并不允许我们评估是否以及多大数量地位高的罪犯被判处在海外驻防区从事艰苦劳动。但正如此处的讨论所显示的，并非所有苦役犯肯定都是地位低者。至少在短期内，利用驻防区作为流放地点，似乎已经催生了调整对地位高者的刑罚（海外流放）以便包括与地位低者相关的刑罚（永久的艰苦劳动）的一个反例。根据地位区分刑罚仍在继续，特别是1771年以后，当时海军兵工厂被指定为那些被判犯有严重罪行者的服刑地点，同时那些犯有轻微罪行者则被流放到北非的驻防区。

[39] 大约在同一时期，拘役扩大到在西班牙从事公共工程。对西班牙早期拘役的概述，最好的还是 Ruth Pike, *Penal Servitude in Early Modern Spain*（Madison：University of Wisconsin Press，1983），chap. 6.

忧，对阻止英国和法国占领重要海道沿线之战略要地的渴望，以及对英国可能再次占领哈瓦那和马尼拉的担忧——这些执念都促使西班牙投入到殖民地的防御工事之中，并且设立一系列新的永久要塞。西班牙的官员告诫道，对帝国来说至关重要的是，"为我们从拉普拉塔河起环绕合恩角（Cape Horn）到瓦尔迪维亚（Valdivia）和智鲁岛（Chiloé）的美洲无边海岸和岛屿配备人员并构筑防御工事"，他们还担心这种努力可能会"太迟"。[40] 作为战略要地的岛屿是帝国利益的特殊目标。海军上将乔治·安森（George Anson）于 1741 年进行了广而告知的环球航行，其间到访了远离智利的胡安·费尔南德斯群岛，在此之后西班牙开始计划在两岛之中较大者上设立定居点和驻防区（参见图 4.1）。

在帝国内部增强军事存在的计划从一开始就依赖于强制劳动。这一工程从放逐和强制服役的既有制度中建构起来，融合了多种形式的强制劳动：逃兵的发配；刑事罪犯被流放到殖民地驻防区工作，最著名的那些驻防区位于哈瓦那、圣胡安以及菲律宾；还有在加利福尼亚的驻防区强制印第安人劳动。该过程将驻防区转化成特殊的法律区域，配备着服从军事指挥的军事人员和

---

〔40〕 这是引自 1790 年对一项同英国签订的协议做出的评论，这段评论出现在 Nuria Valverde and Antonio Furtado, "Space Production and Spanish Imperial Geopolitics", in ed., Daniela Bleichmar, Paula De Vos, Kristin Huffine, and Kevin Sheehan, *Science in the Spanish and Portuguese Empires: 1500 - 1800* (Stanford, CA: Stanford University Press, 2009) 198-215, 213. 巴尔韦德和弗塔多将西班牙帝国政策中的这种转变，称为一种"海洋帝国的再领土化"（第 214 页）。

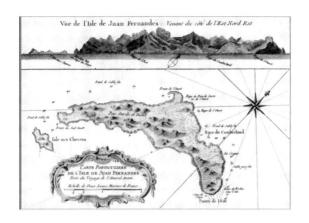

图 4.1　胡安·费尔南德斯岛地图（大约 1750 年）。由法国制图者雅 178
克·贝林（Jacques Bellin）为安托万·弗朗索瓦·普雷沃·德克西勒（An-
toine François Prévost d'Exiles）的《旅行通史》（*Histoire générale des voyages*）
绘制，该地图根据海军上将乔治·安森于 1741 年环球航行中到访该岛时所
做的测量绘制。安森的航行引起了人们关注保卫太平洋通路沿线的岛屿站点
的战略重要性，并促使西班牙人于 1749 年在该岛设立一个定居点和驻防区。

非军事人员。这两组人都有微乎其微的运用法律策略的空间，但
永久流放的平民罪犯则特别明确地被断绝了上诉与获得宽宥的
途径。

　　七年战争结束之后，西班牙的官员即刻采纳了在哈瓦那和圣
胡安构筑重要防御工事的计划，这两个地点变成了帝国内部逃兵
和罪犯以劳动修筑防御工事的主要地点。各分遣队直接由西班牙
和其他殖民地送出。大多数从西班牙发配的人都是士兵——逃兵
或被判有罪的士兵，大多数从西班牙帝国其他地方被流放到哈瓦 179

那和圣胡安的人都出自殖民地的刑事法院，其中最庞大的分遣队来自新西班牙，在那里大多数人被判犯有严重罪行。新西班牙的刑事法院也判处罪犯流放到菲律宾，这是一项早在 16 世纪就开始且不断扩大的实践。[41] 人们被运送到海岸边并被羁押以待发配到桨帆船上，而同样以这种方式，罪犯和士兵被集聚到马拉加或加的斯以便流放到海外驻防区。

除了这些罪犯流放的主要渠道——从西班牙各地到哈瓦那、波多黎各、菲律宾和非洲的驻防区以及少量的人从新西班牙流向菲律宾和哈瓦那，罪犯们在许多更小且更不规律的循环中流动着。1799 年，位于秘鲁卡亚俄（Callao）的官员流放了 49 名罪犯以帮助在圣地亚哥阿卡普尔科（San Diego de Acapulco）修筑防御工事，这些人应在工作完成之后尽快返回。[42] 路易斯安那的总督于 1773 年接收了 240 名囚犯来帮助建造一条运河，之后又要求让这些囚犯再多留一年。[43] 各种各样缺乏人力的小型要塞都请求将一些逃兵和罪犯集聚起来运送到主要的驻防区。1790 年 3 月，新格拉纳达表示需要“一些被送到波多黎各、哈瓦那以及菲律宾的逃兵和其他犯有轻微罪行的人”。官员们抱怨新格拉纳达特别缺乏西班牙出生的士兵，这类人被认为比克里奥尔人（creoles）更可靠。[44]强制劳动者在帝国各地的流动，包括小组罪犯甚至个别

[41] Eva Maria St. Clair Segurado. "'Vagos, ociosos y malentretenidos': The Deportation of Mexicans to the Philippines in the Eighteenth Century"(paper presented at Conference of the American Historical Association, Atlanta, January 4-7, 2007).

[42] AGS, SGU, 6979, 55.

[43] AGS, SGU, 7244, 70.

[44] AGS, SGU, 7057, 6.

人的转移。1775 年，波多黎各的总督承认在驻防区接收了 3 名军人，他们在路易斯安那已经被判处死刑，但他们的处刑被转化成在波多黎各的驻防区劳役和圈禁 8 年。[45] 士兵可能因非暴力犯罪或擅离职守以外的犯罪被判处有期限的流放或拘役。何塞·弗莱雷（José Freire）是一名在圣多明各的士兵，因与一名当地商人的女儿秘密结婚被判流放哈瓦那 7 年；他可能从未服过刑，因为当杜桑·卢维杜尔占领该城而法庭书记员逃到卡塔赫纳时，庭审就中断了。[46]

西班牙帝国的流放毫无疑问是一种制度，但这种制度的主要特征是在每个层面，特别是在获取以及分配西班牙的苦役犯方面都有临时调整。比如，1790 年来自新格拉纳达的请求开启了数年有关可获得的罪犯数量的通信。对于关押在加的斯可能被流放的人，官员们提到他们必须要排除犯有谋杀罪的人以及刑期快要届满的其他人。1792 年，马拉加监狱关押着 92 人可以运送到新格拉纳达，但部分人最终被排除，只留下 82 人。1794 年，新格拉纳达的指挥官仍在写信敦促西班牙的官员再运送更多的人来，这距离第一次请求已有 4 年。[47] 即使有数量充足的逃兵和罪犯被确定流放，在将他们运送到流放地方面仍有其他问题浮出水面。1769 年，西班牙的官员报告说，他们正拘押着上百人在加的斯，

---

[45] AGI Santo Domingo，2505.

[46] AGS, SGU, 7165, 200. 叛乱也仍然以流放处之。关于 1780 年由乔斯·加布里埃尔·图帕克·阿马鲁（José Gabriel Túpac Amaru）领导的起义参与者，有 16 人被判处死刑，6 人被宣告无罪，还有 5 人被判处流放（AGI "Castas, correspondencia y expedientes sobre rebeliones" Microfllm C-516-517）.

[47] AGS, SGU, 7057, 6.

既有逃兵，也有"流浪者"，另有上百人在埃尔费罗尔（El Ferrol）。作为对来自哈瓦那和波多黎各关于防御工事进度缓慢以及仍需更多流放者做苦力的申诉的回应，250 名罪犯受命被送往波多黎各。但是，加的斯的官员因流放如此多的人，"特别是那些生性就需要特殊防卫的囚犯"的成本和风险而犹豫不决。横跨大西洋的漫长旅途将使船只遭受叛乱的威胁，他们认为将大多数人运往非洲要塞且只保留少部分人在美洲，既便宜又安全。[48] 波多黎各总督继续对西班牙的官员施压要求更多的劳工，他于 1775 年写道，那里的驻防区已经有 442 名强制劳工，但还需要 797 人来完成防御工事。[49]

181   接收苦役犯并不能保证解决帝国要塞的劳动力短缺问题。出逃威胁着从西班牙到殖民地驻防区的每一步。那些已经因为出逃而延长刑期的人还企图再次出逃。有些人试着在判刑之后和在被送往驻防区前逃跑。[50] 哈瓦那的官员不停地抱怨出逃率太高，尤其是在那些永久服刑的苦役犯中间。[51] 1778 至 1782 年间，圣胡安的苦役犯总数在 274 到 499 人之间波动；每年出逃数量平均

---

〔48〕 AGI Santo Domingo 2503.

〔49〕 AGI Santo Domingo, 2505 no. 979. 圣胡安的防御工事到 1784 年趋近完成，官员们便延缓了惯常来自海外的苦役犯船运。虽然如此，此处的监牢直到 1834 年仍然容纳了大约 37 名来自西班牙的政治囚犯，还偶有从外面来的罪犯。See Fernando Picó, *El día menos pensado：Historia de los presidiarios en Puerto Rico, 1793 – 1993*（Río Piedras, Puerto Rico：Ediciones Huracán, 1994），26, 36.

〔50〕 一名士兵被判在非洲的某个驻防区服刑 8 年，他在等待流放时从马拉加的医院逃逸。此人被抓到，又被加刑两年。AGS, SGU, 7057, 6.

〔51〕 比如，AGI Santo Domingo, 2132.

为 56 人，占到苦役犯总数的 10% 到 20% 不等。[52] 从一份西班牙官员在 1792 年准备放弃奥兰（Oran）时制定的出逃者名单中，我们获得了从非洲驻防区出逃频率的一条线索。这份文件列明 122 名在头几个月就从要塞消失的人；据推测，大多数人在穆斯林定居点附近就已叛逃。[53]

　　疾病和死亡也减损着驻防区的劳动力队伍。1774 年，圣胡安防御工事的工头抱怨，从西班牙送来的苦役犯包括许多目前处于"糟透了的健康状态"且"无法支撑"更多劳动的人。[54] 一名位于波多黎各的苦役犯抱怨，即使被要塞的医生命令只能待在医院，人们还是继续去工作，有些人必然就死了。[55] 1778 至 1782 年，圣胡安苦役犯的年平均死亡率高达 13%。[56]

　　高死亡率和高出逃率反映了恶劣的生存条件。在圣胡安和哈瓦那，大多数苦役犯都从事构筑防御工事的艰苦劳动，其他地方的强制劳动者也承担着最繁重的任务。正如哈克尔（Hackel）在对加利福尼亚驻防区的研究中所指出的，士兵们不仅发现驻防区工作极度令人疲惫，也反对驻防区工作将他们置于和普通罪犯、印第安人或奴隶相同的水平上。加利福尼亚的苦役犯米格尔·佩里克斯（Miguel Periquez）解释说，繁重的劳动是他从蒙特雷（Monter-

182

----

〔52〕　派克基于对苦役犯以及叛逃者总数的月报提供了年平均数。此处的数据以这些平均数为基础。Pike, *Penal Servitude*, 147.

〔53〕　AGS, SGU, 7318, 143.

〔54〕　AGI Santo Domingo leg. 2505.

〔55〕　"Bernardino de Valcárel", AGS, SGU, 7136, 9.

〔56〕　Pike, *Penal Servitude*, 147. 百分比在派克从月报获得的年平均数的数额基础上算出。

ey）要塞出逃的原因，"没有什么事情是我们被告知不用做的：砍
树、建造房屋、挑扁担、混泥土、做土坯、挖土和担土、清理、
建厕所——奴隶的待遇都不会比这更差"。[57] 一名圣胡安的囚犯
抱怨说，驻防区的刑罚使人们等同于"盗贼、杀人犯以及其他罪
犯"。[58] 少量关于苦役犯的作品在描述他们的生存条件时，都强
调要塞无处不在的腐败行为，伴随着官员截获口粮、将罪犯用作
私人仆役，并且通过控制强制劳动者的其他方式获利。[59]

这一时期驻防区劳动的真正新奇之处并不在于苦役犯们面临
的残酷或劣等生存条件，而在于他们特殊的法律地位。苦役犯们
发现自己实际上并没有上诉甚至请求宽宥的机会。这种在法律上
被遗忘的状态部分源于流放作为一种刑罚的本质，还有当地官员
命令无需审判即判处流放刑的频率。这也反映出判处诸多士兵以
及罪犯永久流放而非有期限流放的趋势。这些处刑都将刑期留待
国王"进一步裁断"。[60] 最重要的是，对平民囚犯来说，发配流
放产生了一种转入军事指挥体制的效果，这种体制中不存在通过

〔57〕 Steven W. Hackel, *Children of Coyote, Missionaries of Saint Francis: Indian-Spanish Relations in Colonial California, 1769-1850* (Chapel Hill: University of North Carolina Press, 2005), 288.

〔58〕 "Bernardino de Valcárel", AGS, SGU, 7136, 9.

〔59〕 Ibid. See also "Quejas de presidiarios", AGS SGU, 7318, 51.

〔60〕 所使用的措辞发生了变化，但是这种处刑的模糊之处仍然未变。拉蒙·特拉萨斯（Ramón Terrazas）受命从休达（Ceuta）的驻防区迁移到波多黎各的驻防区，"期限由国王定夺"（"por el tiempo de Su Real voluntad"）。"Ramón Terrazas Destierro", AGS, SGU, 7135, 18. 在胡斯托·德·科尔多瓦（Justo de Córdoba）的案件中，加的斯的总督试图将其留住而非流放到某个驻防区，理由是他的健康状况堪忧，而确定他应被送往"美洲的某个驻防区"的一项命令具体规定了他"没有明确的皇家号令不能离开该驻防区"。"Justo de Córdoba, Destierro", AGS, SGU, 7135, 20.

听证会重新审议量刑或减刑的惯例。处于远方帝国军事统治之下的平民处在没有任何法庭的管辖权之下。向国王请愿的可能性当然从未消除，但对苦役犯来说，他们可以如何以及向谁呈递请愿书，却一点也不清楚。这种法律状态和桨帆船奴隶类似，但在西班牙帝国又极其不寻常，因为在西班牙向国王请愿长期以来被认为是伴随着西班牙臣民旅行的一项特权，并且所有类别的臣民通常都会向地区高等法院（皇家审问院）上诉。[61]

183

对普通刑事诉讼程序的制度化背离虽然发生在了苦役犯身上。除了对囚犯试图逃跑的报告，他们大多数人并没有留下什么记录，只有少部分人把他们的抗议写在了纸上。伯纳迪诺·德·巴尔卡莱尔（Bernardino de Valcárel）是一名声称被军队抓获的律师，军队于1791年将他送到塞维利亚，然后到加的斯登船前往圣胡安，这一切都没有任何法律上的理由。他写道，以这种方式被对待是"未经庭审即受惩罚，未经任何在案的指控即成罪犯，[以及]案件还未开始审理即已结束"。一经抵达一个"由很多均可发号施令、均可控制管理的首领"统治的地方，巴尔卡莱尔就描述了这种苦役犯的无助，并且在那里罪犯们发现自己要服从于各方面的命令，可"他们的控诉无处可达"。在一年中，巴尔卡莱尔说到，他并未获悉对冤屈有任何聆讯或考虑。随心所欲的惩罚无处不在，并且所有官员都让苦役犯为他们服务而非在防御工事上劳动。除了做梦想着逃到附近的"外国岛屿"

〔61〕　关于向国王请愿的法律特权，参见 Cañeque, *King's Living Image*. 向国王请愿和将案件直接提交皇家审问院都是对包括印第安人在内的所有臣民开放的策略，而印第安人常常运用这些策略绕开地方官员。See Serulnikov, *Subverting Colonial Authority*.

上，囚犯对诸事均无能为力。巴尔卡莱尔建议在西班牙的官员设立单独的管辖权独立于驻防区的统治结构运作，以及设立正式的法律途径审议以囚犯的投诉，同时他还请求为他的身份保密以防止遭到报复。[62]

巴尔卡莱尔也许丧生于圣胡安的驻防区，对此我们不得而知。有 3 名苦役犯在一年之后控诉梅利利亚（Melilla）要塞的生存条件，而该事例表明对干预驻防区的请求是不被理睬的。向国王发出的请愿书由 3 名苦役犯——约瑟夫·阿尔齐亚（Josef Arzia）、胡安·德·拉·伊斯拉（Juan de la Isla）和托马斯·莱里达（Tomás Lerida）——署名，这封请愿书马上到达负责非洲驻防区的官员那里。该官员驳回了这些囚犯的指控，即总督正在同摩尔人做交易，从驻防区的商店和旅馆攫取巨大的利润，并且分派了多达 10 名工人抬水到他的住宅。该官员没有提及这封请愿书中的一项主要控诉，即苦役犯们惯常遭到虐打，还不能"要求伸张正义"，因为这么做需要"向那些不得不这么安排的人"提出上诉。囚犯们声称，一些苦役犯因向国王提出上诉已经被处决。官员们似乎泰然自若地报复请愿者，指控他们伪造签名，因为他们的签名与驻防区名册的名字对不上，并且官员们还警告说，如果有囚犯的控诉受到重视，将对秩序产生"不利影响"。[63]

有一些呼吁改革的声音发出。西班牙的官员长期以来承认，罪犯劳动者的集中产生了特定问题，其中包括失序的威胁。要塞

---

〔62〕 "Bernardino de Valcárel"，AGS，SGU，7136，9.

〔63〕 "Quejas de presidiarios"，AGS，SGU，7318，51.

指挥官们谨慎地要求只发配犯有轻微罪行者。在 18 世纪晚期劳动力匮乏成为普遍现象之前，即使逃兵有时也会被弃用，因为害怕他们会传播犯罪。[64] 随着 18 世纪晚期将罪犯从西班牙流放到殖民地驻防区的新实践发展，相同的担忧触动了西班牙当地的官员。他们开始担心，服刑完毕的囚犯返回西班牙各城市后的不良效应。奇怪的是，这种担忧似乎被王国政府改革的尝试加重。作为对驻防区有关猖獗出逃，特别是被判终身流放者出逃的报告的回应，王国政府于 1772 年指令叛逃的服刑年限固定为 6 年。新政策引发了哈瓦那的总督抱怨人力短缺会因此产生，从而阻碍防御工事的工作。[65] 这项措施也引起了对苦役犯返回西班牙后会引起失序的担忧，因而王国政府于 1776 年指令在殖民地刑满释放的苦役犯不得返回西班牙，除非他们已婚并有西班牙的妻子在等待。这不是官员们第一次计划原地释放罪犯。1774 年，王国政府下令，被波多黎各的总工程师判定为太羸弱以至于不能工作的生病苦役犯应被分配到"该岛的某些地方"，在那里他们可与其他罪犯待在一起，直到服刑完毕。[66]

假如苦役犯的数量更大，这些措施可能就意味着在波多黎各开启一项博特尼海湾式的试验，在西班牙帝国的其他地方可能也一样。不过，还有另一项因素阻碍着以英国数十年后看待范迪门 ¹⁸⁵

---

〔64〕 早在 1622 年，佛罗里达的州长就致信哈瓦那的总督，拒绝让一船的流浪者和犯有轻微罪行者进入佛罗里达（AGI Santo Domingo，868，L，F. 189V–190V）。一个世纪以后，马尼拉的官员向王国政府抱怨，新西班牙运送的罪犯破坏了定居点，并给这个城市居民做了坏的示范（AGI Filipinas，342，L，10，F 52V–54V）。

〔65〕 AGI Santo Domingo leg. 2132.

〔66〕 AGI Santo Domingo leg. 2505.

之地和诺福克岛的方式将所有岛屿指定为流放地。西班牙的定居点和非军事化的西班牙殖民地分级制度先于帝国罪犯流放的大浪潮到来。当把罪犯转交到军方手中而产生强化军事管辖权的效果时，对军事管理与王国行政重叠的困惑也是不可避免的。[67] 许多复杂情况都涉及对苦役犯的财政责任分配问题。1787 年，王国政府澄清说，事实上犯有擅离职守和其他罪行的士兵在驻防区服役时有资格获得报酬，这项命令似乎是针对驻防区官员的虐待行为发出的。[68] 1790 年，加的斯的总督报告说，他不能按计划用船将 400 人从奥兰运送到哈瓦那，因为当前的资金是通过军方而非印度群岛的官僚机构来周转的。[69] 在王国政府于 1794 年指令苦役犯应支付自己的交通和生活维持费时，财政责任的问题再次出现。美洲驻防区的指挥官们讨论了该命令是否既适用于军事苦役犯，也适用于非军事苦役犯；该问题一直由"文职官员"处理，不属于"军事管辖权范围"。在哈瓦那，对该问题的关注由在危地马拉被判刑的两名罪犯的到来引发。他们不得不待在当地医院才能维持生存，那么谁来付费？是负责流放他们的行政当局，还是受命接收他们的军事要塞？[70]

即使驻防区的扩张在普遍意义上增加了军事指挥官的责任，行政官员仍有理由主张在法律上区分擅离岗位的士兵和非军人罪

---

〔67〕 另有一些趋势也在发挥作用，增强了军事裁判权或军事管辖权，特别是民兵力量的壮大和威望的增强。See Lyle N. McAlister, *The "Fuero Militar" in New Spain, 1764-1800* (Gainesville: University Press of Florida, 1957).

〔68〕 AGS, SGU, 6863, 74.

〔69〕 AGS, SGU, 7250, 38.

〔70〕 "Presidiarios Mantenimiento", AGS SGU, 6919, 19.

犯。想想看将较长的处刑转变成 6 年固定期限的举措。这项举措
是对高叛逃率的回应，并且包含了因表现良好而将 6 年刑期减为
4 年的可能性。哈瓦那驻防区的行政官员提到减刑规定将适用于
584 人，并且担心这一改革将减缓正在进行的工作进度。这些行
政官员主张，要排除那些罪行如此"可恶……以至于确实无法唤 [186]
起同情心"的犯人。哈瓦那的总督报告说有关此项举措的新闻已
经引起骚乱，并且主张授权哈瓦那的行政官员将一些人排除在可
减刑者之外。王国政府对此予以允准，于 1778 年宣布减刑规定
不适用于"其判刑包含一项关于被拘押直至刑期届满的条款之
人，或者已经因叛乱行为或扰乱公共和平而被宣判永久监禁"之
人。要注意的是，减刑原本是作为一项"非比寻常"的一次性措
施而非一项持续存在的政策。这些说明将对苦役犯刑期的即决裁
判权转交地方指挥官，他们也就负担起呈交和批准那些减刑措施
可能仍然对其适用之人的请愿书的角色。[71]

从西班牙流放到殖民地的刑事制度在 18 世纪末到达顶峰，但
量刑和刑罚体制均未发生改变，并且到下个世纪仍然供殖民地行
政官员使用。许多支持独立的人在 19 世纪头数十年被放逐到附
近的岛屿，而在波多黎各、古巴和菲律宾殖民地以及新兴的共和
国完成独立后，这一实践经历了一些变化仍继续存在。一些新的

---

〔71〕 哈瓦那总督对例外的描述使用了"叛乱者"（comuneros）一词形容反叛者。
对该词的词源和在拉丁美洲其他用法的讨论，参见第二章。最初，对不适用该规则者
的描述如下："那些拘留惩罚刑满之人，或因扰乱公共秩序而作为暴动者或叛乱分子
被判处终身监禁之人。"（aquellos cuyas sentencias tubieren la clausula de retención cumpli-
do su tiempo o que hubiesen sido condenados a Presidio perpetuo por comuneros y pertubadores
de la paz publica.）AGI Santo Domingo leg. 2132.

岛屿被迫启用，比如远离古巴海岸的皮诺斯岛，它是 19 世纪 60
年代到 70 年代哈瓦那犯罪者的流放地。其他已经作为西班牙控
制下的流放地的岛屿驻防区，仍然是隔离罪犯特别是政治犯的地
点，比如马萨铁拉（Más a Tierra），它是远离智利海岸的胡安·费
尔南德斯群岛两座岛屿中较大的一座。[72] 这些驻防区继续为当地
指挥官的暴虐统治提供无可比拟的机会，也持续产生源自罪犯不
187　确定的地位以及军事与民事管辖权之间不稳定关系的法律异常现
象。在西班牙帝国内部以及其他欧洲帝国，将罪犯转交到驻军流
放地的军事统治下生活，体现了军事法律于 19 世纪初在帝国内
部的作用不断被放大这一更广泛进程中的一个侧面。

一张"戒严法的温床"

当美洲革命中止将罪犯用船运送到北美殖民地时，英国当局
开始将罪犯囚禁在泰晤士河遇难的船舶或者废船上。该举措原本
是临时的。[73] 不确定是否要采用其他刑罚的治安法官仍旧对某
些囚犯判处流放，这些囚犯便开始被收押在过度拥挤的废船和当

---

〔72〕 智利的行政官员考虑过放弃胡安·费尔南德斯群岛中较大的一座岛——马
萨铁拉。1812 年，该定居点容纳了 73 名罪犯、一小批行政官员、88 名士兵以及少量
的自由定居者。但是，历任政府都发现这是一个发配政治囚犯的有用地点。该岛的统
治在这一时期数次更迭，而对叛乱罪犯和士兵的简易处决引发了一系列的争议。See
Ralph Lee Woodward, *Robinson Crusoe's Island: A History of the Juan Fernández Islands*
(Chapel Hill: University of North Carolina Press, 1969).

〔73〕 该举措持续了 8 年。即便在博特尼海湾建成之后，废船仍然是流放罪犯的
预备地点。

地监狱中。[74] 早在 1778 年，行政官员就在寻找替代性流放地，并且提及东、西印度群岛、新斯科舍以及福克兰群岛上可能的地点。[75]

1785 年，下议院的一个委员会调查了该问题，从约瑟夫·班 188
克斯处了解到博特尼海湾可能是适合的地点，但委员会的注意力最初集中在一项提议将罪犯流放到冈比亚河上游大约五十英里处

---

[74] 艾伦弗·罗斯特（Alan Frost）认为，囚犯们在废船上集结以及当地狱卒接收更多人转移到废船上的压力，使已经做出的流放决定不再继续推进。正如他所说，"流放刑已经宣告，但缺乏澳大利亚英属殖民地的执行动力"。Alan Frost, *Botany Bay Mirages: Illusions of Australia's Convict Beginnings*（Carlton，Victoria：Melbourne University Press，1994），40. 其他人一直反对的观念是，博特尼海湾只意味着对成本危机以及废船拥挤的回应，他们表明对这个地点最初的讨论很少提及战略利益，特别是为海军生产亚麻和大麻的可能性。See, e. g., Mollie Gillen, "The Botany Bay Decision, 1786: Convicts, Not Empire", *English Historical Review* 97, no. 385（1982），740-66. 两方似乎都夸大了该事例。一方面，反对博特尼海湾的建立有着更深远的战略理由的论点只狭隘地关注寻找大麻、亚麻和木材来源的官方利益问题，而没有考虑到帝国在太平洋扩张的过程中，特别是紧随库克航行之后所具有的更广泛的政治利害关系和普遍利益。另一方面，我们了解，维持废船运转是有争议的，并且不论这些废船客观上是否拥挤，对这些废船的管理在各个层面上都经历瓶颈和存在问题。1776 至 1801 年间，这些废船的监管者邓肯·坎贝尔（Duncan Campbell）频繁地写信给英国各监狱，告诉他们关押好自己的囚犯直到其能够适应待在废船上或者被流放。See *Convict Transportation and the Metropolis: The Letterbooks and Papers of Duncan Campbell（1726-1803）from the State Library of New South Wales*（Marlborough，Wiltshire，England：Adam Matthew Publications，microfllm）.

[75] See A. G. L. Shaw, *Convicts and the Colonies: A Study of Penal Transportation from Great Britain and Ireland to Australia and Other Parts of the British Empire*（London：Faber and Faber，1966），43.

的勒梅因岛的计划上。[76] 肖告诉我们该委员会最终"判定冈比亚河处太不利于健康",但我们发现他们的调查揭示了对殖民地规训秩序和法律可行性的担忧与对殖民地致病地理环境的担忧一样多。[77] 此项调查还显示了岛屿作为流放地的预象前景和具体问题。该项计划设想,无需任何代理人或专员即可每年用船运送一次罪犯到勒梅因岛。罪犯将被留下任其自行发展,可能去种庄稼以及饲养家畜,并且他们将仅接受在岛屿周边水域巡逻的警卫舰船长的偶尔视察,目的是阻止他们逃跑或劫掠附近社区。除了承认知晓该地区没有欧洲耕种者以及欧洲人的死亡率非常高外,无数在非洲作为商人或士兵旅行的见证者还证实了预料中的秩序问题。约翰·巴恩斯(John Barnes)是一名在该地区经商并协助推

---

〔76〕 "Minutes of Committee of House of Commons Respecting a Plan for Transporting Felons to the Island of Lee Maine in the River Gambia", The National Archives, Home Office(hereafter TNA HO)7/1. 也参见柯廷对勒梅因岛的简要讨论。Philip D. Curtin, *The Image of Africa*: *British Ideas and Action*, *1780-1850*(Madison: University of Wisconsin Press, 1964), 92-5. 柯廷提到,非洲的其他地点也得到了考虑,包括圣多美岛以及奥兰治河附近的西南非洲。尽管和肖一样(参见下文注释77),柯廷更强调英国对非洲致病地理环境的认知,而非对法律和秩序问题的关注,但他的确注意到勒梅因岛的购买引起了有关主权的困惑。随着其他"异常"工程于同时期在非洲的飞地上展开,柯廷写道,勒梅因岛将"在某种模糊的意义上被承认是英国领土,但事实上政府没有一丁点的意愿要履行主权者的正常义务"(第 118 页)。

〔77〕 Shaw, *Convicts and the Colonies*, 46. 这种对秩序问题的关注流露在有关废船上的罪犯管理记录的字里行间。1772 年之后,邓肯·坎贝尔掌握着从伦敦流放罪犯的政府契约,他密切跟踪记录运送船以及废船上的骚乱,并且建议运送船的船长们准备好在运送途中惩教罪犯,正如在一封 1786 年 2 月 27 日的信中所建议的:"您将发现最好在罪犯之间以及您的职员和船员之间建立一种恰当的秩序模式。"也正是同一名船长在 1786 年 11 月被告知,坎贝尔不"希望阻断获得宽宥的途径,因而不反对罪犯呈送请愿书",只要这些请愿书"是带着足够的尊重写出来的"。*Convict Transportation and the Metropolis*, ff. 160 and 268.

进定居计划的商人，他乐观地报告说勒梅因岛似乎是"一个非常宜人的岛屿"，有着"通常认为比河流下游更利于健康"的气候。[78] 但是，他也预测说，被扔到岛上的罪犯将很快被纳入由周边非洲社区支配的对等性法律秩序中。罪犯扰乱秩序的任何行为都会因其导致当地人"在定居者之间自行报复"而危及贸易。[79] 委员会凭借另外的证据强调了秩序问题："一个缺乏秩序或治理且满是罪犯的殖民地有可能被限定在非洲内陆地区，而不让罪犯向为他们指定的地点之外扩散吗？"答案是：不可能，除非罪犯被戴上脚镣。[80] 一队早期被送到海岸角堡的罪犯的命运令一位作证的军官感到担忧。那些罪犯已经"被列为士兵，并且受到适格军官的军事纪律约束"。经证明，他们众所周知地"狂暴"，有许多人逃到荷兰的堡垒或"乡下"不知名的地方。[81] 对于罪犯定居点处在"海军纪律"管理下是否更好，委员会的成员强调需要有证据证明。[82] 不足为奇的是，当1785年5月委员会的注意力最终转向在博特尼海湾建立一个刑罚地点的可能性时，委员会首先提出的问题之一是关于军事司法的需要："在这样一个殖民地，你是否应该考虑运用戒严法，并考虑是否有必要促进

〔78〕　TNA HO 7/1 ff. 16-16v.

〔79〕　TNA HO 7/1, f. 23. 另一个接受调查的人对当地人报复的可能性得出了相同结论。

〔80〕　TNA HO 7/1, ff. 33 and 33v.

〔81〕　TNA HO 7/1, ff. 36v, 37.

〔82〕　TNA HO 7/1, f. 60.

正义？"[83]

随着用军舰将罪犯运送到博特尼海湾的计划逐渐成形，变得清晰的是：由通过出售罪犯的劳动力而获利的航运商人负责运送罪犯到美洲的制度在其他地方不再可行。由于澳大利亚没有英国的定居点或机构，英国政府决定根据一项由一名具有异常宽泛权威的总督负责的制度来流放和安排罪犯。新南威尔士的总督享有将罪犯分派给私营主、授予赦免、对殖民地军官和军队发号施令以及作为民事上诉案件唯一的裁断者行事的权力。该殖民地的首席法官直到 1809 年都有着军法参谋的军事头衔。[84]总督们在他们认为必要而于 1824 年之前又缺乏一项立法的情况下行事，宣布了对殖民地适用的新命令和规章。其结果是，即使罪犯被分派给私人从事劳动，并且开始根据能令他们获得被称为"假释许可证"的有条件许可的假释制度订立劳动契约，该殖民地仍然具有处于总督民事和军事权威之下的庞大刑罚系统的各项特征。

正如布鲁斯·克尔彻（Bruce Kercher）指出的，除了 1792 至 1795 那三年以及在 1808 年反对总督威廉·布莱（William Bligh）的叛乱过后很短暂的一段时间，早期的新南威尔士并不能被描述为

---

[83] TNA HO 7/1, f. 69. 对将其他地点作为流放地的建议囊括了直布罗陀、开普殖民地、马达加斯加、特里斯坦达库尼亚群岛（Tristan da Cunha）、阿尔及尔以及为北海青鱼产业提供服务的站点。行政官员们也持续尝试用船将罪犯运送到美洲。当某条抵达佐治亚的船舶被拒绝进入此地之后，该条船尝试了一连串的港口，包括洪都拉斯、弗吉尼亚以及新斯科舍。关于这一尝试以及这场导致选择博特尼海湾的更广泛的讨论，参见 Shaw, *Convicts and the Colonies*, chap. 2.

[84] See Kercher, "Perish or Prosper", esp. 542.

处于戒严法之下的社会。[85] 最初的两名军法参谋受命适用"战争规则和纪律",后来的军法参谋虽有军事头衔却试图执行英国法律,但在很多案件中又背离英国法律而遵循快速发展的当地习惯,或者对某个流放地不寻常的冲突做出回应。在一些关键案件中,法官们阻止军官根据法律主张特权。[86] 但是,军官也表明他们是正义的一方,挑战总督的专制权威,这种对立在 1808 年反对总督布莱 的一场军事政变中达到顶峰,也就是所谓的"朗姆酒叛乱"(Rum Rebellion)。紧随叛乱之后,组成新政府的军官通过公布戒严法,宣告了他们重开法庭以及"确保根据英国法律无偏私地公正司法"的意愿。[87]

　　尽管该殖民地在其早期数十年的大部分时候都未根据戒严法运转,但军事法律权威的影响复杂且无处不在。由于军官在该殖民地所掌握的权力,出现两个宣告戒严法的短暂时期是可能的。这两个时期的突出之处在于军官处于影响各种法律结果的位置。191 当拉克伦·麦夸里(Lachlan Macquarie)在反对布莱的叛乱发生两年

---

　　〔85〕 Bruce Kercher, *Debt, Seduction, and Other Disasters: The Birth of Civil Law in Convict New South Wales* (Sydney: Federation Press, 1996); Bruce Kercher, "Resistance to Law under Autocracy", *Modern Law Review* 60, no. 6 (1997), 779-97.

　　〔86〕 1796 年的一个案件涉及一名保护新南威尔士军队某位军官所拥有土地的士兵射杀了一头属于自由定居者约翰·波士顿的猪。波士顿的抗议引来了一项让士兵们殴打他的命令,于是他就损害提出诉讼。尽管对士兵的少量罚款反映了军方的持续性影响,但仅仅法院支持波士顿这一事实,再加上总督对上诉的肯定裁决便表明了民事统治对军事统治的胜利。*Boston v. Laycock, McKellar, Faithfull and Eaddy* (1796) in "Decisions of the Superior Courts of New South Wales, 1788-1899", published by the Division of Law, Macquarie University, http://www.law.mq.edu.au/scnsw/index.htm.

　　〔87〕 Kercher, *Debt, Seduction, and Other Disasters*, 39.

之后被任命为总督时，他遵循来自伦敦的指令，承认法院在非法过渡期做出的所有裁决。更深远的影响来自军官们对陪审团的强制作用。在一个由罪犯——被禁止参加陪审团——支配的流放地，刑事审判的运作要有根据法律由 7 名被委任的军官组成的陪审团参与，这些军官均为政府指派。即使该殖民地于 1824 年被置于一项新宪法基础上，有了立法机关和最高法院之后，这种安排仍然存在。在军事人员的刑事审判中，陪审团的组成影响着审判结果，正如陪审团在 1827 年针对船长洛（Lowe）杀害一名土著所提起的谋杀案中所做的一样。[88] 尽管此种安排吸引了一些偶然的批判性评论，却几乎没有引起持久的反对。最高法院的道林法官于 1832 年提到，当地陪审团"如果真作为任何严格和准确意义上所称的，以及按照英国法律所理解的陪审团出现，那也是很少见的"。[89]

早期评论家对新南威尔士法律秩序的关注并不在于这种制度上的异常现象，不过他们将总督专制统治视为军事管制的一种诱因，偶尔还相当于军事管制。对新南威尔士的统治最直言不讳的批评者杰里米·边沁在 1803 年出版的《对宪法的恳求》中形成

---

〔88〕 R. v. Lowe（1827），Australian, 23 May 1827, in "Decisions of the Superior Courts". 还有，对该案的讨论，参见 Ford, Settler Sovereignty.

〔89〕 该案件要求对一个未定的陪审团是否应该继续审议做出裁决，而道林将其决定部分地构筑在类比英国陪审制度的基础上，就不得不承认新南威尔士的陪审团几乎没有为英国人提供庄严载入《自由大宪章》、法律和习惯的各项保护。R. v. Sullivan（1832），Dowling, Proceedings of the Supreme Court, Vol. 75, Archives Office of New South Wales, 2/3258, in "Decisions of the Superior Courts".

了这一批判。[90]边沁在英国全景敞视监狱计划上的个人职业抱负奠定了他对新南威尔士的批判，并且使他特别在两本早期的小册子中集中关注遥远流放地无法作为英国犯罪者的威慑物，流放的成本与在英国监禁相比更大，以及在遥远的流放地训练或改造罪 192 犯会不可避免地失败这些问题。[91] 随着政府认可全景敞视监狱的可能性变小，边沁改变了在《对宪法的恳求》中的批判立场，指出新南威尔士作为流放地违宪。[92]

对边沁来说，该殖民地"政府不合法"的实质在于新南威尔士缺乏一个立法机构，外加总督在殖民地造法的事实权威。[93]这一立场和边沁正在形成的观点相一致，即法律秩序存在于实证法，特别是对立法的执行之中。[94] 这也反映了边沁对殖民主义不间断的批判；与弟子们将他描绘成对英国立法普遍适用的拥护者不同，边沁极其怀疑将适当的立法适用于帝国远方组成部分的

---

〔90〕 Jeremy Bentham, *A Plea for the Constitution Shewing the Enormities Committed to the Oppression of British Subjects…In and by the Design*, *Foundation and Government of the Penal Colony of New South Wales*: *Including an Inquiry into the Right of the Crown to Legislate without Parliament in Trinidad and Other British Colonies* (London: Mawman, Poultry, 1803).

〔91〕 Jeremy Bentham, *Letters to Lord Pelham*, *Giving a Comparative View of the System of Penal Colonization in New South Wales* (London: Wilkes and Taylor, 1802).

〔92〕 对边沁发展中的批判所做的概述，参见 R. V. Jackson, "Jeremy Bentham and the New South Wales Convicts", *International Journal of Social Economics* 25, nos. 2 – 4 (1998), 370-80. 又参见对边沁关于新南威尔士的观点的讨论，John Gascoigne, *The Enlightenment and the Origins of European Australia* (Cambridge: Cambridge University Press, 2002), 41-4. 要注意，加斯科因将对早期新南威尔士治理的讨论归纳为一种普遍的"认为殖民地是宪法上异常现象的观念"（第44页）。

〔93〕 Bentham, *A Plea for the Constitution*, v.

〔94〕 对边沁立场在这一时期国际法中的意义所作的一项简洁明了的评价，参见 Armitage, *The Declaration of Independence*, 78-81.

可能性。[95]

抨击新南威尔士的合宪性时，边沁赋予这些宽泛的立场一种独特且有倾向性的解释，他认为关于建立殖民地的法律框架将殖民地转化成了"戒严法的温床"。[96] 他指出缺乏立法机关所隐含的相互联系的问题：总督造法、治安官为当权者辩护以及圈禁英国人而"使之从法律上自由……变成受奴役的状态"。[97] 就像与之相当的"海上船长"的统治一样，总督不可避免的专制行为受到特别抨击："因为这种情况是任何一个迄今被授予如此重要职位的绅士的职业和社会等级所决定的"。[98] 在遵守总督公布的条例时，殖民地仅凭对这些公告的法律性质的"信仰"而予以实施。[99] 边沁赞同总督对新南威尔士军事人员以及罪犯发号施令的权利，但他质疑总督对刑期届满的罪犯及其家属或"清白的定居者"的法律权力。[100] 边沁特别反对总督为阻止船舶将刑期届满的罪犯作为乘客带出殖民地而行使权力。边沁认为总督的这些行为在宪法上相当于篡夺权力。边沁提出的这一批判，是对殖民地背景下——无明确立法授权——建立不同于宗主国的政府结构之合宪性的挑战。他指向了一段关于确立英国人旅行到远方领土所享有自由的法律案例的历史："英国国王对在英国的英国人权力尚且有限，

---

[95] 关于边沁是一名反殖民主义思想家的观点得到令人信服的发展是在 Armitage, *The Declaration of Independence*, 78-81; and Jennifer Pitts, "Legislator of the World? A Rereading of Bentham on Colonies", *Political Theory* 31, no. 2 (2003), 200-34.

[96] Bentham, *A Plea for the Constitution*, 1.

[97] Bentham, *A Plea for the Constitution*, 2.

[98] Bentham, *A Plea for the Constitution*, 8.

[99] Bentham, *A Plea for the Constitution*, 8.

[100] Bentham, *A Plea for the Constitution*, 11. 引用原文以示强调。

又有哪本书能让英国国王发现其对任何其他地方英国人的权力是绝对的?"[101] 据边沁所说,新南威尔士的法律瑕疵源于其建立的那一刻就缺乏宪章。殖民地缺乏宪章这种事未曾有过,但要为新南威尔士书写宪章也是不可能的,因为接受宪章意味着同意宪章,而没有选民会接受一项"宪章让自由之人去过奴隶的生活,并且使其遭受的鞭打与其逃离这种生活的尝试一样频繁"。[102]

边沁明确表示,他要将这种对新南威尔士法律基础的批判,作为对更一般意义上的殖民地政府合法性问题的评论。他承认著名法学家们所主张的观点,即国王在某个殖民地直接立法的权威取决于该殖民地是否已经通过征服或同意被其取得;只有在一个被征服的殖民地,才会有王国政府合法行为产生的法律指令。[103]

---

〔101〕 Bentham, *A Plea for the Constitution*, 18.

〔102〕 Bentham, *A Plea for the Constitution*, 24.

〔103〕 边沁详细援引了曼斯菲尔德(Mansfield)在通常所称的格林纳达案(Grenada case),即霍尔诉坎贝尔案(*Hall v. Campbell*)中发表的意见。其中,曼斯菲尔德重申(边沁暗示他还过于容易地接受了)的立场是,国王可以为被征服的领土制定法律,但不能对任何其他方式取得的领土这么做,这一立场是在加尔文案,外加1772年一个挑战国王在牙买加直接课税之合法性的案件中发展而来的。在《对宪法的恳求》中,边沁提到曼斯菲尔德的裁决——其中认为税收只能由格林纳达岛的议会或英国议会课征——应该解决的更有限的问题是,国王是否有权改变以征服之外的方式取得的殖民地的法律。作为"一个曾经做过律师却不出名的人",边沁带着假装的谦卑指出,在被征服的殖民地是否应该改变其立法"依旧是相当开放的"问题。在对该案的评注中,边沁表现出对曼斯菲尔德设置的国王立法权的限制感兴趣;他从曼斯菲尔德的意见中复制了一段,该段提到即便在国王有权改变"被征服地区"的法律时,他也无权"做出违背根本原则的任何新变革,这些原则是:国王不能令某个居民从特定管辖范围中豁免,比如免于贸易法,或免于议会权力;国王也不能给予该居民其他臣民不享有的特权"。Bentham papers at University College London(hereafter UCL),166a, f. 133. 边沁也带有偏见地提到,即便格林纳达在某种意义上已经被征服,国王也已经放弃了其立法权,因为他"当即不可撤回地向所有已经是或应该成为居民之人授权……对该岛的从属立法应由一个经总督和议会同意的立法机构以同其他属于国王的殖民地相类似的方式进行"(Bentham Papers, UCL, 116a, f. 135)。

194 通过挑战对有关殖民地宪法性法律的关键案例所做的这种解释，边沁对法律界人士的选择扼腕叹息，因为他们在加尔文案中"从科克爵士庭外不谨慎的言论里搜寻出零碎的观念"，而不是依赖《自由大宪章》，即《权利法案》，以及科克爵士在圣阿尔班案（St. Alban's case）中的意见。在圣阿尔班案中，法院驳回了圣阿尔班镇制定的一项法令，该法令要颁布一项会侵犯《自由大宪章》所保护之权利的法律。对边沁来说特别有意义的是，科克爵士在其意见中指出，即使这项法令"已经包含在兼并该镇的授权许可文件中"，它也是不合法的。换句话说，该案确立的是王国政府无权通过限制王国内议会的权力，使王国任何部分成为例外。[104] 边沁非常明确地将该论点同美洲革命相联系，由此他推测说，如果英国法学家更多地关注到英国的统治即便是对遥远的殖民地也需要议会监督这一观点，那么美洲革命绝不会发生。[105] 通过类比，边沁认为新南威尔士属于专制体制，其中总督在法律上是有限的君主，事实上则是绝对统治者。[106]

在展开对殖民地宪法基础的这一批判后，边沁便转向他特别

---

[104] 对圣阿尔班案的讨论，参见 Bentham, *A Plea for the Constitution*, 18-19, quote at 16.

[105] "如果英国法学家们这么做了，那么英属美洲从头至尾在立法方面就没有什么要做的，只需要由英国议会或按照英国议会的明确授权进行即可。之后，也不至于如此去想，这正是出于国王的权力，通过国王与其部分臣民联合，使这些臣民自己为此目的撤到远离议会监督的一片空旷领土上，也正是出于国王在法律上的仆人的权力，根据任何此种安排剥夺了议会本身的权利：我指的是正如在圣阿尔班案所确立的英国议会的排他立法权。如此，异见将被消除在萌芽状态。还有，美洲战争及其所带来的所有痛苦，连同它在各方面所消耗的鲜血与财富都将得到挽救。" Bentham, *A Plea for the Constitution*, 34.

[106] Bentham, *A Plea for the Constitution*, 37.

关注的殖民地罪犯纪律的法律基础。他提到，殖民地的刑事法院
是根据总督收到的指令设立，并且经授权仅惩罚被视为"殖民地
的轻罪或重罪、叛国罪或者渎职罪"的犯罪，只要罪行是"在该
殖民地的领域内"所犯下的。[107] 但是，流放地的环境很快促使
总督将一些本不属于犯罪的行为入罪，诸如蒸馏酒精，或是未将
任何船舶交给公共职能部门用于捕鱼。进一步说，对这些犯罪的
刑罚是临时凑成的，从而让英国人遭受任意的惩罚。最后，边沁
认为，由于超出流放刑期和苦役期限延长放逐时间，在新南威尔
士的流放违反了《人身保护法》，新南威尔士还明确禁止运送作
为囚犯的英国臣民"进入处于国王陛下领地之内或之外……的港
口、要塞、岛屿或大海以外的其他地方"。[108] 在任何地方，若缺
乏足够正当的理由而有人被违背其意愿留下，这个地方就成了一
座监狱。边沁总结道，根据现时的法律秩序，澳大利亚这整座岛
屿就是一座监狱。[109]

《对宪法的恳求》并没有解决很多在此后数十年成为殖民地
冲突焦点的法律问题：被处以剥夺公民权利的重罪性质、土著居
民的法律地位或陪审团的组成。边沁对后两个法律问题的了解来
自他关于新南威尔士的所有作品的主要素材，即新南威尔士第一

---

〔107〕 Bentham, *A Plea for the Constitution*, 33. 边沁在一个脚注中发问："什么领
域？"除暗示殖民地是不同的领域而产生的各种不确定性，边沁还补充了一种不确定
性，即一项行为究竟违反的是英格兰的法律还是苏格兰的法律，又或是两者均被违反。
Bentham, *A Plea for the Constitution*, 26n.

〔108〕 该法文本引自 Bentham, *A Plea for the Constitution*, 53. And see Paul Halliday,
The Liberty of the Subject：*Habeas Corpus from England to Empire*（Cambridge, MA：Harvard
University Press, forthcoming）.

〔109〕 Bentham, *A Plea for the Constitution*, 55.

位军法参谋大卫·柯林斯（David Collins）所办的杂志。[110] 边沁留意到柯林斯的观点是，直到更多定居者开始效力并减少陪审团的"军事外观"时为止，陪审团都不可能像是"对英国人来说曾经珍贵且最为适宜的"制度。这一观察结果令边沁的思索转向了殖民地军事和民事法律混杂的异常现象，边沁在柯林斯杂志的摘录边缘随手写下："戒严法。陪审团取决于自由的定居者。"在下面，他记下一句话："这种困境就在于定居点的繁荣昌盛取决于一个有限政府，而定居点的存在又取决于一个绝对政府。"[111] 这句话捕捉到边沁所看到的在将岛屿的自足计划与远方的国家主权相结合的过程中所遭遇困难的症结。

边沁从柯林斯处了解到的早期新南威尔士殖民地的诸多物质环境在几十年之内都消失了：随着牧场经营和农垦扎根，也随着与英国交往更加频繁，更多自由定居者到来，饥荒减少了；被释放的罪犯找到政治和法律途径促进自身权利的提升；该殖民地还于 1824 年有了立法机构和最高法院。边沁提出的唯一问题就是

---

[110] David Collins and Philip Gidley King, *An Account of the English Colony in New South Wales*: *With Remarks on the Dispositions*, *Customs*, *Manners*, & *c. of the Native Inhabitants of That Country. To Which Are Added*, *Some Particulars of New Zealand*; *Compiled*, *by Permission*, *from the Mss. Of Lieutenant-Governor King* (London: Printed for T. Cadell Jun. and W. Davies, in the Strand, 1798). 边沁复制了柯林斯杂志的无数文章供自己使用，特别是有关新建殖民地糟糕的物质环境的信息，包括极端的干旱和饥荒。这些资料为边沁主张其全景敞视监狱计划的优越性提供了大量支持。边沁似乎不确定的是，如何使用按照"土著的敌意"标题所复制的数页摘录，柯林斯在其中将土著的敌对行为作为一种对杀害一名土著居民者所判处的"严重体罚"详加叙述。Bentham Papers, UCL, 116a, f. 66.

[111] Bentham Papers, UCL, 116a, f. 82.

对刑满释放的罪犯离开该殖民地的限制仍然存在，这似乎持续成为其追随者的一个目标。[112] 不过，边沁还识别出两个更广泛的主题，这两个主题也持续地处于该世纪中期有关罪犯流放的话语中心。第一个主题是立法机构的出现解决了有关新法正当性的边沁主义式问题，但并没有消除英国法律和当地习惯在大量案例中相互影响的问题；正在形成的法律秩序成了一种高度混合且具有不确定性的产物。[113] 第二个主题是对废除罪犯流放的讨论与界定正当的从属法律权威构成的问题紧密相关。许多罪犯像奴隶一样在私人控制下劳动，这些私人的惩戒权力则来源于公共权威。边沁并未责难在监狱制度中惩戒罪犯的扩张性权力，事实上边沁的全景敞视监狱计划正依赖于这种权力。不过，不受控制地惩戒帝国某片领土上所有居民的权力，引发了有关帝国公民权利和殖民地权威来源的宪法问题。

当经济改善以及法律制度更贴近澳大利亚的宪法性规则时，边沁所察觉的大英帝国对空间置之不理的倾向并未改变，在这种倾向之下出于必要产生了宪法秩序的例外。新南威尔士使得更具限制性的新流放地出现，在这些地方流放的罪犯被判处二次流放，刑期是追加的，有时期限还不确定，并且所处的生存环境更严苛。[114] 历史学家将这些地点作为在刑法体制构建中进行有目

〔112〕 See Kercher, *Debt, Seduction, and Other Disasters*.

〔113〕 Kercher, "Resistance to Law".

〔114〕 通过将全景敞视监狱和流放制度相结合，边沁并未彻底反对对空间置之不理，而且他甚至与大卫·柯林斯讨论在范迪门之地建立一个全景敞视监狱式设施的可能性。See Gascoigne, *Enlightenment*, 131.

的试验的地点展开调查。1824 至 1836 年间处于亚瑟（Arthur）总督专制统治下的范迪门之地和从 1840 到 1843 年处于亚历山大·麦科诺基（Alexander Maconochie）统治下的诺福克岛成为截然不同的有关监狱纪律的范例，前者是系统化的严苛纪律的代表，后者是通过为良好表现"打分"或积点的制度激励囚犯的实验。[115] 如果边沁不局限在新南威尔士早期的数十年，他就可能注意到这些殖民地尚未解决的治理结构、特殊的法律实践以及对军事和民事法律持久混合的呈现方式。

"一个美好的岛屿"

诺福克群岛从詹姆斯·库克船长处获得其英文名称，库克船长的船舶"决心号"于 1774 年 10 月在其第二次太平洋航行中发现该岛。船员们在位于澳大利亚以东约一千英里的一座小岛上的发现，变得对英国在该区域建立新殖民地的计划至关重要。[116] 英国海军极其需要寻找用于制帆的桅杆和亚麻所需的木材，而这

---

〔115〕 当然，麦科诺基做了许多工作来确立这样一种观念，即对流放地的研究为监狱改革提供了独到见解。Alexander Maconochie, *Australiana*: *Thoughts on Convict Management and Other Subjects Connected with the Australian Penal Colonies* (London: J. W. Parker, 1839). And see John Clay, *Maconochie's Experiment* (London: John Murray, 2001); Norval Morris, *Maconochie's Gentlemen*: *The Story of Norfolk Island and the Roots of Modern Prison Reform* (New York: Oxford University Press, 2002); John Hirst, "The Australian Experience: The Convict Colony", in Morris, *Maconochie's Gentlemen*, 235–65.

〔116〕 参见弗罗斯特的《博特尼海湾幻景》（*Botany Bay Mirages*）第三章就英国对太平洋海军军需品的兴趣所做的讨论。

座小岛遍布亚麻丛和高松树，库克船长的一名木匠就用其中一棵松树制作了新的中桅。这座小岛上郁郁葱葱的小山让人想起家乡的熟悉风景，乔治·福斯特在其日志上记录了航行中"鸟儿的鸣唱在这小小的空寂无人之地如此令人愉悦，如果这个地方再大一些，将是无懈可击的欧洲人定居点"。[117]

英国对诺福克岛的看法符合帝国间全球竞争的模式，这种模式将罪犯流放塑造成一项帝国政策。在博特尼海湾建立流放地的决定，不仅源于对潜在流放地点的对比，也属于确立英国在太平洋利益的一项更广泛的战略，该战略还带有对抗法国在该区域扩张以及效法美洲捕鲸者之成功的特定目标，那些美洲捕鲸者已经出现在新西兰水域，并且自行搜寻安全的避风港。[118] 由于诺福

---

〔117〕 转引自 Anne Salmond, *The Trial of the Cannibal Dog：The Remarkable Story of Captain Cook's Encounters in the South Seas* (New Haven, CT：Yale University Press, 2003)，282.

〔118〕 就流放地对英国在该地区商业和影响力这一更大目标所具有的战略价值进行的讨论，参见 Geoffrey Blainey, *The Tyranny of Distance：How Distance Shaped Australia's History* (Melbourne：Sun Books, 1966)；K. M. Dallas, *Trading Posts or Penal Colonies：The Commercial Significance of Cook's New Holland Route to the Pacific* (Hobart：Fullers Bookshop, 1969)；James F. H. Moore, *The Convicts of Van Diemen's Land, 1840 – 1853* (Hobart：Cat and Fiddle Press, 1976)，22. 在《博特尼海湾幻景》中，弗罗斯特强调地缘政治因素以及在该地区寻找资源为英国海军提供支持。还有，关于推动在安达曼群岛 (Andamans) 建立一个流放地具有重要战略价值的相关论点，参见 Vaidik, *Imperial Andamans.* 值得注意的是，西班牙的行政官员控诉在澳大利亚的英国殖民地，恰恰是因为他们将这些工程看作一项在太平洋获得统治权的战略的组成部分。西班牙海军军官亚历杭德罗·马拉斯皮纳 (Alejandro Malaspina) 在 1786 至 1788 年间环球航行，他写道："流放罪犯"到博特尼海湾"是手段而非这项事业的目标"。他提醒说，从罪犯聚集地横跨一次太平洋"可以为我们毫无防备的海岸线带来两三千落魄的盗匪，他们将编入一支优秀的常规军队服役"。Alejandro Malaspina, "Examen político de las colonias inglesas en el Mar Pacífico", quoted in Alessandro Malaspina, *The Malaspina Expedition, 1789 – 1794：Journal of the Voyage by Alejandro Malaspina* (London：Hakluyt Society, 2004)，3：77n4.

克岛有望为海军提供日用物资和食物，还有潜力作为沿想象中的海道进入更宽广的太平洋的停靠站，它和胡安·费尔南德斯群岛、福克兰群岛以及库克遭遇致命冲突的桑威奇群岛（Sandwich Islands）一样，可以被看成在 18 世纪末对全球帝国构想至关重要之地。

1788 年，第一条舰艇到达博特尼海湾之时，菲利普总督很快派出一支由士兵和罪犯共同组成的队伍，受其副总督菲利普·吉德利·金（Philip Gidley King）指挥，在诺福克岛建立一个小型定居点。[119] 作为一名海军军官，金为一轮安排紧凑的农耕任务设定了几项指控，很快就有更多的罪犯从悉尼被押送过来使指挥的数量增多，金在简易判决之后执行鞭刑惩罚犯罪。在头两年，该殖民地遵循着转移到岸上的常见海军纪律模式。两年之后，当金获准回英国休养痛风时，法律体制发生了转变。1790 年 3 月，留下负责殖民地的军官罗斯少校将岛上的军官召集在一起并宣布了戒严法（图 4.2 就是 1790 年时的定居点）。正如在罗斯少校一直担任副总督的新南威尔士一样，这么做最直接的动机是保护日渐减少的必需品。[120] 军官委员会确立了组成普通军事法庭的程序，并且宣布"所有抢劫或劫掠公共或私人财产的行为"都将被视为死

---

〔119〕 与金（King）同行的男男女女共 20 人，包括 9 名男性罪犯和 6 名女性罪犯。克莱（Clay）的《穆肯奥克的实验》（*Maconochie's Experiment*）第六章对该殖民地建立的叙述极其精彩。

〔120〕 长期等待补给的"天狼星号"皇家海军舰艇在戒严法宣布的前一天，即 3 月 19 日在岛上搁浅。该船的 80 名船员幸存下来，却不得不在岛上等待救援，他们的加入引发了对低配给的新担忧。

图 4.2 乔治·雷珀（George Raper），诺福克岛的主要定居点（1790）。乔治·雷珀是隶属第一舰队名为"天狼星号"的皇家海军舰艇（HMS Sirius）的一名船员。"天狼星号"于 1790 年 3 月在诺福克岛遇难。雷珀在诺福克岛上待了 11 个月，期间绘制了这幅图，彼时海军少校罗斯（Ross）正是副总督。前景中蓝黄相间的旗帜标示着让船舶靠近的着陆条件。乔治·雷珀，《诺福克岛的主要定居点》（1790 年），国家图书馆第 an6054756 号图，澳大利亚国家图书馆。

罪。[121] 几个月后，由于殖民地的生存条件依旧恶劣，一系列公告授权该委员会（由军官和少数其他人组成的机构）的成员解决争端并施加惩罚，还指定了新的死罪，包括拒绝工作、潜逃"进入树林"、囤积工具以及不出席每周的配给。[122] 最糟糕的是，该

---

〔121〕　TNA, CO 201/9, f. 3v.

〔122〕　该公告于 1790 年 6 月 28 日发布。TNA, CO 201/9, ff. 5-7.

委员会宣称：如果某人从事任何此类活动而被处死，在事情发生后将组成军事法庭宣判杀人者无罪。又过了几个月，本杰明·英格拉姆、查尔斯·格雷和托马斯·琼斯这 3 名罪犯被指控潜逃进树林，他们被宣布为"强盗"，一经捉拿即可杀死。[123]

菲利普·金回到伦敦且对这些事件毫无知觉，他已然相信这座岛屿需要置于不同的法律基础之上。在返回诺福克岛的航程中，他书写了一系列信件询问内政大臣，以求获得建立常设刑事和民事法院的授权。金于 1791 年 4 月自特内里费岛（Tenerife）写信乞求一套法律丛书，并请求"就诺福克岛上的司法程序做出某些安排"。[124] 6 月，金从开普殖民地再一次写信表达迫切需要法院以及一种"以合法形式施加惩罚的模式"，还提醒说为了防止骚乱他可能会在必要情况下被迫施以"终极恐怖的惩罚"。[125] 一经抵达诺福克岛，金就报告说该定居地已经"完全是一幅地狱之象"，他恳求道："请原谅我再次提醒您，某些常设且获得授权的司法模式有着极大的必要性。"[126] 到达某个刑事法院的唯一途径，就是用船运送被指控的人到杰克逊港受审。证人也要一并送去，因此金对这个小型社区的工作即将中断感到遗憾。金敏锐地意识到他所管理的殖民地是由对其法律权威有着潜在不同立场的小团体组成，于是他特别担心这群"海上定居者"的破坏行为，这些人来自从悉尼出发的一艘遇难船舶，他们曾经居住在受金直

---

〔123〕 Ibid., f. 7v.

〔124〕 Ibid., f. 23.

〔125〕 Ibid., ff. 47v.–48.

〔126〕 Ibid., f. 50.

接指挥的罪犯和士兵之中。金认为这些定居者"不服从任何法律",并且认为没准"他对他们施以体罚是正当的"。[127] 到1791年末,金打消了对于这些法律问题的一些顾虑,并且考虑再次将该岛置于戒严法之下。但是,他仍旧敦促建立一个法院,他预期该法院是执掌"民事和军事司法"的混合体,由一名军法参谋负责运转,并且"还有定居者选出的陪审团进一步协助"。[128]

除个人经验、常识以及新南威尔士法院的模式之外,金和其他人几乎别无他物能推动筹划这样一个法院。一本1784年出版的戒严法手册表示遗憾:"关于英国的戒严法没有什么可写"。[129] 在18世纪晚期大英帝国内部流传最广泛的法律书籍是《英国法释义》(Blackstone's *Commentaries*),该书援引马修·黑尔(Matthew Hale)爵士说的话,用于支持将戒严法形容成"在事实上和现实中并非法律,而是某种被纵容而非被允许作为法律的东西"。[130] 布莱克斯通甚至对戒严法作为一种适用士兵和军官的规训秩序的

---

〔127〕 这一说法出现在金于1791年9月29日所写的信中。Ibid. , f. 52.

〔128〕 Ibid, ff. 66–66v.

〔129〕 Richard Joseph Sulivan, *Thoughts on Martial Law, with a Mode Recommended for Conducting the Proceedings of General Courts Martial.* 2nd ed. (London: Printed for T. Becket, 1784), 1.

〔130〕 整段引文显示出布莱克斯通只承认戒严法的训诫功能,并且支持严格限制戒严法对军事人员以外的人适用,他说:"戒严法没有建立在固定原则的基础上,其决定却是完全专断的,正如马修·黑尔爵士所说的那样,它在事实上和现实中并非法律,而是某种被纵容而非被允许作为法律的东西。唯一能给予戒严法支持的,就是在军队中秩序和纪律的必要性。因此,在和平时期,当国王的法院为所有人根据那片土地上的法律接受正义而敞开时,戒严法就不应被允许发挥作用。" 转引自 Alexander Fraser Tytler, *An Essay on Military Law, and the Practice of Courts Martial* (Edinburgh: Printed by Murray and Cochrane, 1800), 14. 泰特勒认为,布莱克斯通的这段话一定是在"某个毫无防备的时刻写下的"(第13页)。

基础发挥作用提出批判，他提到戒严法保留了"古代奴役的特点，既隐秘又不安定"。[131] 但是，真正的问题在于，戒严法被用作某本手册所称的在"骚乱和动荡"时期的"超凡解药"和"临时约束"。[132] 这种功能在当时的立法和实践中变得更加完善，却也受到布莱克斯通批判。1788 年的法规为回应爱尔兰发生的叛乱，授权戒严法作为一项应对方法，适用于王国的任何叛乱之地。1800 年出版的一本关于戒严法的专著，对国王或某个被委派的当局可以宣布戒严法的条件与程序概述得不甚清楚。该书指明，任何宣布戒严法的人都必须提供一项解释，证明"这一强有力措施的必要性"以及该措施未造成"不必要的恐慌"。[133] 即使罗斯、金和诺福克岛后来的指挥官已经转向对军事法律或戒严法指南的法律解释——然而并无证据证明他们曾经这么做，他们获得的建议也仅仅是以必要性为由证明其行为的正当性，并使所有程序看起来与已有实践相符合。从对军事法律的随机了解和对保护自己职业生涯的利益关切中，他们所能推测出的也就是这些了。[134]

---

〔131〕 转引自 Robert B. Scott, *The Military Law of England（with All the Principal Authorities）: Adapted to the General Use of the Army, in Its Various Duties and Relations, and the Practice of Courts Martial*（London: T. Goddard, 1810）, xviii. 这本手册以及这一时期的其他手册都认同布莱克斯通的批判，并且认为戒严法建立在一种非典型的误解之上。

〔132〕 Tytler, *Essay on Military Law*, 378, 379, 51.

〔133〕 Tytler, *Essay on Military Law*, 376.

〔134〕 事实上，罗斯少校为宣布戒严法所做的辩护牢牢遵循这一范式。在宣布戒严法两天之后递往伦敦的一封信中，罗斯写道："还有，当我考虑——也许——需要一种宣告戒严法的充分权威时，除了必要性，再无其他理由会促使我这么做，此时我相信戒严法在我们新的州是唯一的法律，据此人民才会处于服从状态，因此我们在情况需要时得仰仗国王陛下以及英国议会给予此种保障。我希望并相信，阁下将授权我们继续执行戒严法，直到有法律规定我们不得如此，否则无论如何您将不会禁止我们这么做。"TNA, CO 201/9, f. 348.

相比其前任或后任，金似乎更不愿宣告戒严法，并且对偏离他认为在殖民地有必要采取的正常法律程序感到不安。他报告了他"在必不可少且连续发生的惩罚中……持久焦虑，而如果我们有一个常设法院，就可以避免这种焦虑"。[135] 1792 年 5 月，金临时创设了一项治安法官职责的轮替制度；他、一名军官、一名外科医生和一位神职人员根据两本法律书籍（《和平的正义性和教区长官》和《英国法释义》）的指引，轮流负责司法。[136] 但是，他仍在一年之后发牢骚说，在法律事务方面"我们的行为无论如何都欠缺权威"。[137]

这种不同寻常的军人公民与罪犯以及当下已刑满释放的少数罪犯的混合，造成了对该岛法律行政管理的最大挑战。军人与罪犯于 1793 年圣诞节斗殴促使金惩罚了几名士兵，而据报告当军营中的士兵们"认为……任何士兵绝不应该因囚犯受到惩罚"时，这一做法催生了更多暴力。[138] 金仍旧临时起意，将 29 名士兵认定为暴动者并没收他们的武器，逮捕了 10 名严重的犯事者，还组织"海员定居者"作为一支民兵队伍。他并没有通过军事法庭审判这些被指控的人，因为他担心如果将这些人送回军营将发生骚乱，于是他将这些人送到新南威尔士，而那里的法院则斥责金未经审判就把这些人赶出岛的行为违规。金一定领会到了该法院立场的讽刺之处；当金被迫创设一套将地方法庭与军事法庭相

203

---

〔135〕　TNA，CO 201/9，f. 82.

〔136〕　Ibid.，ff. 100–100v.

〔137〕　引自他于 1793 年 3 月 4 日所写的信。Ibid.，f. 198.

〔138〕　TNA，CO 201/10，f. 14.

结合的特殊程序来控制罪犯数量时，他又被指责没有遵循军事法律程序来更严格地约束岛上军队。

　　当一名军法参谋于 1794 年 8 月被委派到该岛时，不确定性看似即将终结。但是，该军法参谋直到 1796 年 1 月都未成行，而当他成行之时便在海上往伦敦写了一封信，提到由于"偶然的遗漏或疏忽"，创设其职位的官方授权文件没有为诺福克岛设立刑事司法法院。他正前往的道路是作为一名法律官员去掌管一个不存在的法院。[139] 在他抵达岛屿之后一年，法律上的混乱状态照旧。一位新的岛屿指挥官约翰·汤森（John Townson）于 1797 年 11 月抵达，他发现该岛遭受着悉尼"奇特的忽视"，与此同时当地生产衰退，新一轮的物资储备危机开始显露。[140] 汤森抱怨岛上法律权威区分不明对囚犯的影响；他和金都赦免过死刑犯，之后从军法参谋处了解到他们无权这么做。军法参谋他很快发现即时创设制度的需要；即使未经议会授权，他仍开始主持刑事司法法院的庭审，并根据皇家宪章行事——如果边沁了解到这种安排，它将为边沁谴责违宪提供更多的口实。对刑事司法法院程序的记录并未得到保持，但是有一个案件让人回想起圣多美法院延长强制劳动的做法，以及西班牙的法院让人们被判有罪而成为苦役犯并从事永久劳役的做法。艾萨克·威廉（Isaac William）因强奸被该

---

〔139〕 TNA, CO 201/18, f. 244.

〔140〕 Ibid., f. 298. 新南威尔士看到其生产水平上升便降低了对来自诺福克岛的供给的兴趣。还有，诺福克岛的亚麻出产从来都不多。在金作为指挥官的第一年，他带来两名毛利人，教他们如何加工亚麻，但这两个人都没有学会，金最终只能把他们送到新西兰。

法院判处死刑，随后又被其赦免，并且被判处为诺福克岛政府服务，"直到国王陛下……对其发出指令"。[141]

这段处在准法律状态（有时是出于好意）的挣扎时期，成了诺福克岛作为流放地的最佳时期。1800年被任命的新指挥官约瑟夫·福沃（Joseph Foveaux）少校建立了一种以简易刑罚为主的规训秩序，主要是对罪犯和士兵施以极重的鞭刑。当福沃命令处决两名有嫌疑的暴乱分子时，他也对法律程序被明确违反负有责任，那两名暴乱分子属于一个被作为政治囚犯送往博特尼海湾的更大的爱尔兰人团体，这群人在帕拉马塔（Parramatta）被怀疑策划暴乱后又被送到诺福克岛。福沃假意向军法参谋寻求意见，表示对如何合法处理有策划暴乱嫌疑的主犯"感到困惑"。[142] 随后，他召集岛上"民事和军事"官员，这些人"一致同意"这两名暴乱分子以及之后被证实参与暴乱的任何其他人都应被处决，以此作为"一项即时儆戒"。[143] 福沃明确意识到他需要为这一行为提供一些正当理由，因此他给当下作为新南威尔士总督的金写信，叙述了以例外和必要性这两项常见的原则为基础的行为根据。他写道，这个地方"与世界任何其他地方都大相径庭"，并且那里的囚犯比在杰克逊港（Port Jackson）的更坏。在几乎未从军法参谋处获得指引的情况下，他认为"即使未严格遵从法律"，儆戒也是"绝对必要的"。[144] 福沃准许的一系列其他暴力行为未出现在公

---

[141]　TNA, CO 201/18, f. 258.

[142]　TNA, CO 201/29, f. 21v.

[143]　TNA, CO 201/29, f. 22 and 22v.

[144]　TNA, CO 201/29, 22v.

205 开记录中，但已经渗透到历史记载里。[145] 福沃返回英国之后，有这样一项报告随之传回英国，当时在诺福克岛上身为见习外科医生的约翰·梅森（John Mason）发起了一项运动，向职位高的官员写信指控福沃"未经审判或未经宣告戒严法"即处决了那两名爱尔兰人，还将士兵从现役军队中除名，并且强迫他们与"流放到那个遥远殖民地"的罪犯一起劳动，以此作为惩罚。梅森写道，福沃"篡夺了新南威尔士政府，认为自己握有生杀予夺的权力……并且根据这种非法的建制"批准处决了另外五个人。[146] 梅森的说法遵循了长期以来的一项传统，即不论英国人从帝国内部迁移到何处，都附带有古代权利（ancient rights）；他更具原创性地提出，这些古代权利必然创造出帝国法律监督的义务，他说："我希望……如果这两名英国臣民（即便是两名罗马天主教徒）在英国领地的任何地方，不论多么遥远，不管是未经审判或未通过任何法律形式即被绞死，还是他们的指控者被带来当面对质，他们的［原文如此］是位于某处的一个法庭，谁将查究这些人是根据法律被处决还是被谋杀，整个帝国都可以知道。"[147] 梅森还增加了对腐败的指控：军官强迫士兵为自己服务，还包括罪犯被释放或被抛弃之前也受奴役。福沃基于寻常理由从科克（Cork）写信为自己辩护，并且他似乎并未因自己的行为遭受任何刑罚。恰如福沃所述，新南威尔士的总督因他对叛乱威胁的快速反应，

---

[145] See Clay, *Maconochie's Experiment.*

[146] TNA, CO 201/71, ff. 3–3v.

[147] TNA, CO 201/71, f. 5.

不仅原谅了他，还表彰了他。

诺福克岛在 1810 年被遗弃，离去的军队还烧毁了建筑物并让狗四散荒野，以期达到阻碍法国人拿下该岛的效果。但是，这一切并未终结该岛作为流放地的生命。当新南威尔士的行政官员继续施加压力，以便设立针对被发现还犯有其他罪行的流放犯进行二次惩罚的地点时，人们的注意力在 19 世纪 20 年代又一次转向了诺福克岛。这一次再也没有为海军生产亚麻或为新南威尔士生产食物的借口。总督托马斯·布里斯班（Thomas Brisbane）解释说，被送到诺福克岛的罪犯将"永远不能奢望返回"，并且这些罪犯将"被剥夺所有主张法律保护的权利"。他又说，"如果与英国法律并非特别矛盾，我认为将诺福克岛完全置于戒严法之下是非常恰当的"。[148]

1827 至 1840 年间，诺福克岛作为一个极其残暴的监禁集中营运转。历任军事指挥官都准许对罪犯施以严酷的鞭打，哪怕罪犯只是违反了那套将他们囚禁并看守在监狱设施里并强制他们作为劳工的制度中最不重要的规则。罪犯们低下的生存条件以及绝望的困境引发了一种决绝的做法：一组罪犯约定，通过抽签指定一个杀人者和一个被杀者，其他参与者则在一旁充当证人。随后，包括被指控者在内的这一整组人都被运送到悉尼受审。此种约定阻止了多数作为天主教徒的罪犯们自杀，并许诺提供一个短暂的缓刑期——几乎总是以绞死被指控的谋杀者以及任何从犯告

206

---

〔148〕　转引自 Clay, *Maconochie's Experiment*, 114.

终——以脱离岛上地狱般的生存条件。[149] 那些年，诺福克岛一直是近乎完美的岛屿流放地独裁统治的缩影。

1840 至 1843 年间，亚历山大·麦科诺基船长指挥对这一严苛制度进行实验性改革，此次改革作为适用奖赏制度代替体罚的首批尝试中的一项做法，吸引了监狱改革者和监狱史学家的注意。我们在此无法详细叙述那段历史，但值得注意，有点反常的是：麦科诺基在诺福克岛失败的原因在于对岛屿指挥官的权威几乎没有任何控制。麦科诺基忽略了将其积点计划——"打分制度"——仅适用于新囚犯，并且新南威尔士和伦敦的行政官员通过将累积了一定分数的囚犯从岛上移走而拒绝批准他的计划用于奖励这些囚犯。吉普斯（Gipps）总督从悉尼写信表达了他的关切，即这样的改变将使诺福克岛变成一个对新南威尔士的罪犯群体来说有着"极大且有益的敬畏"之地。[150] 在吉普斯的影响下，伦敦的殖民地办公室授权对麦科诺基的免职。官方拒绝通过释放来奖励累积分数之人的理由在于严格遵守法律的需要，因为有关流放的期限是法规确定并由法院判定的，岛屿指挥官缺乏改变流放

---

〔149〕 举例而言，约翰·麦克唐纳（John McDonald）和弗朗西斯·穆林斯（Francis Mullins）意图杀死托马斯·史密斯（Thomas Smith），便用一把斧头攻击他，因而受到审判并被绞死。悉尼的信差报告说，在受审期间，一名被告声称"袭击史密斯是为了去悉尼，那样的话他们就有可能逃离拘留所或废船监狱，而目的并不在于谋杀托马斯·史密斯"。*R. v. McDonnel and Miller*（1832），*Sydney Herald*，February 27，1832，in "Decisions of the Superior Courts"。岛上其他未经精心谋划的暴力行为似乎是以去悉尼为目的而实施的。据说，一个被判处伤害罪的人提到"岛上的囚犯为了去悉尼，并不在意他们说的话或他们彼此指控对方的内容"。*R. v. Welsh*，*Australian*（1831），*Sydney Gazette*，January 11，1831，in "Decisions of the Superior Courts"。

〔150〕 Clay，*Maconochie's Experiment*，160。

期限的法律基础。最终，吉普斯开始承认麦科诺基打分制度的某些益处，但这已经太迟，以至于不能保住麦科诺基的职位，而吉普斯也注意到对囚犯的主要"折磨"之一就是此处与世隔绝。吉普斯甚至开始质疑"岛屿监狱的优越性"。[151]

"监狱"（*penitentiary*）一词适用于诺福克岛也许是令人误解的。在该岛作为流放地的历史中，第二阶段是从 1827 年到 1855 年，当时该岛已经不再被指定为流放地，它的治理却延续着更早期对军事指挥官的训诫权力规制不足以及民事法律制度缺乏的模式。1845 年，岛上的前任牧师内勒（T. B. Naylor）在一封写给斯坦利爵士的信中控诉了该岛的特殊法律地位。由于没有刑事法院，严重的犯罪由一名出访律师审判，该律师来自范迪门之地，并执掌由 5 名官员组成的法院。且不说"该程序对宪法实践标志性的背离"以及"对囚犯进行军事管理的军官"审判囚犯时的偏见，当任何死刑案件不得不提交到范迪门之地以做出一项不可上诉的裁决时，由此产生的延迟激怒了内勒。[152] 他引用 1845 年 5 月裁判的一个案件为例，在该案中有两人被证实犯有谋杀罪。该案被提交到范迪门之地，对量刑的确认于 8 月才到达，但行政官员们却注意到书面文件中的一些异常。对令状"显著的不准确之处"进行了一番讨论之后，指挥官和执行官告诉两名罪犯他们不会被绞死，可随后又改变了想法将他们处决。内勒写道："除了此处，在英国领地的其他地方都不可能犯下这种暴行。"[153] 他控诉说，

---

〔151〕 转引自 Clay, *Maconochie's Experiment*, 235.

〔152〕 TNA, CO 885/2/27, p. 21.

〔153〕 Ibid, p. 22.

这些罪犯处于一种受控制的隔离状态，所有的信件、访问、申诉以及获得释放的尝试都由官员们经手。民事案件可以上诉而刑事案件却不可以，并且刑事审判受到异常规则的支配，即"刑事起诉书不允许复制；重罪不允许反驳，但很奇怪的是对轻罪也不允许反驳。被指控的人直到证人出现在审判席位上，才知道什么样的人将在审判中与之对质……他可能会突然被招来对一项全新的指控做出抗辩，这项指控完全不同于他所犯下的罪行"。[154]

尽管程度不同，在这个时期早期的法律困惑仍然存在，并且当地行政官员还在主张法外程序和行动的必要性。[155] 如果法律上的盘根错节在 19 世纪 40 年代没有那么复杂，那么这部分也是因为多种类型的居民——罪犯、罪犯定居者、士兵、士兵定居者以及罪犯充任的士兵——现在开始只分成两种：囚犯和官员。在早期和后来的体制下，戒严法都构成了一种程序模式，同时也是一种永久的恐吓。在这两个时期，诺福克岛都不同于流放地群岛的其他部分，它是一个不归地，不确定期限的处罚以及救济措施的缺乏都使罪犯处于法律上的悬置状态。甚至，没有任何变革来改变这种情况。被流放到诺福克岛的罪犯在法律上处于不确定状态，这对半个世纪以前相隔半个世界的某位圣胡安的囚犯来说一定不陌生。

---

〔154〕 Ibid., p. 30.
〔155〕 尽管范迪门之地有着不同的法院系统，其官员仍在抱怨司法的不规范性，这种不规范性与此地自 1840 年罪犯不再被流放到新南威尔士之后仍然作为主要的流放地有关。范迪门之地的副检察长发现，"该殖民地政府的法律部门存在巨大的混乱，这种混乱源于缺乏训练的行政官员所应履行之职责的异常性质"。TNA CO 881/1/21a, p. 3.

208

军国主义和帝国宪法

1780 至 1850 年间，不论怎么变化，罪犯的流放都符合一种不断扩散的强制劳动的模式，并且构成更宏大的强制劳动者全球流动的帝国工程之组成部分。各种类型的强制劳动共享一种与国家法律的结构性关系。被羁押的劳动者落入委派的私人或公共权力的直接法律权威下。奴隶主、被发配的罪犯或奴仆的主人、流放地的总督以及船长都有权执行严苛的简易处罚，在这个意义上奴隶殖民地、流放地以及军事营地构成了帝国法律定序这一问题彼此不同却相互联系的各个部分。如果我们从最广泛的意义上定义"帝国法律定序"一词，那么所产生的问题就不仅是行政性的，也是宪法性的。[156] 委派法律权威的授权来源仍旧模糊不清。对委派权威施以控制的范围和性质也缺乏精确定义。我们常常在追寻殖民地利益与宗主国权威之间的紧张关系时考虑这些宪法上的关切；在很大程度上，它们也是在整个帝国场域中横向复制的

209

---

[156] 此处，我要遵循丹尼尔·赫尔斯博施（Daniel Hulsebosch）的建议，"将宪法视为通过高度敏感的法律术语调节的管辖权与人之间的关系而非各种书面文件"。*Constituting Empire：New York and the Transformation of Constitutionalism in the Atlantic World，1664-1830*（Chapel Hill：University of North Carolina Press，2005），77.

强制劳动安排的组成部分。[157]

　　这个角度向我们展示了流放地的强制劳动与奴隶的强制劳动之间崭新的联系。戒严法和流放都是加勒比海地区奴隶社会中的合法当局所熟悉的工具，在那里戒严法和流放回应了行政官员和精英对某种以镇压为目的的法律框架进行的类似探索，并且在维持暴力政权方面引发了有关法律界限的类似问题。在加勒比海地区，流放在对有叛乱嫌疑的奴隶所施行的惩罚中占有一席之地。比如，18 世纪的圣多明各法院将有煽动叛乱嫌疑的奴隶送往洪都拉斯的"荒凉海岸"。[158] 西班牙的行政官员对这种做法的回应是，操控被怀疑从事侦察的法国船舶将叛乱的奴隶安置在"我们的海岸和岛屿上"。[159] 19 世纪早期，行政官员于 1805 年和 1816 年在巴巴多斯以及 1823 年在德梅拉拉宣布戒严法来应对奴隶叛乱。德梅拉拉的事例在英国引起了来自批判者特别是废奴主义者的评论，他们质疑将戒严法扩大适用于白种人受实际攻击威胁的危急时刻之外的合宪性。下议院的讨论集中关注的帝国宪法问

---

　　[157]　克里斯托弗·布朗（Christopher Brown）注意到解放主义者面临的主要挑战是宪法上的，他说："削弱主人对奴隶享有的权利，需要以某种方式削弱奴隶主在殖民社会统治中享有的权利……即便解放主义者可以为奴隶制改革创造动力，国王或者议会也有立场和资源使此类措施通过法律得到执行吗？" Christopher Leslie Brown, *Moral Capital; Foundations of British Abolitionism* (Chapel Hill; University of North Carolina Press, 2006), 240-1.

　　[158]　Laurent Dubois, *A Colony of Citizens; Revolution and Slave Emancipation in the French Caribbean, 1787-1804* (Chapel Hill; University of North Carolina Press, 2004), 296-7.

　　[159]　卡塔赫纳的行政官员担心，1792 年进入港口的法国船只"拉·菲利皮纳号"（*La Filipina*）属于运送叛乱的奴隶在沿岸安置的护航队。AGS, SGU, 7237, 52.

题，是殖民主义者手中不受限制的宣布和维持戒严法的特权是否 ²¹⁰
违反英国的议会主权。正如一位殖民主义的批判者所说，支持帝
国内部的"正义法则"，就必须要承认"奴隶主的权利主张可以
被允许，但议会的主权无可争辩——我们是至高无上的，对白人
和黑人都一样"。[160]

　　德梅拉拉之争为后来关于戒严法在帝国内部合宪性的争论埋
下伏笔，使宗主国的批评者与殖民地行政官员争锋相对。不过，
值得注意的是，殖民地行政官员已经发现：流放和戒严法对他们
致力于建立一个镇压的法律框架作用尴尬。想一想在巴巴多斯对
1816 年奴隶叛乱做出的回应，那次叛乱加速了戒严法的宣布以及
让一些叛乱者运离该岛去流放的计划。叛乱以及对叛乱的镇压发
生之后，总司令詹姆斯·利思（James Leith）致信负责战争和殖民
地事务的大臣，写到了如何处理有叛乱嫌疑的奴隶在法律上有着
不确定性。根据戒严法，在叛乱爆发之后两周内共 144 人被处
决，许多人"当时就被处决，其中又有很多是就地正法"，而利
思希望举行"更正式的审判"的命令将更好地发挥让这座岛屿平
静下来的作用。[161] 但是，取消戒严法之后如何处理囚犯的问题
仍然存在。大约有 70 人受审并被判处死刑，另有 100 人未受审
判。行政官员们任命了一个校级军官委员会，由其根据一项 1688
年的法规对这些奴隶做出裁判，而该法规是"岛上一项古老而充

---

　　[160]　Emília Viotti da Costa, *Crowns of Glory, Tears of Blood: The Demerara Slave Rebellion of 1823* (New York: Oxford University Press, 1994), 289; and see Kostal, *Jurisprudence of Power*, 201−2.

　　[161]　CO 28/85, f. 38.

满缺陷的法律……很不凑巧又是认定罪行的唯一……一项法律"。[162] 利思提到，该委员会将遵守该项法律，以便尽量"符合现代战争的惯例"。[163] 实际上，受皇家任命者所宣布的戒严法被巴巴多斯委员会授予的一项类似戒严法的制度所取代。为解决有关镇压的法律不确定性，利思提议寻找一个地方来流放被判处死刑的奴隶。他意识到"没有哪个英国或外国的殖民地会接收这些囚犯"，而他希望能有个带有英国要塞的小岛，叛乱的奴隶在那里可由英国军队负责。[164] 这一事件凸显了与在诺福克岛和其他地方摆出法律姿态的相似性；行政官员即时发挥，创设了新程序，并且引用了容许他们将惩罚置于一个可辨识的帝国法律框架中的常见理由。

211

在戒严法开始被看作"国内法律制度的休眠状态"的同时，它作为帝国内部的一项工具，也以这种特殊方式获得吸引力。[165] 戒严法于 1817 年和 1848 年在锡兰被宣布；于 1831 至 1832 年以及 1865 年在牙买加被宣布；于 1835 年、1846 年以及 1850 至 1851 年在开普殖民地被宣布；于 1837 至 1838 年在加拿大被宣布；于 1849 年在凯法洛尼亚岛（Cephalonia）被宣布；于 1857 至

---

[162] Ibid. , f. 36v.

[163] Ibid. , f. 37.

[164] 利思提到，如果有英国军队驻防，"像布雷盖岛（Island of Bregue）或蟹岛（Crab Island）这样的地方"将是完美的。蟹岛是指位于波多黎各附近的维埃克斯（Vieques）。Ibid. , f. 37v.

[165] Kostal, *Jurisprudence of Power*, 194. And see also Hussain, *Jurisprudence of Emergency*.

1858 年在印度被宣布；以及于 1862 年在圣文森特被宣布。[166] 在 19 世纪中期的大英帝国内部，戒严法的适用在解放后的背景下有潜力成为有关帝国宪法讨论的核心。被研究得最透彻的事件，是 1865 年英国掀起的对莫兰特海湾（Morant Bay）起义发生之后在牙买加根据戒严法所做行为之合法性的争论。有一伙人攻击了莫兰特海湾法院，并且杀死了包括首席治安法官在内的 18 人，牙买加总督爱德华·艾尔（Edward Eyre）随后对该岛部分区域宣布戒严法。[167] 起义的即时威胁解除后，根据戒严法对著名反对派政治人物乔治·戈登（George Gordon）的处决吸引了在英国做出批判性评论，并且成为公诉和私人诉讼的对象。戈登在明确不适用戒严法的金斯顿被捕，随后受艾尔之命被移交到适用戒严法的区域的军事法院审判。他被指控犯有的罪行是为鼓励反叛进行政治宣传。戈登在牙买加被形容成"有偏见的"人，并且被视为某个正在兴起的牙买加政治精英群体的成员，该群体在文化上与白种英裔牙买加人统治集团比较接近。英国的自由主义者受约翰·斯图尔特·密尔（John Stuart Mill）的引导，将这一系列事件看成挑战戒严法合宪性的机会。正如兰德·科斯托（Rande Kostal）追溯这场讨论的方方面面时所展示的，这场争论也引起了更广泛的有关帝国

212

---

[166]　Kostal, *Jurisprudence of Power*, 201.

[167]　如果对此次攻击的回应始终限于叛乱发生之后的几周内以莫兰特海湾周边区域黑皮肤的牙买加人为对象进行暴力镇压，这些事件可能就不会发展成主要的政治和法律争议。正如艾尔总督后来在辩护词中所解释的，他是依据牙买加的立法在紧急时期批准戒严法，这项立法起源于奴隶制时代。侯赛因（Hussain）在《紧急状态法学》（*Jurisprudence of Emergency*）中讨论了叛乱问题，不过最全面的分析是科斯托的《权力的法哲学》（*Jurisprudence of Power*）。

宪法的问题，即殖民地立法机构或殖民地总督究竟根据何种帝国法律渊源获得权威来宣布戒严法？是否有类似"帝国公民身份"之类的东西，确保英国臣民在帝国内部任何地方都享有相同权利，又或是位置可以改变法律地位？这场讨论推动了澄清戒严法规则的新尝试，其中特别受关注的问题是戒严法构成对普通法的暂停，还是另一种形式的延续。帝国内部任何地方的法治例外可能都会腐蚀宗主国中心的自由，这种担忧激发了对艾尔的自由主义批判。[168]

本章考察的有关流放的法律政治和对流放地的统治提醒我们，这些 19 世纪晚期有关帝国宪法的问题属于宗主国和帝国话语与实践的长期传统，这些问题也并不只针对大西洋殖民地统治，或者只限于有关奴隶主的法律特权和政治权力的讨论。为流放地建立法律上一贯的规训秩序而做出微小且地理上分散的尝试，令我们想起有关委派的当地法律权威与帝国统治之间的冲突所具有的普遍和结构性本质。这段历史也有助于我们记住那些从未远离殖民地官员政治想象的空间指示物：对帝国主权问题的岛屿解决方法。

试想一下统治一个多岛帝国的挑战以及对异常飞地腐蚀性影响的担忧是如何在西班牙及其帝国内部持续相互交织。正如我们所见，驻防区在 18 世纪晚期激增，反映了这一时期具有地理上不均匀效果的帝国军事化趋势，这种帝国军事化在 19 世纪早期

〔168〕 科斯托注意到，对该争论的强度更深层次的解释是，维多利亚时代中期的"道德想象……从根本上说就是一种法律想象"。Kostal, *Jurisprudence of Power*, 20.

新的拉丁美洲政治体有关主权的斗争上有了新的意义和发展轨迹。历史学家将拉丁美洲的立宪主义描述为一种通过特殊对待有关权利的秩序而对具体的地区环境做出回应的运动。[169] 我们也了解到，18 世纪晚期帝国的军事化构成了该地区重塑殖民主义"遗产"故事的一部分。[170] 但是，将军事法律作为一种宪法问题带入 19 世纪的制度、实践和冲突尚未清楚地得到追溯。

213

我们在此无法公允地看待它们，但有一些联系值得提及。在殖民时代晚期，当地民兵组织扮演着新的法律和政治角色，并且

---

〔169〕 Jeremy Adelman, *Sovereignty and Revolution in the Iberian Atlantic* (Princeton, NJ: Princeton University Press, 2006); and see also Ivan Jaksic, *Andrés Bello: Scholarship and Nation-Building in Nineteenth-Century Latin America* (Cambridge: Cambridge University Press, 2001).

〔170〕 然而，殖民军国主义影响后殖民法律和政治的方式并未得到深入发掘。一种简单化的论证路径就是：殖民军国主义通过促使狂热崇拜始于征服者的军事指挥官个人统治，为考迪罗主义（*caudillismo*）以及侍从主义（clientelism）铺平道路。See John J. Johnson, *The Military and Society in Latin America* (Stanford, CA: Stanford University Press, 1964). 有一本书意图提供对"殖民遗产"的一种更精细的分析，该书提到了这种路径但没有对 19 世纪的军事做出分析。Jeremy Adelman, "Introduction", *Colonial Legacies: The Problem of Persistence in Latin American History*, ed. Jeremy Adelman (New York: Routledge, 1999), 1-13, 9. 其他案例研究审视了"刚独立时期极权主义与军国主义之间……紧密的联系"，但是这些研究更关注军事和政治而非法律。Linda Alexander Rodríguez, "Authoritarianism and Militarism", in *Rank and Privilege: The Military and Society in Latin America*, ed. *Linda Alexander Rodríguez* (Wilmington, DE: Rowman and Littlefield, 1994), 37-54, 38. 一般而言，19 世纪早期考迪罗主义与军国主义被视为混乱的源头，不过我在其他地方提到过，军事独裁者在其势力范围之内作为法律权威行事，而且他们与正在兴起的国家权威的竞争可以部分地被理解为管辖权政治的变体（Benton, *Law and Colonial Cultures*, chap. 6）。对政治失序的讨论，参见 Brian Loveman and Thomas M. Davies Jr., "Instability, Violence, and the Age of Caudillos", *The Politics of Antipolitics: The Military in Latin America*, ed. Brian Loveman and Thomas M. Davies (Wilmington, DE: Rowman and Littlefield, 1997), 15-28；还有，关于乡村的法律控制作为 19 世纪国内法律政治的一个要素的讨论，参见 Benton, *Law and Colonial Cultures*, chap. 6.

导致许多地方处于军事管辖权或军事裁判权（*fuero militar*）不断扩大的范围中。军事裁判权长期以来都是次要的法律管辖权集合，当那些并非严格意义上的军人（诸如民兵组织的成员或军队服务的提供者）发现主张对他们适用军事裁判权有利时，军事裁判权就具有了重要性。[171] 同时，精英的军事化以及对军事防卫的持续关注，有助于促使军事指挥官在殖民地政治中更牢固地掌控政权。这一动向在 19 世纪初西班牙帝国的许多地方显而易见，但是其在整个帝国内部的发展轨迹却不均匀。这一动向也符合更广泛的有关帝国宪法的政治话语。

214 　　在西班牙，历部宪法的自由主义设计者既倡导将各殖民地并入一个单一的政治社区，又列举了使各殖民地在法律上成为例外的独特社会和政治特质。正如约瑟普·弗雷德拉（Josep Fradera）提到的，西班牙自由主义者分离军事和政治权力的目标被认为在那些忠诚都成问题的殖民地是无法实现。[172] 在殖民地，军事与政治权力的关系沿着多条轨迹发展。在古巴和波多黎各，殖民统治在兼具政治和军事权力的将官掌控下被重新设置。连同菲律宾，这些地方都是被重构的帝国的"岛屿式帝国飞地"。[173] 在其

---

〔171〕 McAlister, "The Fuero Militar". 对民兵组织在 18 世纪社会流动以及社会等级中的作用的讨论，参见 Jorge I. Dominguez, "International War and Government Modernization: The Military—A Case Study", in Rodríguez, *Rank and Privilege*, 1–36.

〔172〕 对西班牙自由主义者的冲突目标以及将殖民地定义成法律上的例外所做的一项杰出分析，参见 Josep Maria Fradera, *Gobernar colonias*（Barcelona: Ediciones Península, 1999），71–125.

〔173〕 各殖民地都存在的情况是：主要的防御工事、有影响力的民兵组织、快速增长的农业出口经济以及对帝国其他组成部分的财政消耗。Josep Maria Fradera, *Colonias para después de un imperio*（Barcelona: Edicions Bellaterra, 2005），31–2.

他地方，纵贯整个帝国的一系列冲突在拿破仑入侵西班牙后的数十年为军国主义带来新的曙光。随着乡村武装力量挑战以及在某些情况下超越了商业精英控制的城市中心力量，各种形式的"军事化政治"对空间分割的新模式做出了回应。[174]

　　持续的战争促使法律精英重视秩序，不论秩序如何产生。当新兴国家的政府积极寻求国际承认时，他们在欧洲的谈判倾向于围绕承诺偿还债务以及显示强有力的政府机构展开。比如，智利的领袖于19世纪20年代竭力建立宪政秩序，同时他们在伦敦的代表却苦于无法"向英国政府提供证据证明智利正在……强化政府机构"。[175] 确立国际合法性的工程与宪法起草问题汇集在一起，由该地区主要的法典编纂者安德烈斯·贝略（Andrés Bello）努力对此做出阐释。贝略坚称西班牙帝国统治绝不代表"凶猛无情的暴政"，他由此切入为殖民国家提供制度延续性这一复杂问题。[176] 作为边沁著作的学习者，贝略赞同从强调立法作为主权的基本条件到强调规则执行作为此项条件的微妙转变。[177] 在1833年的宪法及其政治余波中，军事化的所有元素在殖民晚期和革命时期的几十年间得到强化：政治精英和军事领袖在专制且有政治影响力的国民警卫队中发生融合；包含中止宪法和公民自由

---

〔174〕 Adelman, *Sovereignty and Revolution*, 261.

〔175〕 Jaksic, *Andrés Bello*, 97.

〔176〕 Jaksic, *Andrés Bello*, 135, 用原文以示强调；and see chapter 10 in Matthew C. Mirow, *Latin American Law: A History of Private Law and Institutions in Spanish America* (Austin: University of Texas Press, 2004).

〔177〕 贝略坚称，"参与公共事务的能力远不如确保生命和财产安全的能力重要"。Jaksic, *Andrés Bello*, 178.

在内的总统"无与伦比的权能";以及在特定省份宣布戒严状态。1833 至 1861 年间,某种紧急状态在智利占据了一半的时间。

在此背景下,贝略赞成边沁关于法典编纂作为政治秩序关键的洞见,并且引用边沁有关全景敞视监狱的观点,作为构筑一个强化该政治秩序的监狱制度的灵感来源。胡安·费尔南德斯群岛的流放地位于马斯蒂拉岛上,该流放地在有关政治和法律秩序的讨论中处于象征性的中心位置。1814 至 1854 年间,该流放地既囚禁着政治犯,又囚禁着普通罪犯。为应对贝略所称的"反复出现的逃跑、叛乱和血腥事件",它几度暂停运转,最长的一次是 1837 至 1851 年。[178] 推动宗教裁判所作为替代解决方案时,贝略也曲解了边沁对流放地所做的批判。贝略认为,胡安·费尔南德斯群岛的问题是它在结构上有缺陷。将人圈禁在一个"荒凉而遥远的岛屿上",总是会激发逃跑的动机、创造制服守卫的机会以及在负责的官员间滋生腐败的趋势。这种地方将需要"不偏不倚的观察员不断地密切检查",就好像该流放地本身就是全景敞视

216

---

[178] Andrés Bello, "El presidio ambulante", in Sistema carcelario en Chile: Visiones, realidades y proyectos (1816 - 1916), ed. Marco Antonio León León (Santiago, Chile: Dirección de Bibliotecas, Archivos y Museos, Centro de Investigaciones Diego Barros Arana, 1996), 69-71, 70; 我自己的翻译。有关这些事件的详细历史无法在此呈现,但值得注意的是,在努力维持将该岛用作流放地的过程中,智利政府尝试了不同的机制,包括试图根据一项私人契约运营该岛。第一批政治犯是反保皇派,而后续的共和政体也将政治上的竞争对手放逐到该岛。士兵和囚犯于 1834 年的联合叛变引起了公众的特别关注,当时该驻防区新任命的英国总督托马斯·萨克利夫(Thomas Sutcliffe)在圣地亚哥因被指控以残酷和武断的行为引发叛乱而受审并被宣告无罪。See chapter 4 of Marco Antonio León León, *Encierro y corrección: La configuración de un sistema de prisiones en Chile: 1800 - 1911*, vol. 2 (Santiago: Universidad Central de Chile, Facultad de Ciencias Jurídicas y Sociales, 2003) and Woodward, *Robinson Crusoe's Island*.

监狱内的一间牢房。[179] 有意思的是，贝略和其他与波塔利斯政权有关的人吸取了死刑是一项不可替代的国家工具的观点。对贝略来说，胡安·费尔南德斯群岛的频繁骚乱表明"死刑在今天并非唯一有效的惩罚"。[180]

在拉丁美洲独立后的政治中，该区域的其他地方也有对流放地的类似运用。在 18 世纪 90 年代，哈瓦那的行政官员对圣多明各爆发的暴力事件表示担忧，他们考虑派出黑人辅助部队的领导者前往位于皮诺斯岛的流放地。[181] 在受命为避免骚乱加剧而不得将"法国奴隶"贩卖到波多黎各的同时，行政官员将俘获的奴隶送往皮诺斯岛。[182] 大约一个世纪之后，也就是 19 世纪 70 年代，该小岛一直被用作内部流放"暴乱分子"的地方。[183] 一些新的流放地点在独立后即刻设立起来，比如 1828 年在福克兰群岛上的路易斯港，还有其他一些刑罚地点于 19 世纪下半叶在西

---

[179]　Andrés Bello, "Establecimientos de confinación para los delincuentes", in León León, *Sistema carcelario en Chile*, 47−8.

[180]　Andrés Bello, "Establecimientos de confinación para los delincuentes", in León León, *Sistema carcelario en Chile*, 47. 波塔莱斯（Portales）指控其政敌拉蒙·弗莱雷（Ramón Freire）时强调了此点，此人正如波塔莱斯所坚持的那样，被法院判处流放而非死刑。波塔莱斯在该案之后通过立法强制法官为他们的判刑提供正当理由，此举特别旨在加强对司法系统的控制。See León León, *Encierro y corrección*, 55.

[181]　ES 41091. AGI/1. 16417. 1. 6/ESATDO, 5B, N. 176.

[182]　ES. 47161. AGS/1. 1. 19. 12/SGU, Leg 1, SGU, Leg, 7163, 7.

[183]　在乌查玛（Ultramar）的国家历史档案馆（Archivo Histórico Nacional, 以下简称 AHN），大约有 100 个文档记录了这些情况。比如，乌查玛国家历史档案馆第 4386 号文档的 EXP. 6 记载了有 21 个人因背信弃义被判流放皮诺斯岛。

班牙的殖民地和新的共和国设立。[184] 在 1871 年出版的一本小册子《在古巴的政治监牢》（*El presidio político en Cuba*）中，何塞·马蒂描述了苦役犯遭到的非人待遇，他将之视为有关帝国荣耀的空洞修辞之证据："在那里，国家统一不光彩，满是鞭打和谋杀。在这里，群情激昂，歌功颂德，人心鼓舞。"[185]

217　　当有关驻防区圈禁和岛屿放逐的长期实践提供了先例时，18世纪末的帝国流放制度纳入了许多这样的地方。但是，驻防区的法律和政治意义在宪法与共和政治的背景下以及在 19 世纪的帝国政治中发生了转变。在智利，驻防区开始表明一个处于新生国家严密控制以外的区域是危险的。包括处于新宪法和法律秩序建构中的核心人物在内的精英们认为，驻防区既远离国家控制的范围，又不够艰苦。这些联想符合一种更广泛的联系模式，里卡多·萨尔瓦托（Ricardo Salvatore）在记述 19 世纪中期阿根廷接纳死刑时所称的"死亡和自由主义"的联合。[186] 与此同时，作为驱

---

　　[184]　1852 年在菲律宾的巴拉望岛上建成普林塞萨港（Puerto Princesa）；1879 年在费尔南多波岛上设立了一个流放地以容纳来自古巴的囚犯；阿根廷在艾斯塔多岛（Isla de los Estados，或称马尔维纳斯群岛或福克兰群岛）上设立一个流放地，该流放地于 1899 至 1902 年运转，之后搬到了火地岛（Tierra del Fuego）；墨西哥于 1905 年在玛丽亚群岛（Islas Marías）上设立一个流放地；巴拿马于 1919 年在科伊堡（Coibo）建起一个流放地；还有厄瓜多尔在 1946 至 1959 年间将伊莎贝拉岛（Isabella Island）用作囚禁犯人。

　　[185]　José Martí and Celina Manzoni, *El presidio político en Cuba*, *último diario y otros textos*（Buenos Aires：Editorial Biblos, 1995），59.（"La integridad nacional deshonra, azota, asesina allá. Y conmueve, engrandezca, entusiasme aquí."）

　　[186]　Ricardo Donato Salvatore, "Death and Liberalism：Capital Punishment after the Fall of Rosas", in *Crime and Punishment in Latin America：Law and Society since Late Colonial Times*, ed. Ricardo Donato Salvatore, Carlos Aguirre, and G. M. Joseph（Durham, NC：Duke University Press, 2001），308–41.

逐之地的驻防区可以成为持久的西班牙主权不均匀分布的益处之象征——正如马蒂所写的"血痕"。[187] 这两种话语都在宪法秩序的塑造中发挥了作用，而宪法秩序将中央政治权威的维持与作为暂时例外的戒严状态以及适用于平民的军事监狱的空间和法律异常状态相结合。

小　结

历史学家们一直多少有些不情愿将有关流放地法律定序的变动规划视为帝国宪法政治的组成部分。有一个原因很容易确定：流放地的激增与欧洲和美国监狱制度的兴起不谋而合，并且流放经常作为在本土监禁罪犯的替代方案进入公众讨论之中。这种对照抵消了关于帝国主权的种种考虑；即使对边沁来说，不论罪犯在本土还是海外，欧洲各政府有权约束和惩罚他们是无可置疑的。如果流放地是监狱，其总督就可以被称为监狱长。哪怕某些监狱长可能会严厉地对待囚犯，他们的惩罚特权以及他们背后的国家主权都无可争辩。

在实践中，正如我们所见的，流放地的委派法律权威无所不包却定义简单。即便不是所有流放地，大多数流放地除了罪犯还有居民，而士兵与定居者的出现自动造成了非罪犯者生活的异常环境，使他们处在原本不是为其设置的规训秩序之下。进一步

218

---

[187]　Martí and Manzoni, *El Presidio Político*, 40.

说，流放地像其他强制劳动机制一样，构成对秩序的持久危害。暴动的威胁不仅激发了偶然的罕见暴力行为，也促成了这种暴力行为制度化。即使宣布例外状态的权威以及要适用的法律类型尚未确定，法律的悬置也开始被纳入法律结构之中。[188] 戒严法提供了这些宪法性问题之间的联系。这一时期对戒严法和军事法律的讨论很少。[189] 我们已经看到，军事法律权威与军队规训秩序的日常管理相联系，也与在可能要保护公共秩序的"必要"时刻适用战争法相联系。正如边沁认识到的，在任何殖民地背景下适用戒严法都会引发有关宣布戒严法的权威、戒严法的适用范围以及持续时间的宪法性问题。

流放地受到多种法律分支——流放法和紧急状态法——的影响，而这两个法律领域都有模糊之处。流放的法律传统未界定对处于流放地的罪犯的管辖权性质。在欧洲的罪犯流放中，一系列的实践逐渐填补了这片空白，并且这些实践只是部分地受到各帝国中心的指示。在 18 世纪中期数十年，马里兰和弗吉尼亚的英国罪犯变化且不确定的法律地位就是这一进程的范例；罪犯们在葡萄牙帝国中经济作用的多样化则是另一个范例。法国和西班牙法律规定的桨帆船劳役与罪犯流放到海外刑罚执行地点之间的连续性将军官塑造成流放地点的法律权威。但是，随着流放取决于

---

〔188〕 纳塞尔·侯赛因（Nasser Hussain）令人信服地指出，在帝国内部宣告戒严法的根据最终开始依赖于欧洲人对殖民地臣民的种族和文化差异造成一种持久的叛乱威胁的认知。殖民地法律开始充斥着侯赛因所称的"紧急状态的法律理论"。Hussain, *Jurisprudence of Emergency*.

〔189〕 的确，或许后来也如此。对法学家有关戒严法的著作在英国的谱系所做的一项杰出研究，参见 Kostal, *Jurisprudence of Power*.

又或是创造了一种抵达（并且几乎再也不离开）流放群岛的罪犯
"在法律上非人"的地位时，这种看似简单的转变包含着隐藏的
不连续性。[190] 军事法律同时通过两道门进入了流放地。通过其
中一道门，军事规训机制将位于偏远地区的平民包括在内；通过
另一道门，行政官员们援引戒严法对界定不明的紧急情势做出
反应。

　　罪犯流放法与军事法律或戒严法这两个法律分支都有着帝国
刑事殖民工程意图强化的内置空间关联。有关流放的罗马法，为
在岛屿上隔离罪犯提供了支持。在罪犯的流放制度中，特别是在
诸如圣多美、普林西比、锡兰、塞布尔岛、胡安·费尔南德斯群
岛、范迪门之地以及诺福克岛的偏远岛屿目的地的指定上，或者
在位于波士顿港口的鹿岛、远离开普殖民地的罗布恩岛（Robben
Island）、远离古巴的松鼠岛以及墨西哥附近的玛丽亚群岛这些近
似岛屿监狱的地方，帝国政策保留并复兴了这种有意为之的隔
离——而且并非仅是一种无差别的驱离。这段处于转折中的殖民
历史加深了岛屿与罪犯流放之间的联系。不足令人为奇的是，乔
治·马比（George Marby）船长于 1873 年致信英国内政部国务大
臣，对"格陵兰岛东部展现的优势"大加赞赏，从而将之作为一
个"特别适合用作流放地"的地点，因为它与世隔绝使得"逃跑
无从进行"。[191] 更晚一点，位于马德里的道德科学和政治皇家学
院（Real Academia de Ciencias Morales y Políticas）于 1875 年发起一场论

〔190〕 Spieler, "Empire and Underworld".
〔191〕 TNA, HO 44/30 ff. 59–60, f. 59.

219

文论战，讨论的主题是西班牙应在马里亚纳群岛设立流放地，还是应像"英国在博特尼海湾［所做的］那样"在几内亚海湾的群岛上设立流放地。[192] 法国同样也引用博特尼海湾的例子，于1852 年将一船新的罪犯安置在远离法属圭亚那的萨吕群岛（îles du Salut）上，并于 1863 年宣告新喀里多尼亚（New Caledonia）作为流放地点。[193] 在 20 世纪初期，恶魔岛（Devil's Island）是萨吕群岛中的一个岛屿，并且只是多个位于法属圭亚那的罪犯中转地当中的一个，该岛作为流放地恐怖景象的象征进入了跨国流行文化中。[194]

220

　　在关于罪犯流放的想象法律地理中，自然会将罪犯隔离在一处，军事统治会确保秩序，系统性的暴力则会对定义模糊的必要性做出反应。正如我们在对勒梅因岛作为潜在的罪犯安置地的讨论中所见，对安全的担忧影响着本土行政官员对流放地点的选

　　〔192〕　获胜的论文设想了一种跨越多组岛屿的刑罚制度，罪犯被送到位于圭亚那海湾的第三个岛屿之前要在科里斯科岛（Corisco）和安诺本岛（Annobon）上完成一段时间的农业劳动，或者被流放到马里亚纳群岛之前要待在塞班岛（Saypan）和提尼安岛（Tinian）上完成一段时间的农业劳动。Francisco Lastres y Juiz and Eduardo Martínez, *La colonización penitenciaria de las Marianas y Fernando Póo*（Madrid：Imprenta y Librería de Eduardo Martínez, 1878），66.

　　〔193〕　法国人考虑过其他地点，包括西澳大利亚、马达加斯加、塞拉利昂以及圣多米尼各。关于博特尼海湾的影响，参见 chapter 7 in Leslie R. Marchant, *France Australe：The French Search for the Southland and Subsequent Explorations and Plans to Found a Penal Colony and Strategic Base in South Western Australia 1503-1826*（Perth：Scott Four Colour Print, 1998）. And see Colin Forster, *France and Botany Bay：The Lure of a Penal Colony*（Carlton South：Melbourne University Press, 1996）.

　　〔194〕　恶魔岛直到 1894 年之后才有这种名声，当时它是留给那些不用劳动但却被完全隔离的政治犯的。对更广泛的有关 20 世纪法属圭亚那文化话语所做的讨论，参见 Peter Redfield, *Space in the Tropics：From Convicts to Rockets in French Guiana*（Berkeley：University of California Press, 2000）.

择。就像在福克兰岛上一样，在流放地岛屿上戒严法由当地指挥官强制施行，因为他们担心暴动者会乱砍乱杀，屠戮行政官员、士兵及其家人。也正是令囚犯无处可逃的隔绝状态，阻止了定居者和行政官员在叛乱发生的情况下逃跑。因为岛屿要塞经常是在运送罪犯去构筑要塞的那批海军军官指挥下建立的，所以"暴动"一词并非随意引用，而是用来有意转变对岛屿的理解，使之与海上船舶相类似：易于遭受暴乱为指挥官们保卫秩序所采取的非常手段提供正当理由。对岛屿暴乱危险的其他联想通过奴隶叛乱者故事的流传渗透到大西洋世界。为自己在诺福克岛的行为辩护时，福沃能够指望他的听众对一小股控制岛屿的军事部队在一群被剥夺公民权利的亡命之徒手中灭绝的恐怖描述感到熟悉。

流放地不受法律支配的氛围的确产生了影响。由于苦役犯几乎相当于被完全剥夺法律救济的权利，他们从历史记录中消失便不会遭到异议。除了一名心怀不满的助理外科医生喜欢写信控诉之外，福沃少校实行恐怖统治并未受到正式的质疑。但是，囚犯在法律上的孤绝状态、薄弱的制度保护以及指挥官的残酷镇压，并不会令我们将流放地归结为无法之地。军事法律并没有鼓吹一种完善或复杂的法律理论，戒严法原本也是要免除特别过分的行为和儆戒性的惩罚，比如在福克兰岛或马斯地岛（Más a Tierra）对叛乱者的处决。不过，戒严法机制确实依据某种法律运作，并且它们在帝国秩序当中有着可定义的位置。正是这些特质将流放地同更广泛的宪法政治相联系。

流放地的法律治理所引发的问题更普遍地存在于殖民统治 221

中，并且通过简单的类比也存在于有关奴隶制的宪法政治中。特别是，岛屿流放地的统治依赖于一种对主权的理解，这种理解允许对行使委派的法律权威所施加的制度化限制存在空间上的例外。边沁和其他人对这些例外可能侵蚀法治所表达的担忧在 19世纪早期是缺乏强大影响力的修辞立场，但是这些立场后来出现在有关帝国公民权利的争论背景中。空间上不均匀的帝国法律机制设想了一幅永久的差异化权利机制的图景。流放地不仅是宣告戒严法的临时例外，更作为戒严法的"温床"滋生了宪法上的冲突。罪犯的流放原本是用于扩大和防卫作为统一体系的帝国，却让对正在形成的帝国秩序图景构成挑战的法律异常区块成倍增加。

第五章

内陆

殖民飞地和准主权问题

> 封建体制自然而然地向下级权威的遥远分支自我扩散。这种
> 统治的一般特征具有该地区的特殊表现形式，该地区被高山分割
> 成诸多几乎只有当地人才能到达的分区域，它们有关口守护，或
> 者因难以理解的情况变得复杂，由此国家的正义再不能抵达。
>
> ——塞缪尔·约翰逊，《苏格兰西部群岛旅行记》

"最先映入眼帘的是高山"

据布罗代尔所说，从 16 世纪地中海世界的平原上凝视高山就 ²²² 是在回顾过去。[1] 高山在地理上是古老的而在社会上是原始的：它们是史前断褶和古老内陆海洋的证明，也是自沿海平原远离疾病和敌人而变得安全之前的时代起关于定居的标志。罗马的影响

---

[1] "最先映入眼帘的是高山"是布罗代尔为关于本段提及的高山地理一章所取的标题。Fernand Braudel, *The Mediterranean and the Mediterranean World in the Age of Philip II* (New York：Harper and Row, 1976), 1：25.

被削弱了，并且宗教信仰的转变——既有转信基督教，也有转信伊斯兰教——比在平原上进展得缓慢。这些地中海的"山顶世界"是相互分离的世界，是"半荒芜"且"半野蛮"的宗教派系和"异端邪教"的庇护之地。[2]不过，尽管山区有着变化缓慢和居民"朴实轻信"的声名，它们也可能经历平原政治体的征服和再征服所带来的快速且剧烈的转变，而大多数的平原政治体对高原都只建立过脆弱的控制。[3]

就像约翰逊在 18 世纪中期对阻碍"国家正义"的苏格兰岛屿崎岖的地形所做的思考一样，布罗代尔将山区和丘陵地带刻画成古代实践的保留地，促使了它们与法律原始主义相联系。由于封建司法无法渗透，科西嘉岛和其他山区飞地上的世族仇杀大量存在。丘陵和高山的法律制度如同上层社会一样落后，以至于这些地区被称为"自由、民主和农民共和国"之地。[4]故事在整个地中海地区都是一样的：在希腊、阿尔巴尼亚和黎巴嫩的山区乡村，"土耳其式的专制主义"并不奏效。[5]即便是在山区定居者的贸易、游牧以及季节性劳动力迁移将高地与低地相联系的情况下，有关深层次文化和制度差异的看法仍然存在。

文明的平原与原始的山区之间的对比属于有着古典根源的知识传统，这是一种现代早期的联想、启蒙运动的复兴以及进化的

---

〔2〕 Braudel, *Mediterranean*, 34，29，37.

〔3〕 Braudel, *Mediterranean*, 37. 要注意的是，布罗代尔将高山和丘陵地区相区分，但并不总是如此。

〔4〕 Braudel, *Mediterranean*, 40.

〔5〕 Braudel, *Mediterranean*, 40.

转折——毫无疑问对布罗代尔产生了微妙的影响。高山是"有魔力的",因为它们的地理超越了时间。文明自下而上不理想的渗透不仅造成了文化差异,还造成了落后。变化只是外部干扰的结果,而外部干扰通常表现为来自低处的征服尝试。不同于 16 世纪的低地居民,布罗代尔并未对高地居民极尽讽刺之能事,不过容易想象的是,他对山区作为法律文化早期形式之庇护所的描述会如何助长对在政治上饱含感情的话语所做的历史描述与分析的混淆。[6]

　　从布罗代尔开始,一些历史学家就尝试从山区的居住条件和法律政治中理清低地居民的观念。有相当多的证据证明,低地和高地的边界在大多数时候以及在大多数地区都是可穿透的,居中居住的族群以及移民会越过这些边界,特别是平原居民,他们为逃避低地统治者、宗教正统以及税收而迁移到山区。[7] 地区历史推翻了对"原始居民"生活在与世隔绝的山区并避开更有活力的低地文明影响的神话式叙事。山区人民参与了国家制度和边界的建构。还有,山区进入了更广泛的政治和文化话语,作为除落后之外其他特质的象征。殖民地精英常常将高山描绘成健康安全的地带,远离炎热平原的退化环境,这在殖民背景下构成了一种

224

---

〔6〕　Braudel, *Mediterranean*, 46.

〔7〕　关于可穿透性,参见 James C. Scott, "La montagne et la liberté, ou pourquoi les civilisations ne savent pas grimper", *Critique Internationale* 11（2001）, 85-104, 86. 我的翻译。

对欧洲宪法的威胁。[8]

尽管有这些趋向，山区与原始习俗的联系依旧强有力且持久。对詹姆斯·斯科特来说，高山的"魔力"恰恰就在于有关落后的话语面临与之相抵触的发现时出现反弹。[9] 这种刻板印象跨越几个世纪，在欧洲和殖民背景下广泛应用，并且深深扎根于其他帝国和世界各地，包括中国和东南亚的低地政治体。人们会好奇高地与低地之间的张力能否构成人类历史中的根本要素，就像游牧民族与定居人口之间的关系那样。斯科特将山区的历史社会学以及它们与政治权力的关系提炼成两种说法："文明'不知如何攀山越岭'"，以及"人们或集体或单独'翻山越岭'以逃避文明。"[10]

225 本章探索的是这种不论真实还是想象的关系塑造法律的方式。特别是，本章认为，将高山地区和丘陵地带归类为独特的政治和文化空间，有助于显示国际法在帝国内部的适用情况。山区

---

〔8〕 对高地居民和低地居民有关山区政治地位的观点异同所做的一项研究，参见 Peter Sahlins, *Boundaries: The Making of France and Spain in the Pyrenees* (Berkeley: University of California Press, 1991). 对某个山区在国家启蒙话语中的呈现方式所做的一项分析，参见 Kären Wigen, "Discovering the Japanese Alps: Meiji Mountaineering and the Quest for Geographical Enlightenment", *Journal of Japanese Studies* 31, no. 1 (2005), 1-26. 还有，对有关高山作为有益健康的区域与热带平原的危险气候形成对比的英国殖民话语所做的讨论，参见 David Arnold, *Colonizing the Body: State Medicine and Epidemic Disease in Nineteenth-Century India* (Berkeley: University of California Press, 1993); Mark Harrison, *Climates and Constitutions: Health, Race, Environment and British Imperialism in India, 1600-1850* (New York: Oxford University Press, 1999); and especially Dane Keith Kennedy, *The Magic Mountains: Hill Stations and the British Raj* (Berkeley: University of California Press, 1996).

〔9〕 Scott, "Montagne et la liberté", 89.

〔10〕 Scott, "Montagne et la liberté", 96, 我的翻译。

被视为有潜力逐渐变得现代，却又不会完全变得现代的原始地区，它们可以被视作处于持续转变中的地区。它们可能努力实现并且也将得到回报的，只是类型和数量与它们发展程度相匹配的法律。帝国治理似乎要求殖民者保留对法律特权的掌控。相反，主权的功能可以随着各块领地的发展被切割并分派给它们的观念，与主权由一束可分开的权能构成而变得可分割的古老观念的新版本相关。当低地殖民领地甚至是尝试固化自然形成的小邦的高地政治体维持着能够产生小规模专制的主权权利集合时，山区的稀薄空气却只能维持薄弱的主权权能集合。这种预设的专制倾向自相矛盾地肯定了山区主权的形式更具纯粹性，有时又暗示着山区应获得更多的自治。统治山区领地要求的不仅是帝国法律治理的简单延伸，还需要解决在帝国内部融入不同类型臣民和多种不同政治体的问题。

与国际法的联系，也从将高地居民作为能够聚集有效战斗力量却无力组织官僚法律机构的好战分子的描述中产生。欧洲的行政官员将山区描述成易于使用暴力的地区，并且将这种观点发展成一项干涉的理由。山区主权的"原始"特性暗示着山地应被放任自流，被允许将它们的军国主义转向对内，而不是对外指向帝国并进行争斗，就好像在缺乏一个凌驾一切之上的政治权威的国际秩序内部处于冲突中的小国所做的那样。[11] 与此同时，附属的政治实体对最高统治权的任何揣度，都会构成对帝国主权的潜在挑

---

〔11〕　或者，要不然就是去为帝国征战。关于高地居民对军人的勇猛的认知，参见 Heather Streets, *Martial Races: The Military, Race and Masculinity in British Imperial Culture, 1857-1914* (Manchester, U.K.: Manchester University Press, 2004).

战，因此山区的法律政治直接进入对帝国宪法的更广泛的讨论中。

226 在几次扩大的欧洲帝国合法性危机中都谈到了山区统治的问题。在寻找将偏远地区的人民和政治体融入帝国的解决之道时，欧洲的法学家和殖民行政官员尝试了将帝国统治与领土的不均等和管辖权的复杂性相调和的各种策略。有这样一个时刻，就牵涉16 世纪对西班牙国王统治其海外帝国人民的道德和政治权利的讨论。本章开篇就简单回顾了西班牙人对印第安人法律地位的更广泛讨论是如何纳入对山区、分散的定居点以及小型政治体所做的描述，它们都是尚未完全被整合的帝国的组成部分。这一做法使我们能够识别法律话语的一些分支，这些分支将在更晚一些有关次主权政治体融入欧洲帝国的讨论中再次出现。然后，本章转向19 世纪末期，那时各帝国的领土主张变得更具扩张性，这种转变又一次对同时处在帝国法律秩序之内和之外的政治体和人民的问题予以突出关注。在该时期以及在各帝国领土扩张这一十分不同的背景下，殖民高地并未确定一条移动边界，取而代之却形成了无数飞地领土，即多个被包围在受到更直接殖民统治的地区中间的离散区域。飞地领土被描述为困在"上升的文明……浪潮"之上的隐喻高地，它们成为定义准主权并确定其在国际法中位置的精心努力所关注之重点。[12]

---

〔12〕 威尔金森（Wilkinson）用这个词来描述美国行政官员对西部各州之中印第安人飞地的认知。Charles F. Wilkinson, *American Indians, Time, and the Law: Native Societies in a Modern Constitutional Democracy* (New Haven, CT: Yale University Press, 1987), 17. 在写到印度诸土邦包括"未被英国征服浪潮淹没的大片领土，而这一浪潮将印度的其他地方显露出来又淹没"时，李华纳（Lee-Warner）使用了相同的比喻。William Lee-Warner, *The Protected Princes of India* (London: Macmillan, 1894).

重新定义准主权并确定其在更广泛的法律框架中的位置所带来的问题，由国际法律人和殖民行政官员——正如我们将看到的，两者是相互重叠的群体——共同承担。[13] 这两个群体的著述者最终都主张国际法对准主权体系的适用有限，并且他们有时会设想帝国权力不可逆转地走向一个统一的主权体系。这样看来，帝国的法律代表着一种万国公法（law of nation-states）的分解变体。不过，尽管殖民行政官员贡献了这一新兴的视角，他们面临的法律政治却同时敦促他们表达第三种立场：帝国法律具有独特的性质。在分析印度巴罗达土邦（Baroda）的法律危机以及该事件与不断演进的帝国法律秩序观念之间的联系时，我探索了这一过程。在该事件中以及一般情况下，对准主权问题的关注在将帝国法律治理的实务转化为帝国宪法的法律理论方面起了作用。[14]

将准主权理解成帝国宪法的问题，使得我们将在印度的讨论与在其他 19 世纪晚期殖民地（以及民族）背景下的法律政治相联系。本章最后一部分追寻了涉及非洲南部巴苏陀兰的准主权和美国印第安法的法律政治所产生的大相径庭的结果。这种比较的语境阐明了准主权作为一个宪法问题的多个维度。首先，它引起了对准主权的观念在全球传播的关注。关于介乎"国外"与"国

227

---

〔13〕 此处选择"准主权"来囊括许多用于描述关于共享或有限主权之安排的词语，包括"半主权"（semisovereignty）、"最高权威"（paramountcy）、"受保护国"（protectorates）以及"间接统治"（indirect rule）。国际法律人已经对这些词语做出某些区分，因此选择一个他们未普遍使用的词语用来指代关于被分割的统治的各种安排似乎更可取。

〔14〕 我在此处采取了赫尔斯博施于《构建帝国》（Constituting Empire）中有关帝国法律政治影响了 18 世纪纽约新宪法诞生的观点。关于全球范围内与赫尔斯博施所描述场景相类似的情况，参见 Benton, "Constitutions and Empires".

内"之间的一种类别的表述在各帝国和地区之间传播。其次，这些对比提醒我们准主权法律政治的开放性，其结果涵盖从确立在美国印第安人自留地进行广泛法律干预的正当理由，到在巴苏陀兰建立一个形式上独立的民族国家。最后，将印度诸土邦的法律史与其他附属政治体的历史并列在一起，有助于突出准主权的空间维度。受到更直接殖民统治的地区包围着半主权的领土，这些领土的飞地模式引发了类似的管辖权矛盾，这些矛盾转而又促成法律的周期性悬置以及新的法律区分类别产生。准主权邦国开始在各处都被视为异常的法律空间，其间帝国法律的适用无法进行简单的分类，甚至似乎需要偶尔的法律悬置。

山地政治体

鉴于其联想的力量，也许并不奇怪的是，有关山地作为法律原始主义之地的欧洲话语的各项要素自 16 世纪起便找到了进入欧洲殖民背景的途径。它们也与已经在欧洲呈现，但在殖民统治的建构中加剧的主权问题交织在一起。有关山地人民的话语契合了一系列更广泛的有关文明定义的问题，对"野蛮人"是否有自然权利的讨论以及对征服的道德和法律基础的争论。有关这些问题的著作引发了对小型政治体的特性及其留作帝国内部半自治单位的猜想。

将山地与政治上的孤立和冲突联系起来的先例很容易找到。

228

西班牙征服者以及行政官员可能对阿尔普哈拉斯山脉产生了相对较新的担忧，该山脉位于格拉纳达南部，是不肯改变宗教信仰且在政治上危险的摩尔人的一片保留区。16 世纪初的各种叛乱加剧了对山区隐藏着不信教者的永久"第五纵队"的恐惧，这种担忧一直持续到 1609 年摩里斯科人被驱逐前的最后一刻。英国在帝国扩张的前夕也有自己的"魔力"山区，即被伦敦精英阶层视为文化和法律上的原始世界的凯尔特边缘地带。吉拉尔德斯·坎布伦西斯（Giraldus Cambrensis）颇具影响力的《爱尔兰地志》（1188年）将爱尔兰归类为"每个人都可以怎么高兴就怎么做"的无秩之地。[15] 后来的编年史作者把爱尔兰、英格兰和苏格兰边境地区以及苏格兰高地和岛屿的居民混在一起视为野蛮人，认为他们天生就抗拒农业和政府。福尔顿的约翰（John of Fordun）在 14 世纪晚期著书立说时应和了广为传播的观点，将苏格兰的高地居民和岛民刻画成"野蛮且未开化的民族，粗鲁而不受约束……敌视英格兰人民及其语言……并且极其残酷"。[16]

将高地描绘成有利于异教徒避难以及形成横向团结之地的同

---

〔15〕 Andrew Hadfield and John McVeagh, *Strangers to That Land: British Perceptions of Ireland from the Reformation to the Famine* (Gerrards Cross, U. K.: Colin Smythe, 1994), 29, and see 7, 25.

〔16〕 Jane H. Ohlmeyer, "'Civilizinge of those Rude Partes': Colonization within Britain and Ireland, 1580s-1640s", *The Oxford History of the British Empire, Volume I: The Origins of Empire* (Oxford: 1998), 124-147, ed. Nicholas P. Canny (Oxford: Oxford University Press, 1998), 131. 奥米尔对 17 世纪的这一话语做出了精彩的综述。沙玛追寻了这一话语在 18 世纪的延续，将"18 世纪对原始美德的痴迷"与将阿尔卑斯山牧民描述为"原始的民主党人"相联系。Schama, *Landscape and Memory* (New York: Vintage, 1995), 479-80.

229　时，亦将平原和高原同开化、皇室控制以及教皇权威相联系，这与更广泛地将城镇理解为文明的标志相匹配。[17] 这种观念有着古典和中世纪根源，并且尤其在重新征服伊比利亚半岛的过程中得到强化，当时基督教的统治以建立城镇并授予其施行统治的议会和法典的模式得以推进。游行示威在英国与野蛮和无法状态相关，而要塞或者设防城镇分布在英国和法国不稳定的领土上，并且将内部秩序与超出它们控制的广阔周边区域截然区分开来。这些安排在一些重要的方面有着法律上的不同；在罗马的行政治理中，有着市政议会的城镇在它们的高墙之内以及可能包括村庄和村落的周边地区行使管辖权，要塞却处于军事等级结构中，享有的法律特权也不甚宽泛。但是，这些策略在空间上有着相似的效果：创造了不均等的边境地区，在那些地方一系列的飞地构成了无数同心区域，而非一条标志着皇家、军队或国家控制得以推进的不断移动的线。[18]

城镇或要塞与周围乡村之间的对比在文艺复兴时期的城镇景观中有明显表现，这种城镇景观将前景中棱角分明的街道和建筑物与背景中呈波浪形起伏的山丘相对比。仅是城镇的存在便暗示着对山区的驯化，山区在大多数这类图景中表现得毫无威胁，甚至一派田园诗般的景象。对自然被驯化的想象服务于城镇，也以

---

〔17〕　在古典思想中的相关意象是某种高地，它是与神圣生命起源相联系的区域以及与神的世界进行交流之地。关于"山的神圣性"，参见 Schama, *Landscape and Memory*, 408. And see María Eugenia Petit–Breuilh Sepúlveda, *Naturaleza y desastres en Hispanoamérica: La visión de los indígenas* (Madrid: Sílex, 2006), 77.

〔18〕　Kagan and Marías, *Urban Images*, 26–7. 地形差异与这种模式匹配不均匀，因为预先驻防的要塞和被攻占的城镇本身常常坐落能眺望令人渴望之山谷的高山上。

自己的方式进入了地方志以及对理想城镇地点的描述，这些描述将森林和山丘定位成用于殖民开拓的资源。这种惯例很容易被调换成对殖民城镇的描述，但伴随着一种明显的变化，即将山区更频繁地描绘成处在被驯化的城镇和港口空间之外的蛮荒地区（参见图5.1）。在西属美洲，新设立的城镇布局开始更明显地有别于周边乡村，周边乡村早期在殖民地图中通常以土著人的象形制图方式，作为一群分散的山丘被呈现出来。[19] 尽管新英格兰和弗吉尼亚的城镇有着不同的法律地位，并且分散的定居点是最适于农业拓展的模式这种观点得到更多强调，英属北美的城镇也还是被描绘成在政治动荡且危险的穷乡僻壤中的文明堡垒。[20] 对贸易站和要塞的看法藉由欧洲统治的飞地周围环绕的防御工事，使城镇空间更加明显地与周围乡村相区分。

　　这种意象和欧洲人在描述海外殖民时主张与罗马进行类比有关。特别在新世界的编年史中，援引与罗马的对比部分是为了凸显欧洲军队的军事实力——一种"胜于古人"的修辞策略，部分也是作为援引欧洲人的教养与印第安人的野蛮之对比的简略表达。

---

〔19〕 对绘制这种区分的混合风格的讨论，参见 Kagan and Marías, *Urban Images*, 14. 从更一般的意义上对混合制图风格的讨论，以及对山脉象形表示的讨论，参见 Mundy, *Mapping of New Spain*.

〔20〕 参见 Evan Haefeli and Kevin Sweeney, *Captors and Captives: The 1704 French and Indian Raid on Deerfield* (Amherst: University of Massachusetts Press, 2003)，引言和第一章。

图 5.1　被称为"农布雷·德·迪奥斯（Nombre de Dios）"的港口（公元 1590 年）。这幅图出自所谓的德雷克的手稿（即《印度的自然历史》），将海港和港口这种被驯化的空间与它们后面的蛮荒山脉相对比。藏于纽约的皮尔庞特·摩根图书馆，MA 3900，第 97 号对开本。该图片的说明文字（此处可以看到其中一部分）强调了此种区别，它提到图中的港口"坐落在一个多山的地区，那里空气沉闷且不健康，西班牙人不能在那里长时间生活"。[书稿的翻译出自摩根图书馆的《印度的自然历史：在摩根图书馆的德雷克手稿》，由诺顿出版社（W. W. Norton）于 1996 年在纽约出版，参见第 266 页。]

然而，与罗马的类比在适用时是有弹性的。[21] 常见的修辞是将印第安人描述成在罗马征服之前就已经拥有早期伊比利亚人或古代英国人的一些品质和美德。[22] 这种类比使对印第安人在西班牙帝国内部的待遇所做的批判得以将历史修正主义——对罗马的藐视即暴政的象征——与反对将印第安人归类为野蛮人的论点相结合。[23]

西班牙对在西印度群岛领地的讨论已经获得历史学家的诸多关注，而我无需在此概述已有的各种立场。[24] 对于我们的目的来说，至关重要的是同罗马的类比与将新世界某些地方和居民描述为实践着介于野蛮和礼貌（*policía*）之间的政治联合形式所具有的联系，"礼貌"一词指的是一大堆与文明有关的品质。对比印第安人与早期伊比利亚人（和古代英国人），就会牵涉到对一套特定品质的赞颂，这些品质当中有很多是积极的：勇敢、格斗技

232

---

〔21〕　对"胜于古人"的讨论，参见 David A. Lupher, *Romans in a New World: Classical Models in Sixteenth-Century Spanish America* (Ann Arbor: University of Michigan Press, 2003), chap. 1.

〔22〕　Lupher, *Romans in a New World*, chap. 1; Ohlmeyer, "Civilizinge of those Rude Partes"; Sabine MacCormack, *On the Wings of Time: Rome, the Incas, Spain, and Peru* (Princeton, NJ: Princeton University Press, 2007), Pagden, *Lords of All the World*, chap. 1.

〔23〕　Lupher, *Romans in a New World*, 219.

〔24〕　对此有用的综述，参见 Colin M. MacLachlan, *Spain's Empire in the New World: The Role of Ideas in Institutional and Social Change* (Berkeley: University of California Press, 1988); James Muldoon, *The Americas in the Spanish World Order: The Justification for Conquest in the Seventeenth Century* (Philadelphia: University of Pennsylvania Press, 1994); and Anthony Pagden, *Spanish Imperialism and the Political Imagination: Studies in European and Spanish-American Social and Political Theory, 1513-1830* (New Haven, CT: Yale University Press, 1990).

能以及通过灵活的政治动员形式实现治理。[25] 即便对那些不像拉斯·卡萨斯（Las Casas）那么坚持印第安人并非野蛮人的著述者来说，这些积极的品质连同有序治理的证据一并引发了对印第安人法律地位归类的挑战。印第安人似乎并不像 16 世纪信仰基督教的西班牙人那么进步，但至少和西班牙人的祖先一样开化。[26] 描述印第安人的文明程度时，西班牙的编年史作者发现中世纪晚期的概念 "自由城市"（behetría）特别有用，该词源起 13 世纪，是指一个社团组织有权选择自己的首领，首领由此便占据着一个不可继承的位置。该词似乎倾向于描述某些新世界印第安社区主要在战时推举临时的政治和军事领袖的实践。比如，胡安·德·阿科斯塔（Juan de Acosta）撰写《印第安人的自然与道德历史》时（1589 年）写道："新世界的大部分地方以这种方式被统治，虽然这些地方有一些头领和首领，就好像比平民更优越的骑士一样，这些地方却没有拥立国王，没有创建共和国，也没有已知王

---

〔25〕 尽管如此，这种对比也有用消极的词语来表达，就像拉斯·卡萨斯所说的，早期伊比利亚人的野蛮行径比新西班牙的土著居民糟糕得多。See Lupher, *Romans in a New World*, 219.

〔26〕 西班牙的评论家明白，征服本身已经把一些印第安人推向了偏远且分散的定居点。比如，洛佩斯·德·贝拉斯科在他 1574 年的《西印度群岛通用地理描述》一书中建立的理论说：征服摧毁了城镇，并且导致印第安人 "四散到荒野以及最崎岖的地方"，他们在那些地方的生活处于 "无政府" 状态。Juan López de Velasco, *Geografía y descripción universal de las Indias*, ed. Marco Jiménez de la Espada（Madrid: Atlas, 1971），73. 在整个的北美旅居最后行至新西班牙北部时，卡韦萨·德·巴卡报告称，看到印第安人 "藏匿于高山，四处逃避基督徒的杀戮或强迫为奴"。转引自 Adorno, *The Polemics of Possession*, 263. 缩小印第安人的村落或者强迫印第安人定居在城镇的政策，是为了使印第安人处于西班牙的权威和基督教教会势力之下。

朝的君主或国王。"[27]

　　将地形上的差异与新世界社会的文明程度相配对，是一件非常棘手的事情。[28] 在墨西哥高地和安第斯山脉，西班牙人遭遇了 新世界最强有力的政治体。不过，有关粗野的高地居民的观点还是会发挥作用。阿科斯塔形容齐齐米卡人（Chichimecas）是新西班牙"最古老和最原始的居民"，并认为他们总是喜欢遥远的高山且始终生活"在层峦叠嶂的山脉最崎岖且最厚实之处"。处于"自由城市"状态的印第安人定居在固定的社区，至少有可能对教化的力量顺服。[29] 这两个族群都"放任最好且最肥沃的土地无人居住"，所以当农耕的印第安人从北方迁来时，他们可以在高地平原上定居和耕种。[30] 这段叙述巧妙地将西班牙人对墨西哥中央峡谷的历史所掌握的一些信息和有关定居与文明之间联系的古典和中世纪观念相融合。在安第斯山脉的遭遇，激发了稍许有些不同的罗马类比。印加人本就自比罗马人，印加对周边社区

　　〔27〕 José de Acosta, *Historia natural y moral de las Indias*（Madrid：Historia 16，1987），405. 我自己的翻译。对"自由城市"的讨论，参见 Harald Braun, *Juan de Mariana and Early Modern Spanish Political Thought*（Burlington，VT：Ashgate，2007），36. 对另外一位西班牙编年史作者使用该词的讨论，参见 MacCormack, *On the Wings of Time*，90，184，207.

　　〔28〕 西班牙人清楚地意识到，印第安人自己有一套关于高地的联想。编年史作者描述了当地的仪式显现出对高山的尊重，尤其是火山，它是神一般的人物居住的圣地，而且以相互对立的力量（火与冰、空气与土壤、冷与热）之间的宇宙对抗为特征。佩提特·布雷赫·塞普尔维达提到，在"对高峰的狂热崇拜"上，美洲和欧洲关于高山的神话联想之间有一种惊人的同源性。对所有这些观点的讨论，参见 Petit-Breuilh Sepúlveda, *Naturaleza y desastres*，77-80.

　　〔29〕 Acosta, *Historia natural*，438-9. 我自己的翻译。

　　〔30〕 Acosta, *Historia natural*，441. 我自己的翻译。

的统治则被视为与罗马的统治相媲美，这些周边的小型政治体后来变成哥伦比亚和厄瓜多尔，在此也被描述成更加原始（但并非完全野蛮）的"自由城市"。[31] 认为印加人或多或少有教养而将之置于印第安人等级的顶端，并未完全改变其所处的地形等级。属于西班牙的秘鲁沿海地区仍旧与多山地区形成对比，多山地区被认为不易受西班牙文化的影响，并且更多地保留了本土的法律形式和司法。[32]

西班牙的评论家将战争看成可能是小型且分散的政治体的自然倾向。在写到 16 世纪中期成功发动反对西班牙统治之叛乱的阿劳干人（Araucanians）时，赫罗尼莫·德·比瓦尔评论说，他们"从古代开始就互相发动战争，因为他们全部分成不同的集团，一个团体的首领与另一个团体的首领争斗"。[33] 在西班牙的著述者看来，持续的战争冲突产生了一些积极影响，特别是这导致印加的统治得到强化。[34] 阿劳干人在"保卫自己的土地，抵御像西班牙人那样凶猛的敌人"时，因其"顽强的毅力和决心"著称。[35] 要放弃说某些印第安人有一种深受政治影响的接受暴力的倾向是很难的。在 18 世纪晚期，即使印第安人穿越安第斯山脉，

234

---

〔31〕 See MacCormack, *On the Wings of Time*, 90, 184, 207.

〔32〕 这一模式符合太平洋沿岸地区与安第斯山脉地区之间的语言差异，征服在太平洋沿岸地区带来了最大的改变，而安第斯山脉地区则由盖丘亚人（Quechua）和艾马拉人（Aymara）持续统治。MacCormack, *On the Wings of Time*, 19.

〔33〕 Gerónimo de Vivar, *Crónica y Relación copiosa y verdadera de los Reinos de Chile* (1558)，转引自 Lupher, *Romans in a New World*, 309.

〔34〕 Lupher, *Romans in a New World*, 91.

〔35〕 这一说法出自埃尔西亚（Ercilla）的史诗《阿劳加纳》（La Araucana），来源于卢浮的《新世界的罗马人》第 359 页注释 17 所翻译并援引的一篇文章。

通过多种形式的法律请求反对缴纳过度的贡品，殖民地行政官员也还是将他们描述成叛乱者，认为他们试图推翻西班牙权威且"毫不顺从地生活，因为这就是他们天生的脾性"。[36]

　这种对小型且好战的印第安政治体和人民永久处于冲突中的叙述在罗马人讨论的主题中发挥作用，也同时为西班牙统治的合法性论点提供支持。据弗朗西斯科·德·维多利亚所称，罗马人根据"战争权"来占有世界，而正如罗马人一样，西班牙人的征服被正当化是因为他们在不断交战的集团之间提供协助。[37] 拉斯·卡萨斯持类似观点，为西班牙人作为特拉斯卡拉人（Tlaxcalans）的同盟干涉墨西哥的正当性辩护。他还进一步提出，印第安人可以不同意西班牙人的统治。换句话说，他区分了教皇授予西班牙国王的"普遍性帝国管辖权"和需要印第安人同意才能"行使最高管辖权的权力"。[38] 一些历史学家强调，这种说法的独道之处在于表达了一种个体享有自然权利的观点。[39] 这种说法肯定地反映了广泛传播的有关小型政治体本质的观点，即它们名义上处于西班牙的统治范围以内，实际上则位

[36]　转引自 Serulnikov, *Subverting Colonial Authority*, 134. 塞鲁尔尼科夫的书，按年代顺序记录了波旁改革之前和在此期间印第安人的法律策略。

[37]　对维多利亚的援引，出自 Lupher, *Romans in a New World*, 73. 维多利亚甚至认为，由于印第安人享有包括自卫权在内的自然权利，并且无人能放弃这些权利，那么即使在未受请求的情况下，西班牙人也可介入去保护活人献祭或同类相食的受害者。Brian Tierney, *The Idea of Natural Rights：Studies on Natural Rights, Natural Law, and Church Law, 1150-1625* (Grand Rapids, MI：William B. Eerdmans, 2001), 281.

[38]　Tierney, *Idea of Natural Rights*, 283-4.

[39]　一项有关这一解释的令人信服的论述，参见 Tierney, *Idea of Natural Rights*, 283-7.

于其外。

西班牙的评论家对西班牙在新世界的主权所受的默示限制感到不安。正如詹姆斯·马尔登（James Muldoon）所展示的，当17世纪其他欧洲帝国的对抗性权利主张更具紧迫威胁时，知名法学家们重提了西班牙征服的合法性依赖于教皇捐赠的论点。[40] 这种简化西班牙统治基础的再次尝试既要与西班牙权威不均匀延伸的经验性证据缠斗，又要同关于统治权多重冲突定义的长期传统博弈，统治权在这种传统中既被定义为一种复合的政治共同体，又被定义为一个单一王国。[41] 关于新世界各社会古老特性的论述将这些政治体界定为处于帝国内部，但在空间上以及隐喻上又将它们置于帝国不稳定的边缘。这种表述虽然通过与罗马类比得以维持，但它取决于一种对现代早期帝国的理解，即现代早期帝国的构造不同于罗马帝国，自有其统治世界的理由。万民法的适用如今暗示着帝国内部存在多种政治体，帝国在不同程度上保留了形式上获得承认的与主权权力有关的一定权威。

我并不想声称关于帝国内部层状或不均匀的主权的历史取决于有关遥远山区落后的话语。我也不愿认为这种修辞在各片大陆

---

〔40〕 马尔登在《西班牙世界秩序中的美洲》（*The Americas in the Spanish World Order*）一书中详细概括了胡安·德·索洛萨诺（Juan de Solórzano）的观点。索洛萨诺明白，拉斯·卡萨斯的看法以及他的对手塞普尔维达的观点都很容易被其他欧洲帝国用以支持他们自己的对抗性权利主张，塞普尔维达认为印第安人的野蛮习性创造了文明人去统治他们的一项权利。

〔41〕 Pagden, *Lords of All the World*, 17.

以及各个世纪都毫无变化。但是，认识到在关于帝国统治结构与合法性的更广泛争论中提及偏远山区的原始主权具有某种象征性影响力，是有帮助的。作为帝国和殖民行政官员的欧洲评论家们引用罗马的先例，并且借用了将文明的标志与野蛮的象征进行对比的中世纪晚期类似意象。他们既钦佩又害怕似乎随处冒出来的首领指挥的快速动员。还有，他们保留了对山区的偏见，认为那是有着不完善统治、处于半文明状态以及存有特殊德性的地方。我们在对山区作为新世界奴隶制避难所的担忧中看到了这些影响，当时在牙买加、巴西、新西班牙和其他地方，逃亡的黑奴利用地形作为优势保护逃奴社区。我们后来也在法国区分阿尔及利亚的低地阿拉伯人与高地卡拜尔人（Kabyles）的公告，以及在葡萄牙人和巴西人对 19 世纪内陆地区（sertão）政治动荡的担忧中看到这些影响。[42] 这些联系在一支大英帝国军队的组建过程中再次显现，这支军队的特点是由主要来自山地的"好战种族"组

236

---

[42] 法国的行政官员注意到卡拜尔人的攻击性，但认为这与阿拉伯人的攻击性完全不同，因为卡拜尔人在自卫时才是暴力的。他们还对卡拜尔法与罗马法的相似性和可能存在的共同起源做出推测。参见 Patricia M. E. Lorcin, *Imperial Identities*: *Stereotyping, Prejudice and Race in Colonial Algeria* (London: I. B. Tauris, 1999)，特别是第一章和第七章。还有另一个例子：巴西的内陆地区不仅是干燥的偏远地区，还是一片满是低矮丘陵的地区。沿海的精英把该地区称为野蛮人之地，那里的居民"既不承认也不遵守"法律。Robert M. Levine, *Vale of Tears*: *Revisiting the Canudos Massacre in Northeastern Brazil, 1893-1897* (Berkeley: University of California Press, 1995), 79-80, 152.

成，并且是为了保卫中亚有争议的山脉而专门动员起来的。[43]
有关山区人民的法律、军事和政治特征的观点在人类地理学这一
新兴领域也受到重视，力图创造一种为适应地理环境而形成的社
会类型。[44] 还有，仍旧是在 19 世纪晚期，关于山区的法律原始
主义的观点成为有关国际法及其在帝国中适用的讨论的中心。有
一个问题非常古老：如何将既处于帝国法律秩序之内又处在其外
的政治体整合到帝国内部。帝国的政治环境以及正在形成的全球
治理模式会表明解决该问题的方式将不同于 16 世纪。有关高地
古代实践的常见修辞将告知人们调和各种不完全主权与扩张的帝
国权威的新策略。

创造准主权

国际法律人于 19 世纪下半叶接受了一种正在形成的国际法律

---

[43] 该计划通过象征性地加入苏格兰高地人、锡克教徒和廓尔克人（Gur-khas）将宗主国话语与殖民话语相结合。它借鉴了一些更古老的有关高地居民的观点并对之做出修改，比如，把这些群体描绘得对帝国特别忠诚。斯特里茨追溯了这一发展中的话语与帝国之间争夺对阿富汗的控制的直接联系。Streets, *Martial Races*, 146–7.

[44] 1911 年写作一本旨在推动弗雷德里克·拉茨尔（Friedrich Ratzel）开创的"人类地理学"体系的著作时，埃伦·邱吉尔·森普尔触及了本节讨论的所有与高山社区相关的主题，包括"高地冲突"的激烈程度、高山社区"在政治上分裂"成"小型的山区各邦"的倾向、高山社区在平原作为"流离失所者的避难所"方面的作用以及高山社区作为"社会文物的博物馆"的地位。Ellen Churchill Semple, *Influences of Geographic Environment, on the Basis of Ratzel's System of Anthropo-Geography* (New York: H. Holt, 1911), 590, 593, 595, 599.

共同体模型，该共同体由已经被视为国际共同体成员的各个社会
承认为"文明"国家者组成。[45] 确定一项分类制度的尝试遇到 237
了问题，即如何将附属的帝国次政治体进行归类，这种次政治体
"既在法律范围之外，又在其之内，既缺乏国际能力，又必定要
拥有此种能力"。[46] 对此，有两种解决方式。其中一种是描述性
的；国家可被置于一个连续的序列中，从一端的美国联邦主义，
即各州保留了至关重要的管辖权却不能制定外交政策，延伸到另
一端那些对外主权受到某种程度控制的政治体，诸如处于神圣罗
马帝国之下的日耳曼诸国、相对于法国的突尼斯、受英国保护的
桑吉巴尔以及向莫卧尔帝国和中华帝国朝贡的各个政治体。印度
诸土邦就落在这个序列中间的某处。[47] 另一种解决方式是通过
类比将国际法适用于帝国的次政治体体系。[48] 这些国家可被理
解成以同国际秩序中各民族国家相同的方式彼此相互联系以及有
时与帝国权力相联系，而区别在于帝国政府就像占据主导地位的
政治实体一样拥有法律霸权。在这个意义上，帝国行政呈现出一
种经过完善的国际秩序，此种秩序不存在奥斯丁所说的缺乏至高

---

〔45〕　See Gerrit W. Gong, *The Standard of "Civilization" in International Society* (New
York: Oxford University Press, 1984). See also Martti Koskenniemi, *The Gentle Civilizer of
Nations: The Rise and Fall of International Law, 1870-1960* (Cambridge: Cambridge Univer-
sity Press, 2005).

〔46〕　Anghie, *Making of International Law*, 81.

〔47〕　这些例子全都是韦斯特莱克（Westlake）提供的，in L. Oppenheim, ed. , *The
Collected Papers of John Westlake on Public International Law* (Cambridge: Cambridge Universi-
ty Press, 1914), 88-9, 182, 198.

〔48〕　例如，参见韦斯特莱克通过类比对国际法所做的论述。Oppenheim, *Collected
Papers*, 232.

无上法律权威的问题。[49] 国际社会对这些"受保护"国家拥有的国际人格——或者对其对外主权的控制——给予一定的承认，即使这些国家明显只有有限的能力形成国际关系。[50] 当然，这些解决方式都没有真正应对准主权提出的法律挑战。正如安东尼·安吉已经注意到的，人们并不清楚拥有主权而实际上却不享有主权的政治体如何能契合一种将文明程度与国际社会的完全成

238

---

[49] 在某种程度上，这一立场也出自帝国行政管理者们的著述。我们发现，在 19 世纪早期关于印度附属联盟体系的著作已经预示了这一立场。比如，韦尔斯利（Wellesley）在 1804 年提出，英国的军事力量通过印度诸土邦的辅助部队得到维持，再加上英国政治压力的补充，使"英国有能力控制内战……的爆发"，并且确保每个土邦"在英国力量的普遍保护下，在其业已确立的统治范围内行使独立的权力而不受侵犯"。"Letter to the Secret Committee of the Court of Directors", extracted in S. V. Desika Char, *Readings in the Constitutional History of India, 1757-1947* (Delhi: Oxford University Press, 1983), 191-2. 这种观点使东印度公司与较大的印度土邦之间的条约规定泛化。那些条约采取了独立国家之间协定的形式，并且强调双方承诺"共同防御和保护以抵御所有敌人"，同时也承诺印度的统治者"遇有任何分歧发生"，都接受"东印度公司政府"在"真理和正义的尺度上"进行衡量后做出的"任何调整"。"Treaty of General Defensive Alliance Concluded by the Company with the Nizam of Hyderabad, 12 October 1800", in Desika Char, *Readings*, 189-92. 对这一时期类似条约的讨论，参见 C. U. Aitchison, ed., *A Collection of Treaties, Engagements, and Sunnuds, Relating to India and Neighboring Countries* [1862 - 1865] (Calcutta: Printed by G. A. Savielle and P. M. Cranenburgh, Bengal Print, 1865).

[50] 另一个对比点是治外法权，特别是针对位于外国的欧洲居民主张的管辖权。在漫长的 19 世纪，欧洲人在奥斯曼帝国、中国以及其他地方主张治外法权，从而影响了对准主权的思考，但是这种比较并不完美。在大多数此类情况下，领土飞地都被定义为有着欧洲的管辖权或混合管辖权之地；它们并非在受直接殖民统治的地区之内具有准主权地位的本地领土。对治外法权的讨论，参见 *Law and Colonial Cultures*, chap. 6. 还有，要特别参见玛丽·刘易斯（Mary Lewis）所做的有趣研究，该研究针对的是涉及 20 世纪初在突尼斯的帝国臣民的管辖权政治。在分析一种将帝国竞争、对跨越帝国边界线的臣民国籍的策略性主张以及变化中的突尼斯主权定义联系在一起的复杂法律政治时，刘易斯跳出了治外法权的传统研究路径。"Geographies of Power: The Tunisian Civic Order, Jurisdictional Politics, and Imperial Rivalry in the Mediterranean, 1881-1935", *The Journal of Modern History* 80 (December, 2008): 791-830.

员资格相匹配的模式。[51]还有，将帝国作为一项国际制度，回避了何时、何地以及为何人或何种利益可以允许破坏条约、悬置法律又或者忽视帝国体制内各国间协议的问题。

印度诸土邦似乎在这些讨论中占据了特殊位置。这些土邦组成了从未处于英国政府直接统治之下的区域，并且它们数量过百——在50年的时间跨度中，各种统计给出的印度土邦数量是693、620以及562个，这些土邦覆盖的面积超过该地区三分之一的区域，容纳了约四分之一的人口。[52] 对国际法律人来说，自从属社会到半自治和潜在的独立国家这一序列中，印度诸土邦代表了一种中间状态。它们保留了对内部事务的有效控制，同时又被剥夺了参与对外关系的权利。对它们的规制似乎属于帝国行政而非国际法的范畴。不过，即使对声称印度诸土邦的统治基础到19世纪90年代已经"从国际基础转变到帝国基础"的约翰·韦

239

----

〔51〕 安吉在《国际法的创制》（*Making of International Law*）一书中提到，这个问题"从来没有令人满意地被否定或者解决"（第81页）。

〔52〕 一位退休的副测绘局局长所做的估算是，与英国有联盟条约的土邦所占区域只覆盖了当时印度领土的41%。Barbara N. Ramusack, *The Indian Princes and Their States* (Cambridge：Cambridge University Press, 2004), 52-3. 一份1875年的印度政府报告估计，诸土邦所占面积超过590 000万平方英里，居民接近5 600万（Political and Secret Department, "Indian Native States Approximate Area, Population, Revenue, and Military Force", May, 1875; IOR L/PS/18/D）. 1909年,《印度帝国公报》（*Imperial Gazetteer of India*）计算出有693个土邦（Ramusack, p. 2）。到了1929年，土邦的估计数目是562个，这在一定程度上是较小的土邦被合并的结果，而合并较小的土邦是较大的土邦为了确保它们的政治影响和限制王侯议会的成员资格所支持的一个进程。L. F. Rushbrook Williams, *The British Crown and the Indian States*：*An Outline Sketch Drawn up on Behalf of the Standing Committee of the Chamber of Princes by the Directorate of the Chamber's Special Organisation* (London：P. S. King and Son, 1929).

斯特莱克来说，国际法仍然具有进行类比的力量。[53] 在主张帝国只是与各土邦共享主权，并且试图解释对诸土邦主权各方面的持续尊重时，韦斯特莱克评论说，将这些土邦等同于"女王的领地"并且视这些土邦的臣民具有类似女王臣民的地位，表明"昔日发布的演讲的精妙之词如今全然没有了国际意义"。"为了帝国内部的目的"进行比较有可能是出于政治上的权宜之计，但这些对比应被视为法律的拟制。[54]

韦斯特莱克从英国殖民行政官员对与印度诸土邦之法律关系的解释中获得对其立场的支持，但是他有选择地利用了这一记录。比如，他提出，印度诸土邦臣民都是英国臣民，是一项自 1857 年起的既定做法。[55] 韦斯特莱克也认为，尽管行政权和帝国立法的适用仅限于各土邦内部，但在理论上是无限的。在任何必要的时候，帝国都有权颁布在整个帝国适用的立法——就像控制奴隶贸易时所做的那样。韦斯特莱克承认主权在诸土邦的复杂情况"有时令那些受教育程度高并以强大实践能力铸造帝国之人迷惑不已"，但他也认为尝试厘清印度诸土邦的法律难题可能"无需很复杂"。[56] 对于一个正在成长并且在他看来不可逆转的帝国，没有什么特别复杂的。

240

---

〔53〕 Oppenheim, *Collected Papers*, 232.

〔54〕 Oppenheim, *Collected Papers*, 220.

〔55〕 更准确地说，韦斯特莱克认为，该原则已经在这篇论文所讨论的巴罗达案中被证明，因为英国人一直主张他们"审判"一名印度王侯的权利。曼尼普尔区（Manipur）统治者的兄弟领导了叛乱而令其掌权，英国遂于 1891 年处决了该统治者的兄弟，这被韦斯特莱克视为对印度土邦统治者以及居民都是英国臣民的肯定。See Oppenheim, *Collected Papers*, "The Indian Empire", 222-3.

〔56〕 Oppenheim, *Collected Papers*, 223, 232.

对韦斯特莱克而言，英国势力在印度的增长似乎与领土固化并行不悖。帝国权威从位于孟买、马德拉斯（Madras）和加尔各答的沿海飞地向印度内陆蔓延，逐渐逼近平原，并且最终到达山区。[57] 这一进程象征着帝国影响力自然扩张的一般过程。这可通过帝国管辖权的扩张得以测度，韦斯特莱克写道："确实，在内陆地区维持有效管辖的困难远甚于沿海地区"，但是随着交流的加深和定居的增加，"统治方式将以同样的步骤推进"。[58] 法律在印度"从国际基础向帝国基础"的转变，取决于领土的单一法律框架逐渐成形。

韦斯特莱克的阐述显示了一系列更广泛的正在起作用的假设，这些假设涉及帝国法律权威扩大与印度国家空间形成的关联进程。正如戈斯瓦米（Goswami）所展示的，正当一国领土的政治想象从一系列复杂的跨国进程中产生时，不均匀的资本主义变革持续造成领土的不均等。[59] 帝国法律政治同时还催生了其他领土异常现象。印度的国家想象并未即时阻隔库珀所称的"像帝国一样思考的必要"。[60] 对有界空间主张领土主权的动力伴随一项 241

〔57〕　Oppenheim, *Collected Papers*, 215.

〔58〕　John Westlake, "Territorial Sovereignty, Especially with Relation to Uncivilized Regions", in Oppenheim, *Collected Papers*, 186. 由于韦斯特莱克非常倚重李华纳对英国和印度各土邦关系史的叙述，他受到李华纳将各土邦描述为帝国自沿海向前推进所遗留下来的岛屿领土的说法影响。英国统治印度的早期，围堵政策促成印度诸土邦的自治，它们成为英国控制的各区域边缘负责自我保护的缓冲地带。当英国的影响从沿海向前推进时，印度土邦的领土就被包围了。See Lee-Warner, *Protected Princes of India*.

〔59〕　然而，戈斯瓦米强调的是领土的固化。Manu Goswami, *Producing India: From Colonial Economy to National Space* (Chicago: University of Chicago Press, 2004).

〔60〕　Frederick Cooper, *Colonialism in Question: Theory, Knowledge, History* (Berkeley: University of California Press, 2005), 189.

帝国工程发生，该工程就是为殖民飞地设计一项承认其主权程度有差异的领土区分制度。准主权开始被定义成一项内在一致的制度，恰恰在此时帝国法律政治却显示了准主权行不通。导致这一矛盾的是不断重复的模糊殖民飞地内部与外部主权界线的法律冲突：边界争端、管辖权的错综复杂以及有关帝国立法适用的争议。在混乱的法律政治挑战行政命令和混淆主权分类的关键时刻，政治干涉压倒了法律规则。结果不仅仅是理论与实践的断裂。偶尔发生的法律彻底悬置开始成为各种分割主权的制度的核心特征。

英国人对山区独特性的思考促成了这一过程。山区缺乏文化统一性，并且从喜马拉雅山脉的丘陵地带延伸到印度南部内陆。英国的观察家们坚持从这些地区与平原的对比中归类相似性。有关山丘的著作充满"怀旧的意味"，唤起了对英国昔日简单乡村生活的各种记忆。山丘也被看成对在政治和物理上退化的平原环境的解毒剂。[61] 在一份为东印度公司所做的颇具影响力的报告中，这些联想一定程度上构成了詹姆斯·托德将拉其普特（Rajput）诸政治体作为欧洲封建主义范例的基础，该报告于 1823 年出版，题为《拉贾斯坦邦编年史和古代史》（*Annals and Antiquities of Rathast'han*）。经证明，"封建"标签在英国行政官员之间多少存有争议，但该观念与一项更普遍的话语相匹配，即山丘是相对远离莫卧儿和马拉地人连续入侵影响的区域。比如，埃尔芬斯通于 1821 年发表的《关于从佩什瓦征服的领土的报告》（*Report on the*

---

[61] Kennedy, *Magic Mountains*, 3.

Territories Conquered from the Paishwa) 就将印度西部的 "宏大地理特征" 描述成从北向南横断这一地区的 "连绵山脉"。埃尔芬斯通以比尔人（Bhils）为例，将群山中难以驾驭的居民与平原上 "朴素、节俭且勤劳" 的农民做对比，这些农民更容易受到 "粗鲁、无知、贪婪且暴虐" 的马拉地人统治者的压迫。不过，埃尔芬斯通并没有谴责马拉地人的统治，这主要是因为政府腐败留给臣民 "自行寻求 ［正义］ 的途径"。山区特别受益于被孤立。他认为，英国一项模仿 "本地制度" 并采取行动仅消除明显的腐败根源的政策，使法律上的转变持续缓慢地发生，从而使社会发展 "与法律发展保持同步"。[62] 这种解释和其他类似解释将关于偏远地区淳朴且原始的印象与这样一种观点相结合，即英国应模仿印度的政治模式，并且通过遏制冲突鼓励朝着更先进的法律秩序自然进化。由于群山划分成众多小型土邦，它们就被视为在本质上混乱无序。不过，它们也被想象成特别适合于帝国统治，因为冲突再加上主权的原始形态可能会使诸土邦容易受到某个至高权力的统治。

这种法律进化与法律地理的配对获得在印度的英国政府内部外交部一小部分官员仔细的阐述，这是一项在 19 世纪 70 年代到 19 世纪末之间被积极追求的殖民事业。[63] 该外交部负责在印度的英国政府与阿富汗、波斯湾诸国以及缅甸之间，还有与无数印

242

---

〔62〕 Mountstuart Elphinstone, *Territories Conquered from the Paishwa*; *a Report*（Delhi: Oriental Publishers, 1973）, 1, 8, 7, 87, 94; James Tod, *Annals and Antiquities of Rajast'han, or the Central and Western Rajpoot States of India*（London: Smith, 1829）.

〔63〕 在这一整章，当我使用 "印度政府"（government of India）这一表述时，指的是印度的英国政府，也就是英国在印度的最高行政权威。

度"土邦"之间的关系。[64] 诸土邦的领地少有沿海土地，而是
隔断或部分地包围着被主张直接受英国行政管理的各个区域。有
一些土邦——只列举海得拉巴和迈索尔——比较大且在政治上令
人敬畏，这种情况使有关诸土邦是小型且分散的山地政治体的话
语更显眼。界定诸土邦主权地位的问题落到了外交部官员的手
中，他们试图从大量条约、法律冲突和政治危机的记录中，归纳
出一种可被称为"政治法"的完备学说以及印度宪政主义分支的
基础。这种努力一直被历史学家置于多少有些次要的位置，部分
是因为这些土邦很快并且明确地臣服于英国。[65] 在 1867 年的叛乱

243

---

〔64〕 查尔斯·艾奇逊（Charles Aitchison）爵士在 1870 至 1877 年间担任外交大
臣，领导着尝试将外交事务集中到位于加尔各答的印度政府手中。他成功地将桑给巴
尔岛和波斯湾置于外交部的控制下，与此同时孟买政府保留了对信德（Sind）、上信德
（Upper Sind）、俾路支（Baluchistan）和克拉特（Khelat）的监管。See I. F. S. Cop-
land, "The Baroda Crisis of 1873-77: A Study in Government Rivalry", *Modern Asian Studies*
2, no. 2 (1968), 97-123.

〔65〕 有关印度诸土邦最全面的历史是拉姆萨克（Ramusack）所写的《印度王侯
及其诸邦》（*The Indian Princes and Their States*），他正确地指出大多数土邦历史的"冗
杂乏味"（第 2 页）。拉姆萨克简单概述了殖民行政官就与各土邦的关系创制她所称
的"官僚式法典编纂"所做的努力（第 92-98 页）。对间接统治和常驻制度所做的另
一项有价值的研究是 Michael Herbert Fisher, *Indirect Rule in India: Residents and the Resi-
dency System, 1764-1858* (New York: Oxford University Press, 1998). 费希尔的研究在这
里所覆盖的时代之前就已完成，但是他的研究却表明英国对最高权威的思考在 19 世纪
中期之前得到很好的发展，并在更早的时候就以这样一种观念为核心，即保留附属政
治体的对内主权，同时消除其在边界以外的主权。不过，费希尔在 1858 年以前就注意
到，有关间接统治的观点明显存在广泛的分歧，并且"英国官方有关主权的政策发展
前后不一致"（第 13 页）。对外交部官员职业生涯的讨论参见 William Murray Hogben,
"The Foreign and Political Department of the Government of India, 1876-1919: A Study in
Imperial Careers and Attitudes" (Ph. D. diss., University of Toronto, 1973). 一个涉及某印
度王侯的有趣法律案例揭示了 20 世纪早期孟加拉的大众文化中有一种对小邦王侯的尊
崇，对该案的叙述参见 Partha Chatterjee, *A Princely Impostor? The Strange and Universal
History of the Kumar of Bhawal* (Princeton, NJ: Princeton University Press, 2002).

期间，许多土邦王侯是英国的关键盟友——正如坎宁（Canning）勋爵的著名观点所说，他们是横扫整个地区的叛乱浪潮的"防波堤"，而在 1867 年以后，针对诸土邦的政策受到大多数土邦王侯与英国行政官员保留紧密政治联盟的明确意愿影响。但是，对英国与土邦之间关系的记录很难说是关于简单协调和协作的记录。将帝国的法律行政系统化的工程并非易事。围绕诸土邦法律和政治地位的大多数冲突实际上从未得到解决，并且它们直接产生于那些通常反对王侯与帝国权威的冲突和事件。进一步说，这些冲突及其引发的讨论直接影响了对英国在印度统治的更广泛定义。特别是，土邦领土的异常法律状况显示了其他英属印度领土之间的差异。在英国与印度的关系之外，这些冲突与对帝国法律与国际法关系的讨论以及对间接统治本质的讨论有关。

　　查尔斯·刘易斯·塔珀爵士在 1890 至 1899 年间都是英属旁遮普政府的一名行政官员，后来成为副王委员会成员，他的著作为探究英国对诸土邦法律政策的发展提供了一扇有趣的窗口。塔珀写了一本关于印度"受保护国"的一般论著和一份四卷本的报告，他打算将该报告用作英国对诸土邦的法律和政策手册。[66] 244 报告于 1895 年出版，是在两名外交部官员工作的基础上完成的，其中一名外交官亨利·莫蒂默·杜兰德是一卷涉及土邦治理的

---

　　〔66〕 Charles Lewis Tupper, *Our Indian Protectorate. An Introduction to the Study of the Relations between the British Government and Its Indian Feudatories* (London: Longmans, 1893); Charles Lewis Tupper, ed., *Indian Political Practice*: *A Collection of the Decisions of the Government of India in Political Cases. Compiled by C. L. Tupper*. 〔1895〕4 vols. (Delhi: B. R. Publishing, 1974).

"著名案例"册的作者，另一名外交官查尔斯·艾奇逊爵士在1870 至 1877 年间担任外交大臣。该报告汇编了多卷指导印度政府与土邦关系的条约、契约和法律权证（sanads）。这些人与外交部内其他人之间的分歧意外地微小。所有人都支持的观点是，诸土邦与英国政府的关系不应根据国际法或者国内法来调整，而应该通过被塔珀称为"政治法"的某种东西来调整，其基础是有关"可分割主权"和"惯例"的学说。[67]

塔珀认为，根据埃尔芬斯通的报告、阿尔弗雷德·莱尔（Alfred Lyall）爵士关于拉杰普塔纳的著作以及包括亨利·萨姆纳·梅因在内的其他英国行政官员的著作，对主权和惯例的表现取决于对山区历史的了解。作为实证法的"印度政治法"在英国人到来之前的印度有其根源，并且在"一连串入侵都未考虑的山地和相对难以到达的土地上"也有其根源。[68] 塔珀认为，这些地区由"旁遮普的边境、旁遮普山区、印度中部和南部的部分地区以及……地图上所显示的几乎整个属于土邦的地区"构成。[69] 这些地区维持在"主权的某个阶段"，"早于领土主权"，并且建立在"部落对土地的所有权"基础之上。[70] 塔珀解释说，印度王侯只能靠自己，因而他们在历史上显现出一种倾向，"不论出于

---

〔67〕 "政治的"一词要将涉及诸土邦的行政官员行为与外交相区分，而"外交"一词是用来指主权国家之间的来往。Tupper, *Our Indian Protectorate*, 6. 塔珀也拒绝使用"国际法"一词。因而，"政治法"一词被特别设计出来，用于反映英国对主权权能分配的控制。

〔68〕 对"印度的过去"的讨论，参见 Tupper, *Our Indian Protectorate*, 9, 132.

〔69〕 Tupper, *Our Indian Protectorate*, 131.

〔70〕 Tupper, *Our Indian Protectorate*, 131, 167.

被迫还是其他原因，都将自己置于某些至高权力的霸权之
下"。[71] 在面临征服者迫近的毁灭性威胁时，小型土邦在英国的
最高权威下得到拯救并得以保存。[72]

　　强调这些土邦的基本相似性时，塔珀也区分了位于各种山区
不同形态的原始主权。比如，拉杰普塔纳的各土邦所呈现的主权
形式可定义为"介于部落首领权威和领土首领权威之间"，其他
因更接近平原而易受莫卧儿和马拉地人影响的土邦则趋近于封建
主义。与此相对的是，旁遮普山脉最高的地区代表着部落宗主权
（tribal suzerainties）的"一种早期形态"。[73] 不过，即便在接近领
土主权的情况下，这些地区也没有哪个可以主张国家的领土主
权，领土主权被定义为一种纯粹的欧洲构想，将英国与印度的政
治共同体概念相区分。

　　这种关于山区主权的理解强化的观点是：英国统治基于一种
政治安排——最高权威，而这又建立在以前土生土长的政治形态
基础上。正如塔珀所说，"我们目前关于受直接统治的地区和臣
服或纳贡的酋长所掌控的附属土邦所构成的帝国的概念，的确是
土生土长的"。[74] 这种最高权威的"本土"建构被视为符合欧洲

---

〔71〕　Tupper, *Our Indian Protectorate*, 143.

〔72〕　Tupper, *Our Indian Protectorate*, 151.

〔73〕　Tupper, *Our Indian Protectorate*, 147–8. 塔珀的这些观察结果建立在阿尔弗雷德·莱尔爵士工作的基础上。Alfred Comyn Lyall, *Asiatic Studies*, *Religious and Social*（London：J. Murray, 1882）. 他引用了莱尔对拉杰普塔纳东部的特征描述，即"迅速滑向东方政府通常的标准形态，不负责任的个人专制主义"。Tupper, *Our Indian Protectorate*, 148.

〔74〕　Tupper, *Our Indian Protectorate*, 153.

人关于有限主权的理解。主权并非意味着一种国家不拥有即丧失的特性，它可以在不同程度上被享有，而完全的主权只能帝国才拥有。[75]

246　　亨利·萨姆纳·梅因对可分割主权的概念做出了最明晰的阐述，他提出与约翰·奥斯丁相反的观点，约翰·奥斯丁认为主权是民族国家才有的一个特性。在 19 世纪"唯一的法律畅销书"——《古代法》中呈现的梅因对法律发展的准进化论式解读语境下理解这个概念是有帮助的。[76]《古代法》最负盛名的部分是梅因的这一论点，即社会中的法律是"从身份到契约"发展的，但梅因所描述的法律的历史变迁机制比这一说法暗含的内容更加复杂和模糊。[77] 在梅因看来，法律进化的发生是对变化的社会环境做出回应或与之保持协调，但变化的速度和方向却并非必然。法学家有一种通过鼓励渐进式的改变调整法律的特殊责

---

[75]　1930 年，土邦的统治者颠倒了这个观点，他们认为由于主权是可分割的，诸土邦便保留着尚未正式让渡给英国的任何主权权能。类似地，王侯会议的成员分析认为，正因某个土邦的特殊权利是通过印度政府发布的法律权证得到确认的，这并不意味着至高无上的权力创造了该项权利，它只是承认了一项既有的权利。K. M. Panikkar, *The Indian Princes in Council: A Record of the Chancellorship of His Highness, the Maharaja of Patiala, 1926–1931 and 1933–1936* (London: Oxford University Press, 1936). 关于印度诸土邦认为它们保留了任何尚未让渡的主权权利的观点，参见 Kadayam Ramachandra Ramabhadra Sastry, *Indian States and Responsible Government* (Allahabad: Allahabad Law Journal, 1939).

[76]　这个说法来自阿尔弗雷德·威廉·布赖恩·辛普森（A. W. B. Simpson），转引自 Raymond Cocks, *Sir Henry Maine: A Study in Victorian Jurisprudence* (Cambridge: Cambridge University Press, 1988), 1.

[77]　梅因识别出法律内部的三种主要进程，这些进程能够催生变化，以便法律与社会环境更紧密地保持一致。这些"工具"是法律拟制、衡平以及立法。梅因从未成功地提出一套有关这些机制如何运作的连贯理论。他开始越来越相信谨慎的法学家能够帮助引导有效的变革，这种信念预示着他后期的职业生涯对法律编纂的强力支持。

任，这是一项只有通过理解现行法律的历史基础才有可能完成的使命。当梅因于 1862 年——《古代法》出版后一年——到印度担任总督委员会的法律顾问时，他的思想就不仅是与帝国政策有理论联系了。他在印度撰写了一系列备忘录，深刻影响了制定印度政治法的外交部官员。塔珀对印度主权的研究，在各方面都效法梅因的历史主义法学。梅因认为，英国有责任引导印度法律和政治发展的速度，这样的话就既不会太快，也不会太慢。和布罗代尔所说的"有魔力的高山"一样，梅因任职期间的印度在一个完全不同的时间运行，以至于英国有义务"让他们的手表一次记录两个纬度的时间"。[78] 唯有法学家和律师的独特引导，才能避免"法律变得与其本应做出反映的社会相分离的潜能"。[79]

正是这一背景使梅因对可分割主权概念的表达有了意义，并且为外交部的英国官员适用该概念提供了钥匙。维系早期的政治和法律结构并为它们提供渐进式改变的方法，是对准主权存在于这些政治体中的肯定。梅因通过 1864 年的备忘录回应了有关卡提瓦半岛主权性质的问题，其中清晰地阐释了这一观点。卡提瓦一直处在马拉地的宗主权之下，每年要向巴罗达的统治者牧牛王（gaekwar）缴纳岁贡。英国则将牧牛王课征的岁贡转变成定额贡税，并且该地区的行政权于 1820 年被让渡给英国，英国确保了

247

〔78〕　转引自 Cocks, *Sir Henry Maine*, 86.

〔79〕　这是科克对梅因在《古代法》中核心关切的有益总结。Cocks, *Sir Henry Maine*, 108.

贡税的征收和缴付。[80] 英国的行政官员将卡提瓦视为无政府地区的典型，在这样的地区偏远的群山容纳了处于永久冲突中的多个小型部落权威。英国于 1831 年设立了一个刑事法院，并且于同年另外设立了负责审判土地案件的拉贾斯坦邦法院。19 世纪 60 年代早期，关于重新划分该地区的某些村落、颁布打击跨管辖区域盗匪的措施以及规制该地区铸币厂的各项提议，引起了英国行政官员对一些问题的争论，即该地区应视为外国领土还是英国领土，以及如果它是外国领土，是否容许干涉其内部治理。孟买总督认为，该领土是英属印度的一部分，因为没有证据表明卡提瓦的"酋长们"行使了主权。[81] 孟买议会的成员表示同意，还引用了埃尔芬斯通认为卡提瓦政治体长期以来承认主权属于宗主国的报告。在此基础上，孟买政府批准了一项由政治代理人提出的强化和重新调整该地区多重和小型管辖区域的计划。

在批准法律重组计划时，副王就卡提瓦的地位得出了不同的结论。他认为，卡提瓦的居民效忠国王，却并不服从英国法律或

248

---

〔80〕 古吉拉特（Gujarat）和卡提瓦被分别划属佩什瓦（peshwa）和牧牛王。卡提瓦地区处于佩什瓦控制下的部分，根据 1807 至 1808 年的定居协议成为英国领土。1862 年，一项关于割出这块领土归还包纳加尔（Bhaunagar）领主（thákur）的提议，是引发卡提瓦应看作外国领土还是英国领土这一问题的诸多议题之一。要更多地了解卡提瓦，参见 John McLeod, *Sovereignty*, *Power*, *Control*: *Politics in the State of Western India*, *1916-1947*（Leiden: Brill, 1999），15-25.

〔81〕 孟买总督巴特尔·弗里尔（Bartle Frere）爵士在管辖权与"发动战争和缔造和平的权利以及对叛国罪processed以死刑以迫使效忠的权利"之间特别做出区分，他承认前者可以为小型土邦享有，而视后者为帝国政府才拥有特权。转引自 Ian Copland, *The British Raj and the Indian Princes*: *Paramountcy in Western India*, *1857-1930*（Bombay: Orient Longman, 1982），106.

者行政管理。尽管英国政府保留了为矫正"罪恶和弊端"的必要而"不时"干涉的权利，卡提瓦也不可能被视为英国领土。塔珀将该政策及其根据描述为"半成型的理论"，该理论从惠顿关于有限主权的著作中获得支持。[82] 不过，正是梅因在 1864 年的备忘录中阐明了可以包含某个处于英国统治下拥有准主权的附属国的主权理论，他说："主权一词在国际法上指一种不同权力或特权确定无疑的集合……一个拥有整个这种权利集合体的主权者被称为独立的主权者；但国际法没有也不曾阻止这些权利中的某些被授予一个权利拥有者，而还有一些则被授予另一个权利拥有者。主权始终被看作是可分割的。"梅因注意到，卡提瓦各邦一直"被获准"行使某些主权权利，但"迄今为止最大的那部分主权……在实践中仍然属于英国政府，并且在我看来，这些由英国政府行使的权利中有一种为了各邦更好的秩序而几乎无限制干涉的权利"。梅因补充说，干涉的义务籍由一项事实得到增强，即通过阻止各邦参与它们之间武装冲突的"自然过程"，"我们的印度政府在某种意义上成为卡提瓦这种无政府状态的肇端"。梅因总结说，卡提瓦必须"被恰当地归类为外国领土"。[83]

　　塔珀将有关卡提瓦的决定，特别是梅因的备忘录，视为印度

---

〔82〕　塔珀的评价和从总督约翰·劳伦斯（John Lawrence）于 1864 年 2 月所写的备忘录中引用的原文，在塔珀编写的《印度政治实践》（*Indian Political Practice*）第 1 卷第 218 页可见。对有关卡提瓦的讨论所做的一项详细分析，参见 Copland, *British Raj and the Indian Princes*, 98–122；McLeod, *Sovereignty*, *Power*, *Control*, 15–25；Tupper, *Our Indian Protectorate*.

〔83〕　"Kattywar States；Sovereignty"，minutes by the Hon. Sir H. S. Maine, 22 March 1864, IOR V/27/100/3, 35–8.

政治法的基础。对塔珀来说,卡提瓦"被恰当地归类为外国领土"的建议不仅合法,从历史上看也是正确的;该建议将某种处于一个宗主国势力下多个小邦的本土安排转译成"西方的措辞",并且表明英国到来以前印度的"原始暴力"有别于英国支配下的印度的"文明统治"。[84] 梅因备忘录还有一些有启发性但仍然模糊的部分,这需要随着与各土邦关系的发展以更明确的形式予以表达。用梅因的话说,卡提瓦一直"被获准"行使主权权利。正如后续政策讨论所确认的,这一表述暗示了一种观点,即主权可以作为帝国的专属特性,其某些权能仅能有条件地授予诸土邦。唯有"外国法律豁免"接近某种固有的主权权利性质,但是这种特权也可能偶尔在英国的"干涉"行动过程中被消除。[85] 对干涉唯一的理论限制是,干涉应为重建或促进秩序和良好治理而进行。

也许,梅因 1864 年的备忘录最引人注目之处并非它包含了英国在接下来半个世纪中对土邦领土的政策纲要,而是它留下了如此多有关这一关系的问题未做出界定。要从一块部分处于主权之处且部分处于主权之内的领土的定义中推断出可能适合管辖权的各项安排是不可能的。不意外的是,管辖权争端——转而与财政问题错综复杂地联系在一起——依旧支配着印度的英国政府与印度诸土邦的日常关系。进一步说,干涉行为侵犯各土邦主权的同时又明显有利于英国政府的利益,其标准的模糊性注定也会造成

---

〔84〕 Tupper, *Indian Political Practice*, 1:220.

〔85〕 "Kattywar States; Sovereignty", IOR V/27/100/3, 35-8.

涉及诸土邦的政治与法律行为区分的不确定性和争议。引起该问题的是梅因备忘录中关于国际法对英国政府与印度诸土邦关系的可适用性的说法含糊。梅因将干涉的理由建立在国际法的各项原则之上；他写道，卡提瓦的情势正好与"一群位于中欧的独立小国……加速走向彻底的无政府状态"的假想情况相似。它们"在理论上的独立"绝不会从为重建秩序而进行的干涉中推出"更大的权势"。不过，与此同时，梅因试图将印度的情势与国际法撇清关系。仅是对这些问题的考虑似乎就强化了帝国的权威。通过界定诸土邦的主权，英国政府削弱了诸土邦的主权；通过阐明遏制战争的权利，英国将诸土邦之间的关系挪出了国际关系的范畴。[86]

也许是预见到冲突会凸显这些模棱两可之处，梅因1864年的 250 备忘录用了"惯例"作为英国对印度诸土邦政策指南的唯一可靠来源，他说："在英国政府与任何特定土邦之间分配主权的方式或程度一直都是个事实问题，这不得不在每个事例中单独加以决定，并且也没有一般规则可适用。"换句话说，当土邦的各项主权权利的明确组合可以从"这些土邦与英国政府的事实关系中"推断出来时，英国政策本身就形成了具有指引性的先例。塔珀将该原则概括为确立"惯例"作为"政治法"主要来源的原则。[87]

将这些原则解释成为行使不受限制的权力提供了根据是有诱

---

〔86〕 "Kattywar States；Sovereignty"，IOR V/27/100/3，35-38. 这种理解与殖民国家同步举措相符，即主张为多重法律秩序制定规则，并且在此过程中将自己树立成居于支配地位的法律权威。See Benton, *Law and Colonial Cultures*, chap. 4.

〔87〕 "Kattywar States；Sovereignty"，IOR V/27/100/3，35-8.

惑力的。但是，这种观点会忽略一些政治和法律现实。首先，1857 年事件发生后，英国人一直专注于维持土邦王侯作为盟友，这创造了来自内部要求适应他们权威的持续压力。其次，尽管土邦的统治者和臣民有时被贴上合作者的标签，但他们反复且惯常挑战英国管辖权和法外干涉行为。最后，英国的政策充满了矛盾。努力将同各土邦的关系系统化与坚持英国干涉的纯粹政治性之间的矛盾持续存在。通常，要求法律更加精确的是小型殖民地的代理人，视法律准则为权力潜在制约的则是高级别的英国行政官员。然而，这两个级别的行政官员都仍致力于阐明差异化统治的法律基础。结果之一是一项暗含的主张，即法律本身催生了法外行为的条件。另一个结果是在英属印度以及各土邦内部建立了越来越精细的纲要来划分不同类型的法律领土。这些举动所回应的是一系列争端和政治危机，它们就在有关卡提瓦的裁定做出后的头十年纷纷出现。

"最低限度的主权"

如果英国的行政官员指望有关卡提瓦的讨论来界定各土邦的主权，他们就会考虑巴罗达案作为后续在土邦行政管理中进行干涉的参考点。正如该案被总结的，它看起来足够简单：到 1874 年末，英国在巴罗达的常驻官员罗伯特·费尔（Robert Phayre）上校报告了他遭遇的谋杀。有人在他早晨的沙冰中下毒，下毒的嫌

251

疑几乎立刻锁定在被认为正为巴罗达的统治者牧牛王马拉尔·拉奥（Malhar Rao）工作的家政服务者。副王任命了一个由 3 名英国行政官员和 3 名来自其他土邦的知名印度人士组成的委员会对该指控发表意见，而委员会的意见发生分歧，一方是相信牧牛王有罪的英国行政官员，另一方则是宣称没有证据表明牧牛王牵涉该案的印度委员。于是，英国政府命令罢黜牧牛王，这并非因为其试图毒害该英国专员，而是因为更宽泛的关于"暴政"的指控，该项指控在一定程度上，是通过援引某个早前的委员会详细列明的违规征税和压迫行为而获得支持。马拉尔·拉奥被发配流放，英国政府则从几个被提议作为继任候选人的未成年人中选出了一名继承人。据塔珀以及后来的其他观察者所说，这些行为既确认了英国对各土邦继承事务的控制，又确立了英国为对抗"暴政"而进行干涉的权利。[88] 藉由对兼并巴罗达的克制，印度的英国政府试图向其他土邦统治者保证不会恢复 1857 年以前的兼并政策，与此同时也加强了经官方授权只就内政事务向土邦统治者提供指导和建议的常驻官员的权威。

　　此次危机本身比这段叙述所显示的更加复杂。巴罗达案与其说解决了英国权威的问题，不如说指出了关键且持续存在的关于

---

〔88〕 巴罗达案惯常被援引为以对暴政的指控为基础进行干涉的先例。塔珀这样描述该案，他说它"在很大程度上是一个重要案例"，确立了"不可救药的暴政导致剥夺主权权力的原则"。Tupper, *Indian Political Practice*, 1：49. 韦斯特莱克对这个先例的界定稍有不同，他强调对牧牛王因被指控毒杀而进行的调查是建立在这样一种理解的基础上，即印度诸土邦的统治者宣誓效忠女王，并且英国君主与土邦统治者的关系是一种"主权者对臣民"的关系。John Westlake, "The Empire of India", in Oppenheim, *Collected Papers*, 221. 要更多了解与牧牛王的"审判"有关的这一观点，参见注释 55.

准主权的法律困惑。最直接的催化剂显然是毒杀费尔上校的明显意图，该项指控的背景则是牧牛王与英国常驻官员围绕法律治理展开的斗争，特别是管辖权的安排。巴罗达的地理为这一法律政治的塑造推波助澜（参见图 5.2）。牧牛王的领土是不连续的，并且大多处于内陆，周边是那些构成英属印度或其他土邦组成部分的区域。巴罗达既有低矮的平原，在那里棉花当时已经成为主要

图 5.2　巴罗达地图（1907—1909 年）。这幅地图凸显了巴罗达的 4 个分区，并且显示了该邦分散的领土。《印度帝国公报》（新版），经国王陛下的内阁印度事务大臣授权出版。牛津：克拉伦登出版社 1907—1909 年版，第 7 卷，反面第 64 页。

作物，也有各式各样沿着该邦不连续的边界延伸的山地。这些山丘的法律治理是牧牛王与孟买政府之间具体冲突的对象，也是费尔上校特别关注的目标。英国政府不愿澄清管辖权的规则或者实施不受欢迎的安排，这构成了一种更普遍且不完全的关于法律在各土邦的适用受限之立场的组成部分。日常法律政治的棘手之处进一步为英国政府在危机后期采取法外行动埋下伏笔。

这次危机部分也源自费尔与较高级别的行政官员们的矛盾，[253] 前者请求政府消除准主权的法律模糊性，后者则试图将不确定性作为一项政策予以维持。费尔在巴罗达没有待得太久。1873 年，孟买政府不顾位于加尔各答的印度政府行政官员反对委派了费尔。[89] 在写给其长官的事无巨细的多封信件中，费尔形成了一个爱管闲事的形象。[90] 他强硬地要求孟买做出更精确和积极的裁定来加强巴罗达常驻官员的权威，并且他与英国官员或牧牛王打交道都时表现得不太老练。阅读他的通信时，人们会不禁怀疑：除巴罗达的统治者之外，可能还有其他人乐见其死亡。可以肯定，直到这次危机的最后，孟买和加尔各答的行政官员会一致同意让他离开。

在费尔作为常驻官员同孟买政府最初的通信中，有一次呼应了他的前任对牧牛王的称赞，即牧牛王是一个"非常聪敏，并且

---

〔89〕 科普兰（Copland）主要将该案视为孟买政府与位于加尔各答的副王委员会之间政治对抗的产物。Copland, "The Baroda Crisis of 1873-77".

〔90〕 费尔的行为让人想起格雷格·德宁将布莱上校作为非常不善于激发对话者或下属忠诚感的行政官员的描述。Greg Dening, *Mr Bligh's Bad Language: Passion, Power, and Theatre on the Bounty* (Cambridge: Cambridge University Press, 1992).

愿意倾听我不得不敦促提醒的重要问题" 的人。[91] 仅一个月之后，费尔的论调就变了，他警告说，如果政府不解决在巴罗达越发恶化的各种问题，局势将会 "最终发展到这种或那种问题的总爆发"。[92] 在总结费尔的各种反对意见时，历史学家会强调牧牛王与当地精英团体之间的冲突，特别是对税赋过重的控诉以及后来费尔对牧牛王选任官员的公开敌视。[93] 但是，更多费尔的通信处理的都是法律问题。毗邻英属印度各区的牧牛王山区领土是麻烦的特殊来源。巴罗达的臣民迁移进入英国领土，其中一些人沿边界实行抢劫和强盗行为，并且选择在牧牛王的领地上避难。英国缺乏明确的法律基础抓捕或审讯这类案件的嫌疑人。[94] 常驻官员也不能对进入巴罗达领土实施犯罪的英国臣民或其他土邦臣民采取行动；惟牧牛王在其领土上有刑事管辖权，除非涉及来自欧洲的英国臣民。费尔控诉说，牧牛王的法庭不可信。英国臣民的权利被 "彻底地忽视"，刑事程序特别松散，并且费尔声称

254

---

　　[91]　IOR R/2/481/55 f. 29. 在预谋的下毒行为发生之后，费尔声称他一抵达巴罗达，牧牛王就主动向他行贿。当这一尝试失败后，牧牛王举行了一场 "巫术活动"，由一个仆人 "拿着一个中等大小的魔法瓶子在巴罗达四处走动"，瓶子上用英语和波斯语刻了费尔的名字。此举之后接踵而至的是 "迫害和中伤"，并且在英国政府经费尔的敦促发布了一项要求行政改革的声明之后，就有了 "一套积极的报复行动"。IOR R/2/474/2, ff. 25-6.

　　[92]　IOR R/2/474/2, f. 37.

　　[93]　这是伊恩·科普兰（Ian Copland）在《1873 至 1874 年的巴罗达危机》（Baroda Crisis of 1873-74）中最仔细和全面地叙述此次危机时所表达的观点。

　　[94]　来自一片邻近的英国领土的警察局长写道："假设一项强盗行为发生，犯罪行为人逃到了牧牛王的领土，倘若已经有人被怀疑犯下此桩罪行，我们的警察和指控者根据法律却不能抓捕此人。" IOR R/2/481/55, f. 69.

关于使用酷刑和伪造证据的谣言甚嚣尘上。[95]　到了 1873 年 7
月——仅在担任常驻官员的第 4 个月——费尔就敦促孟买政府授
予他独一无二的权威以决定个案应在英国还是巴罗达的法庭受
审。费尔提议，如果牧牛王对抗常驻官员的权威，孟买政府就得
剥夺其对英国臣民的全部刑事管辖权。[96]

英国行政官员们反馈的信息是混合的。他们严肃地对待费尔
的控诉，以至于任命了一个委员会来评估巴罗达的治理状况。但
是，对费尔反复请求扩大其法律权威甚至澄清常驻官员的职责，
却迟迟未做回应。相反，费尔受命不得鼓励牧牛王的臣民向其提
出控诉，因为他"没有对他们施以救济的法律权威"。这名常驻
官员也被告诫要避免"任何被认为会激起对巴罗达统治者愤怒的
言语"。[97]

费尔并没有被吓退，而是在 1874 年早期开始全面对抗牧牛
王。[98]　他迫使孟买政府在巴罗达设立一个英国的刑事法院以审
判英国臣民，还威吓孟买的行政官员增强他在诸多抢劫案件中审

---

〔95〕　IOR R/2/481/55, f. 212.

〔96〕　IOR P/481, p. 122.

〔97〕　IOR R/2/481/55, f. 82.

〔98〕　他详细记述了马拉尔·拉奥"在过去 16 年一路实施的叛国罪、谋杀以及各
种能想到的非法行为"。IOR R/2/481/55, f. 69. 费尔指控牧牛王参与了 1857 年的叛
乱，因为他参与密谋阻止英国人穿过巴罗达边境以四散到毗邻的英国各区。他还引用
了未经证实的证据证明，马拉尔·拉奥于 1863 年密谋杀害其兄弟——当时的牧牛王，
并且在取而代之的过程中发挥了主要作用。IOR R/2/481/55, f. 88.

255 判嫌疑人的管辖权，这引起了反对抢劫的行政官员的支持。[99] 这种在巴罗达特殊的管辖权混乱状态得以显明，是通过"一个针对居住在［英属］艾哈迈达巴德（Ahmedabad）的英国臣民的财产抢劫案，该案是一帮来自拉吉普特纳（Rajpootana）的强盗在牧牛王的领土上所犯"。[100] 费尔固执地说，仅是与牧牛王谈判不可能理清这类案件中的法律责任；巴罗达的统治者则小心翼翼地守护着自己的法律权威，并且拒绝了费尔关于处理涉及英国臣民或边境抢劫案件的建议。[101] 来自孟买的回应令人沮丧。1874 年 5 月，政府正式决议"迫使牧牛王给予常驻官员管辖权不合适"。[102] 数月后，孟买行政官员的态度更加明确，命令费尔放弃他的对抗活动；因在巴罗达犯下罪行而在英国领土上被逮捕的英国臣民，要服从巴罗达的权威。[103]

费尔所提的问题之一是军营和集中居住地（residency bazaar）的

---

〔99〕 负责制止谋财害命和抢劫的总警监在 1873 年 6 月写道："看起来，除了那些可能在巴罗达的军营内部犯下的案件外，这位常驻官员对任何其他刑事案件的处理都没有司法权威，并且无论如何助理常驻官员都没有刑事管辖权"，总警监还将在巴罗达的英国政治当局的这种立场描述为"是例外的"。IOR P/752 Government of India Foreign Department Proceedings，April 1874，Judicial，No. 2，p. 2.

〔100〕 IOR P/752，Government of India Foreign Department Proceedings，April 1874，Judicial，No. 69，p. 73.

〔101〕 费尔写道："且不论我们可以如何处理该案，指望土邦的王侯（the Durbar）自愿同意交出他们错以为为他们的尊严和荣誉所应保留之事，在我看来是徒劳的。"牧牛王因现有的要求怒发冲冠，即他得在常驻官员面前作证，由此才能在进入他的某个法院审判之前确立一个针对任何英国臣民的案件初步成立。IOR P/752，Government of India Foreign Department Proceedings，April 1874，Judicial，No. 81，p. 98.

〔102〕 IOR P/752，Government of India Foreign Department Proceedings，April 1874，Judicial，No. 82，pp. 98-9.

〔103〕 IOR P/481，p. 122.

刑事管辖权性质。该问题在大约二十年前就出现了，那时行政官员们对于是英国人还是牧牛王对一个"位于外邦领土上"的地点有管辖权缺乏明确规定有所担忧。[104] 1867 年，孟买政府宣布它只对军营内部享有军事管辖权，但如果牧牛王同意，也可以行使更广泛的管辖权。行政官员们以为费尔会合作，但费尔却"非常坚持"他在刑事和民事案件中的司法权威。[105] 尽管马拉尔·拉奥最终同意英国的治安法官可以在他的管辖之下行事，费尔在 1874 年却抱怨法律程序不正规以及刑事管辖权的行使仍然存在不确定性。他写信到海得拉巴询问有关那里军营的管辖权安排的信息，并且请求孟买在军属因军营以外的谋杀而被捕的一个案件中给予指导；他认为，这些人应该交到英国人手中受审。[106]

费尔呼吁关注其他土邦的英国行政官员通常以不那么尖锐的语气提出的问题。比如，1872 年在海得拉巴的塞康德拉巴德（Secunderabad）提起的一桩上诉案件，使军营的管辖权问题在当时引起政府行政官员的关注。一个女人在军营的房子牵涉到某起民事案件，她试图通过向枢密院上诉来拖延案件的诉讼进程。由于海得拉巴的常驻官员在该案中的管辖权只是海得拉巴王侯（nizam）授权的，并且军营内部的大多数居民都是海得拉巴王侯的臣民，海得拉巴的常驻官员便询问此项上诉是否恰当。印度政府裁定，

〔104〕 IOR R/2/487/71 f. 3.

〔105〕 Ibid. f. 17（a）.

〔106〕 费尔于 1875 年抱怨说，鉴于英国人同意将任何因在军营犯罪而被捕的牧牛王臣民交给牧牛王，而牧牛王要将被怀疑在营地以外犯罪的军属交出，一项可以追溯到 1853 年的管辖权的安排便失效了。

管辖权出自于英国军队对军营的占领，并且是"一个事实问题"。该名请愿者无权向枢密院提出上诉，但是印度政府的议会可以决定听取某项上诉，并且可以发布"他们认为恰当的任何禁令"。[107] 在后续发生于迪萨（Deesa）的一个案件中，印度政府肯定了英国在被描述为土邦领土而因法律目的被当作英国领土的军营中的管辖权。这些案件似乎确立了一项原则，即土邦在军营中没有管辖权，但保留一项被某个行政官员称为"最低限度主权"的特性。[108] 正如在巴罗达的各种关系中所显示的，即使消除了有实效的主权，也不能消除实际行使管辖权引发的冲突。事实上，这只是将某种形式的主权与管辖权相区分[109]。

257　　对英国臣民的管辖权问题在其他土邦也普遍存在，各项指导原则又留下了相当大的解释和周旋余地。英国政府在 1871 年的一份裁定中区分了欧洲的英国臣民和印度的英国臣民，该裁定指令任何土邦都不得"根据它们自己的程序审判欧洲的英国臣民，

〔107〕 塔珀有涉及这个案件，*Indian Political Practice*，3：17-19.
〔108〕 转引自 Tupper，*Indian Political Practice*，3：20.
〔109〕 进一步的关注应投到"最低限度的主权"一词在 1870 至 1920 年这几十年中的用法上。该词似乎（相比在神学上被用于表示上帝不受影响的力量）偶尔被用来指一种不受限制或未经修饰的权力。See Elisha Mulford，*The Republic of God：An Institute of Theology*（Boston：Houghton，Mifflin，1881），6；Elisha Mulford，*The Nation：The Foundations of Civil Order and Political Life in the United States*（New York：Hurd and Houghton，1871），51. 在其他时候，该词似乎以类似此处含义的方式被使用，也就是指一种剩余的、最低限度的或名义上的主权形式，从而与管辖权相区分。比如，意大利的外交部抱怨说，柏林会议的结果是确立了"某些大国对诸多领土的事实占有，这给其他国家留下的是一种没有任何实质内容的最低限度主权"。Tommaso Tittoni，Bernardo Quaranta di San Severino，and Maggiorino Ferraris，*Italy's Foreign and Colonial Policy：A Selection from the Speeches Delivered in the Italian Parliament by the Italian Foreign Affairs Minister，Senator Tommaso Tittoni，During His Six Years of Office*（*1903-1909*）（Smith，Elder，1914），124.

也不得根据它们自己的法律予以惩罚"。[110] 1873 年，特拉凡科邦和科钦邦宣布了一项引渡协定，这引发英国行政官员讨论是否要坚持在协定中加入一个条款，使欧洲的臣民免于被移交这两个土邦中的任意一个受审。特拉凡科邦早期曾经审判过一名欧洲的英国臣民利德尔（Liddell），此人侵占了土邦资产，印度政府则决定对此不加干涉。现下总督命令外交部不得修改特拉凡科邦和科钦邦的协议；尽管帝国立法禁止各土邦对欧洲臣民行使管辖权，帝国的行政官员们却坚持认为该问题应该作为受特殊规制的"众多未决事项之一"。[111] 副王声称，一名欧洲的违法者应当交由某个土邦法院审判的其他情形是可以想象的，最好的政策不是形成一项固定的规则，并且一定要避免承认与各土邦以及各土邦之间缔结的条约成为这种规则的权威来源。

如果欧洲的英国臣民看似确定的法律地位仍然是可解释的，那么印度的英国臣民的法律地位就更加不确定。正当费尔担忧在巴罗达对英国臣民的管辖权难以捉摸时，与位于孟加拉的英属印度领土毗邻的土邦蒂珀雷里山的政治代理人就提出了这个问题。蒂珀雷里山是一个毗邻位于孟加拉的英属印度领土的土邦。如同在巴罗达一样，群山以及边境的秩序问题促使该政治代理人呼吁英国的管辖权。据说英国的臣民犯下罪行并逃进蒂珀雷里山，在

258

〔110〕 IOR P/752, Government of India Foreign Department Proceedings, September 1873, Judicial, No. 6, p. 7. 转引自 "Remarks by the Advocate General", H. S. Cunningham, written on June 13, 1872.

〔111〕 IOR P/752, Government of India Foreign Department Proceedings, September, 1873, Judicial, No. 8, p. 10.

那里有 "极大的便利可以逃脱法律制裁"。[112] 在蒂珀雷里山就像在巴罗达一样，印度政府指示：行使管辖权将是 "不明智的"，应该什么都不做。[113]

不确定性被表述成政策，甚至作为一项以主权可分割性为基础的核心帝国法律原则。印度政府评论利德尔案时，坚持不在与各土邦缔结的条约或其他协定中具体规定法律安排。"在我们看来，这么做将减少我们作为在印度的最高权力者对我们与那些我们对其主张权利者之间可协商的问题所主张行使的权利"。"当我们的干涉是在这些土邦行使司法职能所必须时"，此种立场留下了开放的行动可能性。[114] 即使印度政府希望进一步的精细化，有些法律顾问却认为在各土邦的法律安排的 "无限多样化"，外加不同土邦统治被允许行使不同程度的主权，都使得这一目标不可能实现。"用精确的措辞界定施行统治的土邦王侯变成英国臣民的每种情形，似乎超出了我们现有关系和信息中所使用的语言的力量。"[115]

---

〔112〕 IOR P/752, Government of India, Foreign Department Proceedings, July 1874, Judicial, No. 60, p. 58. IOR P/752 No. 60.

〔113〕 IOR P/752, Government of India, Foreign Department Proceedings, July 1874, No. 63, p. 64. 问题在于，蒂珀雷里山的政治代理人是否会被要求审判被指控犯罪的本地英国臣民。有一项温和的意见反对土邦王侯的特权在这方面受到了任何减损，而政治代理人则更强势地主张如果不从这个方向上有所改变，蒂珀雷里山将仍然是 "一般规则的例外"。IOR P/752 Government of India, Foreign Department Proceedings, July 1874, No. 61, p. 60.

〔114〕 IOR P/752, Government of India Foreign Department Proceedings, September 1873, Judicial, No. 9, p. 14.

〔115〕 IOR L/PS/20/MEMO31/24, "Note for the Bhaonagan Case" by E. Perry, December 11, 1875. 着重以示强调。

不足为怪的是，费尔的上级发现他对管辖权明晰化的坚持是如此容易引起混乱。1874 年 11 月，当费尔可能濒临被加尔各答的行政官员免职时，他对毒害他的企图提出警告，并且坚持认为有牧牛王当权的话，"不可能合理地期望"会有一场公正的调查。副王派出刘易斯·佩利（Lewis Pelly）爵士于 12 月到达巴罗达组建一个特别委员会；费尔被免职了。[116] 尽管任命佩利标志着孟买与加尔各答之间权力斗争的转折点，结果并不必然是对巴罗达统治的直接干涉。佩利早期的报告声称，该土邦的主要问题出在最近棉花价格的暴跌——有着全球原因的事态——以及由此导致的该土邦尝试通过增加税收来支撑其财政。[117] 财政改革外加印度政府对待巴罗达的政策变得更加明确和稳定，大概就是需要完成的全部事情。但是，当佩利的调查引出一名仆人供认自己受命于牧牛王尝试毒杀费尔时，就不再可能忽视对毒害的指控了。该名仆人供认之后，又有 3 人自白有罪。此时，加尔各答的行政官员就不得不采取行动了。

然而，印度政府对牧牛王或其臣民并无合法的刑事管辖权。任何法律程序都将超出通常的司法程序。后来在总结英国的行动时，副王准许这个被召集起来追查关于毒杀和间谍活动指控的委

〔116〕 印度政府对佩利的任命是对孟买政府的公然冒犯。See Copland，"Baroda Crisis of 1873-77".

〔117〕 佩利报告说："在我看来，目前税收困难的主要根源可以从美国叛乱的后果中发现（ BL Mss Eur F/126/83，f. 3）。"随着棉花价格攀升，更多的土地要留给棉花种植，留给食物生产的土地就更少。佩利发现，尽管当时棉花价格下跌，土地租金仍旧居高不下，因而种植者无力支付。佩利也想知道某些农耕者是否会经英国人怂恿便反对牧牛王。

员会"不按一个法庭的方式组成，或者说不准备成为一个法庭"。[118] 当质询进行时，暂停牧牛王权力的决定也"并非基于法律的考虑做出，这是一项国家行为，由至高无上的权力完成"。[119] 另一项法外的举动是决定不对供认参与毒杀和间谍活动的人提起指控；这些人被发配到从亚丁到缅甸的各处接受无限期的监禁。当该委员会改变主意，完全按照英国与印度的界线划分管辖权时，政府就不再能依赖对毒害行为的指控做出将巴罗达的领导者免职的决定了。不过，对"暴政"的指控似乎也有问题，因为不论是委员会 1874 年的初次调查结果，还是孟买政府，甚至是佩利都不建议牧牛王在对毒害行为的指控出现之前因不当的统治行为被永久免职。副王所能主张的只有这样的说法，即停职决定是"基于一般的理由"做出，这既包括牧牛王最近的一些过失，也有在投毒案中即便没有确凿的指控却仍然存疑的因素。[120]

该土邦的飞地位置也为干涉提供了理由。牧牛王统治下的巴罗达"包含着严重骚乱的各种因子，由于英国政府和牧牛王的领土相互混杂，这些因子极大损害了英国臣民的利益，并且危及女王陛下领土的和平与秩序"。[121] 采取法外行为的最终理由是对秩

---

〔118〕 IOR Mss Eur F/126/88, f. 5. 印度政府在指挥该委员会时说到，如果这些指控被证实，就相当于叛国罪。韦斯特莱克后来指出，这种说法确立了其错误地称为"审判"的政府理由，即牧牛王作为女王的臣民要对王权效忠。See Westlake, "The Empire of India", in Oppenheim, *Collected Papers*, 222, and supra note 88.

〔119〕 IOR Mss Eur F/126/88, f. 4. 委员会的本地成员也被指责造成陪审团无效，因为他们的观点更多是基于"政治感觉而非对证据的考量"。Ibid., f. 9.

〔120〕 Ibid., f. 9.

〔121〕 The Viceroy's Minute of April 29, 1875, IOR F/126/88.

序的诉求。当费尔和其他行政官员将巴罗达描述成掠夺者的避难所以及对毗邻各区和平的威胁时，他们必定是懂得这一逻辑的。

当巴罗达案显示法律在调整英国政府与各土邦之间关系上的限制时，它并没有过多造法。这些限制不仅存在于因暴政需要革职的情况，也存在于因轻微案件和未决的管辖权问题引发的更加日常的法律事务管理中。这批外交部的行政官员因将与各土邦的关系系统化感到自豪，也是他们发展和完善了这样一种观念，即最高权威主要是决定法律在何处终止而政治在何处开始的帝国特权。更准确地说，进行殖民的英国所主张的并非在那些"超出语言力量的范围以外的"问题上做决定的权利，而是要在这些问题上保持沉默。

领土的异常情况

马拉尔·拉奥的免职在政治上的余波比某些行政官员所担心的要小，也比某些人所希望的要小。加尔各答的行政官员将巴罗达案视为对孟买辖区主张更强权威的开端，他们多半感到了失望。许多雄心勃勃的政治重组计划搁浅，加尔各答的主要收获也只是控制了巴罗达的居住权。有一项政治重组计划很有趣，因为它呼吁一种关于在山区进行更简单统治的观念，这种观念令人熟悉且浪漫化。两名巴罗达委员会的领导者佩利和米德（Meade）开始推行将巴罗达和卡提瓦并入古吉拉特和马拉地这两个土邦组成

261

的共同体的想法。此次危机期间，这种想法在佩利致副王某封信的附言中已初露端倪。佩利到达巴罗达之前一直驻守拉杰普塔纳，他认为如果巴罗达已经被建构成"土邦的集合体"，危机就绝不会发生；秩序也将通过外交部所引导的"惯例和制度的力量"得以实现。[122] 该评论在一定程度上意图强调政府在巴罗达进行干涉的主张，但它也呼吁一个广泛传播的观念，即彼此处于紧张关系的印度土邦的多重性会塑造更纯粹的政治体系，这种政治体系更服从于帝国统治。当然，同样的现象可能会延续混乱状态和推迟进步。按照设计，结果取决于谨慎统治的方法——换句话说，恰恰依赖于费尔所缺乏，而像佩利和艾奇逊（Aitcheson）这样的人声称拥有的特质——这一观念暗示帝国统治不仅是一门科学，还是一门艺术，而外交部的人员是最具天赋的玩家。

至少，在很短的一段时间中，他们的努力事实上对帝国空间的塑造发挥了主要作用。对如何处理各土邦在法律上的模糊性的讨论，影响着根据它们与法律的不同关系设计不同殖民领土类型的更广泛尝试。一种对各土邦管辖权问题的反思明确地建立了这种联系，它指出"困境的根源"似乎是印度政府行政权的范围大于其立法权。政府在各土邦的行政权范围广阔，并且允许"增强和扩张"；政府的立法权能——它将立法议会通过的法律扩大适用于各土邦领土的权威——"非常明显地受到限制"。尽管英国法律可以在某个特定土邦有效，它们获得法律的地位却是源于行政而非立法权威，具体通过总督在行政会议中"行使一个外国统

---

[122] BL Mss F 126/83, f. 10.

治者委派给他的权力"的行为得到展现。其结果是形成了"一度对我们来说既是外国又不是外国的领土……诸如此类的事情非常特殊且异常，并且迟早会出现实践困难"。[123] 通过阐明这些异常现象，佩利致副王的那封信呼吁关注两个存有法律困惑的案例。在其中一个案例中，斋浦尔（Jaipur）的一名臣民在拉杰普塔纳被判有罪并送往英国控制下的阿格拉（Agra）的一所监狱。当一名英国行政官员想要移动这名囚犯时，他被要求出示令状，但是由于该囚犯不是英国臣民，他无权获得这样一张令状。实际上，该囚犯被移送到英属某区关押时就在法律上处于非人的状态了。[124]

这个问题与帝国政府法规和法律在"各外围区域"的适用存在更广泛的不确定性有关，这些法规和法律被认为并不适合于这些区域。1870年，英国议会为各地方当局创设了一项程序，向地方议会申请"解除适用法律"，目的是"将这些地区从法律适用的范围中移除"。尽管有这样或那样的尝试来确定一项程序和各种指南，以便决定一般法规在何时何地具有法律效力，对各种区

〔123〕 IOR P/752, Government of India Foreign Department Proceedings, July 1875, Judicial, No. 14, pp. 9-10.

〔124〕 在一份有关这些问题的备忘录中，詹姆斯·菲茨詹姆斯·斯蒂芬（James Fitzjames Stephen）不认为法律问题是难以处理的。任何"被强行带到该地区的人"只要进入英国领土就要服从英国法律。斯蒂芬声称，对于立法授予英国各法院审判各土邦臣民（即使他们在各土邦犯下罪行）的权力，唯一的限制是政治上的。还有，对于执行某个土邦法院做出的刑罚，是不会有反对意见的："有个人在霍尔卡（Holkar）国家铁路上实施了犯罪。他被带到一名位于英国领土上并处于副王行政权威之下的尼玛（Nimar）治安法官面前，并且被判处监禁。要说这样一个人因在土邦领土上的犯罪而根据英国法律受到制裁，是肯定不正确的。他其实是因为在土邦领土上的犯罪而由土邦法院根据土邦法律施以惩罚，而该土邦法院经英国政府许可设立在英国领土上，并且刑罚由英国行政官员执行。" Memorandum by Mr. Stephen upon the issues disposed of by Despatch (Judicial) No. 55, dated December 23, 1875, IOR L/PS/18/D118.

域的法律地位仍然有相当多的困惑。自 1870 年起，司法官员对相关立法的记录进行了一次大规模审查。由于相当多数量土邦领土的法律地位都成问题——有一些地区从严格意义上说仍然是准主权性的，在法律上实际运行时却像英属印度的组成部分，任何地位不确定的领土都从由此产生的名录中被排除了。1874 年通过的《表列辖区法》列出了那些将被"排除适用我们为这个国家的其他地方所通过的法律"的地区。这些领土包括"英属印度的偏远或落后地区或省份"，立法和普通管辖权在这些地方从来没有真正实行，或者说是被消除了。包括某些列入名录的地区在内的一些领土仍然受制于 1870 年有关它们法律地位的各项决定。

263　　正如塔珀后来概括的，立法连同有关各土邦的现有实践和政策创造了五种类型法律上的领土：根据确定豁免适用英国法律和管辖权的法规和协定，在英属印度有三种类型的领土，在土邦有两种类型的领土。在英属印度，构成两个小类别的例外领土代表着"荒芜、偏远或特殊的区域或省份"。[125] 在各土邦，"例外的部分"依据总督在行政会议中的行政命令所颁布的法律运转。[126] 1875 年的立法部分是受到土邦法律异常的推动，但此项立法在实践中几乎没有解决这些异常现象，同时还在英属印度内部创造了新型的法律例外。

　　无需过多想象就能猜到的是，这种模式并没有为不同领土上的法律治理问题画上句号，甚至都没有解决将某些地区定性为英

---

〔125〕　Tupper, *Indian Political Practice*, 1：241.

〔126〕　正如梅因于 1864 年提到的，英国政府无权将英国法律适用于土邦领土；它们只是可以被适用。

国或土邦领土所引发的争议。但是，法律类型学创造了两种法律上的落后地区并将它们联系在一起，一种是英属印度内部被认为偏远的地区，另一种是不接受英国法律的土邦领土。被排除在英国的管辖权和立法之外，明显和有关偏远、蛮荒以及无序的描述联系在一起。[127] 不论在英属印度还是各土邦，山区一直都构成有关这种法律原始性的数不胜数的例子。

最后，有一个事例有助于阐明这一点。丹格斯（Dangs）是一片坐落在巴罗达与英属肯地斯区（Khandesh）边界沿线的区域，被英国人归类为一个酋邦集合体，其主要居民比尔人不断地将林地租给英国人。[128] 1889 年，孟买政府试图宣告丹格斯为英属印度的一部分。那些支持和反对该提议的论点都依赖于对比尔人处在文化和法律上落后状态的描述。如果比尔人不能行使民事或刑事管辖权，那么法律治理就应默认归属英国人。[129] 但是，比尔人的法律原始主义也暗示他们并不准备接受直接统治："在这个蛮荒的国度引入法律和法规，似乎会导致尴尬和困难。印度政府倾向于认为，对于像丹格斯的比尔人这样落后的社区，最强有力且

264

---

〔127〕 对英国关于"蛮荒"的话语的讨论，参见 Ajay Skaria, *Hybrid Histories: Forests, Frontiers and Wildness in Western India* (Oxford: Oxford University Press, 1999). See also Vaidik, *Imperial Andamans*, chap. 1. 值得注意的是，该话语不限于欧洲各帝国使用。See especially Emma Teng, *Taiwan's Imagined Geography: Chinese Colonial Travel Writing and Pictures, 1683-1895* (Cambridge, MA: Harvard University Asia Center, 2004).

〔128〕 斯卡里亚在《杂糅的历史》（*Hybrid Histories*）中，详细叙述了英国人与比尔人的关系史。林地租赁发生在 1832 年和 1862 年。巴罗达的牧牛王未能成功从 19 世纪 60 年代对该区域的组成部分提出主权主张。

〔129〕 英国的权力"尽管从未明确界定，却一直未受质疑"。Letter from W. Lee-Warner, Esq. Secretary to Government, to Secretary to the Government of India, February 22, 1889, Bombay Castle, Political Department. IOR R/3505 No. 350.

有效的控制形式就是由一名英国军官实行个人统治，而除了接受来自他自己政府的行政命令之外，该军官不受任何限制。"[130] 正如在巴罗达一样，部分的问题是政府间的竞争以及中央政府一方想要阻止孟买进行控制；但是，就像佩利对比巴罗达和拉杰普塔纳的评论一样，政府的回应也取决于对法律上处于原始状态的小型土邦与权力缺乏详细规定的帝国行政部门并不复杂的监管自然契合的理解。和其他地方一样，在此处比尔人地位的不确定性促使政治上的解决方案要有空间上的指示对象——对法律上处于异常状态的区域不加界定的行政权威。

对比的困惑

在 19 世纪下半叶，国际法律人开始将国际社会成员资格限定在已经被视为国际共同体成员的社会承认为文明者的那些政治体。正如安吉所展示的，将一套与文明程度相匹配的分类制度同国际社会的分级成员资格相结合的努力催生了矛盾和混乱："非欧洲实体既在法律的范围之外，又在其之内，既缺乏国际能力，又必须拥有此种能力，这种模棱两可的地位……从来没有令人满意地被否定或解决。"[131] 安吉将这种与准主权缠斗的努力，视为扩张性的帝国主张与持续认可非欧洲政治体缔结条约的能力相抵

---

〔130〕 Tupper, *Indian Political Practice*, 1：245.

〔131〕 Anghie, *Making of International Law*, 81.

触所产生的结果。

这一观察结果在有限的程度上有用。在印度，英国的行政官员的确主张不考虑与土邦所缔约的条约以及其他协定的权利，该举动被看成在回避对土邦国际人格的任何主张，它驱使人们去寻找在国际法上定义土邦地位的另一条道路。但是，安吉分析"殖民主义对主权的构成性影响"的重要目标不可能仅通过观察欧洲国际法内部的趋势就能实现。[132] 准主权也是在各帝国式国家内部反复出现的法律治理问题所塑造的概念。智识潮流与政治法律的潮流不可分割。最初，大量定义准主权的智识成果是在帝国内部而非欧洲和美国完成的。韦斯特莱克和其他国际法律人书写印度诸土邦的素材是由殖民行政官员提供的，这些行政官员精心构筑的法律类型学与其说是用来解决智识上的困惑，不如说是要在他们看来无限扩大的帝国未来对正在出现的法律冲突做出回应，并且为殖民行政管理者提供指引。[133] 梅因以及不那么引人注目的塔珀和李华纳横跨帝国行政官员和宗主国知识分子的世界。他们敏锐地意识到有各种力量反对将飞地式的殖民领土简单纳入帝国的法律秩序。当地的统治者坚持保留管辖权，并且提出有关领土主权的各种观点，他们既援引了国际法的论点，又有关于习惯

〔132〕　Anghie, *Making of International Law*, 37.

〔133〕　关于殖民行政官员在将英国的治理观念植入印度方面的重要性，参见 Martha McLaren, *British India and British Scotland, 1780-1830: Career Building, Empire Building, and a Scottish School of Thought on Indian Governance* (Akron, Ohio: University of Akron Press, 2001).

266　法优点的论述。[134] 与此同时，殖民行政官员区分不同类型的法律异常区域，并且适用令人困惑且相互抵触的法律政策，他们将规则系统化的努力导致对领土进一步进行分类。像巴罗达那样有关边境控制的冲突、臣民身份的模糊性以及帝国立法适用的异常多变，都在印度诸土邦和其他地方伴随着各种变化不断出现。

当 19 世纪的法学家们接受了各种"被保护国"的区分时，他们就不再对比印度诸土邦和"不文明的"殖民飞地。[135] 比如，韦斯特莱克就坚持区分印度诸土邦与处在"不文明"地区的被保护国。不过，他对它们性质的分析并没有极为不同；他认为这两种地方的主权实际上都"处于悬而未决的状态"——在不文明的地区，是因为它们处于无国家状态，就不可避免地要被纳入帝国

---

〔134〕 比如，在 1873 年对特拉凡哥尔与科钦谈判的引渡条约的讨论中，英国的行政官员最终批准了该条约，但是明确否定特拉凡哥尔的高级官员根据国际法为土邦缔结协定的权利进行辩护的论点。必须注意的是，这名叫马达瓦·罗（Madava Row）的高级官员并未采取特别激进的立场，只是在某一刻建议该协定可以纳入一项声明，要求一名欧洲的英国臣民的任何引渡须经常驻官员批准（IOR P/752, Government of India, Foreign Department Proceedings, September 1873, Judicial, No. 5）。英国的行政官员对此事的回应，促成了一种关于在帝国政府对各土邦的姿态中已被意识到的最高权威与不确定性之间紧张关系的最清晰陈述："特拉凡哥尔的高级官员诉诸国际法上调整独立平等的欧洲国家间关系的准则。我不会责怪这位大臣带着尊严和勇气拥护他的君主的权利，但我并不同意这种论点。英王有着至高无上的权力，没有对其权力范围做出界定是明智的。各土邦的顺从是可以理解而无需解释的。然而，我可以肯定地确认，至高无上的权力只会基于普通政策的理由，也就是印度人民的利益或英国权力的安全岌岌可危之际才进行干涉。且不说诸土邦多半已经通过条约割让或划出去的那些主权权利，它们肯定还有一些主权权利实质上被默示地剥夺了。"（IOR P/752, Government of India, Foreign Department Proceedings, September 1873, Judicial, No. 9, pp. 12–13.）还有，参见以前对利德尔案（Lidell case）的讨论。

〔135〕 See Gong, *Standard of "Civilization"*; and see also Koskenniemi, *The Gentle Civilizer of Nations*.

统治；在文明的地区，则因为承认自治仅是一种政治便利，并且任何时候都可以撤销承认。[136]

即便韦斯特莱克拒绝做这样的联系，有关山区和法律原始主义的话语还是促使对各种不相干的殖民飞地领土进行比较。只举巴苏陀兰一例就好，它位于南非的纳塔耳（Natal）、奥兰治自由邦（Orange Free State）和东格里夸兰（Griqualand East）之间，其上遍布丘陵、高山和高原。此地契合避难所的意象，远离更靠近海岸的冲突所产生的连续不断的剧变。[137] 造访此处崎岖山脉的欧洲人评论这一景观是对有着原始团结和魅力型领导的政治的自然补充。巴黎福音传道会的一名传教士托马斯·阿尔布塞（Thomas Arbousset）在他对 1840 年和索托人（或称巴苏陀人）的领导者莫舒舒（Moshoeshoe）一起旅行穿越德拉肯斯堡山脉（Drakensburg）的记述中发展了这些主题。莫舒舒有兴趣造访其儿时所在地，他似乎也把这趟旅行视为在来自平原的入侵加剧时寻找索托人可能居住的其他高地的一个机会。[138] 阿尔布塞对山区的印象在"令人愉快的"和"令人不快的"之间来回切换。他为群山的"自然之

267

---

〔136〕　Westlake, "Territorial Sovereignty", in Oppenheim, *Collected Papers*, 183.

〔137〕　"弃土运动"（*mfecane*）驱使各种政治体进入这些高原地区，布尔人（Boer）和格里夸人（Griqua）的入侵产生了要替代该地区移动边界沿线的农耕和畜牧定居点的威胁，迫使多个不同的族群迁移到更高的地方。

〔138〕　"巴苏陀"（Basuto）和"巴苏陀兰"（Basutoland）这些词都是英国人创造的；讲索托语的人［即以塞索托语（Sesotho）为母语的人］自称巴索托人（Basotho），他们居住的地方称为莱索托（Lesotho）。我在此处使用"巴苏陀"和"巴苏陀兰"，是因为它们在当时的文件中似乎是通用语。历史学家们也倾向于用这两个词。See Sandra Burman, ed., *The Justice of the Queen's Government*：*The Cape's Administration of Basutoland*, *1871–1884* (Leiden：Afrika-Studiecentrum, 1976), 1–2.

类"目眩神迷，却又发现所进入的第一个巨型山洞是一幅绝佳的地狱图景。[139] 阿尔布塞谈到他自己对自然和对该地区居民的印象对比。他说，山区人民就像他们寻做栖身之所的山洞一样内向，并且"几乎没有富于想象力的洞见"。阿尔布塞赞赏莫舒舒"对完备知识有着深切渴望"，而这些山区居民却不同于莫舒舒，他们没有能力欣赏周遭充满力量的自然景观。对他们来说，山区就是不起眼的背景——至多是个避难所："生于荒原，他们便对此习以为常。最让我们感到愉悦的，莫过于它的广阔，它的令人敬畏，它那阴郁的寂静，它那灼热的沙砾以及它那令人耳目一新的绿洲……然而这些对他们来说并无用处。"马洛蒂（Maloti）是位于纳塔耳边缘且满是低矮山脉的地区，阿尔布塞登上马洛蒂最高的一个山峰之后，对莫舒舒就此地之美发表的惊人评论感到惊讶。对一个非洲人来说，这种对自然的崇敬"极不寻常"。[140]

这段叙述契合一项评论莫舒舒罕见品质的长期欧洲传统。莫舒舒追求着外交与战争的平衡：通过谈判与英国当局和开普当局轮流结盟对抗布尔人来寻得保护，并且为了保留支配该地区许多更小政治体的权力而战斗。他的策略促使英国政府于 1854 年决定放弃奥兰治河流王国，这片领土由布尔人的定居点和巴苏陀兰构成且于 1848 年被兼并。该地区的不稳定因素，特别是巴苏陀人与布尔人的战争，导致英国进一步介入——受莫舒舒的邀请，

---

〔139〕 Thomas Arbousset, *Missionary Excursion into the Blue Mountains*, *Being an Account of King Moshoeshoe's Expedition from Thaba-Bosiu to the Sources of the Malibamatso River in the Year 1840* (Morija, Lesotho: Morija Archives, n. d.), 58-61.

〔140〕 Arbousset, *Missionary Excursion*, 92, 146.

因为他将英国当局视为免受布尔人入侵的至关重要的屏障。但是，在英国政府坚持由开普殖民地进行兼并后，开普政府自 1871 至 1884 年在此进行直接治理的时代于暴乱中终结，此处转而受到大英帝国的间接统治。该地区最终成为莱索托的所在地，莱索托是一个独立国家，受制于其位于南非领土范围内飞地地理造成的经济和政治限制。由于英国和开普行政官员相继低估了索托人的力量，这段叙述常常既作为一个有关政治敏感性的故事，又作为一个有关短视以及判断错误的故事来讲述。毫无疑问，这些结果很大程度上归因于索托人的领导者，特别是莫舒舒的能力，同时值得注意的是，以个人品格为中心来解释巴苏陀的成功是当时英国殖民行政官员所接受和倡导的。我们能够猜出这个故事具有吸引力的某些原因。

关于莫舒舒是位罕见领导者的观点的必然推论，是其他巴苏陀人在政治上都很原始。后来的殖民行政官员未能建立秩序，部分可以看作是因为此地天然的动荡不安和理解其多变政治秩序的困难。[141] 强调巴苏陀人以分散的个人统治和对制度的厌恶为特

---

〔141〕 与此同时，将某些殖民行政官员刻画成不够灵活的人，也会转移人们对殖民统治体制固有矛盾的关注。当地政治文化的神秘之处以及治安法官个体的局限性，在英国对汉密尔顿·霍普（Hamilton Hope）职业生涯的评估中是交织在一起的主题。汉密尔顿·霍普一直是巴苏陀兰的一名治安法官，他在巴苏陀兰以残暴和"专横的风格"闻名。担任毗邻的贡布区（Qumbu）治安法官时，他在 1880-1881 年的枪战中被杀；当时他正出席一个仪式，希望在一群所谓的盟军战士面前确认英国治安法官的最高权威。Sean Redding, *Sorcery and Sovereignty: Taxation, Power, and Rebellion in South Africa, 1880-1963* (Athens: Ohio University Press, 2006), 31. 关于霍普之死，参见 Clifton Crais, *The Politics of Evil: Magic, State Power, and the Political Imagination in South Africa* (Cambridge: Cambridge University Press, 2002), chap. 1.

点的法律原始主义，似乎有助于解释为什么有必要在该地区进行殖民干涉以及为什么这些干涉都失败了。这些观点在一名开普原住民事务处行政官员乔治·西尔（George Theal）所写的有关巴苏陀人政治生活起源的文章中得到仔细的阐释，而这些篇章载于 1893 年出版的涉及与巴苏陀人关系的三卷文件的序言部分。[142]

像同时代的人塔珀一样，西尔回顾了涉及 1848 至 1881 年间有关准主权不同阶段的内部殖民通信。他写道，巴苏陀人"身体素质不如"低地非洲人，并且在 1833 年法国传教士受邀在他们中间定居时，他们正"处于这样一种状态，即除非受某种外部力量的引导，否则几乎不可能向更高的生活水平进阶"。[143] 西尔不仅主张巴苏陀人需要被教化，他还在对巴苏陀人法律和政治的描绘中包含了乌托邦式原始主义的因素。他解释说，巴苏陀人的酋长不能拥有土地，只能暂时让渡部分土地。通过新的法律和缔结新的条约总是需要获得部落会议的同意。西尔还说，在英国人与巴苏陀人关系中的无数关键时刻，莫舒舒对于同英国签订协议心有余而力不足，因为"他的人民"不接受。[144] 就好像主权在民

〔142〕 George MacCall Theal, ed., *Basutoland Records: Copies of Official Documents of Various Kinds, Accounts of Travellers...* [*Etc.*], 3 vols. (Cape Town, W. A. Richards & Sons: 1883).

〔143〕 Theal, *Basutoland Records*, 2: iv, xii.

〔144〕 比如，当英国人于 1852 年提议通过一项协议废除布尔人与巴苏陀人领土之间沿卡利登河（Caledon River）的争议边界线，从而承认莫舒舒对该地区小酋长们的最高权威，并且撤回对内部事务的任何干涉时，巴苏陀人民拒绝对此表示同意。似乎没有什么证据支持这一结论。莫舒舒当时处于强势地位，因为他在 1851 年挫败了一支英国军队，而英国人甚至在缺乏一项表示撤退的正式协议的情况下，就进入了一个他们的权威如西尔所承认的"只是名义上的"这么一个时期。"Introduction" in Theal, *Basutoland Records*, 2: lv.

一样，法律并非出自酋长而是源于古代的习惯："构成巴苏陀部落的人民，是一套极好地适应了他们生活环境的习惯法制度的继承人。这套制度从一个如此遥远的时代流传到他们这里，以至于因年代久远而无法考证其渊源。"[145] 不过，尽管巴苏陀人的习惯法为了每个人以及为了"总是根据先例来裁定案件"强调"完全的言论自由"，但它并没有和英国普通法混淆；它"适应于处在社会原始状态的人们"，并且产生了容忍暴虐、保护酋长特权以及将许多严重犯罪仅作为民事违法行为的法律秩序。这套制度如果任其处于与世隔绝的状态，也会在时间中凝固："当传统法律遭遇所有野蛮人生活的环境时，只有通过与文明的接触而发生某些异常情况时，才需要新的法律。"[146]

在许多方面，相比英国对附近布尔定居点之间法律的看法，这幅法律原始主义的图景更令人称心。对此，西尔报道说："在不受惩罚的情况下，个人几乎可以犯下任何罪行。在那里，既没有一名警察，也没有一个常设法院。"[147] 在 19 世纪 30 年代，随着布尔定居者数量的增长，开普的行政官员们暂且认为承认莫舒舒的管辖权更适合于实际上处于殖民地法律适用范围以外领土的

270

---

[145] "Introduction" in Theal, *Basutoland Records*, 3：xv. 西尔的评论呼应了一种有关印度"古代宪法"的英国话语，并且就如同针对巴苏陀兰准主权的计划概要一样，其评论似乎也借助了帝国行政官员们在印度的经验和对印度的了解。See Robert Travers, *Ideology and Empire in Eighteenth-Century India：The British in Bengal, 1757-93* (New York：Cambridge University Press, 2007); and Thomas R. Metcalf, *Imperial Connections：India in the Indian Ocean Arena, 1860-1920* (Berkeley：University of California Press, 2007).

[146] Theal, *Basutoland Records*, 3：xv-xvi.

[147] Theal, *Basutoland Records*, 3：xx.

无法状态，或者是因此不得已而为之。英国人看待巴苏陀人法律原始主义的视角也与殖民行政官员对干涉莫舒舒与该地区其他酋长的战斗存有的深刻矛盾心理有关。1848 年以后，英国促使一些莫舒舒对其主张宗主权的更小型政治体独立；在一定程度上受到平衡和制约莫舒舒权力的意愿驱使，该政策从一个隐含的假设中获得支持，即由多名行使原始主权的小酋长构成的体系对该地区来说是自然而然的，而鉴于该地区的发展阶段，这也比建立在单一领导者的宗主权之上的政治秩序更好。

　　法律政治在将巴苏陀塑造和再造成领土飞地上的核心作用惊人。[148] 尽管主要的斗争集中于诸如棚屋税的征收、婚姻法的执行以及巴苏陀在导致开普治理终结的叛乱中的武装解除上，有关法律权威分享结构的冲突是日常性的，偶尔也是爆炸性的。在巴苏陀兰处于开普直接治理下的 12 年期间，殖民行政官员试图削弱酋长们的法律权威，同时又小心翼翼地维持他们的合法性要素。巴苏陀人的领导者常常在原则问题上试图妥协，但又强烈反对开普任命的治安法官采取的具体行为，这些行为在争端解决、

---

〔148〕　See Sandra Burman, *Chiefdom Politics and Alien Laws: Basutoland under Cape Rule 1871-1884* (London: Macmillan, 1981). 接下来的记述很大程度上基于伯曼的叙述；see also Burman, ed., *The Justice of the Queen's Government*; 还有，对在殖民巩固过程中涉及一系列更广泛的国家实践的讨论，参见 Crais, *The Politics of Evil*, chap. 2.

罚款和确定刑罚上有削弱当地法律特权的危险。[149]

19 世纪 80 年代，巴苏陀反对开普当局的暴动促使引入一项直接以英国与印度诸土邦关系为蓝本的制度安排。在叛乱过程中，位于开普的军事指挥官查尔斯·戈登（Charles Gordon）少将提出一项明确以英国与印度的关系模本为基础的制度，根据该制度巴苏陀的内部事务将不受干涉，英国则对该地区对外主权施以控制。借助印度的例子，戈登想要解除治安法官在巴苏陀兰的职务，并且代之以一名常驻官员和两名次常驻官员，他们的主要职责是监管巴苏陀与各毗邻领土的关系。值得注意的是，这项提议遭到开普行政官员拒绝，他们认为巴苏陀人缺乏政治组织，只是"一群因当时对我们的仇恨而聚集在一起的不和谐部落的集合"。[150] 正如对印度的比尔人一样，这些观念可用于相反的解决方案上。创造巴苏陀兰飞地地位的压力更多不是源于这些讨论，而是源于布尔人与巴苏陀人杂居处的一条边界沿线持续不断的突袭和法律的不确定性，以及巴苏陀领导者始终坚持认为开普的行政官员所享有的仅相当于最低限度的主权。19 世纪 70 年代和 80 年代的冲突参与者并未预计到巴苏陀兰会转向英国的间接统治且

---

　　〔149〕　比如，在布尔人与巴苏陀人之间于 1854 年之后爆发的突袭中，奥兰治自由邦的领导者依惯例要求赔偿巴苏陀的牛群袭击造成的损害，并且让被指控犯有暴力犯罪的巴苏陀男性接受奥兰治自由邦的法院审判。巴苏陀人有时会对袭击做出某些赔偿，但是莫舒舒从未向针对边境犯罪的管辖权请求妥协。这位巴苏陀人的领导者最终同意承认两个政治体之间一条长期存在争议的边界，但拒绝布尔人要他接受在巴苏陀领土上由一名治安法官来遏制边境违法行为的要求。即使在终结开普主权的枪战中，也只有在酋长们不接受开普任命治安法官干涉他们惩罚那些抗命不弃枪者的权利时，关于解除武装的争论才演变成一场危机。Burman, *Chiefdom Politics and Alien Laws.*

　　〔150〕　Burman, *Chiefdom Politics and Alien Laws*, 165.

最终转变成莱索托。只有政治背景中细微的差别，才可能产生更接近印度诸土邦的准主权或印第安人自留地在美国的地位那样的结果。[151]

奇怪的是，印第安人与印度人的对比是 19 世纪国际法律人和殖民行政官员所接受的一项对比。特威斯明显借助约翰·马歇尔将美国境内的美洲印第安民族界定为"国内的附属民族"这一措辞，他在 1861 年出版的《万国公法》一书中将印度诸土邦描述为"受保护的附属邦国"，此表述后来为其他著述者接受并反复使用。[152] 关注马歇尔用词的这一时机是古怪的。当它们被作为一种对待印度土邦模式的组成部分被援引时，马歇尔的观点在很大程度上被一种看待美国印第安法律的不同路径所掩盖，该路径提出了理论上接近无限的干涉印第安人管辖权和财产权的联邦权力。重要的转变始于 1871 年国会立法禁止与美洲印第安部落再缔结条约。条约制度的终结之后紧接着部落统治的衰败以及到 19 世纪 80 年代权力实际转移到印第安人事务局的行政官员手中。自留地制度是通过一系列强迫性协议确立的，由此印第安人放弃

---

〔151〕 "结果"一词对资格是有要求的。尽管"准主权"一词已经不再使用，并且主权问题上的紧张关系在印度民族主义的背景下已经有了新的表现形式，关于管辖权和共享主权的冲突到 20 世纪仍在持续。在 20 世纪 20 年代，由较大土邦的代表组成的土邦王侯议会坚称，各土邦的主权权利是固有权利，并非依赖于最高权力（或任何后续的统治）产生。See Ian Copland, *The Princes of India in the Endgame of Empire, 1917-1947*（Cambridge：Cambridge University Press, 2002）；Panikkar, *Indian Princes in Council*.

〔152〕 Travers Twiss, *The Law of Nations Considered as Independent Political Communities：On the Rights and Duties of Nations in Time of Peace*［1884］（Littleton, CO：Fred B. Rothman, 1985），27. 特威斯说的话被塔珀赞许地引用了，*Our Indian Protectorate*, 4. 马歇尔的用语来自于切罗基族诉佐治亚州案 *Cherokee Nation v. Georgia*, 30 U. S. 1, 33（1831）.

了大片土地以换取对内部主权的保证，后来自留地制度因 1887
年《印第安人土地分配法》（General Allotment Act）或称《达维斯
法》（Dawes Act）而几乎被废除，该法创设了各种机制，最终将大
约 8600 万英亩土地从印第安人手中转移走。结果就出现了一种
土地所有权的混杂模式，其中印第安人、非印第安人以及公司控
制的土地穿插在一起，"印第安人所在的区域"被私人铁路以及
各州和联邦的高速公路贯穿。这些趋势加剧了某些管辖权的矛盾
冲突，同时也增强了州和联邦行政官员的力量，寻得在涉及印第
安人和地方资源的争端上进一步获取权威的理由。[153]

　　最高法院在支持"审慎的分离主义"（measured separatism）制
度方面创设的先例，从其最宽泛的意义上说的确与英国在印度的
最高权威之理论纲要相似，并且这一法律思维和政策并非完全形
同虚设。[154] 在 1883 年的克罗·多格单方面请求人身保护令案
（*Ex parte Crow Dog*）中，最高法院支持布鲁勒苏族印第安部落
（Brulé Sioux Indians）因一名印第安人谋杀另一名印第安人而对之予
以裁断和惩罚的权利，并且认为国会从未对在印第安人土地上犯
下罪行的印第安人确立联邦管辖权。在 1886 年判决的塔尔顿诉
梅斯案（*Talton v. Mayes*）中，最高法院继续让印第安部落免于根据
第五修正案执行大陪审团法律程序的要求，因为部落法律的产生
先于宪法的拟定。这些判决保留了以对印第安人有效内部主权的

273

---

〔153〕　这一叙述概括了关于印第安法律和政策的一段复杂历史。对此的综述，参
见 Francis Paul Prucha, *The Great Father：The United States Government and the American Indi-
ans*（Lincoln：University of Nebraska Press, 1984）; Wilkinson, *American Indians*.
　　〔154〕　该说法出自 Wilkinson, *American Indians*, 16, 22.

假定为基础的一贯法律推理和政策传统。[155] 但是，这些判决也引起了反弹。国会在一定程度上受到克罗·多格案判决的驱使，于 1885 年通过《重大罪行法》（Major Crimes Act）确立了对在任何地方被指控犯有谋杀、过失杀人、强奸、意图谋杀的攻击、纵火、夜盗和盗窃罪的印第安人的联邦管辖权。该法隔年获得美国诉卡加马案（United States v. Kagama）的支持，也就是在一项裁决中似乎明确地确立了联邦政府单方面决定授予印第安人自治权的类型和范围的权力，其中包括那些在界限明确的领土上建立有组织政府的印第安人。

统一印第安人法律理论的这两种取向是将联邦与州介入印第安人事务的特权相区分的尝试。任何支持印第安人主权的可能性都取决于对有效统治的主张，此种主张又只限于那些自留地边界得到正式确定的部族，而自留地如今已是被国家土地鲸吞蚕食的飞地领土。德博拉·罗森（Deborah Rosen）提到，这种模式源自各州对印第安人主张管辖权的尝试，部分是通过提出有关印第安人族群的不同地位、环境和位置的论点，比如，由此可以说，对于同白人混居或居住在分散领土上的印第安人，州的介入在法律上

---

[155]　对从克罗·多格单方面请求人身保护令案［*Ex parte Crow Dog*, 109 U. S. 556（1883）］到塔尔顿诉梅斯案［*Talton v. Mayes*, 163 U. S. 376（1886）］的一系列联邦判决，再到 1885 年《重大罪行法》的讨论，参见 Sidney L. Harring, *Crow Dog's Case: American Indian Sovereignty, Tribal Law, and United States Law in the Nineteenth Century*（Cambridge: Cambridge University Press, 1994）.

特别有效。[156] 扩大联邦管辖权的支持者提出的论点是，有必要保护印第安人免遭各州或散布在印第安人土地边境的白人的攻击和财产侵占。许多被带到 20 世纪的法律问题都和这种飞地地理有关，也关系到"未完全封闭的自留地边界的困境"："涉及持续存在的管辖权问题、对公民身份和部族身份定义的挑战以及立法在印第安人领土上的适用问题的案例"。[157]

不同于 19 世纪的印度，对于美国印第安人法律在宪法框架还是国际法的体制下发展起来，几乎没有什么讨论。不过，我们仍然注意到朝着领土异常现象发展的系统性趋势，而美国印第安人土地的法律治理只是一种更广泛模式的组成部分。对美国新取得领土的治理创造了一片富于变化的法律景观。大多数新取得的领土一直是或将转化成各州的领土。但是，即使最终确定建国，对各块领土的治理仍然持续造成法律上的困扰，其中包括"各种在宪法上很古怪的"安排，诸如建国前两年对加利福尼亚领土进行和平时期的军事管理，以及对美国主权的定义"不包含"其对巴

274

─────────────

〔156〕　这些论点需要从宪法角度作为各州使印第安人免于联邦监督的权利主张被提出。See Deborah A. Rosen, *American Indians and State Law: Sovereignty, Race, and Citizenship, 1790-1880* (Lincoln: University of Nebraska Press, 2007), chap. 2.

〔157〕　这一说法出自 Brad Asher, *Beyond the Reservation: Indians, Settlers, and the Law in Washington Territory, 1853-1889* (Norman: University of Oklahoma Press, 1999), 195. 阿舍认为，位于联邦层级之下的印第安人法律"天生就不稳定"。对土著管辖权的复杂性的讨论，也参见 Ford, *Settler Sovereignty*. 还有，对国家和领土法律在界定印第安人公民身份上的重要性所进行的一项丰富的研究和明确的论证，参见 Rosen, *American Indians and State Law*.

拿马和太平洋上海鸟粪堆积的诸岛的主权。[158] 在国家主权定义上持续的政治和法律博弈强化了对主权暗含不完全或有限的特权的理解。各种对联邦主义的不严谨类比四处泛滥。正如德博拉·罗森提到的，国家主权变成了"一种想象印第安各部落地位的范式"，同时国家不断扩张的管辖权主张又侵蚀着印第安人的主权。[159] 鉴于将印第安人领土与其他具有不完全主权的实体归为一类具有潜在的政治爆炸性效果，通常不明确将两者相提并论。但是，在 19 与 20 世纪之交美国初成正式帝国的背景下，这种对照就变成一个法律问题。怀特大法官回应马歇尔在涉及切罗基人的诸多案件中所表达的观点时，以同意的口吻在唐斯诉比德韦尔案（1901 年）中写道，波多黎各应该看作"在国内的意义上说对美国是外国"。[160] 描述美国国家边界以外的殖民地领土的法律地位，依赖于在宪法上对被美国的国家空间环绕且在法律上异常的飞地予以承认的表述。

我并不想追随 19 世纪的著作所坚持的对印第安人与印度人牵

---

〔158〕 See Benton, "Constitutions and Empires"; Christina Duffy Burnett, "The Edges of Empire and the Limits of Sovereignty: American Guano Islands", *American Quarterly* 57, no. 3 (2005), 779-803; Gary Lawson and Guy Seidman, *The Constitution of Empire: Territorial Expansion and American Legal History* (New Haven, CT: Yale University Press, 2004), pt. 2.

〔159〕 Rosen, *American Indians and State Law*, 22.

〔160〕 *Downes v. Bidwell*, 182 U. S. 244 (1901). 克里斯蒂娜·伯内特认为，海岛诸案（*Insular Cases*）"划时代的重要性"并不在于它们为美国之外的领土取得创造了一种被削弱的主权，而在于它们为去兼并（deannexation）提供了一种可能性。Christina Duffy Burnett, "Untied States: American Expansion and Territorial Deannexation", *University of Chicago Law Review* 72 (2005), 797-880.

强附会的对比。这些历史以及它们所创造的地理都迥然相异。[161]
不过，在这两个背景下，处于法律异常状态的飞地领土在将领土
纳入帝国式国家的更广阔进程中发挥了象征性的重要作用。还
有，同样在 19 世纪的这几十年里，推动有关半自治次政治体——
准主权的一种表现形式——的图景形成的法律计划，经由有关法
律局限性的话语所塑造的各种政治行为逐渐让位于干涉制度。民
族国家和帝国的宪政主义都促成了不确定性，同时还促使将飞地
统治的安排移植到处于法律异常状态的其他类型领土上。

这些例子有助于提醒我们，由于有各种帝国法律政策，飞地
领土产生的背景各有不同，而即使有各种帝国法律政策，这种背
景的不同也仍然存在。在美国，对准主权予以保护的宪法表述在
19 世纪催生了一种与对领土异常现象的持续承认相结合的干涉法
律机制。在巴苏陀，向着法律融合发展的明显趋势不可预期地导 276

---

[161] 尽管我们尚未足够了解美国西部的法律与地理想象之间的联系，但与这些
历史相关的地理话语似乎是截然不同的。有大量的学术研究将西部描述为一个巨大的
沙漠，并且想象西部的群山之间有一个"大盆地"，而这些与将印度人推向干旱地区
的各种策略也有明显的联系。Limerick, *Desert Passages*; Richard V. Francaviglia, *Mapping
and Imagination in the Great Basin: A Cartographic History* (Reno: University of Nevada Press,
2005)。但是，在追溯有关西南部西班牙殖民地以外"野蛮印第安人"的描述的历史
中，或者在乌特人 (Utes) 试图于落基山脉西部斜坡上占据一块广阔领土的失败尝试
中，我们也获得了一条有关地形与印第安人法律地位之间一系列更复杂联系的线索。
James Brooks, *Captives and Cousins: Slavery, Kinship, and Community in the Southwest Border-
lands* (Chapel Hill: University of North Carolina Press, 2002); and Ned Blackhawk, *Violence
over the Land: Indians and Empires in the Early American West* (Cambridge, MA: Harvard Uni-
versity Press, 2006)。对东部印第安人以及地理想象的讨论，参见 Timothy Silver, *A New
Face on the Countryside: Indians, Colonists, and Slaves in South Atlantic Forests, 1500—1800*
(New York: Cambridge University Press, 1990)。这两个时期的地理话语与法律之间的联
系值得进一步挖掘。

致缔造了一个永久的飞地国家。在巴罗达发生的事件阐明了日常法律冲突与政治干涉理由之间的密切联系，这在所有这些例子中都很明显。尽管有关领土融合的制度设计也承认反复出现的领土变体，有关原始法律强韧性的观点还是与对原始法律不可避免要终结的预测相混合。无论在何处，看似不重要的法律争端很快发展到宪法挑战或政治危机的级别。在被受直接统治的领土所环绕或部分侵蚀的飞地领土上，边境的管辖权冲突和有关臣民身份以及公民身份的争议搅乱了对内主权和对外主权的区分。在摸索着界定那些国内法和国际法上都没有明确定位的情势时，行政官员们找到了各种途径，将法律反复不断的悬置作为法律秩序的内在组成部分而非例外。

小结

准主权不只是一种在国际法上有着短暂历史的理论工具。在帝国内部，有关可分割主权的法律政治导致了尖锐的冲突，并且激发了思考帝国法律的新方式。为了调和殖民主义与国际法，在帝国内部设计一种邦国分类的法律工程反倒确立了各种新的宪法议题，这些议题处于被界定为独一无二的帝国法律秩序的核心。明确界定次政治体自治范围的尝试在帝国内部催生了一系列精心设计的法律领土。还有，当印度土邦王侯和其他土著精英集团坚持掌握对内部事务的管辖权，甚至策略性地获取某些对外主权的要素时，殖民行政官员则受驱使去更精确地将各种有关干涉的用语说成一种处于法律边缘的政治行为。就国际法律人而言，再多一厢情愿的想法都无法消除受这些成见支配的帝国法律。事实上，借用国际法主要是为了凸显帝国内部法律的特殊性：一种有增无减地朝着领土的不规律性发展的趋势，以及有关帝国列强与被殖民的准国家之间关系的说辞有时将被界定为处在法律之外的可能性。

追溯帝国法律的这一发展，意味着我们需要进一步修正有关国际秩序的历史叙事。19 世纪末期有关准主权的历史提醒我们，各帝国都在一个想象中由领土同质且边界确定的国家所组成的世界中保持着它们的国际重要性。[162] 各种对比表明，在帝国以及 277 某些民族国家内部，有关主权的冲突催生了类似的管辖权冲突、不均等的法律地理模式以及有关附属政治体的话语。关于国际法竭力适应帝国并最终过时的通说可能会发生改变。也就是说，被韦斯特莱克认为"没有必要如此复杂"的殖民事业在其解析主权的过程中形成了坚定的宪政主义，这种宪政主义越来越多地从形式而非实质上援引国际法。在此过程中，帝国的法律理论指出了国际法和国内法作为全球秩序框架的局限性。

正如我们在前一章所见，帝国的法律政治刺激了对法律悬置的需求，外加对空间置之不理以及认定其在法律上处于异常状态的惯常做法。在具有准主权的殖民飞地上，反复不断的有关边境

---

〔162〕 对这一点的讨论，也参见 Jane Burbank and Frederick Cooper, *Empires in World History* (Princeton, NJ: Princeton University Press, forthcoming).

控制的冲突、管辖权的争议以及确定帝国立法适用范围的尝试创造了使日常法律争端可以快速升级为政治危机的环境，而这些政治危机使"不得已为之的"干涉得以制度化。在这些情况下，法律的局限性不仅源自帝国内部的空间不规则性，也有助于创造这种不规则性。干涉如果适用于受直接统治的领土，那么在政治上始终都是不受关注的，但如果适用于殖民飞地，从而在帝国版图上的漏洞与法律上的沉默之间建立联系，干涉便成为异常行为。

19 世纪末期殖民飞地的法律政治对欧洲国际法中的意识形态和理论表达有着即时和直接的影响。殖民行政官员并不仅仅为宗主国的法学家提供原始素材。他们运用各种源远流长的分类和方法并将之导入各种新的背景中。我们无法将阿科斯塔（Acosta）与塔珀直接联系在一起，或者将布罗代尔描写的为阿普哈拉斯（Al-pujarras）的摩尔人所烦恼的 16 世纪低地居民与思虑巴苏陀兰问题的开普定居者直接联系在一起。与此同时，对法律上处于原始状态的社会在空间（以及地形）上做出区分的话语所具有的延续性，有助于解释 19 世纪末期的某些说法，比如说帝国统治的一项基本原理在于道德上必须抑制小型山区政治体相互攻击的倾向。这种出现在平等主义政治联合中的攻击倾向似乎解释了为什么此类政治体不适合被完全纳入帝国的法律秩序中。

有关山区——准主权区域的典型背景——的原始法律的话语，既促成创造不同法律空间的动力，又有助于使这种空间和法律上的例外论看起来是自然的。与山区相联系的法律原始主义被转移到了其他地貌上，而且即使在肯定了对这些空间终将融合的期望

278

之时，它仍然对其他地方的法律异常现象提供了一种有用的解释。可以肯定的是，就像对热带的比喻一样，不受时间影响的殖民地山区的意象与更广泛的东方主义有关，但它也反映了一种创造有区别的殖民领土而非强化区域同质性和压制差异的法律政治。被分割的主权这一观念似乎与飞地区域自然的政治和文化分裂相联系。飞地区域的异常之处表明了法律在空间和时间上的局限。

第六章

最低限度的主权和帝国

　　当我们看到——至少我们认为我们看到——主权时，便知道那是主权。19 世纪以后对主权的定义突出了对穿越边界的事物和人予以控制的意图，也突出了制定法律规制边界内部事务的权力。"国家主权"和"国民主权"在我们的政治词汇中嵌入得如此之深，以至于它们似乎没有逻辑上的替代用语。不过，我们也知道主权更多是神话而非现实，是不同政治体讲述的有关它们自己权力的故事而非它们所拥有的确定特性。大多数边界都不是彻底封闭的，并且许多都存有争议，各国也不能始终如一地执行法律来规制跨境和境内活动。正如我们所见，领土可以做文章。当完整的"主权"空间可能分裂成无数形状怪异的部分时，仅是小块受规制的土地就可能意味着对大量控制权的主张。问题不在于混乱的时代和遥远的国度产生难以解决的复杂情况。任何地方的政治空间都会有异常情况：各种政治体和次政治体免于适用立法，管辖权保证了它们的自治，还有臣民和公民试图扩大或保护领土之外的法律权利。对政治生活来说，被削弱以及不完全的主权的具体表现形式就像各种腐败行为一样普遍，并且在政治上有着更深远的影响。

　　我们如何调和这两种有关主权的知识，即我们对主权定义的确定和我们对主权复杂性的承认？一种做法是在理论上完善对主权的理解；另一种做法则是重述主权的历史。本书试图在这两项事业上都做出贡献。从定义上看以及在实践中，当各种中间人将自己置于各帝国的臣民和代理人位置上行事时，以及当各种政治体和人群为他们自己的自治范围进行协商，有时还敦促彻底改换统治时，主权便在帝国中形成了。关于被分割主权的理论出现得较早，并且在同殖民统治的想象与定序问题相联系时得到发展。分层级且被分割的主权安排所具有的力量和持续性，使全球法律体制的结构发生改变。到 19 世纪末期，此类模式对在独立且平等的主权国家签订的协议中有关国际法基础的主张提出了尖锐挑战。在欧洲各帝国出现的多种异常法律空间，不仅与各帝国的中心相对立，也是对不断变化的帝国间关系和跨帝国比较的回应，这些空间在此过程中构成一个更广阔且地理上不均匀的规制网络或国际法另一来源的组成部分。

　　这种看待帝国主权的方式与过去对西欧主权历史的叙述形成对比。那些历史强调，领土性民族国家的出现是对军事竞争和资本积累的回应。在这一叙事中，不同的解释解决了向领土主权转变的时机问题，有时是在 17 世纪，更经常的是与 18 世纪相关，

280

通常极为肯定地是在 19 世纪。[1]我们现在了解，统治领土的动力与超越或分立领土的法律政治并存且互不排斥。欧洲各政治体保留并创建了自己的异常飞地和松散设置的帝国控制走廊，它们无法轻易被归类，甚至还倾向于界定和保护边界。最近的研究强调欧洲国家形成与各帝国政治架构之间联系紧密，这两者都可被视为开放进程，其中有关主权的宣告与复合政治体、管辖权争议以及国家内部暴力的现实相冲突。[2]

281　　　尽管如此，关于主权作为一种首当其冲通过领土控制加以界定的性质这一观念仍然在发挥影响力。虽然史蒂芬·克拉斯纳(Stephen Krasner) 注意到向着民族国家主权发展的进程时有中断且不完全，他还是描述了三种现代主权——威斯特伐利亚式主权、国内主权以及国际主权，并且他将领土控制作为每一种主权的核

----

[1] See Hendrik Spruyt, *The Sovereign State and Its Competitors：An Analysis of Systems Change* (Princeton, NJ：Princeton University Press, 1996)；Charles Tilly, *Coercion, Capital, and European States*, AD 990-1992, rev. ed. (Cambridge, MA：Wiley-Blackwell, 2007)；Thomas Ertman, *Birth of the Leviathan：Building States and Regimes in Medieval and Early Modern Europe* (Cambridge：Cambridge University Press, 1997).

[2] 詹姆斯·马尔杜恩在《帝国与秩序》(*Empire and Order*) 一书中倡导将国家和帝国的形成理解为同时发生的进程。在《受质疑的殖民主义》(*Colonialism in Question*) 一书中，弗雷德里克·库珀 (Frederick Cooper) 建议使用"帝国式国家"(empire-states) 一词。对国家形成与早期帝国相互关系的研究，已经发掘了一系列更广泛且微妙的联系。See especially M. J. Braddick, *State Formation in Early Modern England*, c. 1550-1700 (Cambridge：Cambridge University Press, 2000). 对于殖民时代晚期，森(Sen) 在《遥远的主权》(*Distant Sovereignty*) 一书中探索了一些可能的途径来分析殖民国家在印度的形成与 19 世纪英国的国家发展之间的联系，他提到帝国内部的一些现象"可能看起来像是因环境的力量而强加到殖民行政管理上的某些新奇或不正常情况，这些现象经更仔细的观察证明与当时英国政治文化的整体范式惊人的一致"(第 4 页)。与此同时，森认为帝国"遥远而有争议的主权"具有某些独特的特征 (第 xvii 页)。

心要素。威斯特伐利亚式主权主张涉及从一片既定领土的政治结构中排除外部政治行为者；国内主权指的是政治当局控制其政治体边界内部各项进程的实际能力；国际主权是对跨越那些边界的流动予以控制的国家能力的一项功能。[3] 且不论这些定义对于分析 20 和 21 世纪的国家间秩序是否有用，我们看到了将克拉斯纳的主权观念运用到早期现代世界以及欧洲海外帝国所具有的危险和诱惑。尽管欧洲列强在此处研究的整个时期都积极追求领土取得，但是它们也经常将其他目标置于领土控制和强化之前，其中包括商业网络和路线的保护以及有策略地回应帝国竞争对手的各项举措。帝国间冲突促使了强调权力和权威的象征性展示，而非边界控制和创设在整个空间均匀分布的制度。[4] 理论上充满生机的被分割主权的观念适用于实践中，就允许对不完全或混合的主权进行各种试验，这些制度安排似乎是符合多元法律秩序结构以及地理形态多样化的。

　　本书探索了帝国变化多端的法律空间创设，这些空间作为回应帝国间竞争、帝国内部政治以及当地冲突的法律实践出现，并且与有选择的地理话语要素相结合。这些过程对当时努力定义全球法律共同体性质的人们提出问题，也为寻求建构一套有关主权渊源和发展以及国家间秩序之叙事的历史学家带来挑战。要将有着棘手的复合统治形式和层状主权制度的帝国嵌入未严格按照罗马的世界统治观念塑造的全球一体化框架，或者使之契合由民族

282

---

〔3〕　Stephen D. Krasner, *Sovereignty*: *Organized Hypocrisy*（Princeton, NJ: Princeton University Press, 1999）, chap. 1.

〔4〕　这一点得到阐释是在 Maier, *Among Empires*, 101.

国家组成的全球共同体的各种模式，不仅在过去是困难的，现在也同样困难。[5]由于有证据证明各帝国内部持续产生新的法律和地理变化，这种挑战变得更加复杂。随着诸帝国在后来几个世纪更完全地接纳"领土要素"，在可能期待发现朝着简化的领土控制工程发展的进程之处，我们却看到了制造新的空间和法律区别来源的各种过程。[6]

试图从这些历史中吸取更大的教训时，人们会想要看一看卡尔·施密特的著作以及吉奥乔·阿甘本的相关理论，以便获得如何最好地理解一种在帝国中催生例外时刻和空间的系统性趋势的线索。饱受争议的法学家施密特将在欧洲以外"圈定"一块战争区域，视为欧洲自我塑造为和平区域和国际规范所在地的必需要素。他认为这种发展又与一个由民族国家构成的全球体系的出现密不可分，"因为调整帝国间关系的国际法无法轻易地转变成一种对战争的牢固限定"，也就是说，国际法不可能轻易地转变成浑然一体的全球空间秩序。[7] 在这种世界秩序中，帝国主权变

---

〔5〕 对嵌入罗马帝国模式的尴尬之处所做的讨论，特别参见 Pagden, *Lords of All the World*, chap. 1. 关于在民族国家构成的国际法律秩序中的帝国问题，参见 Keene, *Beyond the Anarchical Society*; and Anghie, *Making of International Law*.

〔6〕 由此，美国的帝国史学家和其他将帝国历史用作审视 19 和 20 世纪帝国主义的透镜的学者也逐步得出这一结论。安·劳拉·斯托勒（Ann Laura Stoler）问道："如果我们不是从一个以确定的帝国分类为基础的帝国模式开始，而是从一个取决于变化的分类以及那些其指定边界在任何时刻都不必然是其运行力场或界限的变动组成部分的帝国模式开始，会怎么样？"她的结论是，这会产生一幅帝国作为一种由具有不同"程度主权"的各区域组成的复合体的图像。"On Degrees of Imperial Sovereignty," *Public Culture* 18, no. 1（2006），125–46，138. And see Amy Kaplan, "Where Is Guantánamo?" *American Quarterly* 57, no. 3（2005），831–58.

〔7〕 Schmitt, *Nomos of the Earth*, 55.

得不再有关，或者更准确地说是只在为了保留尚未被归入国家这一分类的各种政治体类型（殖民地和被保护国）时才相关。

该构想似乎描述了一种欧洲场域和欧洲以外场域的法律区分，这种区分回应了一项描绘宗主国法律与殖民地法律诸多差异的话语，而此项话语得到完好的记录并在历史上有多种变体。但重要的是，要将施密特的构想与欧洲话语的历史叙述相区分。[8] 归根结底，将殖民领土看成各种法律例外所在的空间过于武断。为欧洲国家服务的欧洲国际法律人并不会选择想象以欧洲之外某个地区为中心的全球法律秩序，也不会将一种不同的政治形态提升到国际体系的主导地位来取代民族国家。欧洲偏好将全球秩序描述为以欧洲为中心的国家间体系，这一偏好并没有使该构想变得如理论般有用，或者如历史叙述般准确。正如本书的案例研究所显示的，一系列广泛的法律惯例使法律得以跨地区适用，并且欧洲旅居者和定居者满怀热情地接受法律作为一种框架来累积有关欧洲以外世界的知识、界定遥远政治共同体中成员的身份、将自己摆在施以恩惠和权威的位置以及与土著居民和政治体互动。欧洲和欧洲以外法律区域的二元区分，几乎无助于我们描述或分析由这种法律政治所产生的欧洲帝国内部以及它们之间存在的变化模式。

施密特对主权的其他主要见解似乎为帝国主权研究提供了更

---

〔8〕　比如，我们不应将埃利加·古尔德把欧洲作为有法之地而大西洋以外区域作为无法之地的研究（《有法之域》）解读成一种运用施密特思想的做法。我们也不应将欧洲的话语，不论是施密特思想的变体还是许多更古老的想法，理解成关于法律地理的准确历史叙述。

有前景的出发点。施密特认为，主权者就是"决断例外状态者"。[9] 对他来说，主权者的决断是在法律秩序内部和外部同时发生的行为；主权者跨越到法律之外做决断，但决断的权威源自法律。正如阿甘本所总结的，在施密特看来，"在主权之例外中待解决的是……法律规则可能性的恰当条件以及与之相伴的国家权威的真正含义"。[10] 进一步说，阿甘本认为，例外状态通过呈现规则悬置而构成规则。略去"规则"和"法治"——一个我稍后会加以讨论的成问题的混淆——不谈，施密特和阿甘本都把戒严法的宣告和戒严状态当作法律悬置的典型行为。在"例外状态"中产生暴力的可能性都出自各种同时包含着法律秩序内暴力的排除行为。[11]

必须要说，无论施密特还是阿甘本，都没有表现出对欧洲以外世界的兴趣和了解。纳赛尔·侯赛因（Nasser Hussain）分析 19 世纪大英帝国内部的法律悬置时，担负起将他们的思想与对帝国

---

〔9〕 在这种解释中，例外创造了一般规则，这种一般规则又联系"例外得以实际运用的某种规律且日常的生活框架"来解释例外的含义。Carl Schmitt, *Political Theology: Four Chapters on the Concept of Sovereignty* (Chicago: University of Chicago Press, 2005), 5.

〔10〕 Giorgio Agamben, *Homo Sacer: Sovereign Power and Bare Life* (Stanford, CA: Stanford University Press, 1998), 17.

〔11〕 我在这一点上简化了大量的不同之处。施密特反对瓦尔特·本雅明（Walter Benjamin）认定"纯粹的暴力"处于法律之外。用阿甘本的话说，施密特想要"在法律背景中重新切入暴力"。Giorgio Agamben, *State of Exception* (Chicago: University of Chicago Press, 2005), 59. 就阿甘本而言，他批判施密特提出这种观点的基础在于一种有瑕疵的关于制宪权和宪定权的区分，并且他提供了一种变体，其中"例外状态"变成一种"法律虚空"，而这种"法律虚空"由于具有"一种决定性的战略相关性"，在涉及法律秩序的情况下还是得到了维持（第 51 页）。

中的法律理解相联系的使命。[12] 侯赛因认为紧急状态在帝国主权建构中发挥至关重要的作用，并且他追随施密特将紧急状态措施（中止人身保护权和宣告戒严法）理解为法治的例外，这些例外同时又深深扎根于法律秩序中。他认为殖民背景独特并非因为法律悬置对它们来说独一无二，而是因为紧急状态与主权的关系在殖民背景中变得显而易见。由于侯赛因的部分观点依赖于他观察到紧急状态在殖民地被援引的频率高于在宗主国，这种路径的结果是表明帝国与例外状态之间的联系。[13] 但是，此种解释是出于用帝国历史诠释有关现代国家主权的著作的兴趣，而非出自阐明帝国主权动态的兴趣。侯赛因赞许地援引了查特吉（Chatter-jee）所说的话，查特吉提到"若不替换殖民统治背景，现代国家的建构必定无法完成"。和安吉关注帝国主权的复杂性对国际法律理论的挑战时所做的一样，侯赛因也将殖民历史解读成国家主权体系受阻的一个教训。他想要揭示"殖民是一种现代的迭代"。[14]

这种解释提醒我们，深嵌在施密特和阿甘本路径之中的是一种关于历史进程的叙事，例外在这种叙事中变得与规则愈发紧密相关。阿甘本清楚地说出了这一点："例外状态作为一种根本性的政治结构越来越突出，并且开始变成规则。"[15] 如果我们将帝

---

[12] Hussain, *Jurisprudence of Emergency.*

[13] 阿奇乐·姆班贝（Achille Mbembe）极力主张的也是这种联系，他将殖民地归为"司法秩序的控制和保障可以被悬置的最佳地点"。"Necropolitics", *Public Culture* 15, no. 1（2003）: 24.

[14] Hussain, *Jurisprudence of Emergency*, 7.

[15] Agamben, *Homo Sacer*, 20. 对阿甘本来说，这种例外与规范的混同牵涉到一种"最低限度的生活"——被剥去政治意义的生活——与主权的逐渐融合。

国视为一个法律频繁悬置的场所，并将之与例外状态相联系，我们就会引入一种有关帝国在现代国家主权兴起以前的较早历史阶段占据主流的叙事。取代这一连串熟悉的辉格党式逻辑的，是一种逐渐将例外归化为主权属性的思想。

这一分析步骤有许多耐人寻味之处。正如我们追寻流放地在宪法上的后续发展时所看到的，以戒严法施加控制的试验毫无疑问影响着更广泛的政治文化，而我们需要某种概念框架来描述和追溯这种影响。例外主义的血液流进了支配性政治结构，为这种转变的发生提供了一条路径。不过，该路径也有一些令人不安的因素。就像施密特将欧洲以外的世界解释为无法之域一样，帝国与例外之间的同一性可以引导我们将对帝国法律政治和空间历史的调查替换成对有关帝国的宗主国话语的解释。比如，人们忧虑在帝国内部贬低权利会对宗主国的身体政治产生影响，而对这种忧虑的叙述可能会被对帝国内部权利机制变体的分析所替代。[16]还有，将"现代国家主权"特殊化为一段漫长历史过程的产物所产生的矛盾效果，就是保留某些有关国家主权的假设，这些假设将国家主权和想象的威斯特伐利亚资格（Westphalian competencies），特别是如侯赛因未加批判地说到的"国家维持其领土和制度完整

---

〔16〕 关于法治的制度比较与意识形态比较之间的差异，参见 Lauren Benton，"Not Just a Concept: Institutions and the 'Rule of Law'" *Journal of Asian Studies* 68（2009）: 63–8. 对建构独特的帝国权利机制所运用的法律策略做出分析的一个范例，参见 Jane Burbank，*Russian Peasants Go to Court: Legal Culture in the Countryside, 1905–1917*（Bloomington: Indiana University Press, 2004）.

的义务"绑在一起。[17] 这两点并非无关紧要。[18] 但是，相比在
此处进一步探讨这两点，我更愿意将注意力集中在本书的案例研
究所诠释的第三个问题：将诸帝国呈现为例外之域是对帝国主权
的过度简化。我必须指出，我并非说我们在欧洲法治与帝国"法
制"的意识形态呈现之间可能做出的区分。[19] 毋宁说，我在本
章剩余部分想要深思的是，将本书探寻的帝国主权的两个方
面——臣民身份的可移植性和法律权威的委派——以及它们帮助
创造的不均匀的帝国地理纳入考虑范围所具有的意涵。

从指出阿甘本有意将"规则"和"法治"混淆所引发的问题
开始将会是有帮助的。阿甘本通过定义"规则"将这两个概念混
淆，他认为"规则"通常指构成规范秩序的重复行为这一更宽广
的背景，也就是说"法律具有规制的特性，并且它作为一种'规
则'并非因为它发号施令，而是因为它必须首先在真实生活中创

---

〔17〕　Hussain, *Jurisprudence of Emergency*, 22. 类似地，赫佐格（Herzog）在《定义民族国家》（*Defining Nations*）一书中提出一个重要观点，即强调建构本地社区的进程所具有的贡献以及这些社区所在的国家的形成。但是，她更关注阐明"欧洲国家和民族的形成"而非理解帝国主权（第6页）。

〔18〕　以欧洲主权为核心的隐含的欧洲中心主义，也不是现代国家主权的典型例子。这个问题不能仅仅通过谴责欧洲中心主义或者重新树立全球历史的中心地位加以消除。正如阿里夫·德里克（A. Dirlik）所指出的，试图纠正欧洲帝国研究的欧洲中心主义毫无意义，因为一种特殊而重要的全球性力量在殖民列强当中凝结而成。"Confounding Metaphors, Inventions of the World: What Is World History For?" in *Writing World History, 1800–2000*, ed. Benedikt Stuchtey and Eckhardt Fuchs（New York: Oxford University Press, 2003）, 91–133.

〔19〕　这种路径的比较停留在意识形态层面。运用这种路径的一个例子，参见 Jonathan Ocko and David Gilmartin, "State, Sovereignty, and the People: A Comparison of the 'Rule of Law' in China and India", *Journal of Asian Studies* 68, no. 1（2008）, 1–46; 还有，我的批判：Benton, "Not Just a Concept".

设自己的指涉范围，并且使这种指涉变得规律。"[20] 毕竟，规则所宣告的不只是制裁。规则的表达取决于对例外情况的承认，而正如我们所见，例外情况包含在法律秩序之中的同时又被正式地排除在外。在阿甘本看来，对规则作为规范性表述的更微妙理解嵌套在作为规范背景的习性（habitus）中，这种理解为同法治进行有意义的类比提供了基础。显然，这种类比并不完美。法治即使与以最微弱形式呈现，也与规则有无数的区分方式，而这些差别对于理解帝国主权尤为重要。

287　　首先考虑一下本书出现的证据，它表明法律政治与地理话语交织在一起，将法律上授予的强制性暴力定向带往远离帝国权力中心的地方。在现代早期大西洋地区有关叛国罪的政治中，欧洲旅居者明白其行为的合法性直接取决于王权支持，这种联系需要培养，也随时可能撤回。相比在偏远地区以法律的名义减少暴力，在宗主国保留审判死罪和处决叛国者的权力助长了在偏远地区以叛国罪指控竞争对手以及将在法律上被判有罪的威胁与儆戒性刑罚相联系的动机。我们还发现，海员有策略地努力维持与君主的联系通常涉及支持关于合法资助的法律论点，并且有时会促使海员强化船长的权力。重述为海上暴力行为辩护的法律故事会将那种暴力行为带入一种复杂的规制结构中，该结构承认并存的管辖权主张延伸到海洋空间。

　　这些例子告诉我们，法律传播产生的影响远比催生无法状态和例外的暴力要复杂得多。阿甘本的路径适用到帝国可能会让人

---

　　[20]　Agamben, *Homo Sacer*, 26（引用原文以示强调）。

联想到一个可以在地图上绘制物质浓度的宇宙，帝国的历史却让人联想到另一种宇宙，其中像虫洞和黑洞这样的扭曲物挑战着我们的空间想象，并且不能以通常方式在地图上绘制出来。毫无疑问，主权有时似乎只是随着距离变远而削弱，有时则会推动对专制或反主权的试验。更多的时候，它迂回曲折地发展，伴随着权威及其控制的外在表现在时空中不均匀地分布。在帝国内部创造的处于法律异常状态的小块区域更多是作为法律定序的模式化变体而非例外情况出现，只不过这两者可能会有联系。正因为这些变化形式无法简单归类，它们才在有关地理的话语中被充满想象力地描绘，并且在摆出法律姿态的复杂实践中被提及。

　　尝试理解权力在中心地区和分布不规律的偏远地区多少有些违反常理地同时被强化时，在此岔开话题回忆一下博丹有关主权的著作会有裨益。博丹在 16 世纪所写的关于主权的小册子因完全未关注甚至未提及领土问题而闻名。[21] 博丹对主权的定义从根本上说是从法律角度做出的定义。他勾勒出一系列"主权的特征"，其中最重要的是无需任何其他人的同意或许可，"制定对所有……臣民普遍适用的法律以及对个别人特别适用的法律的权力"。[22] 主权的几个其他特征也以法律为基础，即审查下级治安法官申诉的权威、赦免的权力、施以死刑的权力以及要求"臣民

288

----

〔21〕　Jean Bodin, *On Sovereignty*: *Four Chapters from the Six Books of the Common-wealth*, trans. Julian H. Franklin (Cambridge: Cambridge University Press, 1992). 这部专著的拉丁文版流传甚广，并且颇为英国的理论家们所接受。大多数对博丹思想的学术关注都围绕着一个问题，即他的主权观念在何种程度上增强或限制了主权者的权力，以及在何种程度上为权力成为国家的一种抽象属性这种观念转变做好准备。

〔22〕　Bodin, *On Sovereignty*, 59.

和臣服的封建领主发誓将无一例外地忠诚于他们发誓要效忠之人"的权威。主权的这些特征内含于主权者更一般的法律权力：立法、如法官般行事以及任命法官的权力。[23] 博丹并非因为疏忽才漏掉领土这一范畴。他的观点与现代早期将主权建构成在空间上保持弹性的做法相一致。因为臣民们可以处在任何地方，并且君主与臣民之间的联系被界定为一种法律关系，所以法律权威并未被限定在领土之上。

相比将一片主权领土想象成符合克拉斯纳理论范式的领土，那些于漫长的 16、17 和 18 世纪在世界各地居住的欧洲旅居者和定居者对帝国的大部分思考明显更接近博丹的想法：作为主权统治不均匀扩张的产物，帝国在法律中得到体现。领土控制是帝国统治的一项或有要素，并非一种同主权者的管辖权牢牢联系在一起的属性，臣民身份则通过策略性的操纵和解释所塑造的一系列政治和法律关系得到定义且备受挑战。结果，一种不稳定的法律政治使政治行动者参与建立和保护他们与主权者以及地方政治共同体的关系，并且使他们参与界定和重新阐明国王、半私人以及公司权威的地理范围。主权主张暗含着某些司法行政的职责，还伴随着一些相互的义务。帝国改变了政治共同体成员资格的条件以及某些利害关系，但在政治和法律策略方面的延续性比起断裂更加引人注目。在帝国的背景下，一些争端引起了有关忠诚、司法职能的不当行使以及法律权威的委派或篡夺的主张和指控，这些争端可以解读成有关主权的讨论，但对帝国的行为者们来说，

---

[23] Bodin, *On Sovereignty*, 59. And see Orr, *Treason and the State*, 35.

赌注既是更低的，也是更高的：之所以更低，是因为冲突集中在互不关联的群体的特殊利益和目标上；之所以更高，是因为结果可能意味着致命的损失——失去生命、赞助、财产、商业权利以及政治影响力——以及对帝国本身活力不可弥合的损伤。与此同时，正如许多评论博丹的人士正确观察到的那样，博丹对主权的法律理解为一种绝对权力在历史上的新形式提供了支持。在法律上建构主权赋予了主权一些既固定又变动的属性。

特别重要的是，要注意到效忠在复杂的帝国主权构建中具有的重要性持续至 19 世纪。正如我们所见，在 19 世纪的英属印度，为一系列与帝国中心有着不同法律关系的领土上的主权设定准则包括了将效忠王权单列为主权一系列属性中的一项，这项特性超越了帝国，为英国在大多数其他主权权能都被承认保留在当地行政当局之手的那些领地中的权威提供支持。比如，在 1891 年，也就是第五章所分析的巴罗达事件发生不到二十年的时候，对女王的效忠被援引为至高无上主权的根本特性，为在曼尼普尔邦（Manipur）进行干涉以图镇压叛乱和处决其中一名领导者提供辩护。[24] 当然，帝国政府对效忠的要求并未阻止殖民地政府要求臣民对其保持忠诚。正如我们追溯大西洋世界中叛国罪的第二种用途时所见，一种在勘察和定居的早期关注对远方君主之忠诚的法律政治为很久以后发生的冲突提供了一种参考，而在这些冲突中是殖民机构而非远方的君主坚持要求效忠宣誓。在 19 世纪，自由主义思想者主张帝国公民的权利以及他们对主权者权力的义

---

〔24〕　参见本书第五章注释 55。

务及于整个帝国时，会指出臣民身份和效忠的可移植性。作为政治文化的要素和法律冲突的焦点，忠诚和不忠诚具有各种各样的含义，并且对帝国权威的动态始终是重要的。规则可能会产生（和纳入）各种既在规则之外又为规则所暗含的例外，但法治并不考虑外部事物，因为它意味着法律以不同形式在所有主权空间中传播。

290　　　这一点将我们带到了法治与规则相区分的另一个方面。在法律秩序中，为规则提供意义的规范背景多半由法律组成。[25] 换句话说，塑造社会生活规律的社会交往模式是由法律以及影响法律的规范构成的。就像那个古老笑话说海龟一直都是神话中世界的结构性支撑一样，规范的文化背景一直都是法律。这种无处不在的法律文化背景将明显的法律断裂的特殊时刻转变为其他类型法律的试验。阿甘本明确反对这一点，他说"例外状态并非某种特殊类型的法律（比如战争法）；更确切地说，只要例外状态意味着法律秩序本身的悬置，它就定义了法律的门槛或极限。"[26] 但是，帝国法律的历史讲述的是另外一个故事。在各帝国内部，那种重叠的半主权权威的层级划分产生了一种不稳定的法律秩序，法律行为者哪怕是流氓（正如我们看到的海盗或孤立且专制的守备部队指挥官）都在其中创造性地摆出法律姿态。他们不仅要让自己的行动带上法律色

---

〔25〕　当然，施密特认为主权者的决断仍是在法律秩序之内做出的，因此施密特式的路径可能并不会质疑这一点。但是，细微的差异是有意义的；实际上，对偏远地区主权的关注，让人们的注意力从主权者决断的宪法时刻转向部分主权权能的委派对主权的日常建构。还有，阿甘本明确将"例外状态"与"法律虚空"相联系。Agamben, *State of Exception*, 51；还有，参见前文注释11。

　　〔26〕　Agamben, *State of Exception*, 4.

彩，还要让自己成为获得承认的治理秩序中牢固的组成部分。臣民们并不认为自己是在一种"特殊类型的法律"之中行事，而至多是在帝国的法律中创造符合逻辑的变体。

通过回归侯赛因、科士达、施皮勒和其他人提出且在第四章有关岛屿流放地的法律史中得到审视的问题，我们可以瞥见法律在帝国内部悬置所具有的隐含意义。法律悬置的另一种说法，就是一种委派法律权威替代了另一种委派法律权威。比如，戒严法既体现了正常法律的悬置，又体现了此种法律被在一种不同法律用语中运行的军事权威所替代。在殖民背景下，这种情况从广义上说无需特别估量，因为它发生的可能性嵌入了帝国主权的结构，而在该结构中委派的法律权威总是以这样或那样的形式出现。这种结构性逻辑的重要影响之一是，帝国内部悬置法律的行为并不只是或主要是引用作为规范秩序正处于悬置状态的宗主国法律，而是作为在帝国内部其他地方（有时是想象的）类似结构和行为的变体发生。从这个意义上说，在诺福克岛宣布戒严法出于军事指挥官在殖民统治中的日常工作。相同的逻辑在 18 世纪晚期促成了罪犯待遇与奴隶法律地位之间象征性和"水平"的联系。[27] 第二层隐含意义就是，帝国主权的结构和实践取决于围绕各种可供选择的立场有组织地出现的冲突，这些立场关涉多重

291

---

〔27〕 克里·沃德（Kerry Ward）在《帝国的网络》（*Networks of Empire*）一书中也提到了这种联系，他认为荷兰东印度公司的刑事流放政策和奴隶制与一项更广泛的强制移民工程的各方面相联系。这是话语跨各帝国场域传播的一系列例子中的一个，这种传播产生的影响至少和那些获得更多研究的宗主国与殖民地之间"垂直"运动所产生的影响一样重要。

权威之间的关系以及重叠的规制框架之间的关系。换句话说，戒严法的法则取决于对帝国宪法的解释。与其说各地方当局是君主专断权力的效仿者或实施者，不如说它们在宪法上获得授权进行变革，为那些可能在权力中心无法从政治上获得支持的异常实践提供一定程度的合法性。[28]

也许，我提出的只是关于现代国家主权起源的故事与关于帝国和国家永续性的更开放的叙事之间的细微差异，在这种叙事中帝国和国家由不断变化且时而重叠的不完全主权的场域构成。不过，我认为有证据表明第二种观点更具解释力。阿甘本的路径有助于修正福柯将治理术与现代性联系的做法，而讽刺的是，福柯所做的这种联系通过强调权力拟制使规则得到建构的社会分类的方式，促使人们的注意力从一系列其他形式的暴力转向分散且不易察觉的国家权力。阿甘本的修正将暴力作为一种不受控制的力量，重新嵌入正逐渐被常态化为主权的一项条件的例外状态之中。然而，这种路径并未准确把握帝国暴力的多种形式，帝国暴力在依赖国家强制权威的同时，又宣告了被委派的代理人实施暴力行为的合法性。通过惩罚奴隶来实现"正义"的奴隶主只是诸多例子中最明显的一个。人们必定会将对奴隶的严厉惩罚解读为与对他们的种族排斥深深交织在一起，就好像对被判有罪的犯人施以暴力可以被视为与通过判刑犯人变成法外之人有关的现象。但是，此种与彼种委外管理（outsourcing）暴力的形式也是层状主权制度的组成

---

〔28〕　这种观点可以和阿甘本在《例外状态》一书中的立场对照，阿甘本认为"例外状态并非一种独裁（不论宪法上还是非宪法上的，也不论代理的还是主权者的）而是一个缺乏法律的空间"（第 50 页）。

部分，在这种制度中主权者对垄断强制力的主张与以主权者名义对监管薄弱的暴力予以授权相符。这种观点提醒我们，法治并不必然与共和或自由的政治形态有关。[29] 例外的暴力，也并不表明法律效力的缺失或减弱。毋宁说，主权意味着法律向中心以外扩张，这种扩张并非一种逐渐消散的力量，而是一系列，通过空间和时间折射可能赋予偏远地区行为者更大的特殊权力的关系。

这一点引导我们得到第三项观察结果，即不同于某个抽象规则，法治取决于特殊类型的规则。这些规则是关于规则的规则，或者说是有关定序的表述，其中囊括了规则与例外的关系以及法律的多重场域与政治权威的结构性关系。[30] 法治的规范和（或

---

〔29〕 对法治与自由主义的脱节所做的讨论，参见 Brian Z. Tamanaha, *On the Rule of Law*：*History*，*Politics*，*Theory*（Cambridge：Cambridge University Press，2004）.

〔30〕 See the discussion in Benton，*Law and Colonial Cultures*，chap. 6. 考虑有关规则的规则时，我们可立足于哈特（H. L. A. Hart）的观点，即法律体系有一种"识别规则"来决定哪些其他规则是有效的（*The Concept of Law*，eds.，Penelope Bulloch and Joseph Raz，New York：Clarendon Press，1994，2nd ed.）。但是，哈特的提法在思考法律和帝国时会产生特殊的问题（且这些问题并非对哈特关于法律与道德之关系理解的惯常批判）。这种路径毫无解释的假设，规则在整个法律秩序中会被内化，并且哈特所称的初级规则与次级规则之间的关系在这整个法律秩序中始终保持一致——在原始的"前法律"社会却极端不同。正如批评人士所观察到的，这些和其他一些特性都使哈特有关规则的观点对理解空间和文化上复杂或多样的法律体系来说相当有限。See Malcolm Wood，"Rule，Rules，and Law"，in *The Jurisprudence of Orthodoxy*：*Queen's University Essays and H. L. A. Hart*，eds.，Philip Leith and Peter Ingram（New York：Routledge，1988），27-60；and Peter Fitzpatrick，*Modernism and the Grounds of Law*（Cambridge：Cambridge University Press，2001），96-7. 不过，斯科特·夏皮罗（Scott Shapiro）认为，如果我们将识别规则理解成"一种安排某一法律体系之宪法秩序的共享计划"，那么，对识别规则的利用可以得到保留。对我来说，夏皮罗的提议是有前景的，他对"共享计划"的分析也接近我对有关规则的规则作为帝国宪法某个侧面的讨论。"What is the Rule of Recognition（and Does it Exist）?" Yale Law School，Public Law Working Paper No. 184. Available at SSRN：http：//ssrn. com/abstract=1304645.

293 者）法律背景是宪法秩序，而有关规则的规则构成了宪法，尤其是帝国的宪法。这些安排无需写明，它们通常存在于重叠话语的常见形式而非教条中。[31] 在这种路径中，法治也是一种比规则更加精巧的社会和政治构造，因为日常或普通的法律冲突可能快速升级为宪法上的冲突。想一想印度的英国政府调查那桩预谋杀害一名常驻官员的案件所引起的有关帝国法律适用范围之宪法性问题的过程，或者在牙买加对一名政客的审判和惩罚如何促成一场不断扩大的有关帝国公民身份的存在和定义的讨论。在帝国法律变化的广泛——甚至全球性——模式中，简化殖民背景下混乱且具有多重管辖权的法律秩序的冲动与法律冲突造成的压力相融合，催生了按等级排序的法律体系，它们与诸帝国有着不确定且变动的关系。[32] 不足为奇的是，法学家和法律官员都指望国际法提供想象帝国法律结构和功能的模式。这一举动并未抑制一再出现的要求修改偏远地区委任统治规则定义的各种危机，但它的确引发了帝国主权的新形式以及新的对国家主权的有力主张。[33]

---

〔31〕 Hulsebosch, *Constituting Empire*, 77.

〔32〕 对这一点的详细阐述，参见 Benton, *Law and Colonial Cultures*; and Benton, "Constitutions and Empires".

〔33〕 正如阿米蒂奇所说，自 18 世纪晚期新的对主权的宣告呈现了历史上新奇的权利主张，即帝国内部的政治体可能变成——将会变成——主权国家。Armitage, *The Declaration of Independence*. See also Daniel Hulsebosch and David Golove, "On an Equal Footing: Constitution-Making and the Law of Nations in the Early American Republic" (paper presented at the Legal History Colloquium, New York University School of Law, January 21, 2009).

　　这一框架有助于我们弄清 19 世纪末准主权的历史。在不断试图建构一种既适于扩张性权力，又适于不规则的协定主权的正式模式时，帝国行政官员和国际法律人设计出一种囊括了有着不同主权程度的多个政治体的连贯类型。试图列举欧洲帝国内部各种准主权实体所具有或被授予的主权特性的子集时，法学家们想象出一种帝国秩序，既为欧洲的帝国政府保留了完全的主权，又准确定义了附属却半独立的殖民地政治体中不完全主权的性质。为了能对帝国内部上百个小邦和处于异常状态的区域所代表的法律权威的不同表达模式加以标记，帝国管理者的使命就变成对这些统治的类型进行持续的修补。在被明确描述成建立于主权民族国家之上的国际秩序新背景下，过去有关定义政治成员身份以及限制当地权威的挑战仍然存在且带来了新挑战。

　　借助例外的概念讨论这一课题又一次变得有诱惑力。当然，发现印度诸土邦的问题不能在国际法或国内法中得以定序而要求掌权者行使政治特权，就意味着一种法律的悬置，甚至可能创造了一片法律的例外区域。但是，法律局限性的解决方案更进一步宣告了一种新法律理论——帝国法——作为国内法和国际法的混合体，它可以涵盖被分割的主权。围绕这一举动的政治将对法律局限性的讨论与对各项主权标志的某种特殊子集具有至高无上性的主张相结合，而主权的标志包括对帝国权力的效忠、帝国政府对外交关系的垄断以及一种开放且定义模糊的对良好治理的责任，这种责任会将对地方自治的特殊干涉予以正当化。在接纳法律局限性的观念时，帝国行政官员也接受了例外的观念。也就是

294

说，他们将政治干涉呈现为帝国权力的一种非例外特权。他们还把地方自治界定成最低限度的主权，这是一种在帝国干涉发生时仍保持不变的政治和法律状态，因为它意味着地方权威的范围非常有限。在实践中，准主权实体可能会行使近乎完全的一系列主权特权而不对帝国统治构成挑战，这恰恰是因为这些实体在同主权权力的关系上被定义成是附属的，还因为对效忠的要求无需存在于可见的结构之中。因此，帝国权力也可被看作在行使某种最低限度的主权而不改变统治的复杂状态。

我们看到有一种对阿甘本的批判与其他批判性评论相当不同。有些学者强调阿甘本未能正确评价对主权及其暴力的抵抗这一失误，比如他提到抵抗有时采取的形式是"篡夺支配着生命的主权权力"。[34] 不过，如果我们将篡夺主权权力的要素视为一种反复出现的趋势，在结构上甚至比拒绝权威或朝着一种替代性的累加权力发展更加引人注目，会怎么样？正如本书发掘的那些例子所显示的，最低限度的主权是一种不完全且通常极简的主权权

---

〔34〕 Ewa Plonowska Ziarek，"Bare Life on Strike: Notes on the Biopolitics of Race and Gender"，in *The Agamben Effect*，ed. Alison Ross（Durham，NC: Duke University Press，2007），100；cf. Pal Ahluvalia，"Death and Politics: Empire and the 'New' Politics of Resistance"，in *The Postcolonial and the Global*，ed. Revathi Krishnaswamy and John C. Hawley（Minneapolis: University of Minnesota Press，2008）.

威构造，它所在的地点遍布各个帝国。[35] 不足为奇的是，政治形式多种多样，但并非所有形式都反对主权主张。帝国内部有关层状主权的法律政治为各种反主权创造了机会并提供了动力，诚然第二章所讨论的想象中已分立的阿吉雷王国就是一个例子。更常见的是，冲突会牵涉到半自治但形式上仍处于附属地位的各当局的申诉。做此种申诉的法律行为者不断提及且承认帝国的主权。他们甚至会将其诸多的努力塑造成帝国的建构行为——尝试扩大法律的适用范围、重整帝国的组成部分或使帝国内部各实体得以灵活而强有力地回应当地和其他的帝国挑战。[36]

除了对易变的法律政治做出回应，帝国主权的重新配置利用了各种惯例，并且为存在法律变异的区域提出了新标签。诸如河

---

〔35〕 我是从一名英国行政官员对印度诸土邦在它们的军营保留政治权力的评论中挑出"最低限度的主权"一词（参见本书第五章，特别是注释 109）。将该词作为一个概念时，我仍旧强调极简式权威与管辖权不同。对阿甘本的其他评论中，该词的用法稍有不同，参见 Costas Douzinas, "Speaking Law: On Bare Theological and Cosmopolitan Sovereignty", in *International Law and Its Others*, ed. Anne Orford (Cambridge: Cambridge University Press, 2006), 35-57. 杜兹纳斯（Douzinas）将"最低限度的主权"定义成"管辖权、法律和政治在社区中的集合"，并且他将管辖权表述为"对一种公共空间和共同身份出现的表达"（第 40 页）。我认为，更有帮助的是要看到一种普遍但并不必然（且在事实上也不稳定）的同管辖权的联系，并且更重要的是要剥离偏离中心的主权与社区的联系，当然还有它与某种共同身份的联系。即使以想象的形式，这两种联系也不应该出现，从而使一个偏离中心的法律权威得以主张或被界定为拥有不完全的主权。否则，我们将不得不承认奴隶主的权威是一种同种植园社区有关的权威。我对"最低限度的主权"的使用更接近于彼得·菲茨帕特里克（Peter Fitzpatrick）的用法，而遗憾的是他追随阿甘本"努力从社会角度将主权置于现代"。"Bare Sovereignty: Homo Sacer and the Insistence of Law", *Theory & Event* 5, no. 2 (2001).

〔36〕 彼得·菲茨帕特里克对这一点的说法多少有些不同，他将主权归结为一种对紧张关系做出的反应，这些紧张关系存在于将社会形容成"一种积极设定的总体性"的冲动与将社会呈现为"一种显著特殊性的集合"的描述之间。*Modernism and the Grounds of Law*, 52. And see Fitzpatrick, "Bare Sovereignty".

流与海道的地理修辞在某些时候比其他修辞更显著地表明了帝国控制的走廊，帝国控制的走廊反而局促地坐落在势力范围之中。岛屿和山区象征着帝国的飞地，它们的特性造成了法律秩序上的问题。这些以及其他地理类别，诸如森林、热带甚至仅以像"南部"或"南纬"这样的序数方位命名的地区，通常都以让人联想到偏远或蛮荒的方式被提及。[37] 这种未在地图上呈现的特征通常与对野蛮的描述相对应，由此"野蛮"这个标签意味着一种和作为文明所在地的帝国中心的对比。不过，与中心和外围、文明和野蛮、有法和无法的并列相比，这种对比的反差更大。[38] 一系列多样的地理分类变成对各种帝国主权领域的显著描述符号。地理修辞开始让人们联想到法律扩张的各种特殊模式，从早期大西洋河滨地区对忠诚的臣民身份及其反面的强调到 19 世纪各种纯粹却不稳定的政治团结组织在逐渐变强的殖民地内陆山区的联合都包含在其中。即使当冲突引起对法律局限性的讨论时，法律也从未在这些结构中缺位。法律控制也没有被理解成在偏远地区被简单驱散，从而创造主权被削弱的地区。与地理元素结合的法律扩张相反塑造了精确的模式：走廊成为传输法律的导管，飞地则对应主权要素的不同配置。在延长的历史时刻，对这些模式的

---

〔37〕 Nicolás Wey Gómez, *The Tropics of Empire*: *Why Columbus Sailed South to the Indies* (Cambridge, MA: MIT Press, 2008). 对蛮荒的讨论，参见 Vaidik, *Imperial Andamans*, chap. 1.

〔38〕 在这里，转向勒费布尔 (Lefebvre) 的《空间的创制》(*Production of Space*) 是有助益的。他写到了他所称的"建构的二元性"(constitutive dualities) 对呈现社会空间的普遍影响。这些重复出现的二元性"支持着更复杂的……多元性和多样性"(第 411 页)。理解建构的二元性有助于我们弄清"空间的问题所在"，但不研究"空间实践"在经验上可观察到的模式，对社会空间创制的分析就不完整 (第 413 页)。

预期附着在地理描述上，以至于这样的关联变成有关帝国和帝国间关系的话语的内在组成部分。比如，岛屿长期以来意味着原始的野性，但在 18 世纪末期不断加剧的全球竞争背景下，它们作为海上控制的标志所具有的突出重要性助长了这样一种观点，即岛屿的自然特性使其既是完美的帝国控制区域，又是半授权的小规模专制所在地。

关注这种融合地理和法律的变动话语，有助于我们超越对帝国各种类型领土都有待变成主权国家的预期。当代学者把碎片化的地理视为从早期就是帝国主权内在甚至基本的组成部分。[39]将河滨地区作为通向臣民身份变得牵强的新大陆入口的大西洋式想象直接影响了欧洲人解释并运用受罗马私法启发的关于占有的法律政治。在准备有关以私人和君主代理人的活动使法律延伸至海洋空间的论点时，真提利和格劳秀斯都直接对捍卫帝国利益的压力做出回应。边沁将新南威尔士当作一项违宪试验，因为新南威尔士滋生了对英国人权利的选择性压制，并且支持小独裁者。这些情况引发了帝国宪法的实际可行性问题。还有，梅因以及既从事殖民行政管理又研究国际法的其他知名人士都写过被分割主权的问题，以此调和帝国领土的各种法律变体与将领土主权作为国际法律共同体之成员国属性的新近显著观点。这些举措回应了法律行为者在帝国中的各项策略并在其中得到运用：大西洋探险

─────────────

〔39〕　在此，我认同基恩（《在无政府社会之外》）、安吉（《国际法的缔造》）以及其他承认帝国对国际法理论来说构成一个特殊问题之人的观点。但是，我也想超越他们对"帝国的碎片是对国际法律人的智识挑战"的关注，从而揭示描述被分割主权的努力与帝国内部法律政治进程之间的关系。

的领导者根据法律采取灵活的方式主张领土；海员肯定了从事海上劫掠的主权权利的正当性；罪犯和刑罚执行地的指挥官竭力限定戒严法的实行；还有印度土邦王侯及其顾问根据帝国法律运用策略扩大和保护其法律特权。

在这些例子中，被分割的主权不太像是对帝国管理特殊挑战的暂时妥协，而更多是对帝国地理和全球规制产生持久影响的统治的核心前提。臣民资格和公民资格是不固定的分类，允许法律权威在空间上不规则地扩张。[40] 土著居民的法律政治造成了地理不均等性的另一个源头，这转而又影响了欧洲人的领土战略。[41] 还有，委派权力——被分割主权的核心运行要素——的结构支持对帝国碎片式的组成部分行使法律权威。创造对此种多样性的连贯解释需要敏捷的思考。特别是，部分通过承认现代早期世界中帝国间争端的当事方可能会援引自然法原则、引用条约机制或者遵守帝国代理人的行为或互动所隐含的规范，它推进了对自然法与实证法区分的模糊。作为国际法来源的最后一种现象是在各帝国的管辖权以平行且相互可理解的方式向着未完全受控制的领土和海洋空间推进的过程中产生的。在这些情形下，法律行为者和观察者将国际法与帝国法相结合便不足为奇。帝国有时会

---

〔40〕 关于这一点及其与理解 19 世纪世界中公民身份的相关性，特别参见 Adam McKeown, *Melancholy Order: Asian Migration and the Globalization of Borders* (New York: Columbia University Press, 2008).

〔41〕 凯思琳·杜瓦尔（Kathleen DuVal）写作欧洲人与印第安人在阿肯色山谷（Arkansas Valley）遭遇时指出了这一点，她说"欧洲人部分是通过捎带确认印第安人的主权获得了他们对彼此的主权"。*The Native Ground: Indians and Colonists in the Heart of the Continent* (Philadelphia: University of Pennsylvania Press, 2006), 8.

是实现由碎片般的政治体组成的全球秩序的更可控模式。当帝国的持续存在有时将国家间协议粉饰成精致的法律拟制时，层状帝国主权似乎确保了政治保护和权利不均匀分布。

从这些观察结果转回考虑阿甘本对例外状态逐渐融入现代主权的嵌入式历史叙述时，我们要对构成欧洲帝国的法律变异区域或异常法律空间所具有的历史意义做出一种不同的解释。我已经研究过的帝国异常现象似乎是广泛复制的统治配置，它们如此之多，以至于我们可以说它们体现了 1400 至 1900 年欧洲帝国政治想象的某些基本内容。在早期几个世纪中，对异常现象的关注呼应了有关奇异经验和欧洲以外世界奇观的更广泛的话语。后来的观察者则力求调和不完全主权的连贯分类与新出现的空间和法律变异，他们有时会将特殊情况形容成古怪的或异常的。在知识积累和对全球秩序的理解发展的过程中，宇宙学、地理学和法学的认识论都会对异常现象给予特殊地位。异常现象需要解释。它们不仅在现有框架中引入新的复杂状况，还使法律治理的多样化而非法律融合成为永久的期望。由于观察者们将不规则的构造既与宗主国又与帝国的其他组成部分做对比，异常现象才意味着变化而非例外。这种"帝国的标准化要件"使帝国主权难以捉摸，还挑战了对全球秩序的理解。[42]

如果这些模式告诉了我们关于 1400 至 1900 年间各帝国以及帝国间相互关系的一些重要信息，它们就可以诠释法律异常现象的一些更近期的事例。在关塔那摩海湾设立军事委员会的理由以

---

〔42〕　这是沃德（Ward）的有用说法。*Networks of Empire*, 56.

及岛屿要塞的选择都揭示出本书所检视的那些进程具有某些延续性。主权要素的让渡，包括对在诸如伊拉克和阿富汗这样的地方享有类似最低限度主权的地位进行谈判，指向的是同一方向。对于法律上的某些问题，比如美国印第安自留地的管辖权划分，或者诸如加沙那样具有不完全主权的嵌入式附属飞地的有争议特权，这些延续性也非常明显。现在，我不再谈追溯这些历史的有趣问题。要显示对 19 世纪结束以前欧洲海外帝国主权的探寻如何将地理话语与法律相融合，从而塑造了一个满是重复出现的碎片的世界——一种碎片中的帝国间法律体制，这些已经足够了。

参考文献

档案馆及其缩略语表

Archivo General de Indias, Seville (AGI)

Archivo General de Simancas, Valladolid (AGS)

Archivo Histórico Nacional, Madrid (AHN)

The National Archives, Kew, Richmond, Surrey (TNA)

    Home Office, 1700–2002 (HO)

    Colonial Office, 1570–1990 (CO)

British Library, London (BL)

    India Office Records (IOR)

University College of London (UCL)

    Bentham Papers

所援引的著作

Acosta, José de, *Historia natural y moral de las Indias*, Madrid: Historia 16, 1987.

Acuña, Cristóbal de. Acarete du Biscay, Jean Grillet, and Françis Béchamel. *Voyages and Discoveries in South-America, the First up the River of Amazons to Quito in Peru, and Back Again to Brazil, Perform'd at the Command of the King of Spain by Christopher D'acugna; The Second up the River of Plata, and Thence by Land to the Mines of Potosi by Mons. Acarete; The Third from Cayenne into Guiana, in Search of the Lake of Parima, Reputed the Richest Place in the World by M. Grillet and Bechamel; Done into English from the Originals, Being* the *Only Accounts of Those Parts Hitherto Extant*: *The Whole Illustrated with Notes and Maps*, London: Printed for S. Buckley, 1698.

——. "A New Discovery of the Great River of the Amazons", In *Expeditions into the Valley of the Amazons, 1539, 1540, 1639*, ed. and translated by Clements Markham, London: Printed for the Hakluyt Society, 1859.

Adelman, Jeremy, *Republic of Capital*: *Buenos Aires and the Legal Transformation of the Atlantic World*, Stanford, CA: Stanford University Press, 1999.

——. *Sovereignty and Revolution in the Iberian Atlantic*, Princeton, NJ: Princeton University Press, 2006.

——. "An Age of Imperial Revolutions", *American Historical Review* 113, no. 2 (2008): 319-40.

Adelman, Jeremy, ed. *Colonial Legacies*: *The Problem of Persistence in Latin American History*, New York: Routledge, 1999.

Adelman, Jeremy, and Stephen Aron, "From Borderlands to Borders: Empires, Nation-States, and the Peoples in Between in North American History", *American Historical Review* 104, no. 3 (1999): 814-40.

Adorno, Rolena, *The Polemics of Possession in Spanish American Narrative*, New Haven, CT: Yale University Press, 2007.

Adorno, Rolena, and Patrick Charles Pautz, *Álvar Núñez Cabeza de Vaca*: *His Account, His Life, and the Expedition of Pánfilo de Narváez*, 3 vols. , Lincoln: University of Nebraska Press, 1999.

Agamben, Giorgio, *Homo Sacer*: *Sovereign Power and Bare Life*, Stanford, CA: Stanford University Press, 1998.

——. *State of Exception*, Chicago: University of Chicago Press, 2005.

Ahluvalia, Pal, "Death and Politics: Empire and the 'New' Politics of Resistance", In *The Postcolonial and the Global*, ed. Revathi Krishnaswamy and John C. Hawley, 166-77. Minneapolis: University of Minnesota Press, 2008.

Aitchison, C. U. , ed. *A Collection of Treaties, Engagements, and Sunnuds, Relating to India and Neighboring Countries* [*1862-1865*]. Calcutta: Printed by G. A. Savielle and P. M. Cranenburgh, Bengal Print, 1865.

Alexandrowicz, Charles Henry, *An Introduction to the History of the Law of Nations in the East Indies: (16th, 17th and 18th Centuries)*. Oxford: Clarendon, 1967.

Alfonso X. , *Leyes De Los Adelantados Mayores: Regulations, Attributed to Alfonso X of Castile, Concerning the King's Vicar in the Judiciary and in Territorial Administration*, Ed. , Robert A. MacDonald, New York: Hispanic Seminary of Medieval Studies, 2000.

Álvarez, Adela Repetto, "Traición y justicia en los tiempos de Felipe II, 1565 – 1570", *Fundación para la Historia de España* 3 (2000): 37–56.

Anand, Ram, *Origins and Development of the Law of the Sea*, The Hague: Martinus Nijhoff, 1983.

Anderson, Clare, *Convicts in the Indian Ocean: Transportation from South Asia to Mauritius, 1815–53*, New York: St. Martin's Press, 2000.

Anghie, Antony, *Imperialism, Sovereignty, and the Making of International Law*, Cambridge: Cambridge University Press, 2007.

Antigallican, *A Series of Letters Relating to the Antigallican Private Ship of War, and Her Lawful Prize the Penthievre... The Whole Containing an Unparalleled Scene of Cruelty, Perjury, and Injustice. With Proper Observations. By an Antigallican*. London: Sold by W. Owen, 1758.

Appelbaum, Robert, and John Wood Sweet, eds. *Envisioning an English Empire: Jamestown and the Making of the North Atlantic World*, Philadelphia: University of Pennsylvania Press, 2005.

Arbousset, Thomas, *Missionary Excursion into the Blue Mountains, Being an Account of King Moshoeshoe's Expedition from Thaba–Bosiu to the Sources of the Malibamatso River in the Year 1840*, Morija, Lesotho: Morija Archives, n. d.

Armitage, David, *The Ideological Origins of the British Empire*, Cambridge: Cambridge University Press, 2000.

——. *The Declaration of Independence: A Global History*, Cambridge, MA: Harvard University Press, 2007.

——. David Armitage and Michael Braddick, eds. *The British Atlantic World, 1500–1800*, second edition, New York: Palgrave Macmillan, 2009.

Arnold, David, *Colonizing the Body: State Medicine and Epidemic Disease in Nineteenth–Century*

India, Berkeley: University of California Press, 1993.

Asher, Brad, *Beyond the Reservation: Indians, Settlers, and the Law in Washington Territory, 1853-1889*, Norman: University of Oklahoma Press, 1999.

Atkinson, Alan, "The Free-Born Englishman Transported: Convict Rights as a Measure of Eighteenth-Century Empire", *Past and Present* 44 (1994): 88-115.

Baker, Alan R. H., *Geography and History: Bridging the Divide*, Cambridge: Cambridge University Press, 2003.

Banks, Kenneth J., *Chasing Empire Across the Sea: Communications and the State in the French Atlantic, 1713-1763*, Montreal: McGill-Queen's University Press, 2002.

Barrell, John, *Imagining the King's Death: Figurative Treason, Fantasies of Regicide, 1793-1796*, Oxford: Oxford University Press, 2000.

Barrera-Osorio, Antonio, "Nature and Experience in the New World: Spain and England in the Making of the New Science", In *Navarro Brótons, Más allá de la leyenda negra*, 121-35.

——. "Empiricism in the Spanish Atlantic World", In Delbourgo, *Science and Empire in the Atlantic World*, 177-202.

Battenberg, Friedrich, and Filippo Ranieri, eds. *Geschichte Der Zentraljustiz in Mitteleuropa: Festschrift für Bernhard Diestelkamp zum* 65, *Geburtstag*, Weimar: Böhlau, 1994.

Baud, Michiel, and Willem van Schendel, "Toward a Comparative History of Borderlands", *Journal of World History* 8, no. 2 (1997): 211-42.

Bauer, Ralph, *The Cultural Geography of Colonial American Literatures: Empire, Travel, Modernity*, Cambridge: Cambridge University Press, 2003.

——. "A New World of Secrets: Occult Philosophy and Local Knowledge in the Sixteenth-Century Atlantic", In Delbourgo, *Science and Empire in the Atlantic World*, 99-126.

Bayly, C. A., *The Birth of the Modern World, 1780-1914: Global Connections and Comparisons*, Malden, MA: Blackwell, 2004.

Beattie, J. M., *Crime and the Courts in England, 1660-1800*, Oxford: Clarendon, 1986.

Beaulac, Stéphane, *The Power of Language in the Making of International Law: The Word Sovereignty in Bodin and Vattel and the Myth of Westphalia*, Leiden: Martinus Nijhoff, 2004.

Bellamy, John G., *The Law of Treason in England in the Later Middle Ages*, Cambridge:

Cambridge University Press, 1970.

Bentham, Jeremy, *Letters to Lord Pelham, Giving a Comparative View of the System of Penal Colonization in New South Wales*, London: Wilkes and Taylor, 1802.

——. *A Plea for the Constitution Shewing the Enormities Committed to the Oppression of British Subjects ... In and by the Design, Foundation and Government of the Penal Colony of New South Wales: Including an Inquiry into the Right of the Crown to Legislate without Parliament in Trinidad and Other British Colonies*, London: Mawman, Poultry, 1803.

Benton, Lauren, "Not Just a Concept: Institutions and the 'Rule of Law' ", *Journal of Asian Studies* 68, no. 1 (2008): 63–8.

——. "The Legal Regime of the South Atlantic World: Jurisdictional Complexity as Institutional Order", *Journal of World History* 11, no. 1 (2000): 27–56.

——. *Law and Colonial Cultures: Legal Regimes in World History, 1400–1900*, Cambridge: Cambridge University Press, 2002.

——. "Legal Spaces of Empire: Piracy and the Origins of Ocean Regionalism", *Comparative Studies in Society and History* 47, no. 4 (2005): 700–24.

——. "Constitutions and Empires", *Law & Social Inquiry* 31 (2006): 177–98.

——. "Empires of Exception: History, Law, and the Problem of Imperial Sovereignty", *Quaderni di Relazioni Internaxionali* (2007, December): 54–67.

——. "From International Law to Imperial Constitutions: The Probelm of Quasi–Sovereignty, 1870–1900", *Law and History Review* 26 (2008): 595–620.

——. "The British Atlantic in Global Context", In Armitage, *The British Atlantic World*, 271–89.

Benton, Lauren, and Benjamin Straumann, "Acquiring Empire by Law: From Roman Doctrine to Early Modern European Practice", *Law and History Review* (forthcoming).

Biggar, Henry Percival, ed. *The Works of Samuel de Champlain*, Toronto: Champlain Society, 1922.

Bilder, Mary Sarah, *The Transatlantic Constitution: Colonial Legal Culture and the Empire*, Cambridge, MA: Harvard University Press, 2004.

Black, Jeremy, *Maps and History: Constructing Images of the Past*, New Haven, CT: Yale University Press, 1997.

Blackhawk, Ned, *Violence over the Land: Indians and Empires in the Early American West*, Cambridge: Harvard University Press, 2006.

Blainey, Geoffrey, *The Tyranny of Distance: How Distance Shaped Australia's History*, Melbourne: Sun Books, 1966.

Blansett, Lisa, "John Smith Maps Virginia", In Appelbaum and Sweet, *Envisioning an English Empire*, 68-91.

Blázquez Martín, Diego, *Herejía y traición: Las doctrinas de la persecución religiosa en el siglo XVI*, Madrid: Dykinson, 2001.

Bleichmar, Daniela, Paula De Vos, Kristin Huffine, and Kevin Sheehan, eds. *Science in the Spanish and Portuguese Empires: 1500-1800*, Stanford, CA: Stanford University Press, 2009.

Blom, Hans W. , ed. *Property, Piracy and Punishment: Hugo Grotius on War and booty in De Iure Praedae-Concepts and Contexts*, Leiden: Brill, 2009.

Bodin, Jean, *On Sovereignty: Four Chapters from the Six Books of the Commonwealth*. Translated by Julian H. Franklin, Cambridge: Cambridge University Press, 1992.

Borschberg, Peter, *Hugo Grotius, the Portuguese, and Free Trade in the East Indies*, Honolulu: University of Hawaii Press, 2009.

——. "Grotius, Maritime Intra-Asian Trade and the Portuguese Estado da Índia: Problems, Perspectives and Insights from *De iure praedae*", in Blom, *Property, Piracy and Punishment*, 31-60.

——. *Hugo Grotius' Commentarius in Theses XI: An Early Treatise on Sovereignty, the Just War, and the Legitimacy of the Dutch Revolt*, Berne: Peter Lang, 1994.

Bose, Sugata, *A Hundred Horizons: The Indian Ocean in the Age of Global Empire*, Cambridge, MA: Harvard University Press, 2006.

Bourne, William, and E. G. R. Taylor, *A Regiment for the Sea, and Other Writings on Navigation*, Cambridge: Published for the Hakluyt Society at the University Press, 1963.

Boxer, C. R. , *The Tragic History of the Sea, 1589-1622*, Cambridge: Cambridge University Press, 1959.

Braddick, M. J. , *State Formation in Early Modern England, c. 1550-1700*, Cambridge: Cambridge University Press, 2000.

Bradley, Peter T., *The Lure of Peru: A Study of Maritime Intrusion into the South Sea, 1598–1701*, New York: St. Martin's Press, 1989.

Braginton, Mary V., "Exile under the Roman Emperors", *Classical Journal* 39, no. 7 (1944): 391–407.

Brantlinger, Patrick, *Rule of Darkness: British Literature and Imperialism, 1830–1914*, Ithaca, NY: Cornell University Press, 1988.

Braudel, Fernand, *The Mediterranean and the Mediterranean World in the Age of Philip II.* Vol. 1. New York: Harper & Row, 1976.

Braun, Harald E., *Juan de Mariana and Early Modern Spanish Political Thought*, Burlington, VT: Ashgate, 2007.

Brooks, George E., *Eurafricans in Western Africa*, Athens: Ohio University Press, 2003.

Brooks, James, *Captives and Cousins: Slavery, Kinship, and Community in the Southwest Borderlands*, Chapel Hill: University of North Carolina Press, 2002.

Brotton, Jerry, *Trading Territories: Mapping the Early Modern World*, London: Reaktion Books, 1997.

——. "Terrestrial Globalism: Mapping the Globe in Early Modern Europe", In *Mappings*, ed. Denis E. Cosgrove, 71–89. London: Reaction Books, 1999.

Brown, Christopher Leslie, *Moral Capital: Foundations of British Abolitionism*, Chapel Hill: University of North Carolina Press, 2006.

Burbank, Jane, *Russian Peasants Go to Court: Legal Culture in the Countryside, 1905–1917*, Bloomington: Indiana University Press, 2004.

——. "Thinking Like an Empire: Estate, Law, and Rights in the Early Twentieth Century", In Burbank, *Russian Empire*, 196–217.

Burbank, Jane, and Frederick Cooper, *Empires in World History*, Princeton, NJ: Princeton University Press, forthcoming.

Burbank, Jane, Mark von Hagen, and A. V. Remnev, eds. *Russian Empire: Space, People, Power, 1700–1930*, Bloomington: Indiana University Press, 2007.

Burman, Sandra, *Chiefdom Politics and Alien Laws: Basutoland under Cape Rule 1871–1884*, London: Macmillan, 1981.

Burman, Sandra, ed. *The Justice of the Queen's Government: The Cape's Administration of Basu-

toland, 1871-1884, Leiden: Afrika-Studiecentrum, 1976.

Burnett, Christina Duffy, "The Edges of Empire and the Limits of Sovereignty: American Guano Islands", *American Quarterly* 57, no. 3 (2005): 779-803.

———. "Untied States: American Expansion and Territorial Deannexation", *University of Chicago Law Review* 72 (2005): 797-880.

Burnett, D. Graham, *Masters of All They Surveyed: Exploration, Geography, and a British El Dorado*, Chicago: University of Chicago Press, 2000.

Bushnell, Amy Turner, *Situado and Sabana: Spain's Support System for the Presidio and Mission Provinces of Florida*, New York: American Museum of Natural History, 1994.

Ca'da Mosto, Alvise, Antonio Malfante, Diogo Gomes, and João de Barros, *The Voyages of Cadamosto and Other Documents on Western Africa in the Second Half of the Fifteenth Century*, Translated by G. R. Crone, London: Hakluyt Society, 1937.

Caldwell, Robert G., "Exile as an Institution", *Political Science Quarterly* 58, no. 2 (1943): 239-62.

Cabeza de Vaca, Álvar Nuñez, *Naufragios y comentarios*, Mexico City: Porrúa, 1988.

Cabeza de Vaca, Álvar Nuñez, *Chronicle of the Narváez Expedition*, Translated by Fanny Bandelier, New York: Penguin Books, 2002.

Camões, Luís Vaz de, *The Lusíads*, Translated by Landeg White, Oxford: Oxford University Press, 1997.

Campbell, Duncan, *Convict Transportation and the Metropolis: The Letterbooks and Papers of Duncan Campbell (1726-1803) from the State Library of New South Wales*, Marlborough, Wiltshire, England: Adam Matthew Publications, microfilm.

Cañeque, Alejandro, *The King's Living Image: The Culture and Politics of Viceregal Power in Colonial Mexico*, New York: Routledge, 2004.

Cañizares-Esguerra, Jorge, *Nature, Empire, and Nation: Explorations of the History of Science in the Iberian World*, Stanford, CA: Stanford University Press, 2006.

Canny, Nicholas, ed. *The Origins of Empire*, Oxford: Oxford University Press, 1998.

Carter, Paul, *The Road to Botany Bay: An Essay in Spatial History*, London: Faber and Faber, 1987.

Casale, Giancarlo, "The Ottoman 'Discovery' of the Indian Ocean in the 16th Century", In

Seascapes: Maritime Histories, Global Cultures, and Transoceanic Exchanges, ed. Jerry Bentley, Renate Bridenthal, and Kären Widen, 87–104, Honolulu: University of Hawaii Press, 2007.

Castro, José de Antequera y. Colección general de documentos, que contiene los sucesos tocantes a la segunda época de las conmociones de los regulares de la Compañía en el Paraguay, y señaladamente la persecucion, que hicieron a Don Josef de Antequera y Castro, Vol. 3, Madrid: Imprenta Real de la Gaceta, 1769.

Cayton, Andrew R., " ' When Shall We Cease to Have Judases? ' The Blount Conspiracy and the Limits of the ' Extended Republic ' ", in Launching the "Extended Republic": The Federalist Era, ed. Ronald Hoffman and Peter J. Albert (Charlottesville: University Press of Virginia, 1996), 156–89.

Certeau, Michel de, The Practice of Everyday Life, Translated by Steven Rendall, Berkeley: University of California Press, 2002.

Chapin, Bradley, The American Law of Treason: Revolutionary and Early National Origins, Seattle: University of Washington Press, 1964.

Chaplin, Joyce E. , The First Scientific American: Benjamin Franklin and the Pursuit of Genius, New York: Basic Books, 2006.

——. "Knowing the Ocean: Benjamin Franklin and the Circulation of Atlantic Knowledge", in Delbourgo, Science and Empire in the Atlantic World, 73–96.

Chatterjee, Partha, A Princely Impostor? The Strange and Universal History of the Kumar of Bhawal, Princeton, NJ: Princeton University Press, 2002.

Christopher, Emma, Cassandra Pybus, and Marcus Rediker, eds. Many Middle Passages: Forced Migration and the Making of the Modern World, Berkeley: University of California Press, 2007.

Clay, John, Maconochie's Experiment, London: John Murray, 2001.

Coates, Timothy J. , Convicts and Orphans: Forced and State-Sponsored Colonizers in the Portuguese Empire, 1550–1755, Stanford, CA: Stanford University Press, 2001.

Cocks, Raymond, Sir Henry Maine: A Study in Victorian Jurisprudence, Cambridge: Cambridge University Press, 1988.

Coldham, Peter Wilson, Emigrants in Chains: A Social History of Forced Emigration to the A-

mericas of Felons, Destitute Children, Political and Religious Non-Conformists, Vagabonds,
Beggars and Other Undesirables, 1607-1776, Baltimore: Genealogical Publishing, 1992.

Collins, David, and Philip Gidley King, An Account of the English Colony in New South Wales:
With Remarks on the Dispositions, Customs, Manners, & c. of the Native Inhabitants of That
Country. To Which Are Added, Some Particulars of New Zealand; Compiled, by Permission,
from the Mss. Of Lieutenant-Governor King, London: Printed for T. Cadell Jun. and W.
Davies, in the Strand, 1798.

Columbus, Christopher, The Four Voyages of Columbus: A History in Eight Documents Inclu-
ding Five by Christopher Columbus, in the Original Spanish, with English Translations. Ed.
Lionel Cecil Jane, New York: Dover Publications, 1988.

Conrad, Robert Edgar, ed. Children of God's Fire: A Documentary History of Black Slavery in
Brazil, Princeton, NJ: Princeton University Press, 1983.

Cooper, Frederick, "Empire Multiplied", Comparative Studies in Society and History 46
(2004): 247-72.

——. "Globalization", In Colonialism in Question: Theory, Knowledge, History, 91-112.
Berkeley: University of California Press, 2005.

——. "Alternatives to Empire: France and Africa after World War II", In The State of Sover-
eignty: Territories, Laws, Populations, ed. Doughlas Howland and Louise WHite, 94-123,
Bloomington, IN: Indiana University Press, 2009.

Copland, I. F. S., "The Baroda Crisis of 1873-77: A Study in Government Rivalry", Mod-
ern Asian Studies 2, no. 2 (1968): 97-123.

Copland, Ian., The British Raj and the Indian Princes: Paramountcy in Western India, 1857-
1930, Bombay: Orient Longman, 1982.

——. The Princes of India in the Endgame of Empire, 1917-1947, Cambridge: Cambridge
University Press, 2002.

Corbin, Alain, The Lure of the Sea: The Discovery of the Seaside in the Western World, 1750-
1840, Berkeley: University of California Press, 1994.

Corcoran, Paul, "John Locke on the Possession of Land: Native Title vs. the 'Principle' of
Vacuum Domicilium", In Australasian Political Studies Association Annual Conference,
Melbourne: Monash University, 2007, Refereed papers, political theory: http://

arts. monash. edu. au/psi/news-and-events/apsa/refereed-papers/index. php.

Cormack, Lesley B. , *Charting an Empire: Geography at the English Universities, 1580 - 1620*, Chicago: University of Chicago Press, 1997.

Cortesão, Armando, and Avelino Teixeira da Mota, eds. *Portugaliae Monumenta Cartographica*, Vol. 1, Lisbon: Imprensa Nacional-Casa da Moeda, 1960.

Cosgrove, Denis E. , ed. *Mappings*, London: Reaktion Books, 1999.

——. *Apollo's Eye: A Cartographic Genealogy of the Earth in the Western Imagination*, Baltimore: Johns Hopkins University Press, 2001.

Costa, Emília Viotti da, *Crowns of Glory, Tears of Blood: The Demerara Slave Rebellion of 1823*, New York: Oxford University Press, 1994.

Crais, Clifton, *The Politics of Evil: Magic, State Power, and the Political Imagination in South Africa*, Cambridge: Cambridge University Press, 2002.

Crump, Helen Josephine, *Colonial Admiralty Jurisdiction in the Seventeenth Century.* London: Published for the Royal Empire Society by Longmans, Green, 1931.

Cruz Barney, Oscar, *El régimen jurídico del corso marítimo: El mundo indiano y el México del siglo XIX.* Mexico City: Universidad Nacional Autónoma de México, 1997.

Cunliffe, Barry. *Facing the Ocean: The Atlantic and Its Peoples, 8000 BC-AD 1500*, Oxford: Oxford University Press, 2001.

Curtin, Philip D. , *The Image of Africa: British Ideas and Action, 1780-1850*, Madison: University of Wisconsin Press, 1964.

Cuttler, S. H. , *The Law of Treason and Treason Trials in Later Medieval France*, Cambridge: Cambridge University Press, 1981.

Da Passano, Mario, ed. *Le colonie penali nell'Europa dell'Ottocento: Atti del Convegno internazionale ... : Porto Torres, 25 Maggio* 2001, Rome: Carocci, 2004.

Dallas, K. M. , *Trading Posts or Penal Colonies: The Commercial Significance of Cook's New Holland Route to the Pacific*, Hobart, Australia: Fullers Bookshop, 1969.

Daston, Lorraine, and Katharine Park, *Wonders and the Order of Nature, 1150-1750*, New York: Zone Books, 2001.

Davenport, Frances and C. O. , Paullin, eds. *European Treaties Bearing on the History of the United States and Its Dependencies*, Washington, D. C. : Carnegie Institution of Washington,

1917.

Davis, Natalie Zemon, *Fiction in the Archives: Pardon Tales and Their Tellers in Sixteenth-Century France*, Stanford, CA: Stanford University Press, 1987.

Deacon, Harriet, ed. *The Island: A History of Robben Island, 1488-1990*, Cape Town: Mayibuye Books, 1996.

Deacon, Margaret, *Scientists and the Sea, 1650-1900: A Study of Marine Science*, London: Academic Press, 1971.

De Vos, Paula, "The Rare, the Singular, and the Extraordinary: Natural History and the Collection of Curiosities in the Spanish Empire", In Bleichmar, *Science in the Spanish and Portuguese Empires*, 271-289, Stanford, CA: Stanford University Press, 2009.

Delbourgo, James and Nicholas Dew, eds. , *Science and Empire in the Atlantic World*, New York: Routledge, 2008.

Dirlik, Arif, "Confounding Metaphors, Inventions of the World: What Is World History Good For?" In *Writing World History, 1800-2000*, ed. Benedikt Stuchtey and Eckhardt Fuchs, New York: Oxford University Press.

Division of Law, Macquarie University, "Decisions of the Superior Courts of New South Wales, *1788-1899*", http://www.law.mq.edu.au/scnsw.

Dening, Greg, *Mr. Bligh's Bad Language: Passion, Power, and Theatre on the Bounty*, Cambridge: Cambridge University Press, 1992.

Desika Char, S. V. , *Readings in the Constitutional History of India, 1757-1947*, Delhi: Oxford University Press, 1983.

Dominguez, Jorte I. , "International War and Government Modernization: The Military—A Case Study", In Rodríguez, *Rank and Privilege*, 1-36.

Douzinas, Costas, "Speaking Law: On Bare Theological and Cosmopolitan Sovereignty", In *International Law and Its Others*, ed. Anne Orford, 35-57, Cambridge: Cambridge University Press, 2006.

Drake, James David, *King Philip's War: Civil War in New England, 1675-1676*, Amherst: University of Massachusetts Press, 1999.

Drayton, Richard Harry, *Nature's Government: Science, Imperial Britain, and the "Improvement" of the World*, New Haven, CT: Yale University Press, 2000.

Driver, Felix, *Geography Militant: Cultures of Exploration and Empire*, Oxford, U. K. : Blackwell Publishers, 2001.

Dubois, Laurent, *A Colony of Citizens: Revolution and Slave Emancipation in the French Caribbean, 1787–1804*, Chapel Hill: University of North Carolina Press, 2004.

Dunn, O. C. , and James E. Kelley, eds. *The* Diario *of Christopher Columbus's First Voyage to America, 1492–1493*, Norman: University of Oklahoma Press, 1989.

DuVal, Kathleen, *The Native Ground: Indians and Colonists in the Heart of the Continent*, Philadelphia: University of Pennsylvania Press, 2006.

Earle, Peter. *The Sack of Panamá: Sir Henry Morgan's Adventures on the Spanish Main*, New York: Viking Press, 1981.

———. *The Pirate Wars*, London: Methuen, 2003.

Edney, Matthew H. , *Mapping an Empire: The Geographical Construction of British India, 1765–1843*, Chicago: University of Chicago Press, 1997.

Elliott, J. H. , *Empires of the Atlantic World: Britain and Spain in America, 1492–1830*, New Haven, CT: Yale University Press, 2006.

Elphinstone, Mountstuart, *Territories Conquered from the Paishwa; A Report*, Delhi: Oriental Publishers, 1973.

Ertman, Thomas, *Birth of the Leviathan: Building States and Regimes in Medieval and Early Modern Europe*, Cambridge: Cambridge University Press, 1997.

Fairén Guillén, Víctor, *Los procesos penales de Antonio Pérez*, Zaragoza, Spain: El Justicia de Aragón, 2003.

Faragher, John Mack, *A Great and Noble Scheme: The Tragic Story of the Expulsion of the French Acadians from Their American Homeland*, New York: W. W. Norton, 2005.

Feldman, Lawrence H. , ed. *Lost Shores, Forgotten Peoples: Spanish Explorations of the South East Maya Lowlands: Chronicles of the New World Order*, Durham, NC: Duke University Press, 2000.

Findlen, Paula, "A Jesuit's Books in the New World: Athanasius Kircher and his American Readers", In *Athanasius Kircher: The Last Man Who Knew Everything*, ed. Paula Findlen, 316–50. New York: Routledge, 2004.

Fisher, Michael Herbert, *Indirect Rule in India: Residents and the Residency System, 1764–*

1858, New York: Oxford University Press, 1998.

Fitzmaurice, Andrew, *Humanism and America: An Intellectual History of English Colonisation*, *1500—1625*, Cambridge: Cambridge University Press, 2003.

Fitzpatrick, Peter, "Bare Sovereignty: Homo Sacer and the Insistence of Law", *Theory and Event* 5, no. 2 (2001).

———. *Modernism and the Grounds of Law*, Cambridge: Cambridge University Press, 2001.

Flynn, Dennis O., and Arturo Giráldez, "Cycles of Silver: Global Economic Unity through the Mid-Eighteenth Century", *Journal of World History* 13 (2002), 391—427.

Force, Peter, ed. *Tracts and Other Papers, Relating Principally to the Origin, Settlement, and Progress of the Colonies in North America, from the Discovery of the Country to the Year 1776*, Washington, D. C.: Printed by P. Force, 1836.

Ford, Lisa, *Settler Sovereignty: Jurisdiction and Indigenous People in America and Australia*, *1788—1836*, Cambridge: Harvard University Press, 2010.

Forster, Colin, *France and Botany Bay: The Lure of a Penal Colony*, Carlton South, Victoria: Melbourne University Press, 1996.

Fradera, Josep Maria, *Gobernar colonias*, Barcelona: Ediciones Península, 1999.

———. *Colonias para después de un imperio*. Barcelona: Edicions Bellaterra, 2005.

Francaviglia, Richard V., *Mapping and Imagination in the Great Basin: A Cartographic History*, Reno: University of Nevada Press, 2005.

Frost, Alan, *Botany Bay Mirages: Illusions of Australia's Convict Beginnings*, Carlton, Victoria: Melbourne University Press, 1994.

Furtado, Júnia Ferreira, "The Indies of Knowledge, or the Imaginary Geography of the Discoveries of Gold in Brazil", In Bleichmar, *Science in the Spanish and Portuguese Empires*, 178—215.

Gallup-Diaz, Ignacio, *The Door of the Seas and Key to the Universe: Indian Politics and Imperial Rivalry in the Darién, 1640—1750*, New York: Columbia University Press, 2004.

Games, Alison, *The Web of Empire: English Cosmopolitans in an Age of Expansion, 1560—1660*, New York: Oxford University Press, 2008.

Ganong, William Francis, *Champlain's Island: An Expanded Edition of Ste. Croix (Dochet) Island*, Saint John: New Brunswick Museum, 2003.

Ganson, Barbara Anne, *The Guaraní under Spanish Rule in the Río de la Plata*, Stanford, CA: Stanford University Press, 2003.

Garfield, Robert, *A History of Sâo Tomé Island, 1470-1655: The Key to Guinea*, San Francisco: Mellen Research University Press, 1992.

Gascoigne, John, *The Enlightenment and the Origins of European Australia*, Cambridge: Cambridge University Press, 2002.

Gentili, Alberico, *Hispanicae advocationis, libri dvo* [1613]. Translated by Frank Frost Abbott, Vol. 2, New York: Oxford University Press, 1921.

———. *De iure belli librie tres*, Translated by John Carew Rolfe, Oxford, U. K. : Clarendon Press, 1933.

Ghachem, Malick W. , "Introduction: Slavery and Citizenship in the Age of the Atlantic Revolutions", Historical Reflections 29, no. 1 (2003): 7-17.

Gill, Anton, *The Devil's Mariner: A Life of William Dampier, Pirate and Explorer, 1651-1715*, London: Michael Joseph, 1997.

Gillen, Mollie, "The Botany Bay Decision, 1786: Convicts, Not Empire", *English Historical Review* 97, no. 385 (1982): 740-66.

Gillis, John, *Islands of the Mind: How the Human Imagination Created the Atlantic World*, New York: Palgrave Macmillan, 2004.

Glete, Jan, *Warfare at Sea, 1500-1650: Maritime Conflicts and the Transformation of Europe*, New York: Routledge, 2000. *The Grand Pyrate, or, the Life and Death of Capt. George Cusack, the Great Sea-Robber with an Accompt of All His Notorious Robberies Both at Sea and Land: Together with His Tryal, Condemnation, and Execution/Taken by an Impartial Hand*, London: Printed for Jonathan Edwin, 1676.

Goldsmith, Jack L. , and Eric A. Posner, *The Limits of International Law*, Oxford: Oxford University Press, 2005.

Gong, Gerrit W. , *The Standard of "Civilization" in International Society*, New York: Oxford University Press, 1984.

González, Juan García, "Traición y alevosía en la alta Edad Media", *Annuario de Historia del Derecho Español* (1962): 323-46.

Goswami, Manu, *Producing India: From Colonial Economy to National Space*, Chicago: University of Chicago Press, 2004.

Gould, Eliga, "Zones of Law, Zones of Violence: The Legal Geography of the British Atlantic, circa 1772", *William and Mary Quarterly* 60, no. 3 (2003): 471–510.

———. "Entangled Atlantic Histories: A Response from the Anglo–American Periphery", *American Historical Review* 112 (2007): 764–86.

Green, Samuel A., *The Boundary Line between Massachusetts and New Hampshire: From the Merrimack River to the Connecticut: A Paper Read before the Old Residents' Historical Association of Lowell, on December* 21, 1893, *the Twenty–Fifth Anniversary of the Formation of the Society*, Lowell, MA: Lowell Courier, 1894.

Greenblatt, Stephen Jay, *Marvelous Possessions: The Wonder of the New World*, Chicago: University of Chicago Press, 1991.

Greene, Jack P., *Peripheries and Center: Constitutional Development in the Extended Polities of the British Empire and the United States, 1607–1788*, Athens: University of Georgia Press, 1986.

Greenlee, William Brooks, ed. *The Voyage of Pedro Álvares Cabral to Brazil and India from Contemporary Documents and Narratives*, London: Printed for the Hakluyt Society, 1938.

Gregory, Derek, *The Colonial Present: Afghanistan, Palestine, Iraq*, Malden, MA: Blackwell Publishing, 2004.

Grossberg, Michael and Christopher Tomlins, eds. *The Cambridge History of Law in America, Vol. 1, Early America (1580–1815)*, Cambridge: Cambridge University Press, 2008.

Grotius, Hugo, *The Free Sea*, Translated by Richard Hakluyt, ed. David Armitage, Indianapolis: Liberty Fund, 2004.

———. *The Rights of War and Peace*, 3 vols, ed. Richard Tuck, Indianapolis: Liberty Fund, 2005.

———. *Commentary on the Law of Prize and Booty*, Translated by Gwladys L. Williams, ed. Martine Julia van Ittersum, Indianapolis: Liberty Fund, 2006.

Hackel, Steven W., *Children of Coyote, Missionaries of Saint Francis: Indian–Spanish Relations in Colonial California, 1769–1850*, Chapel Hill: University of North Carolina Press, 2005.

Hadfield, Andrew, *Literature, Travel, and Colonial Writing in the English Renaissance, 1545–*

1625, Oxford: Oxford University Press, 2007.

Hadfield, Andrew, and John McVeagh, *Strangers to That Land: British Perceptions of Ireland from the Reformation to the Famine*, Gerrards Cross, U. K. : Colin Smythe, 1994.

Haefeli, Evan, and Kevin Sweeney, *Captors and Captives: The 1704 French and Indian Raid on Deerfield*, Amherst: University of Massachusetts Press, 2003.

Haliczer, Stephen, *The Comuneros of Castile: The Forging of a Revolution, 1475 – 1521*, Madison: University of Wisconsin Press, 1981.

Halliday, Paul, *The Liberty of the Subject: Habeas Corpus from England to Empire*, Cambridge, MA: Harvard University Press, forthcoming.

Hancock, David, *Oceans of Wine: Madeira and the Emergence of American Trade and Taste*, New Haven, CT: Yale University Press, 2009.

Harley, J. B. , "New England Cartography and the Native Americans", In J. B. Harley, *The New Nature of Maps*, ed. Paul Laxton, 169 – 97, Baltimore: Johns Hopkins University Press, 2001.

——. "Rereading the Maps of the Columbian Encounter", *Annals of the Association of American Geographers* 82, no. 3 (1992): 522–36.

Harley, J. B. , and David Woodward, eds. : *Cartography in the Traditional Islamic and South Asian Societies*, Vol. 2, bk. 1, The History of Cartography, Chicago: University of Chicago Press, 1992.

——. *Cartography in the Traditional East and Southeast Asian Societies*, Vol. 2, bk. 2, The History of Cartography, Chicago: University of Chicago Press, 1995.

Harring, Sidney L. , *Crow Dog's Case: American Indian Sovereignty, Tribal Law, and United States Law in the Nineteenth Century*, Cambridge: Cambridge University Press, 1994.

Harrison, Mark, *Climates and Constitutions: Health, Race, Environment and British Imperialism in India, 1600–1850*, New York: Oxford University Press, 1999.

Hart, H. L. A. , *The Concept of Law*, eds. , Penelope Bulloch and Joseph Raz 2nd ed. New York: Clarendon Press, 1994.

Haskell, Alexander B. , " 'The Affections of the People': Ideology and the Politics of State Building in Colonial Virginia, 1607 – 1754", Ph. D. diss. , Johns Hopkins University, 2004.

Haslip-Viera, Gabriel, *Crime and Punishment in Late Colonial Mexico City, 1692~1810*, Albuquerque: University of New Mexico Press, 1999.

Herzog, Tamar, *Defining Nations: Immigrants and Citizens in Early Modern Spain and Spanish America*, New Haven, CT: Yale University Press, 2003.

High Court of Admiralty, England and Wales. *The Tryals of Joseph Dawson, Edward Forseith, William May, [Brace] William Bishop, James Lewis, and John Sparkes for Several Piracies and Robberies by Them Committed in the Company of Every the Grand Pirate, near the Coasts of the East-Indies, and Several Other Places on the Seas: Giving an Account of Their Villainous Robberies and Barbarities: At the Admiralty Sessions, Begun at the Old-Baily on the 29th of October, 1696, and Ended on the 6th of November*, London: Printed by John Everingham, 1696.

Hinderaker, Eric, and Peter C. Mancall, *At the Edge of Empire: The Backcountry in British North America*, Baltimore: Johns Hopkins University Press, 2003.

Hirst, John, "The Australian Experience: The Convict Colony", In Morris, *Maconochie's Gentlemen*, 235-65.

Hodson, Christopher, "Refugees, Acadians and the Social History of Empire, 1755-1785", Ph. D. diss. Northwestern University, 2004.

Hoffer, Peter Charles, *The Treason Trials of Aaron Burr*. Lawrence: University Press of Kansas, 2008.

Hoffman, Ronald, and Peter J. Albert, *Launching the "Extended Republic": The Federalist Era*, Charlottesville: University Press of Virginia, 1996.

Hogben, William Murray, "The Foreign and Political Department of the Government of India, 1876-1919: A Study in Imperial Careers and Attitudes", Ph. D. diss., University of Toronto, 1973.

Horn, James, *Adapting to a New World: English Society in the Seventeenth-Century Chesapeake*, Chapel Hill: University of North Carolina Press, 1994.

——. "The Conquest of Eden: Possession and Dominion in Early Virginia", In Appelbaum and Sweet, *Envisioning an English Empire*, 25-48.

Howard, David A., *Conquistador in Chains: Cabeza de Vaca and the Indians of the Americas*, Tuscaloosa: University of Alabama Press, 1997.

Howe, Adrian, "The Bayard Treason Trial: Dramatizing Anglo-Dutch Politics in Early Eigh-teenth-Century New York City", *William and Mary Quarterly* 47, no. 1 (1990): 57-89.

Hulsebosch, Daniel, and David Golove, "On an Equal Footing: Constitution-Making and the Law of Nations in the Early American Republic", Paper presented at The Legal History Col-loquium, New York University School of Law, January 21, 2009.

Hulsebosch, Daniel, *Constituting Empire: New York and the Transformation of Constitutional-ism in the Atlantic World, 1664 - 1830*, Chapel Hill: University of North Carolina Press, 2005.

Hurst, James Willard, *The Law of Treason in the United States: Collected Essays*, Westport, CT: Greenwood, 1971.

Hussain, Nasser, *The Jurisprudence of Emergency: Colonialism and the Rule of Law*, Ann Ar-bor: University of Michigan Press, 2003.

Jackson, Bernard S., "Analogy in Legal Science: Some Comparative Observations", In *Legal Knowledge and Analogy: Fragments of Legal Epistemology, Hermeneutics, and Linguistics*, ed. Patrick Nerhot, 145-64. Dordrecht, The Netherlands: Kluwar, 1991.

Jackson, R. V., "Jeremy Bentham and the New South Wales Convicts", *International Journal of Social Economics* 25, no. 2-4 (1998): 370-80.

Jaksic, Ivan, *Andrés Bello: Scholarship and Nation-Building in Nineteenth-Century Latin A-merica*, Cambridge: Cambridge University Press, 2001.

Jameson, J. Franklin, ed., *Privateering and Piracy in the Colonial Period: Illustrated Docu-ments*, New York: Augustus M. Kelley, 1970.

Jobson, Richard, *The Discovery of River Gambra* (1623) *by Richard Jobson*, London: Hakluyt Society, 1999.

Johnson, Captain Charles, *A General History of the Robberies and Murders of the Most Notorious Pyrates, and Also Their Policies, Discipline and Government, from Their First Rise and Settle-ment in the Island of Providence, ...With the Remarkable Actions and Adventures of the Two Female Pyrates, Mary Read and Anne Bonny. To Which Is Prefix'd an Account of the Famous Captain Avery...By Captain Charles Johnson.* London: Printed for Ch. Rivington, J. Lacy, and J. Stone, 1724.

Johnson, John J., *The Military and Society in Latin America*, Stanford, CA: Stanford University Press, 1964.

Kagan, Richard L. , *Lawsuits and Litigants in Castile, 1500-1700*, Chapel Hill: University of North Carolina Press, 1981.

Kagan, Richard L. , and Fernando Marías, *Urban Images of the Hispanic World, 1493-1793*, New Haven, CT: Yale University Press, 2000.

Kantorowicz, Ernst Hartwig, *The King's Two Bodies: A Study in Medieval Political Theology*, Princeton, NJ: Princeton University Press, 1957.

Kaplan, Amy, "Where Is Guantánamo?" *American Quarterly* 57, no. 3 (2005): 831-58.

Karras, Alan, *Sojourners in the Sun: Scottish Migrants in Jamaica and the Chesapeake, 1740-1800*, Ithaca, NY: Cornell University Press, 1992.

Keene, Edward, *Beyond the Anarchical Society: Grotius, Colonialism and Order in World Politics*, Cambridge: Cambridge University Press, 2002.

Keller, Arthur Schopenhauer, Oliver James Lissitzyn, and Frederick Justin Mann, *Creation of Rights of Sovereignty through Symbolic Acts, 1400-1800*, New York: Columbia University Press, 1938.

Kelley, Donald R. , *The Human Measure: Social Thought in the Western Legal Tradition*, Cambridge, MA: Harvard University Press, 1990.

Kempe, Michael, "Beyond the Law: The Image of Piracy in the Legal Writings of Hugo Grotius", In Blom, *Property, Piracy and Punishment*, 379-96.

Kennedy, Dane Keith, *The Magic Mountains: Hill Stations and the British Raj*, Berkeley: University of California Press, 1996.

Kercher, Bruce, *Debt, Seduction, and Other Disasters: The Birth of Civil Law in Convict New South Wales*, Sydney: Federation Press, 1996.

———. "Resistance to Law under Autocracy", *Modern Law Review* 60, no. 6 (1997): 779-97.

———. "Perish or Prosper: The Law and Convict Transportation in the British Empire, 1700-1850", *Law and History Review* 21, no. 3 (2003): 527-54.

Kesselring, K. J. , *Mercy and Authority in the Tudor State*, Cambridge: Cambridge University Press, 2003.

Kingsbury, Benedict, Nico Krisch, and Richard B. Stewart, "The Emergence of Global Administrative Law", In *International Law and Justice Working Papers*, New York: Institute for International Law and Justice, New York University School of Law, 2005.

Koskenniemi, Martti, *The Gentle Civilizer of Nations: The Rise and Fall of International Law 1870–1960*, Cambridge: Cambridge University Press, 2005.

Kostal, R. W. , *A Jurisprudence of Power: Victorian Empire and the Rule of Law*, Oxford: Oxford University Press, 2005.

Krasner, Stephen D. , *Sovereignty: Organized Hypocrisy*, Princeton, NJ: Princeton University Press, 1999.

Kulsrud, Carl Jacob, *Maritime Neutrality to 1780: A History of the Main Principles Governing Neutrality and Belligerency to 1780*, Boston: Little, Brown, 1936.

Kupperman, Karen Ordahl, "The Puzzle of the American Climate in the Early Colonial Period", *American Historical Review* 87 (1982): 1262–80.

——. "English Perceptions of Treachery, 1583 – 1640: The Case of the American 'Savages' ", *Historical Journal* 20, no. 2 (1977): 263–87.

——. *The Jamestown Project*, Cambridge, MA: Belknap Press, 2007.

Lake, Peter, and Michael Questier, "Agency, Appropriation and Rhetoric under the Gallows: Puritans, Romanists and the State in Early Modern England", *Past and Present*, 153 (1996): 64–107.

Lamb, Jonathan, Vanessa Smith, and Nicholas Thomas, eds. *Exploration and Exchange: A South Seas Anthology, 1680–1900*, Chicago: University of Chicago Press, 2000.

Lane, Frederic Chapin, *Venice, a Maritime Republic*, Baltimore: Johns Hopkins University Press, 1973.

Lastres y Juiz, Francisco, and Eduardo Martínez, *La colonización penitenciaria de las Marianas y Fernando Póo*, Madrid: Imprenta y Librería de Eduardo Martínez, 1878.

Laudonnière, René, *Three Voyages*, Tuscaloosa: University of Alabama Press, 2001.

Lawson, Gary, and Guy Seidman, *The Constitution of Empire: Territorial Expansion and American Legal History*, New Haven, CT: Yale University Press, 2004.

Lee, Robert E. , *Blackbeard the Pirate: A Reappraisal of His Life and Times*, Winston-Salem, NC: John F. Blair, 2002 [1974].

Lee-Warner, William, *The Protected Princes of India*. London: Macmillan, 1894.

Leed, Eric J. , *The Mind of the Traveler: From Gilgamesh to Global Tourism*, New York: Basic Books, 1991.

Lefebvre, Henri, *The Production of Space*, Translated by Donald Nicholson-Smith, Malden, MA: Blackwell, 2004.

Lemon, Rebecca, *Treason by Words: Literature, Law, and Rebellion in Shakespeare's England*, Ithaca, NY: Cornell University Press, 2006.

León León, Marco Antonio, ed. , *Sistema carcelario en Chile: Visiones, realidades y proyectos (1816-1916)*. Santiago, Chile: Dirección de Bibliotecas, Archivos y Museos, Centro de Investigaciones Diego Barros Arrana, 1996.

León León, Marco Antonio, *Encierro y corrección: La configuración de un sistema de prisiones en Chile: 1800-1911*, Vol. 2. Santiago: Universidad Central de Chile, Facultad de Ciencias Jurídicas y Sociales, 2003.

Lepore, Jill, *The Name of War: King Philip's War and the Origins of American Identity*, New York: Vintage Books, 1999.

Levack, Brian P. , *The Civil Lawyers in England, 1603-1641: A Political Study*, Oxford: Clarendon Press, 1973.

Levine, Robert M. , *Vale of Tears: Revisiting the Canudos Massacre in Northeastern Brazil, 1893-1897*, Berkeley: University of California Press, 1995.

Lewis, Martin W. , "Dividing the Ocean Sea", *Geographical Review* 89, no. 2 (1999): 188-214.

Lewis, Mary Dewhurst, "Geographies of Power: The Tunisian Civic Order, Jurisdictional Politics, and Imperial Rivalry in the Mediterranean, 1881-1935", *The Journal of Modern History* 80 (December, 2008): 791-830.

Limerick, Patricia Nelson, *Desert Passages: Encounters with the American Deserts*, Albuquerque: University of New Mexico Press, 1985.

Linebaugh, Peter, and Marcus Rediker, *The Many-Headed Hydra: Sailors, Slaves, Commoners, and the Hidden History of the Revolutionary Atlantic*, Boston: Beacon Press, 2000.

Lockhart, James, and Enrique Otte, ed. *Letters and People of the Spanish Indies: Sixteenth Century*, Cambridge: Cambridge University Press, 1976.

López, Adalberto, *The Colonial History of Paraguay: The Revolt of the Comuneros, 1721-*

1735, New Brunswick, NJ: Transaction Publishers, 2005.

López de Velasco, Juan, *Geografía y descripción universal de las Indias*, Ed. Marco Jiménez de la Espada, Madrid: Atlas, 1971.

López y Sebastián, Lorenzo E. , ed. *Alemanes en América*, Madrid: Historia 16, 1985.

Lorcin, Patricia M. E. , *Imperial Identities: Stereotyping, Prejudice and Race in Colonial Algeria*, London: I. B. Tauris; Distributed by St. Martin's, 1999.

Lorimer, Joyce, *English and Irish Settlement on the River Amazon, 1550 – 1646*, London: Hakluyt Society, 1989.

Louis, William Roger, and Nicholas P. Canny, *The Oxford History of the British Empire*, 5 vols, Oxford: Oxford University Press, 1998.

Loveman, Brian, and Thomas M. Davies, eds. *The Politics of Antipolitics: The Military in Latin America*, Wilmington, DE: Rowman and Littlefield, 1997.

Lupher, David A. , *Romans in a New World: Classical Models in Sixteenth-Century Spanish America*, Ann Arbor: University of Michigan Press, 2003.

Lyall, Alfred Comyn, *Asiatic Studies, Religious and Social*, London: J. Murray, 1882, MacCormack, Sabine, *On the Wings of Time: Rome, the Incas, Spain, and Peru*, Princeton, NJ: Princeton University Press, 2007.

MacDonald, Robert A. , ed. "Introduction: Part II" to *Leyes de los Adelantados Moyores: Regulations, Attributed to Alfonso X of Castile, Concerning the King's Vicar in the Judiciary and in Territorial Administration*, New York: Hispanic Seminary of Medieval Studies, 2007.

MacLachlan, Colin M. , *Spain's Empire in the New World: The Role of Ideas in Institutional and Social Change*. Berkeley: University of California Press, 1988.

MacMillan, Ken. , *Sovereignty and Possession in the English New World: The Legal Foundations of Empire, 1576-1640*, Cambridge: Cambridge University Press, 2006.

Maconochie, Alexander, *Australiana Thoughts on Convict Management and Other Subjects Connected with the Australian Penal Colonies*, London: J. W. Parker, 1839.

Maier, Charles S. , "Consigning the Twentieth Century to History: Alternative Narratives for the Modern Era", *American Historical Review* 105 (2000), 807-31.

——. *Among Empires: American Ascendancy and Its Predecessors*, Cambridge, MA: Harvard University Press, 2006.

Malaspina, Alessandro, *The Malaspina Expedition, 1789-1794: Journal of the Voyage by Ale-jandro Malaspina.* Ed. Andrew David, Felipe Fernández-Armesto, Carlos Novi, and Glynd-wr Williams, London: Hakluyt Society, 2004.

Mancall, Peter C. , *Hakluyt's Promise: An Elizabethan's Obsession for an English America,* New Haven, CT: Yale University Press, 2007.

Marañón, Gregorio, *Antonio Pérez,* Madrid: Espasa Calpe, 2006.

Marchant, Leslie R. , *France Australe: The French Search for the Southland and Subsequent Ex-plorations and Plans to Found a Penal Colony and Strategic Base in South Western Australia 1503-1826,* Perth: Scott Four Colour Print, 1998.

Marcos Rivas, Javier, and Carlos J. Carnicer García. *Espionaje y traición en el reinado de Felipe II: La historia del vallisoletano Martín de Acuña,* Valladolid, Spain: Diputación Provincial de Valladolid, 2001.

Mark, Peter, "*Portuguese*" *Style and Luso-African Identity: Precolonial Senegambia, Six-teenth-Nineteenth Centuries,* Bloomington: Indiana University Press, 2002.

Martí, José, and Celina Manzoni, El presidio político en Cuba, último diario y otros textos. Buenos Aires: Editorial Biblos, 1995.

Mathiasen, Joanne, "Some Problems of Admiralty Jurisdiction in the 17th Century", *American Journal of Legal History* 2, no. 3 (1958): 215-36.

Mbembe, Achille, "Necropolitics", *Public Culture* 15, no. 1 (2003): 11-40.

McAlister, Lyle N. , *The "Fuero Militar" in New Spain, 1764-1800,* Gainesville: University of Florida Press, 1957.

McDonald, Kevin P. , "Pirates, Merchants, Settlers, and Slaves: Making an Indo-Atlantic Trade World, 1640-1730", Ph. D. diss. , University of California-Santa Cruz, 2008.

McKeown, Adam, *Melancholy Order: Asian Migration and the Globalization of Borders,* New York: Columbia University Press, 2008.

McLaren, Martha, *British India and British Scotland, 1780-1830: Career Building, Empire Building, and a Scottish School of Thought on Indian Governance,* Akron, Ohio: University of Akron Press, 2001.

McLeod, Bruce, *The Geography of Empire in English Literature, 1580-1745,* Cambridge: Cambridge University Press, 1999.

McLeod, John, *India, 1916-1947*, Leiden: Brill, 1999.

McPherson, Kenneth, "Trade and Traders in the Bay of Bengal: Fifteenth to Nineteenth Centuries", In Subramanian, *Politics and Trade in the Indian Ocean World*, 196.

Meinig, D. W. , *The Shaping of America: A Geographical Perspective on 500 Years of History*, Vol. 1, New Haven, CT: Yale University Press, 1986.

Merwick, Donna, *Possessing Albany, 1630-1710: The Dutch and English Experiences*, Cambridge: Cambridge University Press, 2003.

Metcalf, Thomas R. , *Imperial Connections: India in the Indian Ocean Arena, 1860-1920*, Berkeley: University of California Press, 2007.

Milanich, Jerald T. , *Florida Indians and the Invasion from Europe*, Gainesville: University Press of Florida, 1995.

Miquelon, Dale, "Envisioning the French Empire: Utrecht, 1711-1713", *French Historical Studies* 24, no. 4 (2001): 653-770.

Mirow, Matthew C. , *Latin American Law: A History of Private Law and Institutions in Spanish America*, Austin: University of Texas Press, 2004.

Mollat, Michel, *Europe and the Sea*, Oxford, U. K. : Blackwell, 1993.

Moore, James F. H. , *The Convicts of Van Diemen's Land, 1840-1853*, Hobart: Cat and Fiddle Press, 1976.

Morgan, Gwenda, and Peter Rushton, *Eighteenth-Century Criminal Transportation: The Formation of the Criminal Atlantic*, New York: Palgrave Macmillan, 2004.

Morris, Norval, *Maconochie's Gentlemen: The Story of Norfolk Island and the Roots of Modern Prison Reform*, New York: Oxford University Press, 2002.

Muldoon, James, *Popes, Lawyers, and Infidels: The Church and the Non-Christian World, 1250-1550*, Philadelphia: University of Pennsylvania Press, 1979.

——. *The Americas in the Spanish World Order: The Justification for Conquest in the Seventeenth Century*, Philadelphia: University of Pennsylvania Press, 1994.

——. *Empire and Order: The Concept of Empire, 800-1800*, New York: Macmillan, 1999.

——. "Who Owns the Sea", Paper presented at "Sea Changes: Historicizing the Oceans", Universität Greifswald, Germany, July 2000.

——. "Discovery, Grant, Charter, Conquest, or Purchase", In *The Many Legalities of Early*

America, ed. Christopher L. Tomlins and Bruce H. Mann, 25-46, Chapel Hill: University of North Carolina Press, 2001.

Mulford, Elisha, *The Nation: The Foundations of Civil Order and Political Life in the United States*, New York: Hurd and Houghton, 1871.

——. *The Republic of God*, *An Institute of Theology*, Boston: Houghton Mifflin, 1881.

Mundy, Barbara E. , *The Mapping of New Spain: Indigenous Cartography and the Maps of the Relaciones Geográficas*, Chicago: University of Chicago Press, 1996.

Navarro Brotóns, Víctor, and William Eamon, eds. *Más allá de la leyenda negra: España y la revolución científica*, Valencia, Spain: Instituto de Historia de la Ciencia y Documentación López Piñero, Universitat de Valencia, 2007.

Nelson, William, *The Common Law in Colonial America*, New York: Oxford University Press, 2008.

Nerhot, Patrick, ed. *Legal Knowledge and Analogy: Fragments of Legal Epistemology, Hermeneutics, and Linguistics*. Dordrecht, The Netherlands: Kluwar, 1991.

Neuman, Gerald L. , "Anomalous Zones", *Stanford Law Review* 48, no. 5 (1996): 1197-1234.

Newitt, M. D. D. , *A History of Portuguese Overseas Expansion, 1400-1668*, New York: Routledge, 2005.

Nowell, Charles E. , "The Loasa Expedition and the Ownership of the Moluccas", *The Pacific Historical Review* 5: 4 (1936): 325-36.

Ocko, Jonathan, and David Gilmartin, "State, Sovereignty, and the People: A Comparison of the 'Rule of Law' in China and India", *Journal of Asian Studies* 68, no. 1 (2008): 1-46.

Ohlmeyer, Jane H. , " 'Civilizinge of those Rude Partes': Colonization within Britain and Ireland, 1580s-1640s", In Canny, *The Origins of Empire*, 124-47.

Oldham, James, "Insurance Litigation Involving the Zong and Other British Slave Ships, *1780-1807*", *Journal of Legal History* 28 (2007): 299-318.

Olmedo Bernal, Santiago, *El dominio del Atlántico en la Baja edad media: Los títulos jurídicos de la expansión peninsular hasta el Tratado de Tordesillas*, Valladolid, Spain: Sociedad V° Centenario del Tratado de Tordesillas, 1995.

Oppenheim, L., ed. *The Collected Papers of John Westlake on Public International Law*, Cambridge: Cambridge University Press, 1914.

Orr, D. Alan. *Treason and the State: Law, Politics and Ideology in the English Civil War*, Cambridge: Cambridge University Press, 2002.

Otero Lana, Enrique, *Los corsarios españoles durante la decadencia de los Austrias: El corso español del Atlántico peninsular en el siglo XVII (1621–1697)*, Madrid: Editorial Naval, 1992.

Oviedo y Valdés, Gonzalo Fernández de, *Historia general y natural de las Indias*, Vol. 5, Madrid: Ediciones Atlas, 1992.

Pacheco Pereira, Duarte, *Esmeraldo de situ orbis*, *Translated* by George H. T. Kimble, London: Hakluyt Society, 1937.

Padrón, Ricardo, *The Spacious Word: Cartography, Literature, and Empire in Early Modern Spain*, Chicago: University of Chicago Press, 2004.

Pagden, Anthony, *Spanish Imperialism and the Political Imagination: Studies in European and Spanish-American Social and Political Theory, 1513–1830*, New Haven, CT: Yale University Press, 1990.

——. *European Encounters with the New World from Renaissance to Romanticism*, New Haven, CT: Yale University Press, 1993.

——. *Lords of All the World: Ideologies of Empire in Spain, Britain and France c. 1500–c. 1800*, New Haven, CT: Yale University Press, 1995.

——, ed. *Facing Each Other: The World's Perception of Europe and Europe's Perception of the World*, Burlington, VT: Ashgate/Variorum, 2000.

——. "The Struggle for Legitimacy and the Image of Empire in the Atlantic, to c. 1700", in Canny, *The Origins of Empire*, 34–54.

——. "Law, Colonization, Legitimation, and the European Background", In Grossberg and Tomlins, *The Cambridge History of Law in America*.

Panikkar, K. M., *The Indian Princes in Council: A Record of the Chancellorship of His Highness, the Maharaja of Patiala, 1926–1931 and 1933–1936*, London: Oxford University Press, 1936.

Pares, Richard, *War and Trade in the West Indies, 1739–1763*, Oxford: Clarendon Press,

1936.

Pearson, M. N. , *Port Cities and Intruders: The Swahili Coast, India, and Portugal in the Early Modern Era*, Baltimore, MD: Johns Hopkins University Press, 1998.

Pennell, C. R. , ed. *Bandits at Sea: A Pirates Reader*, New York: New York University Press, 2001.

Pérez, Joseph, *The Spanish Inquisition: A History*, Translated by Janet Lloyd, New Haven, CT: Yale University Press, 2005.

Pérez-Mallaína, Pablo E. , *Spain's Men of the Sea: Daily Life on the Indies Fleets in the Sixteenth Century*, Translated by Carla Rahn Phillips, Baltimore: Johns Hopkins University Press, 1998.

Pérotin-Dumon, Anne, "The Pirate and the Emperor: Power and Law on the Seas, 1450 – 1850", In *The Political Economy of Merchant Empires*, Ed. James D. Tracy, Cambridge: Cambridge University Press, 1991.

Perruso, Richard, "The Development of the Doctrine of Res Communes in Medieval and Early Modern Europe", *Tijdschrift voor Rechtsgeschiedenis* 70 (2002): 69-94.

Peters, Edward, *Inquisition*, Berkeley: University of California Press, 1989.

Peters, Rudolph, *Crime and Punishment in Islamic Law: Theory and Practice from the Sixteenth to the Twenty-First Century*, Cambridge: Cambridge University Press, 2005.

Petit, Jacques-Guy, "La colonizzazione penale del sistema penitenziario francese", In *Le colonie penali nell' Europa dell' Ottocento: Atti del Congegno internazionale...Porto Torres*, 25 Maggio 2001, ed. Mario Da Passano, 37-65, Rome: Carocci, 2004.

Petit-Breuilh Sepúlveda, María Eugenia, *Naturaleza y desastres en Hispanoamérica: La visión de los indígenas*, Madrid: Sílex, 2006.

Pfining, Ernst, "Contrabando, ilegalidade e medidas políticas no Rio de Janeiro de século XVIII", *Revista Brasileira de História* 21, no. 42 (2001): 397-414.

Picó, Fernando. El día menos pensado: Historia de los presidiarios en Puerto Rico, 1793 – 1993. Río Piedras, Puerto Rico: Ediciones Huracán, 1994.

Pieroni, Geraldo, *Vadios e ciganos, heréticos e bruxas: Os degredados no Brasil-Colônia*, Rio de Janeiro: Berstrand Brasil, 2000.

Pigafetta, Antonio, *The Voyage of Magellan: The Journal of Antonio Pigafetta*, Translated by

Paula Spurlin Paige, Englewood Cliffs, NJ: Prentice Hall, 1969.

Pike, Ruth, *Penal Servitude in Early Modern Spain*, Madison: University of Wisconsin Press, 1983.

Pimentel, Juan, "Baroque Natures: Juan E. Nieremberg, American Wonders, and Preterimperial Natural History", In Bleichmar, *Science in the Spanish and Portuguese Empires*, 93 - 111, Stanford, CA: Stanford University Press, 2009.

———. *Testigos del mundo: Ciencia, literature y viajes en la ilustración*, Madrid: Marcial Pons, 2003.

Pitts, Jennifer, "Legislator of the World? A Rereading of Bentham on Colonies", *Political Theory* 31, no. 2 (2003): 200-34.

Plank, Geoffrey Gilbert, *An Unsettled Conquest: The British Campaign against the Peoples of Acadia*, Philadelphia: University of Pennsylvania Press, 2003.

Portuondo, María M., "Spanish Cosmography and the New World Crisis", In *Más allá de la leyenda negra: España y la revolución científica*, ed. Victor Navarro Brotóns and William Eamon, 383 - 97, Valencia, Spain: Instituto de Historia de la Ciencia y Documentación López Piñnero, Universitat de Valencia, 2007.

———. "Cosmography at the Casa, Consejo, and Corte During the Century of Disovery", In Bleichmar, *Science in the Spanish and Portuguese Empires*.

———. *Secret Science: Spanish Cosmography and the New World*, Chicago: University of Chicago Press, 2009.

Prakesh, Om, "European Corporate Enterprises and the Politics of Trade in India, 1600 - 1800", In Subramanian, *Politics and Trade in the Indian Ocean World*, 174.

Prichard, M. J., and D. E. C. Yale, eds., *Hale and Fleetwood on Admiralty Jurisdiction*, London: Selden Society, 1993.

Prucha, Francis Paul, *The Great Father: The United States Government and the American Indians*, Lincoln: University of Nebraska Press, 1984.

Pulsipher, Jenny Hale, *Subjects unto the Same King: Indians, English, and the Contest for Authority in Colonial New England*, Philadelphia: University of Pennsylvania Press, 2005.

Raffield, Paul, *Images and Cultures of Law in Early Modern England: Justice and Political Power, 1558-1660*, Cambridge: Cambridge University Press, 2004.

Raleigh, Walter, *The Discoverie of the Large, Rich, and Bevvtiful Empire of Gviana with a Relation of the Great and Golden Citie of Manoa (Which the Spanyards Call El Dorado) and the Prouinces of Emeria, Arromaia, Amapaia, and Other Countries, with Their Riuers, Adioyning*, London: By Robert Robinson, 1596.

——. *Sir Walter Rawleigh His Apologie for His Voyage to Guiana*, London: Printed by T. W. for Hum, Moseley, 1650.

Ramusack, Barbara N. , *The Indian Princes and Their States*, Cambridge: Cambridge University Press, 2004.

Redding, Sean, *Sorcery and Sovereignty: Taxation, Power, and Rebellion in South Africa, 1880-1963*, Athens: Ohio University Press, 2006.

Redfield, Peter, *Space in the Tropics: From Convicts to Rockets in French Guiana*, Berkeley: University of California Press, 2000.

Rediker, Marcus, *Between the Devil and the Deep Blue Sea: Merchant Seamen, Pirates, and the Anglo - American Maritime World, 1700 - 1750*, Cambridge: Cambridge University Press, 1987.

——. *Villains of All Nations: Atlantic Pirates in the Golden Age*, Boston: Beacon Press, 2004.

Reid, John Phillip, *Law for the Elephant: Property and Social Behavior on the Overland Trail*, San Marino, CA: Huntington Library, 1997.

Rela, W. , *Portugal en las exploraciones del Río de la Plata*, Montevideo, Uruguay: Academia Uruguaya de Historia Marítima y Fluvial, 2002.

Reynolds, Susan, "Empires: A Program of Comparative History", *Historical Research* 79, no. 204 (2006): 151-65.

Rhode Island (Colony), *A Court Martial Held at Newport, Rhode Island, in August and September, 1676, for the Trial of Indians, Charged with Being Engaged in King Philip's War*, Albany, NY: Printed by J. Munsell, 1858.

Richardson, J. S. , "Imperium Romanum: Empire and the Language of Power", *Journal of Roman Studies* 81 (1991): 1-9.

Richardson, Philip L. , " The Benjamin Franklin and Timothy Folger Charts of the Gulf Stream", In *Oceanography: The Past*, ed. Mary Sears and Daniel Merriman, 703-17, New

York: Springer-Verlag, 1980.

Richter, Daniel, "Dutch Dominos: The Defeat of the West India Company and the Reshaping of Eastern North America", Paper presented at "Transformations: the Atlantic World in the Late Seventeenth Century," Harvard University, March 30-April 1, 2006.

Ritchie, Robert C. , *Captain Kidd and the War against the Pirates*, Cambridge, MA: Harvard University Press, 1986.

Ritsema, Alex. , *A Dutch Castaway on Ascension Island in 1725*, Netherlands: A. Ritsema, 2006.

Robins, Benjamin. , *An Address to the Electors, and Other Free Subjects of Great Britain; Occasion'd by the Late Secession, In Which Is Contain'd a Particular Account of All Our Negotiations with Spain.* 3rd ed. London: Printed for H. Goreham, 1739.

Robinson, O. F. , *The Criminal Law of Ancient Rome*, Baltimore: Johns Hopkins University Press, 1995.

Rodríguez, Linda Alexander, ed. *Rank and Privilege: The Military and Society in Latin America*, Wilmington, DE: Rowman and Littlefield, 1994.

Rosen, Deborah A. , *American Indians and State Law: Sovereignty, Race, and Citizenship, 1790-1880*, Lincoln: University of Nebraska Press, 2007.

Ross, Richard, "Legal Communications and Imperial Governance: British North America and Spanish America Compared", In Grossberg and Tomlins, *The Cambridge History of Law in America*.

Rothschild, Emma, "A Horrible Tragedy in the French Atlantic", *Past and Present*, no. 192 (2006): 67-108.

Rubin, Alfred P. , *The Law of Piracy.* Newport, RI: Naval War College Press, 1988.

Rubio, Julián María. *Exploración y conquista del Río de la Plata, siglos XVI y XVII*, Barcelona: Salvat Editores, 1942.

Rushbrook Williams, L. F. , *The British Crown and the Indian States: An Outline Sketch Drawn up on Behalf of the Standing Committee of the Chamber of Princes by the Directorate of the Chamber's Special Organisation*, London: P. S. King and Son, 1929.

Russell, Conrad, "The Theory of Treason in the Trial of Strafford", English *Historical Review* 80 (1965): 30-50.

Russell, P. E. , *Portugal, Spain, and the African Atlantic, 1343–1490: Chivalry and Cru-sade from John of Gaunt to Henry the Navigator and Beyond*, Brookfield, VT: Variorum, 1995.

——. "Castilian Documentary Sources for the History of the Portuguese Expansion in Guinea, in the Last Years of the Reign of Dom Afonso V", In Russell, *Portugal, Spain, and the Af-rican Atlantic*, XII, 1–23.

——. "New Light on the Text of Eustache de la Fosse's Voiaige à la Guinée (1479 – 1480) ", In Russell, *Portugal, Spain, and the African Atlantic.*

——. "White Kings on Black Kings", In Russell, *Portugal, Spain, and the African Atlantic*, XVI, 153–63.

Sack, Robert David, *Human Territoriality: Its Theory and History*, Cambridge: Cambridge U-niversity Press, 1986.

Sahlins, Peter, *Boundaries: The Making of France and Spain in the Pyrenees*, Berkeley: Uni-versity of California Press, 1991.

Salazar, S. Gabriel, "Brief Description of the Manché: The Roads, Towns, Lands, and In-habitants", In Feldman, *Lost Shores*, 22–54.

Salmond, Anne, *The Trial of the Cannibal Dog: The Remarkable Story of Captain Cook's En-counters in the South Seas*, New Haven, CT: Yale University Press, 2003.

Salvatore, Ricardo Donato, "Death and Liberalism: Capital Punishment after the Fall of Ro-sas", In *Crime and Punishment in Latin America: Law and Society since Late Colonial Times*, ed. Ricardo Donato Salvatore, Carlos Aguirre, and G. M. Joseph, 308–41, Dur-ham, NC: Duke University Press, 2001.

Samuel, Geoffrey, *Epistemology and Method in Law*, Burlington, VT: Ashgate, 2003.

Sandman, Alison, "Controlling Knowledge: Navigation, Cartography, and Secrecy in the Early Modern Spanish Atlantic", In Delbourgo, *Science and Empire in the Atlantic World*, 31–52.

Sassen, Saskia, *Territory, Authority, Rights: From Medieval to Global Assemblages* (Prince-ton, NJ: Princeton University Press, 2006).

Sastry, Kadayam Ramachandra Ramabhadra, *Indian States and Responsible Government*, Alla-habad: Allahabad Law Journal, 1939.

Schama, Simon, *Landscape and Memory*, New York: Vintage, 1995.

Schmitt, Carl, *The Nomos of the Earth in the International Law of the Jus Publicum Europeaum*. New York: Telos Press, 2003.

——. *Political Theology: Four Chapters on the Concept of Sovereignty*, Chicago: University of Chicago Press, 2005.

Scott, James C., "La montagne et la liberté, ou pourquoi les civilizations ne savent pas grimper", *Critique Internationale* 11 (2001): 85-104.

Scott, Robert B. *The Military Law of England (with All the Principal Authorities): Adapted to the General Use of the Army, in Its Various Duties and Relations, and the Practice of Courts Martial*, London: T. Goddard, 1810.

Sears, Mary, and Daniel Merriman, eds. *Oceanography: The Past*, New York: Springer-Verlag, 1980.

Seed, Patricia, *Ceremonies of Possession in Europe's Conquest of the New World, 1492-1640*, Cambridge: Cambridge University Press, 1995.

Segurado, Eva Maria St. Clair, "'Vagos, ociosos y malentretenidos': The Deportation of Mexicans to the Philippines in the Eighteenth Century", Paper presented at the Conference of the American Historical Association, Atlanta, January 4-7, 2007.

Semple, Ellen Churchill, *Influences of Geographic Environment, on the Basis of Ratzel's System of Anthropo-Geography*, New York: H. Holt, 1911.

Sen, Satadru, *Disciplining Punishment: Colonialism and Convict Society in the Andaman Islands*, Oxford: Oxford University Press, 2000.

Sen, Sudipta, *Distant Sovereignty: National Imperialism and the Origins of British India*, New York: Routledge, 2002.

Serrano y Sanz, Manuel, ed. *Relación de los naufragios y comentarios de. Alvar Núñez Cabeza de Vaca (ilustrados con varios documentos inéditos)*, 2 vols, Madrid: Liberería General de Victoriano Suárez, 1906.

Serulnikov, Sergio, *Subverting Colonial Authority: Challenges to Spanish Rule in Eighteenth-Century Southern Andes*, Durham, NC: Duke University Press, 2003.

Shapiro, Barbara J., *"Beyond Reasonable Doubt" and "Probable Cause": Historical Perspectives on the Anglo-American Law of Evidence*, Berkeley: University of California Press, 1993.

——. *A Culture of Fact: England, 1550 - 1720*, Ithaca, NY: Cornell University Press, 2003.

Shapiro, Scott J., "What is the Rule of Recognition (and Does it Exist)?", Yale Law School, Public Law Working Paper No. 184. Available at SSRN: http: //ssrn. com/abstract = 1304645 Shaw, A. G. L. *Convicts and the Colonies: A Study of Penal Transportation from Great Britain and Ireland to Australia and Other Parts of the British Empire*, London: Faber and Faber, 1966.

Sheehan, Jonathan, and Dror Wahrman, "Matters of Scale: The Global Organiztion of the Eighteenth Century", Paper presented at "Geographies of the Eighteenth Century: The Question of the Global", Indiana University, May 19-22, 2004.

Shoemaker, Nancy, *A Strange Likeness: Becoming Red and White in Eighteenth-Century North America*. New York: Oxford University Press, 2004.

Silver, Peter, *Our Savage Neighbors: How Indian War Transformed Early America*, New York: W. W. Norton, 2007.

Silver, Timothy, *A New Face on the Countryside: Indians, Colonists, and Slaves in South Atlantic Forests, 1500-1800*, New York: Cambridge University Press, 1990.

Simón, Pedro, *The Expedition of Pedro de Ursua and Lope de Aguirre in Search of El Dorado and Omagua in 1560-1*, Translated by William Bollaert, Boston: Adamant Media, 2001.

Singha, Radhika, *A Despotism of Law: Crime and Justice in Early Colonial India*, New York: Oxford University Press, 1998.

Siskind, Clifford, *Blaming the System: Enlightenment and the Forms of Modernity*, Chicago: University of Chicago Press, forthcoming.

Skaria, Ajay, *Hybrid Histories: Forests, Frontiers and Wildness in Western India*, Oxford: Oxford University Press, 1999.

Smail, Daniel Lord, *Imaginary Cartographies: Possession and Identity in Late Medieval Marseille*, Ithaca, NY: Cornell University Press, 1999.

Smith, Abbot Emerson, "The Transportation of Convicts to the American Colonies in the Seventeenth Century", *American Historical Review* 39, no. 2 (1934): 232-49.

Spieler, Miranda, "Empire and Underworld: Guiana in the French Legal Imagination c. *1789-1870*", Ph. D. diss. , Columbia University, 2005.

——. "The Legal Structure of Colonial Rule during the French Revolution", *William and Mary Quarterly* 66 (2009), 365-408.

Spruyt, Hendrik, *The Sovereign State and Its Competitors: An Analysis of Systems Change*, Princeton, NJ: Princeton University Press, 1996.

Stark, Francis R., *The Abolition of Privateering and the Declaration of Paris* [1897], Honolulu: University Press of the Pacific, 2002.

Starkey, David, "Pirates and Markets", In *Bandits at Sea: A Pirates Reader*, ed. C. R. Pennell, 107-24, New York: New York University Press, 2001.

Steele, Ian Kenneth, *The English Atlantic, 1675-1740: An Exploration of Communication and Community*, New York: Oxford University Press, 1986.

Steffen, Lisa, *Defining a British State: Treason and National Identity, 1608-1820*, New York: Palgrave, 2001.

Steinberg, Philip E., *The Social Construction of the Ocean*, Cambridge: Cambridge University Press, 2001.

Stern, Philip, "British Asia and British Atlantic: Comparisons and Connections", *William and Mary Quarterly* LXIII: 4 (2006), 693-712.

——. "'A Politie of Civill & Military Power': Political Thought and the Late Seventeenth-Century Foundations of the East India Company-State", *Journal of British Studies* 47 (April 2008): 253-83.

Stoler, Ann Laura, "On Degrees of Imperial Sovereignty", *Public Culture* 18, no. 1 (2006): 125-46.

Straumann, Benjamin, "'Ancient Caesarian Lawyers' in a State of Nature: Roman Tradition and Natural Rights in Hugo Grotius' *De Iure Praedae*", *Political Theory* 34, no. 3 (2006): 328-50.

——. "The Right to Punish as a Just Cause of War in Hugo Grotius' Natural Law", *Studies in the History of Ethics* 2 (2006): 1-20.

Streets, Heather, *Martial Races: The Military, Race and Masculinity in British Imperial Culture, 1857-1914*, Manchester, U. K.: Manchester University Press, 2004.

Stuchtey, Benedikt, and Eckhardt Fuchs, eds. *Writing World History, 1800-2000*, New York: Oxford University Press, 2003.

Subramanian, Lakshmi, and Rudrangshu Mukherjee, eds. , *Politics and Trade in the Indian Ocean World: Essays in Honour of Ashin Das Gupta*, Delhi: Oxford University Press, 1998.

Sulivan, Richard Joseph, *Thoughts on Martial Law, with a Mode Recommended for Conducting the Proceedings of General Courts Martial…By Richard Joseph Sulivan, Esq*, 2nd ed. , London: Printed for T. Becket, 1784.

Sylvest, Casper, "The Foundations of Victorian International Law", In *Victorian Visions of Global Order: Empire and International Relations in Nineteenth-Century Political Thought*, ed. Duncan Bell, 47-66, Cambridge: Cambridge University Press, 2007.

Tamanaha, Brian Z. , *On the Rule of Law: History, Politics, Theory*, Cambridge: Cambridge University Press, 2004.

Taylor, E. G. R. , *Late Tudor and Early Stuart Geography, 1583-1650: A Sequel to Tudor Geography, 1485-1583*, London: Methuen, 1934.

Teng, Emma, *Taiwan's Imagined Geography: Chinese Colonial Travel Writing and Pictures, 1683-1895*, Cambridge, MA: Harvard University Asia Center, 2004.

Theal, George MacCall, ed. *Basutoland Records: Copies of Official Documents of Various Kinds, Accounts of Travellers… [Etc.]*, Cape Town: W. A. Richards & Sons 1883.

Thomson, Janice E. , *Mercenaries, Pirates, and Sovereigns: State-Building and Extraterritorial Violence in Early Modern Europe*, Princeton, NJ: Princeton University Press, 1994.

Tierney, Brian, *The Idea of Natural Rights: Studies on Natural Rights, Natural Law, and Church Law, 1150-1625*, Grand Rapids, MI: William B. Eerdmans, 2001.

Tilly, Charles, *Coercion, Capital, and European States, AD 990-1992*, Cambridge, MA: Wiley-Blackwell, 2007.

Tittoni, Tommaso, Bernardo Quaranta di San Severino, and Maggiorino Ferraris, *Italy's Foreign and Colonial Policy: A Selection from the Speeches Delivered in the Italian Parliament by the Italian Foreign Affairs Minister, Senator Tommaso Tittoni, During His Six Years of Office (1903-1909)*, London: Smith, Elder, 1914.

Tod, James, *Annals and Antiquities of Rajast'han, or the Central and Western Rajpoot States of India*, London: Smith, 1829.

Tomlins, Christopher, "The Legal Cartography of Colonization, the Legal Polyphony of Settlement: English Intrusions on the American Mainland in the 17th Century", *Law and Social*

Inquiry 26, no. 2 (2001): 315-72.

——. "Law, Population, Labor", In Grossberg and Tomlins, *The Cambridge History of Law in America*, 1: 211-52.

Towle, Dorothy S. , ed. , *Records of the Vice-Admiralty Court of Rhode Island, 1716-1752*, Washington, D. C. : American Historical Association, 1936.

Tracy, James D. , ed. , *The Political Economy of Merchant Empires*, Cambridge: Cambridge University Press, 1991.

Travers, Robert, *Ideology and Empire in Eighteenth-Century India: The British in Bengal, 1757-93*, New York: Cambridge University Press, 2007.

Tupper, Charles Lewis, *Our Indian Protectorate, An Introduction to the Study of the Relations between the British Government and Its Indian Feudatories*, London: Longmans, 1893.

Tupper, Charles Lewis, ed. , *Indian Political Practice, A Collection of the Decisions of the Government of India in Political Cases*, Compiled by C. L. Tupper, [1895], Delhi: B. R. Publishing, 1974.

Twiss, Travers, *The Law of Nations Considered as Independent Political Communities: On the Rights and Duties of Nations in Time of Peace* [1884], Littleton, CO: Fred B. Rothman, 1985.

Tyacke, Sarah, "English Charting of the River Amazon c. 1595-1630", *Imago Mundi* 32 (1980): 73-89.

Tyler, Lyon Gardiner, ed. *Narratives of Early Virginia, 1606-1625*, New York: Charles Scribner's Sons, 1907.

Tytler, Alexander Fraser, *An Essay on Military Law, and the Practice of Courts Martial*, Edinburgh: Printed by Murray and Cochrane, 1800.

Vaidik, Aparna, *Imperial Andamans: A Spatial History of Britain's Indian Ocean Colony, 1858-1921*, New York: Palgrave MacMillan, 2009.

Valverde, Nuria and Antonio Furtado, "Space Production and Spanish Imperial Geopolitics", In Bleichmar, *Science in the Spanish and Portuguese Empire*, 198-215.

Van Ittersum, Martine Julia, *Profit and Principle: Hugo Grotius, Natural Rights Theories and the Rise of Dutch Power in the East Indies, 1595-1615*, Leiden: Brill, 2006.

——. "Dating the manuscript of De Jure Praedae (1604-1608) ", *History of European Ide-*

as, 35: 2 (2009), 125-193.

——. "Preparing *Mare liberum* for the Press: Hugo Grotius' Rewriting of Chapter 12 of *De iure praedae* in November-December 1608", in Blom, *Property*, *Piracy and Punishment*, 246-80.

Van Nifterik, Gustaaf, "Grotius and the Origin of the Ruler's Right to Punish," in Blom, *Property*, *Piracy and Punishment*, 396-416.

Vas Mingo, Marta Milagros del, *Los consulados en el tráfico indiano*, Madrid: Fundación Histórica Tavera, 2000.

Virginia Company of London, "Instructions Given by Way of Advice by Us Whom It Hath Pleased the King's Majesty to Appoint of the Counsel for the Intended Voyage to Virginia, to Be Observed by Those Captains and Company Which Are Sent at This Present to Plant There [1606] ", Thomas Jefferson Papers, Virginia Records Manuscripts, 1606-1737; Virginia, 1606-92, Charters of the Virginia Company of London, Library of Congress, Manuscript Division, http://memory.loc.gov/cgi - bin/ampage? collId = mtj8&flleName = mtj8page062. db&recNum=0017.

Virginia Company of London and Susan M. Kingsbury, *The Records of the Virginia Company of London: The Court Book, from the Manuscript in the Library of Congress*, 4 vols, Washington, D. C. : Government Printing Office, 1906.

Waley-Cohen, Joanna, *Exile in Mid - Qing China: Banishment to Xinjiang, 1758 - 1820*, New Haven, CT: Yale University Press, 1991.

Ward, Kerry, *Networks of Empire: Forced Migration in the Dutch East India Company*, New York: Cambridge University Press, 2008.

Warren, Christopher, "Literature and the Law of Nations in England, *1585-1673*", D. Phil. thesis, University of Oxford, 2007.

Washburn, Wilcomb E. , *The Governor and the Rebel: A History of Bacon's Rebellion in Virginia*, New York: W. W. Norton, 1972.

Weaver, John C. , *The Great Land Rush and the Making of the Modern World, 1650 - 1900*, Montreal: McGill-Queen's University Press, 2006.

Webb, Stephen Saunders, *The Governors-General: The English Army and the Definition of the Empire, 1569-1681*, Chapel Hill: University of North Carolina Press, 1987 [1979].

Werner, Patrick S. ,"El régimen legal de actividad marítima del imperio hispánico: El libro nuevo de la Recopilación", Nicaraguan Academic Journal 3 (2002): 39–62.

Wey Gómez, Nicolás, *The Tropics of Empire: Why Columbus Sailed South to the Indies*, Cambridge, MA: MIT Press, 2008.

Whitman, James Q. , *Harsh Justice: Criminal Punishment and the Widening Divide between America and Europe*, New York: Oxford University Press, 2003.

Wigen, Kären, "Discovering the Japanese Alps: Meiji Mountaineering and the Quest for Geographical Enlightenment", *Journal of Japanese Studies* 31, no. 1 (2005): 1–26.

Wijffels, Alain, "Sir Julius Caesar and the Merchants of Venice", In Battenberg and Ranieri, *Geschichte Der Zentraljustiz in Mitteleuropa.*

Wilkinson, Charles F. , *American Indians, Time, and the Law: Native Societies in a Modern Constitutional Democracy*, New Haven, CT: Yale University Press, 1987.

Williams, Megan, "Dangerous Diplomacy and Dependable Kin: Transformations in Central European Statecraft, 1526–1540", Ph. D. diss. , Columbia University, 2008.

Wood, Malcolm, "Rule, Rules, and Law", In *The Jurisprudence of Orthodoxy: Queen's University Essays and H. L. A. Hart.* Ed. Philip Leith and Peter Ingram, New York: Routledge, 1988, 27–60.

Woodward, Ralph Lee, *Robinson Crusoe's Island: A History of the Juan Fernández Islands*, Chapel Hill: University of North Carolina Press, 1969.

Worster, Donald, *Rivers of Empire: Water, Aridity, and the Growth of the American West*, Oxford: Oxford University Press, 1992.

Ziarek, Ewa Plonowska,"Bare Life on Strike: Notes on the Biopolitics of Race and Gender", In *The Agamben Effect*, ed. Alison Ross, 89–105, Durham, NC: Duke University Press, 2007.

Zouch, Richard, and Edward Coke, *The Jurisdiction of the Admiralty of England Asserted against Sr. Edward Coke's Articuli Admiralitatis, in XXII Chapter of His Jurisdiction of Courts*, London: Printed for Francis Tyton and Thomas Dring, 1663.

索引

(索引中出现的页码为原书页码, 即本书边码)

436